L'histoire du groupe

L'histoire du groupe

L'histoire du groupe

Dans les ruelles paisibles d'Abingdon, Oxfordshire, émergea en 1985 une mélodie révolutionnaire, portée par cinq esprits créatifs. Ce groupe de rock anglais, qui répond au nom de Radiohead, incarne une symphonie sonique orchestrée par des talents uniques.

Au cœur de cette formation, on découvre Thom Yorke, virtuose du chant, de la guitare, du piano et des claviers, façonnant l'essence même de leur son. Les frères Jonny Greenwood, maîtres des guitares, des claviers et d'autres instruments, ainsi que Colin Greenwood à la basse, apportent une profondeur inégalée à chaque note. Ed O'Brien, artisan de la guitare et des chœurs, enrichit la toile musicale tandis que Philip Selway, batteur et percussionniste émérite, rythme l'aventure sonore.

Depuis 1994, Radiohead explore les frontières de la créativité en collaboration avec le producteur Nigel Godrich et l'artiste de couverture Stanley Donwood. Leur alliance a donné naissance à des œuvres empreintes d'expérimentation, propulsant le son du rock alternatif vers de nouveaux horizons. Ainsi, l'empreinte novatrice de Radiohead résonne, repoussant constamment les limites de l'art musical.

Au tournant de l'année 1991, Radiohead scellait son destin musical en paraphant un accord avec EMI. L'éclat initial de leur génie émergea en 1993 sous la forme de leur premier opus, "Pablo Honey". Cependant, c'est avec leur tout premier single, "Creep", que le groupe érigea son étendard vers une renommée mondiale, propulsant leur popularité à des sommets inattendus.

Leurs mélodies, étoffées par des arrangements novateurs, trouvèrent une nouvelle dimension avec la sortie de "The Bends" en 1995. Cet album fut le creuset de l'ascension critique et

L'histoire du groupe

publique du groupe, gravant leur nom dans les annales du rock alternatif.

L'apogée artistique de Radiohead se matérialisa en 1997 avec la parution de "OK Computer". Ce chef-d'œuvre fut acclamé comme un jalon musical, élevé au rang des meilleurs albums de l'histoire de la musique populaire. La complexité de sa production s'entrelaçait harmonieusement avec des thèmes poignants d'aliénation moderne, dépeignant un paysage sonore qui transcende les limites du conventionnel. Ainsi, Radiohead, avec "OK Computer", laissa une empreinte indélébile dans le paysage musical contemporain.

En l'aube du nouveau millénaire, Radiohead opéra une métamorphose radicale avec la sortie de leur quatrième opus, "Kid A" (2000). Telle une toile sonore tissée de nuances, cet album osait fusionner des influences aussi variées que la musique électronique, le jazz, la musique classique et le krautrock. Bien que cette mue ait divisé les auditeurs initialement, "Kid A" s'éleva par la suite au sommet des classements, méritant le titre convoité de meilleur album de la décennie selon plusieurs médias.

Cette révolution artistique fut suivie de près par "Amnesiac" (2001), fruit des mêmes sessions d'enregistrement que son prédécesseur. Les contours expérimentaux du groupe se précisèrent davantage, élargissant les horizons musicaux avec une audace inégalée.

L'année 2003 sonna le glas d'une ère avec la sortie de "Hail to the Thief". Les paroles engagées de l'album abordèrent les thématiques brûlantes de la guerre contre le terrorisme. Fusionnant les aspects rock et électronique du groupe, cet opus marqua également la conclusion de leur partenariat avec EMI, clôturant ainsi un chapitre significatif de leur parcours musical. Ainsi, la trilogie "Kid A", "Amnesiac" et "Hail to the Thief" forma

L'histoire du groupe

un triptyque révolutionnaire, attestant de la capacité de Radiohead à transcender les frontières artistiques.

L'année 2007 marque un tournant significatif dans l'histoire de Radiohead avec la sortie de leur septième album, "In Rainbows". Innovant dans leur approche, le groupe choisit de s'affranchir des conventions en proposant un téléchargement où les auditeurs pouvaient définir leur propre prix. Ce geste audacieux fut récompensé par un succès critique retentissant et une présence remarquable dans les classements.

Le huitième chapitre de leur saga musicale, "The King of Limbs" (2011), fut une plongée audacieuse dans l'exploration des rythmes, façonnée à l'aide de boucles et d'échantillonnages approfondis. Cette œuvre démontra une fois de plus la capacité du groupe à repousser les frontières de la créativité.

L'année 2016 dévoila "A Moon Shaped Pool", mettant en lumière les talents orchestraux de Jonny Greenwood. Des arrangements riches et poignants conférèrent à l'album une profondeur émotionnelle captivante.

Au-delà de l'unité, les membres de Radiohead ont également tracé des voies individuelles avec des albums solo, marquant ainsi leur présence unique dans le paysage musical. En 2021, l'aventure musicale prit un nouveau virage avec la création du groupe "The Smile" par Thom Yorke et Jonny Greenwood, témoignant d'une éternelle quête d'innovation et de création. Ainsi, la trajectoire de Radiohead continue de s'écrire, éternellement en quête de nouveaux horizons musicaux.

En l'an 2011, l'empreinte musicale de Radiohead avait transcendé les frontières, avec plus de 30 millions d'albums vendus à travers le globe. Leur parcours exceptionnel fut jalonné de distinctions prestigieuses, comprenant six Grammy Awards et quatre Ivor Novello Awards. Ils détenaient également la distinction d'être le

L'histoire du groupe

groupe avec le plus grand nombre de nominations au Mercury Prize, marquant ainsi leur impact incontestable sur la scène musicale.

Leur rayonnement sur les charts était indéniable, avec sept singles hissés dans le top 10 du UK Singles Chart, dont "Creep" (1992), "Street Spirit (Fade Out)" (1996), "Paranoid Android" (1997), "Karma Police" (1997), "No Surprises" (1998), "Pyramid Song" (2001) et "There There" (2003). Aux États-Unis, "Creep" et "Nude" (2008) firent leur marque en atteignant le top 40 du Billboard Hot 100.

Le prestigieux magazine Rolling Stone consacra Radiohead parmi les 100 plus grands artistes de tous les temps, tandis que ses lecteurs les élurent comme le deuxième meilleur artiste des années 2000. Cinq des albums du groupe furent inscrits dans la liste des 500 meilleurs albums de tous les temps selon Rolling Stone. En 2019, Radiohead accéda à l'illustre panthéon du Rock and Roll Hall of Fame, consacrant ainsi leur impact indélébile sur l'histoire de la musique.

Lorsqu'ils se croisèrent pour la première fois sur les bancs de l'Abingdon School, une institution indépendante réservée aux garçons à Abingdon, Oxfordshire, les membres de Radiohead n'avaient pas encore conscience que leur destin était sur le point de se lier. Thom Yorke, le guitariste et chanteur, ainsi que le bassiste Colin Greenwood, partageaient la même année scolaire. Pendant ce temps, le guitariste Ed O'Brien et le batteur Philip Selway étaient un cran au-dessus, tandis que Jonny Greenwood, le frère de Colin et multi-instrumentiste, se trouvait deux années en dessous de Yorke et Colin.

C'est en 1985 qu'ils unirent leurs talents naissants pour former le groupe On a Friday, un nom inspiré de leur journée de répétition habituelle dans la salle de musique de l'école. Initialement, Jonny

L'histoire du groupe

Greenwood se joignit à eux en tant qu'harmoniciste, mais sa polyvalence l'amena rapidement à occuper le poste de guitariste principal. Selon Colin, le choix des instruments ne reposait pas sur des préférences individuelles, mais plutôt sur un désir collectif de jouer ensemble : "C'était une approche plutôt collective, et si vous pouviez contribuer en demandant à quelqu'un d'autre de jouer de votre instrument, alors c'était vraiment cool."

À un moment donné, On a Friday intégra même une section de saxophone dans sa formation, ajoutant une dimension supplémentaire à leur quête musicale commune. Ainsi, dans les couloirs de l'Abingdon School, une amitié musicale se forgea, donnant naissance à l'une des formations les plus emblématiques de l'histoire de la musique moderne, Radiohead.

L'étau des règles strictes de l'école pesait sur les épaules des membres de Radiohead, qui n'appréciaient guère l'accusation du directeur les accusant d'utiliser une salle de répétition un dimanche. Dans ce contexte, le département de musique de l'établissement devint leur havre de réconfort, offrant un refuge où ils pouvaient exprimer librement leur passion musicale. Leur reconnaissance allait à leur professeur de musique, qui les initia à des horizons musicaux variés tels que le jazz, les musiques de films, la musique d'avant-garde d'après-guerre et la musique classique du XXe siècle.

Bien que l'Oxfordshire et la Thames Valley abritaient une scène musicale indépendante dynamique à la fin des années 1980, celle-ci était principalement axée sur des groupes de shoegazing tels que Ride et Slowdive. Malgré cela, armés d'une première démo, On a Friday se retrouvèrent confrontés à une opportunité unique lorsque Island Records leur proposa un contrat d'enregistrement. Cependant, conscient de la nécessité de parfaire leur art, le groupe prit une décision audacieuse en refusant l'offre, estimant qu'ils n'étaient pas encore prêts et qu'ils souhaitaient d'abord

L'histoire du groupe

poursuivre des études universitaires. Ainsi, les chemins de l'éducation et de la musique continuaient de s'entremêler dans le voyage évolutif de Radiohead vers la renommée mondiale.

Ce fut un vendredi mémorable en 1987 lorsque, sur la scène de la Jericho Tavern à Oxford, On a Friday donna son tout premier concert. Malgré le départ de tous les membres, à l'exception de Jonny, de l'Abingdon en 1987 pour entamer des études universitaires, le groupe persista à répéter assidûment les week-ends et les jours fériés. Cependant, aucune prestation live ne marqua leur parcours pendant quatre longues années.

À l'Université d'Exeter, Thom Yorke fit parler sa musique en rejoignant le groupe Headless Chickens, où il interpréta des chansons incluant du matériel futur de Radiohead. Les liens du destin se tissèrent également avec Stanley Donwood à cette époque, un homme qui deviendrait plus tard l'artiste de couverture emblématique de Radiohead. Ainsi, les années universitaires de Yorke devinrent une toile complexe de rencontres musicales et artistiques qui jetèrent les bases de l'évolution continue du groupe vers la notoriété mondiale.

En 1991, les membres de On a Friday se réunirent à Oxford, partageant une maison au croisement de Magdalen Road et Ridgefield Road. C'est là qu'ils entreprirent l'enregistrement d'une nouvelle démo qui ne passa pas inaperçue. Cette démo suscita l'intérêt de Chris Hufford, producteur de Slowdive et co-propriétaire des studios Courtyard d'Oxford. Après avoir assisté à l'un de leurs concerts à la Jericho Tavern, Hufford et son partenaire, Bryce Edge, décidèrent de prendre en main la destinée d'On a Friday en tant que managers. À cette époque, selon Hufford, le groupe possédait déjà "tous les éléments de Radiohead", mais avec un son plus brut et punk, associé à des tempos plus rapides.

L'histoire du groupe

Aux Studios Courtyard, le groupe enregistra la démo intitulée "Manic Hedgehog", empruntant son nom à un magasin de disques emblématique d'Oxford. À la fin de l'année 1991, Colin Greenwood fit la rencontre de Keith Wozencroft, représentant d'EMI A&R, dans une boutique de disques, lui remettant une copie de la cassette démo. Impressionné, Wozencroft décida d'assister à une performance live du groupe, consolidant ainsi le début d'une collaboration qui allait propulser On a Friday sur la scène musicale de manière significative.

En novembre de cette année-là, On a Friday se produisit à la Jericho Tavern, devant un public qui comprenait plusieurs représentants d'A&R. Malgré leur huitième concert seulement, le groupe avait déjà éveillé l'intérêt de plusieurs maisons de disques. Le 21 décembre, On a Friday franchit une étape majeure en signant un contrat d'enregistrement de six albums avec EMI.

À la demande d'EMI, le groupe se plia à un changement de nom, adoptant celui qui allait devenir emblématique : "Radiohead". Ce nom puisait son inspiration dans la chanson "Radio Head" de l'album "True Stories" (1986) des Talking Heads. Thom Yorke expliqua que le choix du nom "résume toutes ces choses concernant la réception de choses... Il s'agit de la façon dont vous prenez l'information, de la façon dont vous réagissez à l'environnement dans lequel vous êtes placé." Ainsi, le changement de nom marqua le début d'une nouvelle ère pour le groupe, qui allait rapidement se hisser au sommet de la scène musicale mondiale.

Au crépuscule de l'année 1992, dans les studios enveloppés de mystère de Courtyard, Radiohead donnait naissance à son premier opus, "Drill". Aux commandes, Hufford et Edge sculptaient les premières notes d'une aventure musicale qui allait bientôt prendre son envol. Malgré sa sortie en mai de cette année-

L'histoire du groupe

là, la réception graphique de l'EP laissait à désirer, peinant à captiver l'audience.

Naviguer dans les eaux tumultueuses de l'industrie musicale britannique n'était pas une tâche aisée, surtout pour des visionnaires tels que Radiohead. Les mastodontes du secteur, à l'instar d'EMI, peinaient à propulser des groupes, les indépendants régnant en maîtres sur les charts. Face à cette impasse, les stratèges de Radiohead ourdissaient un plan audacieux : conquérir l'Amérique.

Les lumières des projecteurs américains appelaient, et c'est là-bas que le destin du groupe se dessinait. Les producteurs Paul Kolderie et Sean Slade, renommés pour leurs collaborations avec les Pixies et Dinosaur Jr., furent choisis pour superviser la gestation du premier album de Radiohead. Enregistré à la hâte dans l'épicentre musical d'Oxford en 1992, cet opus promettait d'être le catalyseur de leur ascension.

Le coup d'envoi retentit avec la sortie en septembre du single emblématique, "Creep". La presse musicale britannique se divisait face à cette œuvre singulière, NME les qualifiant tantôt de "prétexte musical", tantôt de "mélancolie dérangeante". Un revers inattendu survint lorsque la BBC Radio 1 mit "Creep" sur liste noire, le jugeant "trop déprimant". Ainsi, dans l'éther musical, Radiohead tissait sa toile, mêlant louanges et critiques, en préambule à une épopée qui allait redéfinir les contours du rock.

En février 1993, tel un chapitre inaugural de leur épopée musicale, Radiohead dévoilait "Pablo Honey". Un premier pas dans l'arène des charts britanniques, se hissant modestement à la 22e place. Pourtant, malgré l'attente frémissante, le souffle du succès se faisait timide. "Creep", hymne emblématique, ainsi que ses compagnons de route "Anyone Can Play Guitar" et "Stop Whispering", peinaient à conquérir les sommets tant espérés. Même l'extravagant "Pop Is Dead", errant en solitaire en dehors

L'histoire du groupe

des contours de l'album, connut une destinée morose, se perdant dans l'indifférence des ventes. O'Brien, l'un des membres éminents du groupe, décrivit plus tard cette parenthèse musicale comme une "erreur hideuse".

La critique, elle, restait partagée. Certains observateurs, prisonniers du contexte musical de l'époque, qualifièrent Radiohead de "Nirvana-lite", écho lointain de la vague grunge qui déferlait au début des années 1990. Pourtant, malgré l'assimilation à cette énergie bouillonnante, "Pablo Honey" échoua à susciter l'enthousiasme tant espéré, aussi bien sur le plan critique que commercial. Un départ en demi-teinte pour les artisans de cette symphonie en devenir, annonçant une quête de perfection et de singularité qui deviendrait le leitmotiv de leur voyage musical.

Au tournant de l'année 1993, l'horizon de Radiohead s'éclaircissait. Les premières notes de "Creep" s'étaient échappées des ondes israéliennes, propulsées par le magnétisme de l'influent DJ Yoav Kutner. En mars, la chanson, devenue une sensation là-bas, déclencha une invitation à Tel Aviv, marquant ainsi le premier concert international du groupe. Simultanément, les ondes américaines captèrent l'écho de "Creep", catapultant la mélodie au sommet du classement américain du rock moderne. Alors que les premières lueurs de succès perçaient à l'horizon, Radiohead entama sa première tournée nord-américaine en juin 1993, le clip de "Creep" hypnotisant les spectateurs de MTV.

Les échos du triomphe résonnaient jusqu'aux sommets des classements musicaux. "Creep" escalada les échelons du Billboard Hot 100, se hissant fièrement à la 34e place, tandis que sa réédition en septembre le propulsa au septième rang du UK Singles Chart, sous la houlette d'EMI.

Pour capitaliser sur cette ascension météorique, Radiohead se lança dans une tournée américaine aux côtés de Belly et PJ

L'histoire du groupe

Harvey, une symphonie errante à travers les terres de l'oncle Sam. Puis, à la suite d'une traversée triomphale de l'Atlantique, le groupe entama une odyssée européenne aux côtés de James et Tears for Fears. Leurs mélodies empreintes de mélancolie et d'énergie pure résonnaient désormais aux quatre coins du globe, tissant les premiers fils d'une toile musicale qui s'étofferait au fil des années.

Radiohead se plongea dans l'élaboration de son deuxième opus en 1994, sous la houlette du vétéran producteur des studios Abbey Road, John Leckie. Les tensions étaient palpables, les attentes s'élevant à la hauteur du succès retentissant de "Creep". En studio, l'enregistrement ne semblait guère naturel, le groupe ayant minutieusement répété le matériel. En quête d'un changement de cadre, ils entreprirent un périple à travers l'Extrême-Orient, l'Australasie et le Mexique, trouvant une nouvelle confiance dans l'interprétation de leur musique en direct.

Cependant, au milieu de cette quête artistique, Thom Yorke, troublé par sa nouvelle notoriété, commença à se désillusionner face à l'image "sexy, impertinente et accrocheuse de MTV" qu'il avait l'impression de contribuer à vendre au monde. L'EP et le single "My Iron Lung", dévoilés en 1994, furent la réponse de Radiohead, marquant une transition vers une profondeur accrue qu'ils ambitionnaient pour leur deuxième album. Cet opus marqua également la première collaboration du groupe avec leur futur producteur, Nigel Godrich, alors ingénieur du son travaillant sous la direction de Leckie, et l'artiste Stanley Donwood, qui devaient accompagner Radiohead sur tous leurs projets à venir.

Malgré des ventes modestes de "My Iron Lung", cet épisode renforça la crédibilité de Radiohead au sein des cercles alternatifs, créant une opportunité commerciale prometteuse pour leur prochain album.

L'histoire du groupe

Après avoir dévoilé de nouvelles compositions lors de leurs tournées, Radiohead acheva l'enregistrement de son deuxième album, "The Bends", en 1995, pour ensuite le dévoiler en mars de la même année. Porté par des riffs captivants et des atmosphères éthérées créées par les trois guitaristes, l'album incorporait davantage de claviers que son prédécesseur, "Pablo Honey". "The Bends" reçut des critiques élogieuses tant pour ses compositions que pour ses performances.

Bien que Radiohead ait été initialement considéré comme un étranger à la scène Britpop qui dominait les médias musicaux à l'époque, le groupe connut finalement un succès retentissant dans leur pays d'origine avec "The Bends". Les singles tels que "Fake Plastic Trees", "High and Dry", "Just" et "Street Spirit (Fade Out)" s'imposèrent dans les classements. Bien que "High and Dry" ait rencontré un succès plus modeste, la base de fans en croissance constante de Radiohead ne parvint pas à reproduire le triomphe mondial de "Creep". "The Bends" atteignit la 88e place des charts américains, constituant la performance la plus modeste de Radiohead sur ce marché.

Jonny Greenwood, membre du groupe, déclara que "The Bends" avait été un véritable "tournant" pour Radiohead : "Il a commencé à apparaître dans les sondages [best-of] des gens pour la fin de l'année. C'est à ce moment-là que nous avons commencé à avoir l'impression que nous avions fait le bon choix concernant notre identité en tant que groupe." Au fil des années, "The Bends" se hissa dans les listes de nombreux classements des meilleurs albums de tous les temps, notamment figurant à la 111e place de l'édition 2012 du classement "500 plus grands albums de tous les temps" établi par Rolling Stone.

En 1995, Radiohead entama une nouvelle tournée en Amérique du Nord et en Europe, cette fois-ci en soutien à REM, l'une de leurs influences fondamentales et à l'époque l'un des plus grands

L'histoire du groupe

groupes de rock mondiaux. L'attention de fans illustres tels que le chanteur de REM, Michael Stipe, conjuguée aux vidéoclips distinctifs de "Just" et "Street Spirit", contribua à maintenir la popularité de Radiohead au-delà des frontières du Royaume-Uni.

La veille d'une représentation à Denver, Colorado, l'infortune frappa lorsque la camionnette de tournée de Radiohead fut dérobée, emportant avec elle l'ensemble de leur équipement musical. Malgré ce coup du sort, Thom Yorke et Jonny Greenwood se résolurent à offrir un set acoustique épuré, s'accommodant d'instruments loués. Plusieurs représentations furent néanmoins annulées en raison de cet incident malheureux.

Cette période fut également marquée par la sortie de leur première vidéo live, "Live at the Astoria", en 1995. Le captivant mélange de performances live et d'énergie capturée dans cette vidéo témoignait de l'incroyable résilience de Radiohead face aux défis qui se présentaient sur leur chemin.

À la fin de l'année 1995, Radiohead avait déjà mis en boîte une mélodie destinée à figurer sur leur prochain opus. "Lucky", initialement enregistrée lors d'une brève séance avec Nigel Godrich, le jeune ingénieur du son qui avait déjà contribué à "The Bends" et avait produit une face B en 1996 intitulée "Talk Show Host", choisie pour accompagner le film "Roméo + Juliette" de Baz Luhrmann.

Forts de cette collaboration fructueuse, Radiohead prit la décision d'assumer la production de leur prochain album aux côtés de Godrich. Leur aventure commune débuta au début de l'année 1996. En juillet de la même année, quatre chansons avaient déjà été immortalisées dans leur studio de répétition, Canned Applause, un hangar à pommes réaménagé, niché dans la campagne près de Didcot, dans l'Oxfordshire.

L'histoire du groupe

Le mois suivant, en août 1996, Radiohead se lança dans une tournée en première partie d'Alanis Morissette. À leur retour, loin des studios conventionnels, ils entreprirent l'enregistrement de leur album à St. Catherine's Court, un manoir du XVe siècle situé à proximité de Bath. Ces sessions se déroulèrent dans une ambiance décontractée, le groupe jouant à toute heure du jour, explorant différentes salles du manoir et puisant leur inspiration dans les œuvres des Beatles, de DJ Shadow, d'Ennio Morricone et de Miles Davis.

En mai 1997, Radiohead dévoila son troisième album, "OK Computer". Le groupe s'engagea alors dans une exploration audacieuse des structures de chansons, intégrant des influences ambiantes, avant-gardistes et électroniques. Cette démarche novatrice valut à l'album l'élogieux titre de "superbe tour de force art-rock" par Rolling Stone. Bien que Radiohead ait réfuté toute affiliation au rock progressif, les critiques ne purent s'empêcher de faire des comparaisons avec Pink Floyd, dont le travail des années 1970 avait laissé une empreinte sur les parties de guitare de Jonny Greenwood à cette époque.

Certains observateurs firent le rapprochement thématique entre "OK Computer" et le célèbre "The Dark Side of the Moon" (1973) de Floyd, bien que Thom Yorke ait affirmé que les paroles de l'album étaient inspirées par son observation de la "vitesse" du monde dans les années 1990. Les paroles de Yorke, incarnant différents personnages, exprimaient ce que certains qualifièrent de "blues de la fin du millénaire", marquant un contraste avec les compositions plus personnelles de "The Bends".

Selon le journaliste Alex Ross, Radiohead était devenu le porte-étendard d'une forme particulière d'aliénation consciente, à l'instar de ce que Talking Heads et REM avaient représenté par le passé. "OK Computer" fut acclamé, et Thom Yorke avoua sa surprise face à la réaction enthousiaste : "Aucun de nous ne savait vraiment si c'était bon ou mauvais. Ce qui m'a vraiment stupéfié,

L'histoire du groupe

c'est que les gens ont saisi toutes les nuances, les sons, les textures et les atmosphères que nous essayions de créer."

"OK Computer" s'est hissé au sommet des classements britanniques, marquant le premier album numéro un de Radiohead au Royaume-Uni et propulsant le groupe vers le succès commercial à l'échelle mondiale. Bien qu'il ait atteint la 21e place dans les charts américains, l'album a finalement conquis le public aux États-Unis, valant à Radiohead sa première reconnaissance aux Grammy Awards. L'album a remporté le prestigieux prix du meilleur album alternatif et a été nominé pour l'album de l'année.

Les singles "Paranoid Android", "Karma Police" et "No Surprises" ont été lancés, avec "Karma Police" remportant un succès particulièrement marqué à l'échelle internationale. "OK Computer" est rapidement devenu un incontournable des listes d'albums britanniques "best-of". Parallèlement à leur succès musical, Radiohead a marqué l'histoire en devenant l'un des premiers groupes au monde à posséder un site web dédié. Cette initiative novatrice a contribué à forger une communauté en ligne dévouée de fans, donnant naissance à des dizaines de sites web consacrés au groupe en seulement quelques années.

"OK Computer" a été suivi par la tournée mondiale d'un an intitulée "Against Demons", incluant la première performance de Radiohead au Glastonbury Festival en 1997. Malgré des problèmes techniques qui ont failli pousser Thom Yorke à quitter la scène, la performance a été saluée et a solidifié la réputation de Radiohead en tant qu'acte majeur sur scène. Grant Gee, réalisateur de la vidéo "No Surprises", a accompagné le groupe en tournée pour réaliser le documentaire "Meeting People Is Easy" en 1999. Ce film dépeint la désillusion du groupe envers l'industrie musicale et la presse, mettant en lumière l'épuisement professionnel ressenti tout au long de la tournée.

L'histoire du groupe

Depuis sa sortie, "OK Computer" est régulièrement célébré comme un album emblématique des années 1990 et de l'ère de la génération X, et est reconnu comme l'un des plus grands albums de l'histoire de l'enregistrement.

En 1998, Radiohead a participé à un concert d'Amnesty International à Paris ainsi qu'au Tibetan Freedom Concert. En mars de cette année-là, le groupe, accompagné de Nigel Godrich, s'est rendu aux studios Abbey Road pour enregistrer une chanson destinée à figurer dans le film "The Avengers" de 1998, intitulée "Man of War". Cependant, insatisfaits du résultat, ils ont choisi de ne pas publier la chanson, la maintenant inédite.

Cette période a été décrite par Thom Yorke comme un "véritable point bas". Tant lui que Jonny O'Brien ont lutté contre la dépression, et le groupe a même frôlé la séparation. Les défis artistiques et personnels auxquels Radiohead a été confronté à ce moment-là ont mis à l'épreuve leur cohésion et leur résilience.

Au tournant du millénaire, en ce début de l'année 1999, l'atmosphère au sein de Radiohead était électrique alors qu'ils plongeaient tête baissée dans la création de leur prochain album. Malgré le soulagement procuré par le succès d'OK Computer, qui avait dissipé toute pression venant de leur maison de disques, les tensions internes étaient palpables. Les membres du groupe naviguaient entre des visions divergentes de l'avenir de Radiohead, et Thom Yorke, emprisonné dans les rets du blocage de l'écrivain, se trouvait contraint d'explorer des territoires musicaux plus abstraits et fragmentés.

Pour donner vie à leur vision artistique, Radiohead s'isola avec leur producteur Nigel Godrich, empruntant des chemins créatifs dans des studios disséminés entre Paris, Copenhague, Gloucester, et leur nouveau repaire à Oxford. Dans cette quête pour façonner un nouveau chapitre musical, Ed O'Brien documenta

L'histoire du groupe

méticuleusement leurs avancées à travers un journal en ligne, offrant ainsi un aperçu privilégié de leur processus créatif.

Les mois s'écoulèrent, les saisons changèrent, et après près de dix-huit mois intenses, les dernières notes résonnèrent en avril 2000, marquant la conclusion des sessions d'enregistrement de Radiohead. Un chapitre captivant se refermait, laissant entrevoir l'émergence imminente d'un nouvel opus qui transcenderait les limites du son et de la créativité.

En octobre 2000, le quatrième opus de Radiohead, "Kid A", fit son entrée dans le monde musical. S'éloignant résolument de l'esthétique sonore d'"OK Computer", "Kid A" dévoila un style minimaliste et texturé, enrichi par une instrumentation audacieuse comprenant des ondes Martenot, des rythmes électroniques programmés, des cordes et des cors de jazz. Le changement radical fut accueilli par un public avide d'exploration musicale.

Dès sa sortie, l'album s'imposa en tête des classements dans de nombreux pays, y compris aux États-Unis, où il marqua un jalon significatif en devenant le premier de la discographie de Radiohead à trôner au sommet du palmarès Billboard. Cette réalisation, remarquable pour un groupe britannique, n'avait pas été accomplie depuis les Spice Girls en 1996. Les raisons de ce triomphe furent multiples, attribuées à un mélange habile de stratégies marketing, à la fuite prématurée de l'album sur le réseau de partage de fichiers Napster quelques mois avant son lancement, et à une anticipation accrue, en partie forgée par le succès préalable d'"OK Computer".

Bien que aucun single officiel ne soit extrait de "Kid A", les titres "Optimistic" et "Idioteque" furent diffusés en avant-première sur les ondes radio, tandis qu'une série de "blips" – de courtes vidéos associées à des extraits de morceaux – s'épanouissait sur les chaînes musicales et circulait gratuitement en ligne. Inspirés par

L'histoire du groupe

le livre engagé contre la mondialisation de Naomi Klein, "No Logo", les membres de Radiohead entreprirent une tournée européenne atypique en 2000, se produisant sous une tente spécialement construite, dénuée de toute publicité. Trois concerts à guichets fermés en Amérique du Nord vinrent également soutenir la promotion de "Kid A", offrant une expérience théâtrale captivante aux fans conquis par cette nouvelle ère sonore du groupe.

En ce début de l'année 2001, "Kid A" de Radiohead a été honoré d'un Grammy Award prestigieux dans la catégorie du meilleur album alternatif, et il a également décroché une nomination pour l'album de l'année. Cette reconnaissance a toutefois été accompagnée d'une polarisation marquée au sein des critiques et des fans.

Au sein des cercles de la musique indépendante, les éloges et les critiques ont fusé, certains saluant la manière dont l'album s'appropriait des styles de musique underground, tandis que d'autres le qualifiaient de « note de suicide commerciale » et le percevaient comme intentionnellement difficile. Certains critiques britanniques exprimaient un désir de voir Radiohead revenir à leur style antérieur, créant ainsi un débat passionné au sein de la communauté musicale.

Les réactions parmi les fans étaient tout aussi variées, certains se montrant consternés ou mystifiés, tandis que d'autres considéraient "Kid A" comme le meilleur travail du groupe jusqu'à présent. Thom Yorke, le leader du groupe, a réfuté l'idée selon laquelle Radiohead cherchait délibérément à défier les attentes, déclarant : « Nous n'essayons pas d'être difficiles... Nous essayons en fait de communiquer, mais quelque part le long de la ligne, nous avons juste semblé énerver beaucoup de monde... Ce que nous faisons n'est pas si radical. »

L'histoire du groupe

Malgré les divergences d'opinions, l'impact de "Kid A" sur la scène musicale était indéniable. Classé comme l'un des meilleurs albums de tous les temps par des publications telles que Time et Rolling Stone, l'album a également été salué comme le meilleur de la décennie par Rolling Stone, Pitchfork et les Times. Ainsi, la controverse qui l'entourait n'a fait qu'ajouter à sa légende, marquant un chapitre majeur dans l'évolution musicale de Radiohead.

En mai 2001, Radiohead dévoila son cinquième opus, "Amnesiac", constitué en partie de morceaux supplémentaires issus des sessions de "Kid A", dont le remarquable "Life in a Glasshouse" en collaboration avec le Humphrey Lyttelton Band. Les membres du groupe insistèrent sur le fait qu'ils percevaient "Amnesiac" non pas comme une simple compilation de faces B ou d'extraits de "Kid A", mais bien comme un album à part entière.

"Amnesiac" s'éleva au sommet des classements britanniques et atteignit la deuxième place aux États-Unis, recevant des éloges et des nominations prestigieuses, dont un Grammy Award et une place parmi les prétendants au Mercury Music Prize. Les singles "Pyramid Song" et "Knives Out" marquèrent le retour des premiers singles de Radiohead depuis 1998, connaissant un succès modéré.

La sortie de "Amnesiac" coïncida avec le début d'une tournée nord-américaine en juin 2001, marquant le retour du groupe sur scène en Amérique du Nord après trois ans d'absence. Cette série de concerts à guichets fermés fut décrite par The Observer comme « la conquête la plus radicale de l'Amérique par un groupe britannique depuis la Beatlemania », réussissant là où d'autres, tels que Oasis, avaient échoué.

Pour immortaliser cette période sur scène, les enregistrements des tournées de "Kid A" et "Amnesiac" furent capturés dans l'album "I Might Be Wrong: Live Recordings", sorti en novembre 2001.

L'histoire du groupe

Ainsi, Radiohead continuait d'écrire un nouveau chapitre de son histoire musicale, naviguant avec succès entre l'expérimentation artistique et la conquête de nouveaux territoires sonores.

En ce chaud été de 2002, Radiohead s'embarque dans une tournée envoûtante à travers le Portugal et l'Espagne, dévoilant au public un éventail de nouvelles mélodies. Au cœur de cette effervescence créative, le groupe se plonge dans la quête de leur prochain album, désireux d'explorer la tension mystique entre la musique façonnée par l'homme et celle forgée par la machine. Leur objectif : capturer l'essence d'un son live, vibrant d'immédiateté.

Avec une ambition renouvelée, Thom Yorke et ses compères, accompagnés du producteur Nigel Godrich, se retrouvent plongés dans les méandres de la création sonore. Deux semaines intenses, enregistrées dans les entrailles du studio Ocean Way Recording à Los Angeles, donnent naissance à une grande partie du matériel musical. Loin des tensions qui avaient marqué les sessions de "Kid A" et "Amnesiac", le groupe décrit ce processus d'enregistrement comme une expérience détendue, où la créativité s'épanouit dans une atmosphère libérée.

Cependant, la musicalité de Radiohead ne se limite pas à l'enregistrement de leur futur album. En parallèle, le groupe se consacre à la composition de la bande sonore de "Split Sides", une pièce de danse éblouissante de la Merce Cunningham Dance Company. Le fruit de leur collaboration voit le jour en octobre 2003 à la Brooklyn Academy of Music, dévoilant une autre facette de l'incroyable diversité artistique de Radiohead.

En juin 2003, le sixième opus de Radiohead, "Hail to the Thief", voit le jour, imprégné des échos d'une époque marquée par ce que Thom Yorke qualifie de "sentiment général d'ignorance et d'intolérance, de panique et de stupidité", suite à l'élection du

L'histoire du groupe

président américain George W. Bush en 2000. Les paroles de l'album reflètent cette atmosphère troublante.

La promotion de l'album prend une forme novatrice avec le lancement du site web radiohead.tv. Ce portail diffuse des courts métrages, des vidéoclips et des webémissions en studio, offrant ainsi une immersion captivante dans l'univers créatif du groupe. "Hail to the Thief" connaît un succès instantané, atteignant la première place des charts au Royaume-Uni et se hissant au troisième rang du classement Billboard aux États-Unis. L'album obtient la certification platine au Royaume-Uni et l'or aux États-Unis.

Les singles "There There", "Go to Sleep" et "2 + 2 = 5" inondent les ondes des radios rock modernes, affirmant la puissance musicale de Radiohead. Lors des Grammy Awards 2004, le groupe est à nouveau nommé pour le meilleur album alternatif, tandis que Nigel Godrich et l'ingénieur du son Darrell Thorp remportent le prestigieux Grammy Award du meilleur album technique.

Radiohead embrasse la route avec une tournée mondiale entamée en mai 2003, culminant avec une tête d'affiche mémorable au Festival de Glastonbury pour la deuxième fois. La tournée s'achève en apothéose en mai 2004 au Coachella Festival en Californie. En avril 2004, le groupe dévoile "Com Lag (2plus2isfive)", une compilation regroupant des faces B de "Hail to the Thief", des remixes et des performances live, offrant aux fans une plongée supplémentaire dans l'univers musical foisonnant de Radiohead.

"Hail to the Thief" marque la conclusion de l'ère Radiohead avec EMI. En 2006, le New York Times dépeint le groupe comme "de loin le groupe non signé le plus populaire au monde". Après la tournée qui a suivi cet album, Radiohead décide de faire une pause bien méritée pour consacrer du temps à leurs familles et explorer des projets solo. Dans cette période de transition, Thom

L'histoire du groupe

Yorke et Jonny Greenwood se distinguent par leurs contributions notables.

Yorke et Greenwood s'engagent dans une œuvre caritative en participant au single "Do They Know It's Christmas?" de Band Aid 20, produit par Nigel Godrich. Par la suite, Jonny Greenwood se lance dans la composition des bandes sonores des films "Bodysong" (2004) et "There Will Be Blood" (2007), amorçant ainsi une fructueuse collaboration avec le réalisateur Paul Thomas Anderson.

En juillet 2006, Thom Yorke franchit une nouvelle étape avec la sortie de son premier album solo, "The Eraser", majoritairement composé de musique électronique. Il souligne que cette démarche a reçu la bénédiction du groupe, clarifiant que Radiohead ne se sépare pas. Jonny Greenwood confirme cette approbation en déclarant : "Il devait sortir ce truc, et tout le monde était heureux [que Yorke le fasse]... Il deviendrait fou si chaque fois qu'il écrivait une chanson, elle devait passer par le consensus Radiohead."

Parallèlement à ces explorations individuelles, Phil Selway et Jonny Greenwood font une incursion dans le monde cinématographique en apparaissant dans le film "Harry Potter et la Coupe de Feu" de 2005, jouant les membres du groupe fictif les Weird Sisters. Ainsi, la pause post-"Hail to the Thief" devient une période féconde pour les membres de Radiohead, chacun élargissant son horizon artistique tout en nourrissant l'âme collective du groupe.

En février 2005, l'atmosphère créative de Radiohead s'éveilla pour donner naissance à leur septième opus. Plutôt que de faire appel à Godrich, le groupe opta pour la collaboration avec le producteur Spike Stent. Cependant, cette alliance se révéla infructueuse. En septembre 2005, dans une tentative de

L'histoire du groupe

transcender les limites de leur propre art, Radiohead contribua à l'album caritatif "War Child Help: A Day in the Life" avec un poignant morceau funèbre au piano intitulé "I Want None of This". L'album, vendu en ligne, propulsa la chanson au sommet des téléchargements, bien qu'elle ne fût pas commercialisée en tant que single.

La fin de l'année 2006 marqua une étape cruciale pour le groupe, après une tournée à travers l'Europe et l'Amérique du Nord, présentant au public leur nouveau matériel. Radiohead, faisant preuve de détermination, réengagea Godrich et reprit l'enregistrement à divers endroits, allant de Londres à Oxford, en passant par la campagne pittoresque du Somerset, en Angleterre. Les sessions d'enregistrement s'achevèrent en juin 2007, suivies d'une phase de mastering le mois suivant. Ainsi, le septième chapitre musical de Radiohead était prêt à être dévoilé au monde.

En 2007, EMI changea de mains après avoir été acquise par la société de capital-investissement Terra Firma. Radiohead ne tarda pas à exprimer sa désapprobation envers cette nouvelle direction, et aucun accord ne fut conclu. Les critiques du groupe se cristallisèrent autour du fait qu'EMI avait offert une avance de 3 millions de livres sterling à Radiohead, mais avait refusé de céder les droits sur leur précieux arrière-catalogue. Une source de l'EMI déclara que Radiohead avait formulé des demandes financières jugées "extraordinaires". Tandis que la direction de Radiohead et Yorke publiait des déclarations catégoriques niant avoir sollicité une avance exorbitante, ils insistaient plutôt sur leur désir de conserver le contrôle de leur arrière-catalogue. La bataille pour l'autonomie artistique et la propriété intellectuelle était lancée.

Le 10 octobre 2007, Radiohead franchit une frontière musicale en auto-publiant son septième album, "In Rainbows", directement sur son site Web. L'innovation majeure résidait dans le fait que les utilisateurs pouvaient télécharger l'album en décidant eux-mêmes du montant à payer, y compris la possibilité de choisir 0 £.

L'histoire du groupe

Cette sortie historique, marquée par le concept novateur du « payez ce que vous voulez », devint une nouvelle sensation médiatique, faisant la une des journaux du monde entier et suscitant un vif débat sur les implications pour l'industrie musicale.

Les médias réagirent positivement à cette démarche audacieuse, saluant Radiohead pour avoir exploré de nouvelles voies de connexion avec leurs fans. Cependant, cette initiative fut également source de critiques, émanant notamment de musiciens tels que Lily Allen et Kim Gordon, qui exprimèrent leurs préoccupations quant au potentiel impact sur les artistes moins établis. La question de savoir si cette stratégie révolutionnaire de distribution constituait une réelle avancée ou une menace pour l'équilibre de l'industrie musicale demeura au cœur des discussions animées de l'époque.

Le jour de sa sortie, "In Rainbows" a été téléchargé environ 1,2 million de fois, marquant un tournant significatif dans la distribution musicale. Colin Greenwood a justifié cette diffusion massive sur Internet en soulignant la volonté d'éviter les "listes de lecture réglementées" et les "formats restreints" imposés par la radio et la télévision. Cette approche garantissait que les fans du monde entier pouvaient découvrir la musique simultanément, tout en réduisant le risque de fuites avant la sortie physique.

Pour les amateurs de supports physiques, Radiohead a également offert une édition spéciale appelée "discbox" de "In Rainbows" sur son site Web. Cette version comprenait le disque vinyle, un livre d'illustrations captivant, et un CD renfermant des chansons supplémentaires. Ainsi, le groupe explorait avec succès de nouveaux horizons, offrant aux auditeurs des options variées pour apprécier leur œuvre, que ce soit à travers le numérique immédiat ou la tangible élégance de l'édition spéciale.

L'histoire du groupe

La version commerciale de "In Rainbows" a fait son entrée sur la scène musicale britannique fin décembre 2007 sous le label XL Recordings, suivi de près par sa sortie en Amérique du Nord en janvier 2008, distribuée par TBD Records. L'album a rapidement conquis les sommets des classements, atteignant le numéro un au Royaume-Uni et aux États-Unis. Ce triomphe marquait le plus haut classement de Radiohead aux États-Unis depuis "Kid A". Au Royaume-Uni, il s'agissait de leur cinquième album numéro un, atteignant des ventes dépassant les trois millions d'exemplaires en seulement un an.

La critique salua l'album pour sa sonorité plus accessible et ses paroles personnelles, le plaçant sur la liste des nominations pour le Mercury Music Prize. Aux Grammy Awards 2009, "In Rainbows" remporta les distinctions du meilleur album de musique alternative et du meilleur coffret en boîte ou en édition spéciale limitée. Le succès de l'album se manifesta également à travers cinq autres nominations aux Grammy Awards, dont la troisième nomination de Radiohead pour l'album de l'année. Lors de la cérémonie télévisée, Thom Yorke et Jonny Greenwood offrirent une performance mémorable de "15 Step" aux côtés de la fanfare de l'Université de Californie du Sud.

Le premier single de "In Rainbows", intitulé "Jigsaw Falling into Place", fit son apparition en janvier 2008, suivi par "Nude" en mars de la même année. Ce dernier single marqua un moment significatif en se hissant à la 37e place du Billboard Hot 100, faisant de lui la première chanson de Radiohead à entrer dans ces classements depuis "High and Dry" (1995) et le premier à intégrer le top 40 américain depuis "Creep". En juillet, Radiohead dévoila une vidéo captivante pour "House of Cards", entièrement réalisée avec des techniques de tournage numérique.

La créativité de Radiohead ne s'arrêtait pas là, avec l'organisation de concours de remix pour les titres "Nude" et "Reckoner", offrant aux fans la possibilité de manipuler les pistes séparées. En avril

L'histoire du groupe

2008, le groupe lança WASTE Central, un service de réseautage social dédié aux passionnés de Radiohead. En mai, VH1 diffusa "In Rainbows - From the Basement", un épisode spécial de l'émission musicale "From the Basement" mettant en vedette des performances live de Radiohead interprétant des titres de l'album. L'épisode fut ensuite disponible sur iTunes en juin.

De mi-2008 au début de 2009, Radiohead s'embarqua dans une tournée mondiale, traversant l'Amérique du Nord, l'Europe, le Japon et l'Amérique du Sud pour promouvoir "In Rainbows". Le point culminant de cette période fut leur participation en tant que tête d'affiche aux festivals de Reading et de Leeds en août 2009, marquant un autre chapitre mémorable dans l'histoire musicale du groupe.

Quelques jours après que Radiohead eut conclu un accord avec XL, EMI annonça la sortie d'une collection de matériel enregistré par Radiohead avant "In Rainbows", programmée pour la même semaine que l'édition spéciale de ce dernier album. Cette décision fut largement interprétée comme une mesure de représailles de la part d'EMI envers le groupe qui avait choisi de ne pas renouveler son contrat avec la maison de disques. Les observateurs, parmi lesquels figurait le Guardian, perçurent cette stratégie comme une réponse peu amène à la décision de Radiohead.

En juin 2008, EMI lança un album à succès intitulé "Radiohead: The Best Of". Cependant, cet album fut réalisé sans la collaboration de Radiohead, ne comprenant que des chansons enregistrées dans le cadre de leur contrat antérieur avec EMI. Thom Yorke critiqua vivement cette publication, la qualifiant d'"opportunité gâchée". En 2009, EMI entreprit la réédition du catalogue plus ancien de Radiohead, en proposant des éditions augmentées, soulignant ainsi une autre étape dans la relation complexe entre le groupe et la maison de disques.

L'histoire du groupe

Au fil de l'évolution des médias sociaux à l'aube de cette décennie, Radiohead s'est peu à peu effacé de la scène publique, écartant toute présence médiatique promotionnelle telle que les interviews et les tournées destinées à propulser leurs nouvelles créations. Un article de Pitchfork souligna à l'époque que "la renommée de Radiohead devenait de plus en plus indépendante des rituels habituels entourant la promotion d'un album, les hissant au même niveau que des icônes telles que Beyoncé et Kanye West".

En mai 2009, Radiohead entama de nouvelles sessions d'enregistrement avec Godrich. En août de la même année, le groupe dévoila "Harry Patch (In Memory Of)", une œuvre hommage à Harry Patch, dernier soldat britannique survivant de la Première Guerre mondiale. Les recettes générées par la chanson furent intégralement reversées à la Légion britannique. Loin de suivre les conventions de l'instrumentation rock, la pièce présentait la voix de Yorke accompagnée d'un arrangement de cordes signé Jonny Greenwood.

Plus tard ce mois-là, une autre création inédite, "These Are My Twisted Words", émergea, arborant des percussions et des guitares évoquant le krautrock. La chanson fut divulguée via torrent, suscitant des spéculations quant à son origine, potentiellement orchestrée par Radiohead eux-mêmes. La semaine suivante, le morceau fut mis à disposition en téléchargement gratuit sur le site Web du groupe. Les commentateurs percevaient ces sorties comme faisant partie de la nouvelle stratégie imprévisible de Radiohead, émancipée des contraintes du marketing traditionnel.

En 2009, Thom Yorke créa un nouveau groupe, Atoms for Peace, dans le but d'interpréter son matériel solo. Il s'entoura de musiciens éminents tels que Nigel Godrich et le bassiste des Red Hot Chili Peppers, Flea. En 2010, le groupe donna huit concerts en Amérique du Nord. Parallèlement, en janvier de cette année-

L'histoire du groupe

là, Radiohead tint son seul concert complet de l'année au Théâtre Henry Fonda de Los Angeles, au profit d'Oxfam. Les billets furent mis aux enchères, amassant plus d'un demi-million de dollars américains destinés à soutenir l'ONG suite au séisme en Haïti en 2010.

En décembre de la même année, une vidéo de cette performance, intitulée "Radiohead for Haiti", fut diffusée sur YouTube et via torrent avec le soutien actif de Radiohead. Les fans furent encouragés à effectuer des dons à Oxfam grâce à un lien "payez ce que vous voulez". Simultanément, Radiohead publia l'enregistrement sur table d'harmonie de leur prestation à Prague en 2009 pour l'utiliser dans une vidéo de concert réalisée par des fans, intitulée "Live in Praha". Ces initiatives furent perçues comme des exemples de l'ouverture de Radiohead envers ses fans et de son attitude positive envers la distribution non commerciale sur Internet.

En juin 2010, Thom Yorke et Jonny Greenwood ont créé l'événement en proposant un set surprise au Festival de Glastonbury, où ils ont captivé le public en interprétant des morceaux de l'album solo d'Yorke, "The Eraser", ainsi que des titres de Radiohead. Dans un geste inattendu, leur performance a été saluée comme l'un des moments marquants du festival.

Dans le même élan artistique, Phil Selway, le batteur de Radiohead, a fait ses débuts en solo avec la sortie de son premier album, "Familial", en août. Louangé par Pitchfork, l'album a été décrit comme une collection de chansons folkloriques douces, s'inscrivant dans la tradition de Nick Drake, avec Selway à la guitare et à la voix. Cette incursion solo a dévoilé un aspect plus intime et personnel du talent musical de Selway, éloigné de son rôle de batteur dans le contexte de Radiohead.

L'histoire du groupe

Dans les lueurs fébriles du 18 février 2011, une mélodie virtuelle s'est insinuée à travers les fils invisibles du cyberespace. C'était le huitième opus musical d'une formation légendaire, Radiohead, intitulé "The King of Limbs". Un écho électrique parcourait la toile, alors que l'album se dévoilait au monde, disponible en téléchargement sur le site Web du groupe.

Après l'épopée sonore et l'instrumentation rock plus conventionnelle de leur précédent opus, "In Rainbows", Radiohead a entrepris un voyage artistique audacieux avec "The King of Limbs". Cette fois-ci, ils ont sculpté leur œuvre en utilisant des techniques d'échantillonnage et de bouclage, tissant des sonorités inédites avec des platines comme pinceaux.

Le souffle de cet enregistrement novateur a ensuite trouvé sa place dans le monde tangible en mars, lorsque l'album a été officiellement lancé en version physique par le label XL. Une édition spéciale, telle un journal musical, a vu le jour en mai, ajoutant une couche d'énigme à cet univers sonore.

"The King of Limbs" s'est écoulé à hauteur de 300 000 à 400 000 exemplaires, un ballet de chiffres qui a dansé exclusivement via le site Web de Radiohead. Lorsque l'édition commerciale a fait son entrée, elle a gracieusement pris position au sixième rang du Billboard 200 américain et au septième du UK Albums Chart, marquant ainsi une nouvelle épopée sur les sommets des charts musicaux.

Les lauriers n'ont pas tardé à pleuvoir, avec une nomination dans cinq catégories aux prestigieux 54e Grammy Awards, élevant l'album au panthéon de la reconnaissance musicale.

Toutefois, l'histoire de "The King of Limbs" ne s'est pas limitée à ces feux de la rampe. Deux joyaux musicaux, "Supercollider" et "The Butcher", exclus du corps principal de l'album, ont trouvé leur liberté dans un double single face A, dévoilé lors du Record

L'histoire du groupe

Store Day en avril, enrichissant ainsi le répertoire de la légende sonore.

En septembre, une symphonie de réinterprétations a pris vie avec la sortie de "TKOL RMX 1234567", une compilation de remixes signés par divers artistes. Une œuvre qui a démontré que l'écho du roi des limbes résonnait bien au-delà des frontières initiales tracées par Radiohead.

Pour donner vie à la complexité rythmique de "The King of Limbs" sur scène, Radiohead a fait appel à une force percussive supplémentaire en la personne de Clive Deamer. Ce batteur émérite, ayant collaboré avec des formations telles que Portishead et Get the Blessing, a rejoint les rangs de Radiohead pour les tournées à venir, apportant son expertise et son talent au service de cette aventure musicale.

C'est sur la scène du Glastonbury Festival en juin 2011 que Radiohead a offert une performance surprise, révélant pour la première fois les méandres sonores de "The King of Limbs" en direct. Aux côtés de Deamer, le groupe a déployé une expérience musicale qui a transcendé les frontières de l'audace artistique.

Le chapitre live de cette épopée s'est poursuivi avec la création de "The King of Limbs: Live from the Basement", une œuvre capturant l'énergie brute de Radiohead, mise en ligne en août 2011. Cette performance mémorable a été diffusée à l'échelle internationale par les ondes de la BBC, puis immortalisée en janvier 2012 sur les formats DVD et Blu-ray. Enrichissant l'expérience, deux nouvelles compositions, "The Daily Mail" et "Staircase", ont été révélées au public sous la forme d'un double téléchargement en décembre 2011.

Le calendrier de Radiohead s'est étoffé en février 2012 avec le lancement de leur première tournée nord-américaine prolongée en quatre ans. Cette odyssée musicale a sillonné les États-Unis, le

L'histoire du groupe

Canada et le Mexique, tissant de nouvelles connexions avec un public avide. Pendant cette tournée, le groupe s'est aventuré au studio Third Man Records de Jack White, capturant des éclats de créativité. Cependant, ces enregistrements, tels des feux follets, ont été abandonnés, laissant planer un mystère sur les notes éphémères créées dans l'étreinte de l'instant live. Ainsi, l'histoire de "The King of Limbs" s'est enrichie de chaque battement, de chaque note, écrivant un nouveau chapitre dans le livre vivant de la musique de Radiohead.

Le crépuscule du 16 juin 2012 a laissé une ombre indélébile dans l'histoire de Radiohead. À peine une heure avant l'ouverture des portes du parc Downsview de Toronto, où le rideau allait tomber sur la dernière note de leur tournée nord-américaine, la tragédie a frappé. Le toit de la scène temporaire s'est effondré, emportant avec lui le technicien de batterie, Scott Johnson, dans une perte déchirante, et laissant trois autres membres de l'équipage de la route de Radiohead blessés.

Face à ce cataclysme, Radiohead a dû réécrire le script de sa tournée, repoussant les frontières de l'art pour réparer les fissures du cœur brisé. Leurs instruments, auparavant porteurs de mélodies, se sont transformés en échos d'une perte incommensurable. Lors du concert suivant, à Nîmes, en France, en juillet, le groupe a transcendé la douleur en rendant hommage à Scott Johnson, tissant sa mémoire dans les notes même de leur musique.

Cependant, la quête de justice a suivi son propre chemin sinueux. En juin 2013, Live Nation Canada Inc, aux côtés de deux autres organisations et d'un ingénieur, a été inculpé de 13 chefs d'accusation en vertu des lois ontariennes sur la santé et la sécurité. Les rouages de la justice ont tourné lentement, et en septembre 2017, après de multiples retards, l'affaire a été abandonnée en vertu de l'arrêt Jordan, qui impose des délais stricts pour les procès. La décision a provoqué un écho d'injustice,

L'histoire du groupe

auquel Radiohead a répondu avec une déclaration condamnant le verdict.

En 2019, une enquête a enfin livré son verdict, concluant à une mort accidentelle. Cependant, les cicatrices de cette nuit tragique demeurent, gravées dans la mémoire collective de ceux qui ont connu la puissance éphémère de la musique en concert, entrelacée à jamais avec la perte d'un être cher. La mélodie de la vie continue, mais le souvenir de Scott Johnson résonne toujours dans le silence entre les notes.

Après la clôture de la tournée de "The King of Limbs", les membres de Radiohead ont exploré des voies musicales parallèles. En février 2013, Thom Yorke et Nigel Godrich ont donné naissance à un projet envoûtant : le groupe Atoms for Peace. Leur collaboration a abouti à la sortie d'un album captivant intitulé "Amok", un kaléidoscope sonore explorant de nouvelles frontières musicales.

Cependant, leur influence ne s'est pas limitée à la création musicale. Cette année-là, Yorke et Godrich ont fait les gros titres pour leurs critiques audacieuses envers le service de streaming musical gratuit, Spotify. Thom Yorke, d'une voix résolue, a accusé Spotify de ne profiter qu'aux géants de l'industrie musicale, dotés de vastes catalogues, et a encouragé les artistes à établir des "connexions directes" avec leur public. C'était une déclaration qui résonnait au-delà des notes, soulignant la quête de transparence et de soutien direct entre les créateurs de musique et ceux qui les écoutent.

Leur positionnement contre le statu quo de l'industrie musicale a déclenché des débats passionnés, stimulant la réflexion sur les relations complexes entre les artistes, les plateformes de streaming et le public. Ainsi, même dans les interstices entre les albums et les tournées, les membres de Radiohead ont continué à

L'histoire du groupe

façonner le paysage musical, non seulement par leurs créations, mais aussi par leur voix critique et visionnaire.

En février 2014, Radiohead a ouvert une nouvelle porte vers l'exploration artistique en lançant une application novatrice baptisée "Polyfauna". Fruit d'une collaboration avec le studio d'arts numériques britannique Universal Everything, cette application offrait une expérience sensorielle immersive, fusionnant la musique et les visuels tirés de l'album "The King of Limbs".

En mai de la même année, Thom Yorke a prêté son talent à la création d'une bande originale intitulée "Subterranea" pour l'installation artistique de Radiohead, "The Panic Office", présentée à Sydney, en Australie. Cette composition musicale éphémère s'est inscrite dans la continuité de l'exploration artistique multidimensionnelle du groupe.

La fin de l'année 2014 a été marquée par les projets solos des membres de Radiohead. Thom Yorke a dévoilé "Tomorrow's Modern Boxes", tandis que Phil Selway a présenté "Weatherhouse". Ces albums individuels ont témoigné de la diversité créative des membres du groupe, explorant des territoires sonores distincts tout en conservant l'empreinte artistique qui les unit.

Jonny Greenwood, toujours avide d'explorer de nouveaux horizons musicaux, a composé la musique pour le troisième film de Paul Thomas Anderson, "Inherent Vice". Un joyau caché dans cette composition était une version d'une chanson inédite de Radiohead intitulée "Spooks", interprétée par Greenwood et des membres du groupe Supergrass.

Novembre 2015 a vu la naissance de "Junun", une collaboration fusionnelle entre Jonny Greenwood, Nigel Godrich, le compositeur israélien Shye Ben Tzur, et des musiciens indiens.

L'histoire du groupe

Accompagné d'un documentaire réalisé par Paul Thomas Anderson, ce projet a ouvert une fenêtre sur la symbiose musicale qui transcende les frontières culturelles et géographiques.

Ainsi, même au-delà des contours de Radiohead en tant que collectif, chaque membre a continué à tisser la trame complexe de son univers musical, élargissant les frontières de l'expérimentation artistique.

En avril 2016, un chapitre significatif s'est écrit dans l'histoire musicale de Radiohead. Le catalogue du groupe a trouvé un nouveau foyer entre les mains bienveillantes de XL Recordings, un label qui avait déjà publié les éditions commerciales de "In Rainbows" et "The King of Limbs", ainsi que la plupart des œuvres solo de Thom Yorke. C'était comme si les fils du passé et du présent se tissaient dans une trame musicale renouvelée.

Pour célébrer ce nouveau partenariat, XL Recordings a orchestré une résonance du passé en mai 2016. L'ancien catalogue de Radiohead, porteur de tant de mémoires sonores, a été ressuscité sous la forme d'éditions vinyles, une révérence aux audiophiles et aux amateurs de cette expérience tactile unique que procure le vinyle.

Ce transfert de propriété n'était pas simplement une transaction commerciale, mais plutôt une reconnaissance de l'empreinte indélébile laissée par Radiohead dans le paysage musical. C'était l'acte de confier ces mélodies captivantes à des gardiens dévoués, assurant ainsi que les échos du passé résonneraient avec force dans les années à venir. Ainsi, le voyage musical de Radiohead s'est poursuivi, chaque note imprégnée de la richesse d'un héritage musical en constante évolution.

L'année était 2014, une période où l'air était empreint d'anticipation créative pour Radiohead, alors qu'ils amorçaient les

L'histoire du groupe

premiers accords de leur neuvième opus en studio. Les feuilles tombaient, et avec elles, une mélodie naissante prenait forme. Dans l'atmosphère inspirante du studio La Fabrique, niché près de Saint-Rémy-de-Provence en France, le groupe s'efforçait d'insuffler une nouvelle vie à ses compositions.

Cependant, cette quête musicale fut entrecoupée par des événements poignants. Les notes résonnaient avec une teinte de tristesse, alors que le père de Nigel Godrich, l'homme qui orchestrerait les harmonies, quittait ce monde. Les murs du studio ont absorbé non seulement les accords, mais aussi les échos d'un chagrin partagé.

Puis vint l'ombre d'une séparation. Thom Yorke, la voix emblématique du groupe, naviguait à travers les tumultes de la vie personnelle, dissonant des accords conjugaux avec Rachel Owen. Leur histoire d'amour s'acheva tragiquement avec la disparition de Rachel en 2016, emportée par les griffes impitoyables du cancer. Les mélodies devinrent le reflet des émotions tourbillonnantes, capturant la douleur et l'incertitude dans chaque note.

Cependant, le destin avait d'autres partitions à faire jouer. Les enregistrements furent interrompus abruptement lorsque Radiohead reçut une mission inattendue : composer le thème du film de James Bond de 2015, "Spectre". Une pause forcée dans leur propre récit musical, une parenthèse temporelle où les sons du studio laissèrent place aux orchestrations cinématographiques.

À la suite du rejet de leur création pour le monde de 007, une chanson intitulée "Spectre", Radiohead décida de partager son œuvre avec le monde. Comme un cadeau musical déposé sous le sapin numérique, la chanson fut dévoilée sur le site de streaming audio SoundCloud lors de la magie de Noël en 2015. Une mélodie rejetée par l'écran argenté, mais offerte avec générosité aux oreilles de ceux qui savaient où chercher. Ainsi, l'histoire de cet

L'histoire du groupe

album en gestation continua, tissée de notes, de tragédies et de rebondissements imprévisibles, comme le fil d'un roman musical en constante évolution.

En mai 2016, Radiohead dévoila son neuvième chef-d'œuvre sonore, "A Moon Shaped Pool", une création transcendante qui fit son entrée sur la scène musicale à travers le site Web du groupe et les boutiques de musique en ligne. Ce ballet musical fut ensuite répété dans les salles de vente avec des versions commerciales en juin, orchestrées avec maestria par XL Recordings.

L'album fut porté sur les ailes de vidéoclips envoûtants pour les singles "Burn the Witch" et "Daydreaming", ce dernier mis en scène par le talent d'Anderson. Un mariage visuel et auditif qui captiva les esprits et éleva l'expérience musicale à de nouvelles hauteurs.

"A Moon Shaped Pool" ne fut pas simplement une collection de chansons, mais un voyage à travers le temps musical de Radiohead. Des compositions écrites des années auparavant, dont la mélancolique "True Love Waits", furent polies et présentées avec des nuances contemporaines. Les cordes se mêlèrent aux voix chorales, tissées avec habileté par le London Contemporary Orchestra, ajoutant une dimension symphonique à l'expression artistique du groupe.

Le Royaume-Uni résonna de l'écho de cet opus, le hissant au sommet des charts comme le sixième album numéro un de Radiohead dans leur terre natale. Aux États-Unis, il atteignit la troisième place, laissant une empreinte mélodique durable outre-Atlantique.

Ce n'était pas la première fois que Radiohead se retrouvait sur le tapis du Mercury Prize, mais "A Moon Shaped Pool" écrivit une nouvelle page d'histoire en devenant le cinquième album du groupe à être nommé pour ce prestigieux prix. L'acte le plus

L'histoire du groupe

présélectionné de l'histoire du Mercury Prize, une reconnaissance témoignant de l'impact constant et de l'innovation musicale du groupe.

Les Grammy Awards également se penchèrent sur cet opus, le nominant dans deux catégories : meilleur album de musique alternative et meilleure chanson rock pour le vibrant "Burn the Witch" lors de la 59e cérémonie annuelle. Un autre ajout à la collection de distinctions et de reconnaissances qui jalonnent le parcours exceptionnel de Radiohead.

"A Moon Shaped Pool" ne se contenta pas de résonner dans les oreilles de ses auditeurs, il s'inscrivit également dans l'histoire des meilleures sorties de l'année, s'immortalisant sur les listes élogieuses de nombreuses publications musicales. Un chapitre de plus dans le livre musical de Radiohead, où chaque note était une invitation à explorer les recoins les plus profonds de l'émotion humaine.

Pendant les années 2016, 2017 et 2018, les membres de Radiohead entreprirent un périple musical à travers l'Europe, le Japon, ainsi que les Amériques du Nord et du Sud. Leurs mélodies transcendèrent les frontières, résonnant dans des lieux emblématiques et occupant la scène principale lors de festivals prestigieux tels que Coachella et Glastonbury.

Cependant, au milieu de ces notes harmonieuses, une discordance émergea lorsqu'ils choisirent de se produire à Tel Aviv en juillet 2017. Ce choix ne fut pas sans controverse, défiant la campagne Boycott, Désinvestissement et Sanctions (BDS) qui appelait au boycott culturel international d'Israël. La performance suscita des critiques acerbes, notamment de la part d'artistes engagés tels que Roger Waters et Ken Loach. Une pétition, signée par plus de 50 personnalités éminentes, pressa ardemment Radiohead d'annuler ce concert controversé.

L'histoire du groupe

Face à cette pression, Thom Yorke, la voix emblématique du groupe, riposta avec une déclaration délibérée : "Jouer dans un pays n'est pas la même chose que soutenir le gouvernement. La musique, l'art et le monde universitaire concernent le franchissement des frontières et non leur construction, les esprits ouverts et non fermés, l'humanité partagée, le dialogue et la liberté d'expression." Une réponse qui, telle une note forte au sein d'une symphonie, affirmait la conviction du groupe quant à la puissance universelle de la musique et de l'art, au-delà des frontières politiques. Un acte qui soulignait leur engagement envers la libre circulation des idées, le dialogue et l'expression artistique, même au milieu des discours contradictoires qui entourent le monde de la politique et de la protestation.

En ce mois de juin 2017, Radiohead a dévoilé une édition spéciale d'OK Computer à l'occasion de son 20e anniversaire, baptisée OKNOTOK 1997-2017. Cette édition exceptionnelle comprenait une version remastérisée de l'album emblématique, ainsi que des faces B et du matériel jusqu'alors inédit. La promotion de cette réédition s'est faite à travers des vidéoclips accompagnant les nouveaux titres tels que "I Promise", "Man of War" et "Lift".

L'impact fut immédiat, OKNOTOK faisant son entrée à la deuxième place du UK Album Chart. La prestation télévisée de Radiohead à Glastonbury cette semaine-là a indéniablement contribué à ce succès. Outre-Manche, l'album a également atteint la 23e place sur le Billboard 200 américain.

En août de la même année, Thom Yorke et Jonny Greenwood ont offert un concert-bénéfice dans les Marches, en Italie. Cette initiative faisait suite au séisme dévastateur d'août 2016 qui avait frappé le centre de l'Italie.

Le mois suivant, en septembre, a marqué le lancement de la série documentaire sur la nature intitulée Blue Planet II. Le morceau

L'histoire du groupe

"Bloom" de l'album King of Limbs a été revisité pour accompagner cette nouvelle production, avec la collaboration du compositeur Hans Zimmer.

En 2017, dès sa première année d'éligibilité, Radiohead a été nommé pour entrer au Rock and Roll Hall of Fame. Cette reconnaissance a été renouvelée en 2018, et en mars de cette même année, le groupe a finalement été intronisé. Bien que Jonny Greenwood et Thom Yorke aient manifesté leur désintérêt pour l'événement, Phil Selway et Ed O'Brien ont fait acte de présence et ont prononcé des discours mémorables.

Lors de la cérémonie, le chanteur David Byrne, l'une des influences fondamentales de Radiohead, a livré un discours élogieux saluant les innovations musicales et les percées artistiques du groupe. Selon lui, ces contributions exceptionnelles ont laissé une empreinte durable sur l'ensemble de l'industrie musicale. C'était une célébration marquante de la carrière exceptionnelle et de l'impact significatif de Radiohead dans le monde de la musique.

En juin 2019, des heures d'enregistrements réalisés par Radiohead pendant la période d'OK Computer ont été divulguées en ligne. En réponse à cette fuite, Radiohead a pris l'initiative de mettre ces enregistrements à disposition en les rendant disponibles à l'achat sous forme de MiniDiscs [Hacked]. Tous les bénéfices issus de cette initiative ont été intégralement reversés au groupe écologiste Extinction Rebellion.

En décembre de la même année, Radiohead a décidé de mettre sa discographie à la disposition du public gratuitement sur YouTube. Puis, en janvier de l'année suivante, ils ont lancé la Bibliothèque publique de Radiohead, une archive en ligne exhaustive de leur travail. Cette bibliothèque englobait une variété de contenus, tels que des vidéoclips, des performances

L'histoire du groupe

live, des œuvres artistiques, ainsi que le documentaire de 1998 intitulé "Meeting People Is Easy".

En un geste significatif, le 2 juin, Radiohead a suspendu son contenu en ligne pour participer au Blackout Tuesday, un acte de protestation contre le racisme et la brutalité policière. C'était une démonstration tangible de leur engagement envers les questions sociales et leur utilisation de leur plateforme pour soutenir des causes importantes.

En l'an 2017, Selway donna vie à sa troisième création en solo, la bande sonore du film "Let Me Go". Jonny Greenwood se retrouva quant à lui en lice pour l'Oscar de la meilleure musique originale, couronnant ainsi sa cinquième collaboration avec Anderson pour "Phantom Thread" (2017). Parallèlement, il prit les rênes de la composition musicale pour le deuxième film de Lynne Ramsay, "You Were Never Really Here" (2018). Thom Yorke, de son côté, dévoila sa première œuvre musicale pour un long métrage avec "Suspiria" (2018), tout en lançant son troisième album solo, "Anima" (2019), appuyé par un court métrage réalisé par Anderson.

En cette année charnière de 2020, O'Brien fit son entrée en solo avec la sortie de son premier album, "Earth", arborant le pseudonyme EOB. Bien qu'il ait composé des chansons pendant des années, il ressentit que celles-ci dégageaient une "énergie distincte" qui se perdrait au sein de l'univers musical de Radiohead.

En 2021, Radiohead a été contraint d'abandonner son ambitieux projet de tournée en raison de la pandémie mondiale de COVID-19 qui sévissait. Cependant, le groupe n'a pas laissé cette période difficile les arrêter dans leur élan créatif. En novembre de la même année, ils ont dévoilé un projet tout aussi intrigant : Kid A Mnesia. Cette œuvre, une réédition anniversaire, rassemble les

L'histoire du groupe

albums emblématiques Kid A et Amnesiac, agrémentés de matériel inédit captivant.

Pour accompagner ce lancement, Radiohead a choisi une approche innovante de promotion. Des singles ont été mis à disposition en téléchargement, donnant un avant-goût des nouvelles compositions, dont "If You Say the Word" et "Follow Me Around", accompagnés de vidéos captivantes. L'excitation entourant cette sortie était palpable, mais malheureusement, les plans initiaux d'une installation artistique immersive basée sur les albums ont dû être abandonnés en raison de problèmes logistiques exacerbés par la persistance de la pandémie.

Cependant, plutôt que de se laisser décourager, Radiohead a pivoté avec agilité. À la place de l'installation artistique prévue, le groupe a créé une expérience numérique gratuite appelée Kid A Mnesia Exhibition. Cette initiative novatrice a été rendue accessible aux détenteurs de PlayStation 5, ainsi qu'aux utilisateurs de macOS et Windows. Cette transition vers le numérique a permis au public de plonger dans l'univers sonore et visuel de Radiohead de manière inédite, offrant une alternative immersive à l'expérience live qu'ils avaient espérée partager avec leurs fans à travers le monde.

Au cours d'un événement en direct organisé par le Glastonbury Festival en mai 2021, Thom Yorke et Jonny Greenwood ont dévoilé au monde leur nouveau projet musical, baptisé The Smile. Ils ont été rejoints par le talentueux batteur Tom Skinner, et ensemble, ils ont créé une formation musicale novatrice. Jonny Greenwood a expliqué que cette initiative a émergé comme une réponse créative aux périodes de confinement imposées par la pandémie de COVID-19, offrant ainsi une opportunité de collaboration unique entre lui et Yorke.

Les premières impressions décrivent The Smile comme une incarnation plus dépouillée et enchevêtrée de Radiohead. Alexis

L'histoire du groupe

Petridis, critique pour The Guardian, a caractérisé le groupe avec des qualificatifs tels que "squelettique" et "noueux", soulignant des signatures rythmiques inhabituelles, des riffs complexes, et un psychédélisme "dur" et motorisé. En mai 2022, The Smile a lancé son premier album, "A Light for Attracting Attention", qui a été chaleureusement salué par la critique. Ryan Dombal de Pitchfork n'a pas mâché ses mots en le qualifiant d'"instantanément, sans aucun doute le meilleur album jamais réalisé par un projet parallèle de Radiohead".

Fort de ce succès, The Smile s'est lancé dans une tournée internationale courant 2022 et 2023, permettant à leur son unique de résonner à travers le monde. L'anticipation monte à l'approche de janvier 2024, date prévue pour la sortie de leur deuxième opus, "Wall of Eyes". Les attentes sont élevées, et les fans attendent avec impatience de voir comment le groupe continuera à redéfinir les frontières de la musique alternative.

En 2022, Colin Greenwood a pris la route de l'Australie en tant que membre du groupe de Nick Cave et Warren Ellis, participant à une tournée mémorable. Cette collaboration fructueuse a ouvert la voie à de nouvelles opportunités, et en septembre 2023, Greenwood a entamé une nouvelle tournée avec Nick Cave.

Pendant ce temps, le batteur de Radiohead, Phil Selway, a poursuivi son propre chemin musical avec la sortie de son troisième album solo, "Strange Dance", en février 2023. Cette réalisation souligne la diversité des talents au sein du groupe.

Jonny Greenwood, toujours avide d'exploration musicale, a sorti en juin 2023 un album intitulé "Jarak Qaribak" en collaboration avec le musicien de rock israélien Dudu Tassa. Cette œuvre fusionne les univers musicaux des deux artistes pour créer une expérience sonore unique.

L'histoire du groupe

Selway a exprimé la conviction que c'est sain pour les membres de Radiohead de s'engager dans des projets parallèles avec d'autres musiciens. Il a souligné que tous ces projets existent sous le "parapluie" de Radiohead, insinuant ainsi que la cohésion du groupe principal demeure intacte. Selon ses mots, Radiohead "existe toujours", démontrant que malgré les explorations individuelles, la force créative du groupe persiste et continue à évoluer.

Au cœur de l'univers musical de Radiohead, une palette éclectique s'étend telle une toile aux nuances multiples. Leur style, indéfinissable et riche, a été décrit comme une fusion envoûtante d'art rock, de rock alternatif, d'électro, de rock expérimental, de rock progressif, de Britpop, de grunge, d'art pop, et de rock électronique. Chaque note semble être un pinceau vibrant, mêlant les genres avec une maîtrise artistique, créant ainsi une expérience sonore unique et captivante. L'essence musicale de Radiohead transcende les frontières, invitant l'auditeur à plonger dans un voyage où les catégories traditionnelles se dissolvent devant la créativité audacieuse et l'innovation sonore.

Les paroles de Jonny Greenwood résonnent comme une mélodie éclairante dans l'approche artistique de Radiohead. Il a partagé que le groupe s'engage dans une quête délicate, cherchant un équilibre subtil entre ses influences expérimentales et une musicalité rock plus accessible. Pour Radiohead, l'exploration sonore n'est pas dictée par le simple désir d'être "expérimental", mais plutôt par une volonté profonde de ne pas s'enfermer dans la répétition. Chaque note, chaque accord, est un pas délibéré vers l'inconnu, une évasion audacieuse des sentiers battus, guidée par la soif inextinguible de créativité et le refus catégorique de la stagnation artistique. En cherchant constamment à échapper à la redondance, Radiohead s'élève au-delà des frontières musicales, sculptant un chemin singulier dans le paysage sonore.

L'histoire du groupe

Au cœur du processus créatif de Radiohead, une danse artistique entre Thom Yorke et Jonny Greenwood se dévoile. Généralement amorcées par un ébauche de Yorke, les chansons prennent vie au fil d'un développement harmonieux orchestré par Jonny Greenwood, dont la formation en théorie musicale contraste avec l'approche intuitive de Yorke, dépourvue de lecture de partitions.

Dans les coulisses de cette collaboration, Yorke, sans la contrainte des partitions, initie un schéma, une esquisse sonore. Greenwood, tel un alchimiste musical, prend ensuite les rênes de l'harmonie, tissant une toile complexe autour de l'idée initiale. C'est à ce stade que la magie opère, où les autres membres du groupe entrent en scène pour donner vie à la vision commune.

Dans l'éloge de cette dynamique, Ryan Dombal de Pitchfork souligne la nature audacieuse de la collaboration Yorke-Greenwood, qualifiant cette interaction cerveau gauche-cerveau droit de l'une des plus aventureuses de l'histoire du rock. C'est une fusion d'intuitions et de connaissances, une alchimie où la créativité s'épanouit dans un équilibre délicat entre instinct brut et expertise musicale.

Bien que Thom Yorke occupe la position de directeur au sein de Radiohead, chaque membre du groupe contribue de manière significative à l'élaboration des arrangements musicaux. En 2004, Yorke reconnaissait que, par le passé, son pouvoir était "absolument déséquilibré" et qu'il était prêt à renverser les dynamiques de pouvoir à tout prix. Cependant, avec l'évolution du temps, les albums ultérieurs ont adopté une approche plus démocratique.

Dans une humble reconnaissance de ses excès, Yorke s'est excusé auprès de ses collègues de groupe pour son comportement passé de "maniaque du contrôle". Cette transformation reflète un désir

L'histoire du groupe

de collaboration plus égalitaire, où chaque membre a la liberté d'influencer la direction musicale du groupe.

Jonny Greenwood, guitariste de Radiohead, souligne cette égalité en affirmant que, au sein du groupe, personne n'est remplaçable. Les membres ont trouvé une harmonie naturelle avec leurs rôles respectifs, créant ainsi un environnement où chacun se sent à l'aise et valorisé. Cette dynamique équilibrée contribue à la force et à la continuité de l'ensemble, faisant de Radiohead un collectif où la créativité s'épanouit dans un esprit de coopération.

Dans l'univers musical de Radiohead, la répartition des rôles entre Jonny Greenwood et Ed O'Brien se dévoile comme une symphonie d'expertise. Jonny Greenwood, le maestro des parties de guitare solo, déploie son talent avec une virtuosité captivante. En parallèle, Ed O'Brien façonne l'atmosphère sonore en explorant les possibilités infinies des unités d'effets, créant des paysages sonores ambiants qui enveloppent l'auditeur.

Le processus créatif de Radiohead est une quête incessante d'exploration. Le groupe expérimente souvent diverses approches des chansons, les modifiant au fil des années pour atteindre une forme finale qui incarne pleinement leur vision artistique. Un exemple marquant est celui de "True Love Waits", joué pour la première fois en 1995 avant de subir une transformation significative pour sa sortie officielle sur l'album "A Moon Shaped Pool" en 2016.

Jonny Greenwood exprime la philosophie du groupe en décrivant Radiohead comme "juste une sorte d'arrangement pour former des chansons en utilisant n'importe quelle technologie" qui convient à l'essence de la chanson. Cette flexibilité transcende les frontières instrumentales, que ce soit l'élégance d'un violoncelle ou la puissance d'un ordinateur portable, chaque élément est intégré pour servir la musicalité et l'émotion inhérente à chaque morceau. C'est ainsi que Radiohead continue d'évoluer, capturant

L'histoire du groupe

l'énergie du présent tout en honorant l'héritage de chaque composition.

Les sessions de Kid A et Amnesiac ont marqué un tournant décisif dans la trajectoire musicale de Radiohead, catalysant non seulement un changement sonore radical, mais aussi une transformation profonde dans leurs méthodes de travail. Le passage audacieux de l'instrumentation rock conventionnelle à des horizons sonores électroniques a libéré une flexibilité créative sans précédent parmi les membres du groupe, les incitant à explorer de nouvelles facettes de leur talent.

Durant cette période révolutionnaire, Thom Yorke s'est approprié le clavier et la basse, délaissant les sentiers familiers pour plonger dans l'électronique émouvante. Jonny Greenwood a ajouté une dimension envoûtante avec les ondes Martenot, apportant une texture singulière aux compositions. Colin Greenwood a embrassé l'échantillonnage, façonnant des paysages sonores riches et complexes.

Ed O'Brien et Phil Selway, quant à eux, ont adopté les boîtes à rythmes et les manipulations numériques, élargissant ainsi l'arsenal sonore du groupe. Cette diversification des rôles et des instruments a créé un espace d'expérimentation fertile, où chaque membre contribuait à redéfinir la signature sonore de Radiohead.

Les sessions de Kid A et Amnesiac ont non seulement abouti à des albums novateurs, mais ont également façonné une nouvelle approche de la musique pour le groupe, témoignant de leur volonté constante de transcender les limites et de repousser les frontières de la créativité musicale.

Au creuset de leur inspiration musicale, Radiohead puisait dans un kaléidoscope éclectique comprenant des icônes telles que Queen, Bob Dylan, Pink Floyd, et Elvis Costello. Les sillons de

L'histoire du groupe

leur créativité étaient également marqués par l'empreinte indélébile de Joy Division, Siouxsie and the Banshees, et Magazine, des pionniers du post-punk. Les années 1980, avec leur floraison de groupes de rock alternatif tels que REM, U2, les Pixies, les Smiths, et Sonic Youth, exerçaient une influence tout aussi cruciale.

Jonny Greenwood, sculpteur des mélodies en six cordes, érigeait John McGeoch, le guitariste de Magazine, en titan de son inspiration. Une admiration profonde qui jetait les bases de la sonorité singulière de Radiohead. Au tournant des années 1990, le groupe, assoiffé d'innovation, intégrait des techniques d'enregistrement empruntées au hip-hop, s'inspirant des explorations sonores de DJ Shadow. L'utilisation novatrice de l'ordinateur pour engendrer des sons devint une pièce maîtresse de leur évolution artistique.

Les fils invisibles de leur créativité s'étendaient également vers des horizons cinématographiques, tirant inspiration des œuvres symphoniques d'Ennio Morricone. Les traces indélébiles des maîtres des années 1960, tels que les Beatles et les Beach Boys, s'entremêlaient harmonieusement dans le tissu musical de Radiohead. La production du légendaire « mur de son » de Phil Spector, pareil à une toile de fond éthérée, imprégnait leur quête artistique d'une profondeur insondable. Ainsi, l'évolution de Radiohead transcendait le simple exercice musical pour devenir une odyssée sensorielle traversant des décennies d'influences éclectiques.

Les notes discordantes du jazz des années 60 et 70, tissées par les doigts habiles de Miles Davis, Charles Mingus, et Alice Coltrane, ont également laissé leur empreinte profonde sur l'arsenal d'influences de Radiohead. Dans un éclat de transparence, Jonny Greenwood révèle leur approche singulière : « Nous apportons nos albums de jazz préférés et disons : nous voulons faire cela. Et nous apprécions le son de notre échec ! »

L'histoire du groupe

Cette quête musicale rappelle les premiers jours du rock anglais, où les groupes des années 1950 imitaient avec ferveur les disques de blues américains. Une démarche comparée par Greenwood à une sorte d'hommage sincère, où l'échec devient une toile de fond nécessaire à l'épanouissement artistique.

Les percussions entrelacées de Clive Deamer, qui a joint ses talents à Radiohead depuis 2011, dévoilent une perspective fascinante. Pour lui, Radiohead n'est pas simplement un groupe de rock, mais plutôt un ensemble dont la méthodologie s'aligne plus étroitement sur les sentiers sinueux du jazz : « Ils essaient délibérément d'éviter les clichés et les formes standard pour le plaisir de la chanson... Les groupes de rock ne font pas ça. Cela ressemble beaucoup plus à une mentalité de jazz. » Ainsi, dans la mosaïque complexe de leur art, Radiohead transcende les frontières musicales conventionnelles pour embrasser la liberté et l'improvisation caractéristiques du jazz.

Les éclats électroniques qui colorent les toiles sonores de "Kid A" et "Amnesiac" puisent leur essence dans l'admiration profonde de Thom Yorke pour les génies de Warp Records, à commencer par l'incomparable Aphex Twin. En 2013, Yorke élève Aphex Twin au statut de sa plus grande influence, une boussole créative guidant la trajectoire expérimentale du groupe. Les paysages sonores de "Kid A" plongent également dans les eaux pionnières des premières musiques informatiques, créant une fusion d'avant-garde électronique.

L'héritage psychédélique du krautrock des années 1970, avec les pionniers tels que Can et Neu!, s'inscrit également en lettres capitales dans la palette d'influences. L'exploration de Jonny Greenwood dans les méandres de la musique classique du XXe siècle ajoute une couche de complexité, citant les compositeurs Krzysztof Penderecki et Olivier Messiaen comme sources d'inspiration. Depuis l'enregistrement de "Kid A", les ondes

L'histoire du groupe

Martenot, instrument électronique précoce popularisé par Messiaen, ont trouvé leur place dans l'arsenal de Greenwood.

Le processus créatif de Radiohead ne s'arrête pas là. Lors de la réalisation de "In Rainbows", une mosaïque d'influences s'entremêle, allant du rock à l'électronique, du hip-hop à l'expérimental. Des noms tels que Björk, MIA, Liars, Modeselektor et Spank Rock s'invitent à la table de la créativité, élargissant les horizons musicaux du groupe.

Cependant, Thom Yorke, en 2011, réfute toute étiquette préconçue de "musique expérimentale". Il souligne que Radiohead est une éponge musicale constante, absorbant une diversité de sons et d'influences. Ainsi, l'éclectisme demeure au cœur de leur démarche artistique, refusant d'être défini par des frontières, mais plutôt en constante évolution, embrassant la richesse de la musique dans toute sa diversité.

Thom Yorke, le maître des mots au sein de Radiohead, a façonné l'identité lyrique du groupe de manière unique. Si ses premières incursions dans l'écriture se drapaient de l'intime, à partir de "Kid A", une métamorphose s'opère. Yorke se plonge dans l'expérimentation en découpant des mots et des phrases, les assemblant au hasard, créant ainsi une mosaïque de langage énigmatique.

Son choix délibéré d'incorporer des clichés, des idiomes et d'autres expressions familières ne relève pas du hasard. Il suggère, selon ses propres mots, "un esprit consommé par des données dénuées de sens". Cette démarche, d'apparence délibérément chaotique, prend une dimension plus profonde. L'écrivain de New Republic, Ryan Kearney, avance l'hypothèse intrigante que ces "radioheadismes", comme il les nomme, constituent une tentative de Thom Yorke pour miner la substance

L'histoire du groupe

de notre langage commun, révélant ainsi la vacuité du discours quotidien.

Ainsi, Yorke se positionne en tant que poète provocateur, jouant avec les éléments les plus fondamentaux de la langue pour transcender les frontières de la communication conventionnelle. Ses paroles deviennent des échos déformés, des fragments de sens éparpillés, offrant aux auditeurs une expérience lyrique qui va au-delà des contours familiers du langage, interrogeant la nature même de la communication et de la signification.

Les vers de Thom Yorke, tel un reflet de son âme, résonnent avec la pulsation de la colère, capturant les échos de ses préoccupations profondément enracinées dans le politique et l'environnemental. Pour lui, chaque ligne est tissée comme une réponse constante à la double pensée, une confrontation avec les paradoxes qui habitent notre monde.

Cependant, l'évolution de ses paroles est palpable. Sur "A Moon Shaped Pool", les mots qui s'écoulent de sa plume semblent revêtir une teinte moins cynique, se métamorphosant en une symphonie d'émerveillement et d'étonnement, comme si la lueur d'une lune réfléchie éclairait ses pensées les plus profondes.

Malgré cette nuance, Yorke demeure résolu à dénoncer toute étiquette de "musique déprimante". En 2004, il repoussait avec véhémence l'accusation selon laquelle la musique de Radiohead pouvait être qualifiée de telle, déclarant avec conviction : « Pour moi, la musique déprimante n'est qu'une musique de merde. C'est comme un assainisseur d'air – juste un vilain petit poison dans l'air. » Ainsi, même dans les tourments de ses paroles les plus sombres, Thom Yorke refuse de céder à la simple mélancolie, cherchant plutôt à insuffler une vérité crue et parfois déconcertante dans chaque note.

L'histoire du groupe

Radiohead émerge comme l'un des phares incontestés du rock du 21e siècle, marquant les décennies de son empreinte audacieuse. Les albums emblématiques des années 90, "The Bends" et "OK Computer", ont exercé une influence transcendante sur une génération d'artistes britanniques tels que Coldplay, Keane, James Blunt et Travis. Leur son expérimental, une alchimie de créativité sans entraves, a contribué à l'expansion du paysage du rock alternatif.

Reconnus comme une boussole pour l'intrépidité et l'aventure dans le rock par le journaliste d'AllMusic, Stephen Thomas Erlewine, Radiohead a conquis une place éminente aux côtés des légendes intemporelles telles que David Bowie, Pink Floyd et Talking Heads. Au début du 21e siècle, le groupe devient un étendard du courage musical, définissant de nouveaux horizons pour le genre.

Le témoignage de Johnny Marr, le guitariste des Smiths, l'une des influences pionnières de Radiohead, résonne comme un éloge significatif. En 2001, il proclame que Radiohead est le groupe qui s'est "le plus rapproché de la véritable influence des Smiths", établissant ainsi un lien entre deux générations de créateurs de sons novateurs. Ainsi, Radiohead, par son génie musical et son audace, continue de forger sa place dans l'épopée du rock, capturant l'essence de chaque époque avec une virtuosité inégalée.

En 2003, le critique du Village Voice, Robert Christgau, percevait Radiohead comme un phénomène rare, soulignant qu'ils étaient "le seul groupe jeune encore debout qui combine le consensus critique avec la capacité de remplir une salle plus grande que la Hammerstein Ballroom". Cette observation mettait en lumière la fusion unique entre reconnaissance critique et succès commercial que Radiohead avait réussi à maintenir.

L'histoire du groupe

Gavin Haynes de NME, en 2014, allait même plus loin en les décrivant comme "les Beatles de notre génération", évoquant ainsi l'impact culturel et musical monumental que le groupe avait eu sur leur époque.

En 2020, l'universitaire Daphne Brooks trame une perspective fascinante en décrivant Radiohead comme "le groupe de rock blanc le plus noir à avoir émergé au cours des 30 dernières années". Elle souligne leurs liens avec le jazz noir, leur influence sur des artistes noirs, ainsi que leurs "autres mondes introspectifs" qui résonnent en parallèle avec le travail d'artistes noirs radicaux. Cette interprétation élargit la portée de l'influence de Radiohead, les positionnant comme des artisans de ponts entre des genres et des cultures apparemment disparates.

Ainsi, les diverses perspectives sur Radiohead soulignent l'impact singulier du groupe, non seulement en tant que créateurs de musique, mais aussi en tant que catalyseurs d'une conversation plus large sur la diversité, l'influence et l'essence même de la musique contemporaine.

"Kid A" s'est distingué comme un précurseur audacieux dans l'utilisation d'Internet pour diffuser et promouvoir la musique, marquant un tournant significatif dans la manière dont les artistes abordaient leur présence en ligne. Plus tard, avec la sortie innovante de "In Rainbows" et son modèle "payez ce que vous voulez", Radiohead a tracé une voie novatrice dans la distribution musicale. Forbes a salué cette démarche en soulignant qu'elle "a contribué à forger le modèle pour les sorties d'albums non conventionnels à l'ère d'Internet", un modèle qui a depuis été adopté par des artistes de renom tels que Beyoncé et Drake.

Lors de l'intronisation de Radiohead au Rock and Roll Hall of Fame, David Byrne, le chanteur des Talking Heads et une des premières influences de Radiohead, a loué leur impact

L'histoire du groupe

révolutionnaire. Il a souligné les innovations musicales du groupe ainsi que leurs méthodes de sortie avant-gardistes, affirmant qu'elles avaient influencé l'ensemble de l'industrie musicale. Cette reconnaissance d'une figure vénérée comme David Byrne témoigne de l'ampleur de l'impact de Radiohead, non seulement en termes de création sonore, mais également en matière de redéfinition des normes dans la manière dont la musique est partagée et consommée. En cela, Radiohead continue de marquer des jalons non seulement pour eux-mêmes, mais pour l'évolution de l'industrie musicale dans son ensemble.

Le legs musical de Radiohead se voit consacré à maintes reprises dans les sondages d'auditeurs et les listes des critiques, cristallisant leur statut en tant que créateurs influents des années 1990 et 2000. En 2004, Rolling Stone les a élevés à la 73e place parmi les plus grands artistes de tous les temps, sur une liste comprenant 55 musiciens, écrivains et dirigeants de l'industrie. Spin les a classés au 15e rang parmi les plus grands groupes de tous les temps, tandis que VH1 les a reconnus comme le 29e plus grand artiste.

Une reconnaissance notable vient de Harry Fletcher de l'Evening Standard, qui a placé Radiohead au prestigieux troisième rang des meilleurs groupes britanniques de l'histoire. Ces classements reflètent l'influence étendue et la pertinence durable de Radiohead dans le panorama musical mondial.

Ainsi, Radiohead continue de trôner en haut des listes, non seulement comme des pionniers de leur époque, mais également comme des artisans de sons intemporels qui ont transcendé les frontières du genre et ont captivé les cœurs et les esprits des auditeurs à travers les décennies.

Radiohead a amassé un ensemble impressionnant de reconnaissances au fil des années, reflétant leur impact majeur

L'histoire du groupe

sur la scène musicale. Ils détiennent le record du plus grand nombre de nominations au Mercury Prize, avec cinq albums retenus. Leur consécration au Rock and Roll Hall of Fame en 2019 témoigne de leur influence indéniable.

En 2009, les lecteurs de Rolling Stone ont classé Radiohead comme le deuxième meilleur artiste des années 2000, juste derrière Green Day. Cette décennie a été marquée par des albums emblématiques tels que "Kid A" et "In Rainbows".

Plus récemment, en 2021, les lecteurs de Pitchfork ont élu trois albums de Radiohead parmi les dix plus grands des 25 années précédentes, plaçant "Kid A" au sommet de cette liste prestigieuse.

Les membres individuels de Radiohead ont également été salués pour leur virtuosité. Jonny Greenwood et Ed O'Brien ont figuré dans les listes des meilleurs guitaristes de Rolling Stone, tandis que Thom Yorke a été reconnu dans les listes des plus grands chanteurs.

Ces accolades multiples attestent de la manière dont Radiohead a façonné et redéfini le paysage musical, gagnant la ferveur des critiques, des pairs et du public, tout en laissant une empreinte indélébile sur l'histoire de la musique contemporaine.

Nigel Godrich fit ses premiers pas avec Radiohead en tant qu'ingénieur du son lors de l'enregistrement de leur deuxième album, "The Bends". Depuis leur troisième opus, "OK Computer", il a pris les rênes de la production pour tous leurs albums studio. À travers les années, il s'est également glissé dans le rôle de Chieftain Mews, une figure récurrente dans le matériel promotionnel du groupe. Affublé du titre honorifique de "sixième membre" de la formation, ce qualificatif rappelle l'époque où

L'histoire du groupe

George Martin était désigné comme le "Cinquième Beatle" pour les Beatles.

En 2016, Godrich exprima sa conviction, déclarant : "Je ne peux concevoir qu'un seul groupe, tel que Radiohead, avec lequel j'ai partagé tant d'années. C'est une relation profondément ancrée et significative. Les Beatles n'auraient pu se permettre qu'un seul George Martin ; ils n'auraient pas pu changer de producteur à mi-parcours de leur carrière. Tout ce travail, cette confiance mutuelle et cette compréhension auraient été jetés par la fenêtre, les obligeant à tout recommencer."

Stanley Donwood, le graphiste, croisa la route de Yorke alors qu'ils étaient tous deux étudiants en art. Une collaboration artistique fructueuse débuta, marquée par la création de toutes les pochettes d'album et les illustrations visuelles de Radiohead depuis 1994. Lors des sessions d'enregistrement en studio, Donwood travailla de concert avec le groupe, permettant à la musique de façonner ses créations graphiques. Cette synergie entre le son et l'image devint une caractéristique distinctive de leur collaboration.

Leur partenariat artistique fut couronné de succès lorsqu'en 2002, Donwood et Yorke remportèrent un Grammy pour l'édition spéciale d'"Amnesiac", présentée sous la forme d'un livre de bibliothèque. Cette réalisation témoigne de leur capacité à fusionner l'art visuel et la musique, créant une œuvre qui transcende les frontières traditionnelles de l'expression artistique.

Depuis l'avènement de Radiohead, Andi Watson assume le rôle d'éclairagiste et de metteur en scène du groupe, façonnant les visuels de leurs performances live. Peter "Plank" Clements, quant à lui, a collaboré avec Radiohead avant "The Bends", supervisant la gestion technique des enregistrements en studio et des prestations scéniques. Jim Warren occupe la position d'ingénieur du son live de Radiohead depuis leur première tournée en 1992,

L'histoire du groupe

enregistrant des morceaux emblématiques tels que "High and Dry" et "Pop Is Dead".

Le batteur Clive Deamer a rejoint l'équipe en 2011 pour contribuer à l'interprétation des rythmes complexes de "The King of Limbs", élargissant son rôle pour jouer et enregistrer avec Radiohead par la suite. Paul Thomas Anderson a réalisé plusieurs vidéoclips pour Yorke et le groupe, tout en collaborant avec Jonny Greenwood sur des compositions de films, dont le documentaire "Junun" sorti en 2015.

La gestion de Radiohead est confiée à Chris Hufford et Bryce Edge de Courtyard Management. Hufford, ayant produit leur tout premier album, le "Drill EP", a également coproduit leur premier album, "Pablo Honey". Leurs contributions collectives ont contribué à forger la trajectoire artistique et la renommée de ce groupe musical emblématique.

Radiohead a gravé les sillons de ses six premiers albums sous l'égide de Parlophone, une filiale d'EMI. L'alliance prit fin avec la sortie de "Hail to the Thief" en 2003. À l'approche de leur prochain opus, "In Rainbows", le groupe opta pour l'indépendance artistique, déclinant le renouvellement du contrat avec EMI. La décision découla du refus d'EMI de leur accorder le contrôle de leur catalogue et d'un certain scepticisme envers le nouveau propriétaire, Guy Mains.

Dans un acte d'autonomie artistique, Radiohead choisit l'auto-édition pour ses travaux ultérieurs, tout en confiant les éditions commerciales à XL Recordings. Cependant, en octobre 2015, le groupe porta plainte contre Parlophone, contestant des déductions opérées sur les téléchargements de leur catalogue antérieur. Cette action juridique soulignait l'importance que le groupe accorde à la préservation de son contrôle créatif et financier dans l'industrie musicale en constante évolution.

L'histoire du groupe

En septembre 2012, Universal Music a acquis EMI, déclenchant un examen approfondi de la Commission européenne. Cette acquisition a été autorisée sous réserve qu'Universal Music cède Parlophone, détenteur des enregistrements de Radiohead. En février 2013, Parlophone, ainsi que le catalogue arrière de Radiohead, ont été acquis par Warner Music Group (WMG).

Dans le cadre de cette transaction, WMG a conclu un accord avec le Merlin Network et le groupe commercial Impala, stipulant la cession de 30 % du catalogue Parlophone à des labels indépendants, avec l'approbation des artistes concernés. Par conséquent, en avril 2016, le catalogue ancien de Radiohead a été transféré chez XL Recordings. Dans une démarche visant à respecter les droits artistiques, les rééditions "Best Of" et EMI publiées en 2008 sans l'aval de Radiohead ont été retirées des services de streaming. Cette série d'événements souligne l'importance des relations entre les artistes et les maisons de disques, ainsi que la protection des droits artistiques dans l'industrie musicale en constante mutation.

L'histoire des membres

Thom Yorke

Les premières lueurs d'octobre caressaient les collines de Wellingborough, annonçant l'arrivée d'un artiste qui allait laisser une empreinte indélébile dans l'histoire de la musique. Thomas Edward Yorke, né le 7 octobre 1968, était destiné à devenir le visage et la voix d'une révolution sonore.

Sous le ciel anglais, Yorke émergea comme un musicien polymorphe, jonglant avec les instruments comme un magicien avec ses tours. La guitare et les claviers étaient ses compagnons de jeu, créant une mélodie hypnotique qui transcenderait les frontières du conventionnel. Mais c'était dans son fausset distinctif que résidait la magie véritable, une voix qui semblait provenir d'un royaume céleste.

Au sein des notes et des accords, Yorke trouva son domaine au sein du groupe de rock emblématique, Radiohead. Il devint le maître des mots, un auteur-compositeur dont les paroles captivaient l'esprit de toute une génération. Rolling Stone, gardien des légendes musicales, le consacra comme l'un des chanteurs les plus grands et les plus influents de son temps.

Ainsi, la saga de Thomas Yorke s'inscrivit dans la trame du temps, tissant des mélodies qui résonnent encore aujourd'hui, rappelant à tous que la musique peut être une force transcendante, et un chanteur, un architecte des émotions.

Les années d'écolier à l'école Abingdon dans l'Oxfordshire ont été le creuset d'une collaboration musicale qui marquerait l'histoire. Thomas Yorke, aux côtés de camarades de classe, a jeté les bases de ce qui allait devenir Radiohead. Leur destin s'est scellé dans

Thom Yorke

les accords partagés des salles de classe, évoquant une harmonie qui résonnerait bien au-delà des murs de l'école.

En 1992, le monde a été témoin de l'ascension fulgurante de Yorke avec la sortie du premier single de Radiohead, "Creep". Cette chanson a catapulté Yorke sous les projecteurs, le hissant au statut de célébrité, et a marqué le début d'un voyage musical exceptionnel. Radiohead a rapidement conquis les critiques et les cœurs des fans, écoulant plus de 30 millions d'albums à travers le globe.

Les racines musicales de Yorke plongent dans les eaux tumultueuses du rock alternatif, avec des influences notables telles que Pixies et REM. Cependant, son évolution artistique ne connaissait pas de limites. L'expérimentation a pris le relais, et avec le quatrième opus de Radiohead, "Kid A" (2000), Yorke s'est aventuré résolument dans le domaine de la musique électronique, s'inspirant des pionniers de Warp tels qu'Aphex Twin.

Dans cette odyssée musicale, Yorke a trouvé un complice artistique en la personne de Stanley Donwood. Ensemble, ils ont donné vie visuelle aux notes, créant des illustrations envoûtantes pour les albums de Radiohead et d'autres projets. Les performances live de Yorke sont devenues des spectacles captivants, marquées par des danses "erratiques", une expression physique de la passion qui l'animait.

Ainsi, le voyage musical de Thomas Yorke s'est révélé être une exploration constante, un dialogue entre le passé et le futur, entre les notes et les émotions, façonnant une épopée sonore qui continue de résonner dans le cœur des mélomanes du monde entier.

Loin des projecteurs partagés avec Radiohead, le monde a découvert une autre facette de l'âme musicale de Thomas Yorke à

Thom Yorke

travers son travail solo, un voyage électronique qui a ajouté une nouvelle dimension à son répertoire.

En 2006, Yorke dévoila son premier album solo, "The Eraser". Un opus qui a tracé des lignes sonores inexplorées, révélant la profondeur de sa créativité. Pour donner vie à ces compositions sur scène, il forma en 2009 un groupe inédit, "Atoms for Peace", réunissant des talents tels que Flea, bassiste des Red Hot Chili Peppers, et Nigel Godrich, le producteur émérite de Radiohead. Leur collaboration donna naissance à l'album "Amok" en 2013.

Le tempo de la carrière solo de Yorke ne connaissait pas de pause. "Tomorrow's Modern Boxes" (2014) fut une continuation audacieuse, suivie de "Anima" en 2019, une exploration plus profonde dans le paysage électronique. En 2021, une nouvelle aventure musicale prit forme avec la création de "The Smile", un groupe réunissant Jonny Greenwood, le guitariste de Radiohead, et le talentueux batteur de jazz, Tom Skinner.

La toile artistique de Yorke ne se limite pas à ses projets solo. Il a tissé des liens musicaux avec des artistes tels que PJ Harvey, Björk, Flying Lotus et Modeselektor, apportant sa touche distinctive à des collaborations variées. Son génie musical s'étend également au cinéma et au théâtre, où il a composé des bandes sonores captivantes. En 2018, son premier opus cinématographique, la bande originale de "Suspiria", a transporté les auditeurs dans un univers sonore envoûtant.

Ainsi, l'œuvre solo de Thomas Yorke se révèle comme un périple électronique, une exploration incessante des frontières de la musique et de l'émotion, laissant une empreinte indélébile dans le paysage sonore contemporain.

Thomas Yorke ne se contente pas d'être un artisan de la musique, il incarne également la voix de la conscience sociale, s'élevant en faveur des droits de l'homme, des droits des animaux, des causes

Thom Yorke

environnementales et de la paix. Ses paroles, tissées avec habileté, sont des manifestes engagés, portant les échos des luttes pour la justice à travers les décennies.

Son militantisme s'étend au-delà de la sphère musicale. Yorke n'a pas hésité à critiquer l'industrie musicale, pointant du doigt les géants des labels et les services de streaming tels que Spotify. Sa quête de justice et d'équité l'a conduit à explorer des alternatives, que ce soit à travers le modèle "payez ce que vous voulez" ou les voies décentralisées comme BitTorrent. Toujours en quête de voies nouvelles, il a démontré que la révolution musicale pouvait transcender les frontières de l'industrie conventionnelle.

Son engagement envers la justice et le changement a été reconnu en 2019, lorsque Radiohead, dont il est le membre éminent, a été intronisé au prestigieux Rock and Roll Hall of Fame. Cette reconnaissance n'était pas seulement pour la musique révolutionnaire, mais aussi pour la voix qui s'est élevée, portant des principes au-delà des mélodies, faisant de Thomas Yorke un artiste qui inspire bien au-delà des notes qu'il crée.

Yorke vit le jour le 7 octobre 1968 à Wellingborough, Northamptonshire. Dès sa naissance, il était affligé d'un œil gauche paralysé, et à l'âge de six ans, il subit pas moins de cinq opérations oculaires. Selon les dires de Yorke, la dernière intervention chirurgicale fut « bâclée », laissant comme séquelle une paupière tombante. Malgré cela, il prit la décision de ne pas poursuivre davantage la chirurgie : « J'ai décidé que j'aimais le fait que ce n'était pas la même chose, et je l'aime depuis. Et quand les gens disent des choses, je pensais en quelque sorte que c'était un signe de fierté, et de continuer. »

La famille Yorke était coutumière des déménagements fréquents. Peu de temps après la naissance de Thom, son père, physicien nucléaire puis vendeur d'équipements chimiques, fut recruté par

Thom Yorke

une entreprise basée en Écosse. Ainsi, la vie de la famille Yorke se déroula à Lundin Links jusqu'au septième anniversaire de Thom, période durant laquelle il changea fréquemment d'établissement scolaire.

En 1978, la famille prit racine dans l'Oxfordshire, où Thom intégra l'école primaire de Standlake. Ce nouveau cadre allait jouer un rôle déterminant dans son parcours éducatif et personnel.

Thom Yorke a confié qu'il avait pressenti sa destinée de rock star dès l'âge de huit ans, après avoir vu le guitariste de Queen, Brian May, à la télévision. À l'origine, son rêve était de devenir guitariste plutôt que chanteur. Cependant, faute de trouver quelqu'un d'autre pour interpréter les chansons qu'il écrivait, il s'est lancé dans le chant. Sa première guitare lui fut offerte dans son enfance, et à l'âge de dix ans, il confectionna sa propre guitare, s'inspirant du modèle fait maison de Brian May, le Red Special.

À onze ans, Thom avait déjà intégré son premier groupe et composé sa première chanson. Sa rencontre musicale avec Siouxsie Sioux, qu'il vit en concert à l'Apollo en 1985, s'avéra une source d'inspiration cruciale pour son aspiration à devenir interprète. Yorke déclara n'avoir jamais vu personne "captiver un public comme elle l'a fait", un moment qui laissa une empreinte indélébile sur sa vision artistique.

Thom Yorke fréquenta l'école publique pour garçons d'Abingdon dans l'Oxfordshire, mais ne s'y sentit jamais véritablement à sa place, entraînant des affrontements physiques avec d'autres élèves. Pour échapper à ce malaise, il se réfugia dans les départements de musique et d'art, y trouvant un terrain propice à son épanouissement créatif. Il composa même de la musique pour une représentation scolaire du Songe d'une nuit d'été.

Thom Yorke

Au cours de ses années scolaires, Yorke se lança dans un récital vocal avec une pièce de Schubert, une expérience qui contribua à forger en lui la confiance nécessaire pour embrasser son destin de chanteur. Terence Gilmore-James, le directeur musical d'Abingdon, se souvint de Yorke comme étant « désespéré et un peu isolé », en raison de son apparence atypique, mais également comme quelqu'un de loquace et opiniâtre. Il nota que, contrairement à son futur camarade de groupe Jonny Greenwood, Yorke n'était "pas un grand musicien", mais plutôt un "penseur et expérimentateur". Le soutien de Gilmore-James et du chef du département artistique fut ultérieurement salué par Yorke comme ayant joué un rôle déterminant dans son succès.

En sixième année à Abingdon, Yorke s'était lancé dans l'aventure d'un groupe punk nommé TNT. Cependant, son insatisfaction quant aux progrès réalisés les a conduits à se séparer. Cherchant une nouvelle voie, il se joignit à ses camarades étudiants Ed O'Brien, Philip Selway et Colin Greenwood, bientôt rejoints par le frère cadet de Colin, Jonny. C'est en 1985 qu'ils donnèrent naissance à un nouveau groupe, baptisé On a Friday, en référence au seul jour de la semaine où ils étaient autorisés à répéter.

Selon Selway, bien que chaque membre ait contribué aux premières chansons du groupe, Yorke émergea rapidement en tant que principal auteur-compositeur. Une dynamique créative s'installa, propulsant le groupe vers de nouveaux horizons musicaux. Ainsi débuta l'histoire d'On a Friday, marquée par l'évolution de ses membres et la montée en puissance de Thom Yorke en tant que force créative prédominante.

Après son départ d'Abingdon, Yorke prit une année sabbatique pour explorer son rêve de devenir musicien professionnel. Durant cette période, il enchaîna plusieurs emplois, dont la vente de costumes et un passage dans un bureau d'architecte.

Thom Yorke

Parallèlement à ses activités professionnelles, il mit en œuvre une démo cassette pour mettre en avant son talent musical émergent.

Cependant, cette phase de recherche d'identité artistique fut marquée par un événement tragique. Yorke fut impliqué dans un grave accident de voiture, une expérience traumatisante qui laissa une empreinte indélébile sur son art. Les séquelles de cet incident se révélèrent dans les paroles de chansons ultérieures, telles que la face B de "Bends" intitulée "Killer Cars" (1995) et "Airbag" de l'album "OK Computer" (1997). Ces compositions reflétaient la résilience de Yorke face à l'adversité et sa capacité à transformer le tragique en une source d'inspiration.

À la fin des années 1980, Yorke se lança également dans un projet solo, donnant vie à l'album "Dearest". O'Brien le décrivit comme un travail réminiscent du style de Jesus and Mary Chain, caractérisé par l'utilisation créative d'effets de delay et de réverbération. Ainsi, la période post-Abingdon devint le creuset de l'évolution artistique de Yorke, où les défis personnels et les expérimentations musicales se mêlèrent pour façonner le cours de sa carrière émergente.

Portés par le succès de leur première démo, On a Friday se virent offrir un contrat d'enregistrement par Island Records. Cependant, les membres du groupe prirent une décision significative : ils estimaient ne pas être encore prêts et souhaitaient d'abord poursuivre des études universitaires. Yorke, en particulier, avait l'intention de postuler à St John's pour étudier l'anglais à l'Université d'Oxford. Cependant, il se heurta à des obstacles inattendus.

Il raconte : « On m'a dit que je ne pouvais même pas postuler – j'étais trop gros. L'Université d'Oxford m'aurait dévoré et craché dehors. C'est trop rigoureux. » Ainsi, malgré son désir d'explorer les sentiers académiques, Yorke se retrouva confronté à des critères apparemment superficiels qui remirent en question sa capacité à intégrer l'université prestigieuse.

Parallèlement à ses aspirations littéraires, Yorke envisageait également d'étudier la musique. Cependant, une lacune se présentait : il ne savait pas lire les partitions. Ces incertitudes et défis personnels marquèrent un moment décisif dans la vie de Yorke et dans la trajectoire de On a Friday, où les choix éducatifs et les barrières sociales influencèrent les destinées individuelles des membres du groupe.

À la fin de l'année 1988, Yorke prit la décision de quitter Oxford pour poursuivre des études en anglais et beaux-arts à l'Université d'Exeter. Les vendredis devinrent des interludes bienvenus, une pause dans les répétitions et les rythmes effrénés de la vie étudiante. À Exeter, Yorke s'immergea dans un monde musical diversifié et expérimental.

Il s'impliqua dans l'interprétation de musique expérimentale au sein d'un ensemble classique, participa à un groupe techno du nom de Flickernoise, et joua avec le groupe Headless Chickens, interprétant des morceaux incluant du matériel futur de Radiohead. C'est au cours de cette période qu'il fit la rencontre de sa future épouse, Rachel Owen, et de Stanley Donwood. Ce dernier deviendrait par la suite le créateur des illustrations emblématiques des sorties solo de Yorke et de Radiohead.

Cette expérience à l'université, associée à son éducation artistique, joua un rôle fondamental dans la préparation créative de Yorke pour son travail à venir. Les rencontres musicales et personnelles à Exeter constituèrent un chapitre formateur, contribuant à façonner le parcours artistique et personnel de Thom Yorke et la trajectoire de Radiohead.

Un vendredi en 1991, l'activité musicale reprit son cours alors que la plupart des membres de On a Friday finalisaient leurs

Thom Yorke

diplômes. Ronan Munro, rédacteur en chef du magazine musical d'Oxford, Curfew, eut l'honneur de réaliser la première interview du groupe alors qu'ils partageaient une maison à Oxford. Munro se remémore : "Thom ne ressemblait à personne que j'avais interviewé auparavant... Il disait 'Cela va arriver... L'échec n'est pas une option.' ... Ce n'était pas une diva déclamée ou un mégalomane, mais il était tellement concentré sur ce qu'il voulait faire."

Dans ces premiers échanges, Thom Yorke émergeait comme un visionnaire déterminé, assuré que le succès était inévitable. Sa détermination ne se manifestait pas sous la forme d'une arrogance démesurée, mais plutôt d'une concentration intense sur ses aspirations. Cette période marqua le début d'une nouvelle phase pour le groupe, où l'énergie créative et la conviction de Yorke devinrent des moteurs inspirants pour le chemin à venir de On a Friday, qui, éventuellement, deviendrait le légendaire Radiohead.

En 1991, à l'âge de 22 ans, Thom Yorke et les membres du groupe On a Friday conclurent un accord avec EMI, marquant ainsi le début d'une nouvelle ère sous le nom de Radiohead. Ils attirèrent l'attention avec leur premier single, "Creep", qui figura sur leur album inaugural, "Pablo Honey", sorti en 1993.

Cependant, malgré le succès fulgurant de "Creep", Yorke commença à ressentir une certaine lassitude envers la chanson une fois qu'elle eut atteint les sommets des classements. En 1993, dans une entrevue avec Rolling Stone, il exprima ce sentiment en disant : "C'est comme si ce n'était plus notre chanson... C'est comme si nous faisions une reprise." Cette réaction souligne la complexité des relations qu'un artiste peut entretenir avec une œuvre qui devient emblématique, la transformant parfois en une entité indépendante de son créateur.

Thom Yorke

Selon les propres mots de Yorke, cette période marqua le moment où il "appuya assez rapidement sur le bouton d'autodestruction". Animé par le désir de projeter une image de rock star, il s'adonna à une consommation excessive d'alcool, atteignant souvent un état d'ivresse qui l'empêchait de monter sur scène. Yorke admit plus tard : "Quand je suis revenu à Oxford, j'étais insupportable... Dès que vous obtenez du succès, vous disparaissez dans votre propre cul." Ces propos soulignent la nature difficile de la célébrité et les défis personnels auxquels Yorke faisait face alors que Radiohead connaissait un succès croissant.

Des années plus tard, avec le recul, Yorke avoua qu'il avait éprouvé des difficultés à faire face à la renommée de Radiohead : "Je me suis mis en colère... Je suis devenu plus maniaque du contrôle. J'ai mis mes mains sur le volant et j'avais les mains blanches, et je ne me souciais pas de qui j'avais blessé ou de ce que j'avais dit." Ultérieurement, il présenta ses excuses à ses camarades de groupe pour son comportement, reconnaissant les erreurs de cette période tumultueuse et cherchant à rétablir l'harmonie au sein de Radiohead.

Paul Q. Kolderie, le coproducteur de "Pablo Honey", remarqua une nette amélioration dans l'écriture de Thom Yorke après la réalisation de cet album. O'Brien réfléchit plus tard en disant : « Après cette tournée avec Pablo Honey... les chansons que Thom composait étaient d'une qualité bien supérieure. En l'espace d'un an et demi, tout a changé soudainement, comme un coup de tonnerre. »

L'enregistrement du deuxième album de Radiohead, "The Bends" (1995), s'est avéré stressant, car le groupe ressentait une pression pour égaler le succès de "Creep". Thom Yorke, en particulier, a éprouvé des difficultés. D'après Chris Hufford, co-manager du groupe, "Thom est devenu complètement perdu quant à ses aspirations, sa place dans le groupe et dans sa vie, et cela s'est manifesté par une méfiance envers tout le monde." "The Bends" a été façonné par Nigel Godrich, qui est depuis devenu l'un des collaborateurs les plus fidèles de Yorke.

"The Bends" a été largement salué par la critique, propulsant Radiohead sous les feux de la rampe à l'échelle internationale. Il a exercé une influence marquante sur toute une génération d'artistes du rock alternatif britannique et irlandais. L'Observer a souligné qu'il a popularisé un « fausset chargé d'angoisse » qui « a finalement fusionné en une décennie entière de son ». Le groupe de rock américain REM, une influence majeure sur Radiohead, les a choisis comme acte d'ouverture pour leur tournée européenne.

Au cours de cette période, Thom Yorke a développé une amitié avec Michael Stipe, le chanteur de REM, qui lui prodiguait des conseils sur la gestion de la célébrité. Cette connexion a conduit à des collaborations surprenantes, avec Yorke rejoignant REM sur scène à plusieurs reprises pour interpréter leur chanson "E-Bow the Letter" entre 1998 et 2004. Ces moments partagés sur scène ont symbolisé l'impact significatif que "The Bends" a eu sur la reconnaissance et la collaboration de Radiohead avec d'autres acteurs majeurs de la scène musicale.

Au cours de l'élaboration du troisième opus de Radiohead, intitulé "OK Computer" en 1997, les membres du groupe étaient en proie à des opinions divergentes et partageaient des rôles de production équivalents. Selon O'Brien, Yorke était doté de "la voix la plus forte". La genèse de cet album a été marquée par un mélange d'idées et d'approches variées, illustrant la dynamique complexe au sein du groupe.

"OK Computer" a rencontré un accueil critique unanime et a connu un succès commercial retentissant, propulsant ainsi Radiohead au rang des groupes de rock prééminents des années

Thom Yorke

1990. Les ventes importantes ont confirmé la pertinence et l'impact profond de leur musique, solidifiant leur position dans le paysage musical de l'époque. Ce chapitre de l'histoire de Radiohead a non seulement consolidé leur réputation, mais a également contribué à redéfinir les normes de l'industrie musicale.

Thom Yorke a éprouvé des difficultés à gérer l'attention accrue due au succès et au stress de la tournée liée à l'album "OK Computer". Colin Greenwood a témoigné du "regard perdu" dans les yeux de Yorke lors de ses performances, décrivant qu'il ne semblait vraiment pas vouloir être là, ajoutant : "Vous détestez devoir faire vivre cette expérience à votre ami."

Yorke, quant à lui, a exprimé plus tard ses sentiments en déclarant : "Quand j'étais enfant, j'ai toujours pensé que la célébrité allait répondre à quelque chose, combler un vide. Et cela fait absolument le contraire. Cela arrive à tout le monde. J'ai été tellement motivé pendant si longtemps, comme un fichu animal, et puis un jour, je me suis réveillé et quelqu'un m'avait donné une petite plaque d'or pour 'OK Computer', et je n'ai pas pu m'en occuper pendant des lustres." Ces mots témoignent de la complexité des émotions que Yorke a ressenties face à la célébrité et au succès soudain, soulignant les tensions intérieures suscitées par la reconnaissance publique.

En 1997, Thom Yorke a apporté ses talents de chanteur en tant que choriste à une reprise de la chanson "Wish You Were Here" de Pink Floyd, datant de 1975, réalisée en collaboration avec Sparklehorse. L'année suivante, il a partagé un duo intitulé "El President" avec Isabel Monteiro de Drugstore, dévoilant ainsi une facette différente de son art. De plus, il a prêté sa voix au morceau "Rabbit in Your Headlights" d'Unkle, une collaboration avec DJ Shadow. Ce dernier travail a été particulièrement remarqué, et Pitchfork l'a qualifié de "tournant" pour Yorke, suggérant qu'il préfigurait son futur engagement dans la musique électronique expérimentale. Ces collaborations diverses ont souligné la versatilité artistique de Yorke et ont contribué à élargir son horizon musical au-delà des frontières du rock traditionnel.

En 1998, Thom Yorke, Jonny Greenwood, Andy Mackay de Roxy Music et Bernard Butler de Suede se sont réunis pour former le groupe Venus in Furs afin de contribuer à la bande originale du film "Velvet Goldmine". Leur mission : revisiter les chansons emblématiques de Roxy Music. Cependant, en 2016, Pitchfork notait curieusement que Yorke semblait être "étrangement le maillon faible" au sein du groupe, sa voix discrète se distinguant nettement de celle du chanteur de Roxy Music, Bryan Ferry. Cette observation suggère une dynamique particulière au sein du projet, mettant en lumière les différences stylistiques entre Yorke et Ferry, peut-être offrant une perspective unique sur la manière dont chaque artiste a abordé les interprétations de ces classiques de Roxy Music.

Après la tournée OK Computer, Thom Yorke sombra dans une dépression nerveuse, une obscurité qui l'empêchait de composer de nouvelles mélodies. Pris au piège du syndrome de l'imposteur, il se plongea dans une autocritique excessive, devint trop analytique de sa propre créativité. À un moment où les opportunités musicales s'offraient à lui, comme la proposition de composer la bande originale du film Fight Club en 1999, il déclina, préférant prendre du recul pour se remettre du stress qui l'avait étreint. Les notes silencieuses de sa vie artistique semblaient suspendues dans l'attente d'une résurgence, tandis que Yorke luttait pour trouver la lumière au bout du tunnel de son tumulte intérieur.

À cette époque, une nouvelle génération d'artistes, tels que Travis et Coldplay, émergeait sous l'influence marquée de Radiohead. Thom Yorke ressentait à leur égard une pointe d'amertume, convaincu qu'ils avaient copié son essence artistique. En 2006, il exprima ses sentiments, déclarant : « J'étais vraiment, vraiment bouleversé à ce sujet, et j'ai fait de mon mieux pour ne pas l'être, mais oui, c'était un peu comme... ce genre de chose où je passais complètement à côté de l'essentiel. » Nigel Godrich, producteur de longue date de Radiohead, perçut cette réaction de Yorke comme une hypersensibilité, lui rappelant que chanter en faussette avec une guitare acoustique n'était pas une invention exclusive de Yorke. Godrich interpréta le ressentiment de Yorke comme un sous-produit de sa concentration intense sur ses propres idées, où il semblait persuadé d'être le seul à avoir jamais eu de telles pensées.

Pour se ressourcer, Thom Yorke prit la décision de s'installer en Cornouailles, où il consacra son temps à explorer les falaises, à écrire et à dessiner. Pendant cette période de reconstruction, il restreignit sa composition musicale au piano, et la première mélodie qui émergea de cette retraite fut "Everything in Its Right Place". Yorke, dans son processus de guérison, se plongea entièrement dans la musique électronique, en se nourrissant des sons d'artistes tels qu'Aphex Twin et Autechre. Il expliqua : « C'était rafraîchissant parce que la musique était entièrement structurée et ne contenait aucune voix humaine. Mais je me sentais tout aussi ému à ce sujet comme je l'avais toujours ressenti à propos de la musique de guitare. » Peu à peu, Yorke relâcha la tension qui l'habitait et retrouva une appréciation renouvelée pour son art.

Radiohead a intégré les influences électroniques de Thom Yorke dans ses albums suivants, "Kid A" (2000) et "Amnesiac" (2001). Ces albums ont marqué un tournant majeur, où les voix étaient traitées, les paroles obscurcies, et des instruments électroniques tels que des synthétiseurs, des boîtes à rythmes et des échantillonneurs étaient abondamment utilisés. Bien que ces créations aient divisé les auditeurs à leur sortie, elles ont rencontré un succès commercial substantiel et ont par la suite été largement acclamées. À l'aube de la nouvelle décennie, "Kid A" a

Thom Yorke

été désigné comme le meilleur album des années 2000 par des publications de renom telles que Rolling Stone et Pitchfork, solidifiant ainsi la reconnaissance de l'impact artistique de Radiohead.

En l'an 2000, Thom Yorke a prêté sa voix à trois morceaux de l'album de PJ Harvey, "Stories from the City, Stories from the Sea". Parallèlement, il a partagé un duo avec Björk sur la chanson "I've Seen It All" de la bande originale de son album "Selmasongs". L'année 2003 a vu la sortie du sixième album de Radiohead, "Hail to the Thief", une fusion audacieuse de rock et de musique électronique.

Les paroles de plusieurs chansons de cet album, écrites par Yorke, étaient une réponse réfléchie à la guerre contre le terrorisme et à la résurgence de la politique de droite en Occident après le tournant du millénaire. La paternité, une nouvelle dimension dans la vie de Yorke à cette époque, a également influencé sa vision du monde et a teinté ses compositions. En 2004, Thom Yorke et Jonny Greenwood ont apporté leur contribution au single "Do They Know It's Christmas?" de Band Aid 20, produit par Nigel Godrich, marquant ainsi leur implication continue dans des projets caritatifs et artistiques variés.

Yorke s'attela à la réalisation de son premier album solo, "The Eraser", pendant la pause de Radiohead en 2004. Cet opus regorge de compositions électroniques, méticuleusement enregistrées et éditées à l'aide d'ordinateurs. En tant que membre fondateur de Radiohead, groupe façonné pendant les années d'école des membres, Yorke exprima sa curiosité à l'idée de se lancer dans une aventure en solitaire. Il tint à souligner que la décision de créer cet album ne signifiait nullement la séparation de Radiohead et que ce projet avait reçu leur "bénédiction".

Thom Yorke

Jonny Greenwood expliqua que le groupe était favorable à l'initiative de Yorke : "Il deviendrait fou si chaque fois qu'il écrivait une chanson, elle devait passer par le consensus de Radiohead." Nigel Godrich ajouta que collaborer avec Yorke sur "The Eraser" s'avéra moins complexe que travailler avec l'ensemble de Radiohead. Il partagea : "Quand nous étions dans une pièce avec Radiohead... J'essayais de gérer la relation entre [Yorke] et le groupe, c'était moi qui me battais pour lui et qui tentais de travailler dans l'intérêt du groupe."

En 2006, "The Eraser" fit son entrée dans le monde musical sous l'étendard du label indépendant XL Recordings. Porté par les singles tels que "Harrowdown Hill," qui se hissa à la 23e place du UK Singles Chart, et "Analyze," l'album réussit à se hisser dans le top dix des classements au Royaume-Uni, en Irlande, aux États-Unis, au Canada, et en Australie. Son impact artistique fut tel qu'il reçut des nominations notables, notamment pour le Mercury Prize de 2006 et le Grammy Award de 2007 dans la catégorie du meilleur album de musique alternative.

Cette œuvre captivante fut ensuite accompagnée d'une compilation de faces B intitulée "Spitting Feathers", offrant aux auditeurs une plongée plus profonde dans l'univers musical de Yorke. De plus, un album de remix réalisé par divers artistes, sobrement intitulé "The Eraser Rmxs," prolongea l'expérience sonore, offrant une perspective alternative sur les compositions originales.

En 2007, Radiohead a marqué l'histoire en publiant indépendamment son septième album, "In Rainbows", proposé en téléchargement à volonté, une première pour un groupe d'une telle envergure. Cette sortie a fait la une des journaux du monde entier, suscitant un débat ardent sur les implications potentielles pour l'industrie musicale. Thom Yorke, le leader du groupe, a qualifié cette initiative de déclaration manifeste de la foi de

Thom Yorke

Radiohead dans la valeur intrinsèque de la musique, instaurant ainsi un "contrat de foi" entre les musiciens et leur public.

En cette même année, Thom Yorke prêta sa voix au morceau "The White Flash" de l'album "Happy Birthday!" de Modeselektor. Pitchfork fit une comparaison avec l'album solo de Yorke, "The Eraser", soulignant que sa voix s'intégrait de manière si harmonieuse que l'on aurait pu croire qu'il était le leader du groupe. Cette collaboration démontra une fois de plus la versatilité artistique de Yorke.

Par ailleurs, en 2008, Thom Yorke participa en tant que chanteur de chœur au single caritatif de Björk, intitulé "Náttúra". Cette contribution artistique supplémentaire témoigne de l'engagement de Yorke dans des projets diversifiés au sein de la communauté musicale.

En 2009, Thom Yorke a offert une reprise de la chanson de Miracle Legion, "All for the Best", en collaboration avec son frère Andy. Cette interprétation a été incluse dans la compilation intitulée "Ciao My Shining Star: The Songs of Mark Mulcahy". Cette démarche démontre l'inclination de Yorke à participer à des projets hommages tout en explorant différentes facettes de son talent musical.

Au mois de juillet de cette même année, Yorke s'est lancé dans une performance en solo au Latitude Festival dans le Suffolk, offrant ainsi une expérience musicale intime à son auditoire. En parallèle, il a également dévoilé un single double-face A, "FeelingPulledApartByHorses/TheHollowEarth", élargissant ainsi son répertoire musical.

En ajout à ces réalisations, Yorke a apporté sa contribution au morceau "Hearing Damage" figurant dans la bande originale du film "Twilight Saga: New Moon", soulignant ainsi sa présence

Thom Yorke

artistique polyvalente et sa capacité à s'aventurer dans des genres variés.

En cette année, Thom Yorke entreprend la formation d'un nouveau groupe, Atoms for Peace, dont l'objectif est d'interpréter les chansons de son album solo, "The Eraser". Aux côtés de Yorke, le groupe compte la participation de Nigel Godrich aux claviers et à la guitare, Flea, le bassiste des Red Hot Chili Peppers, le batteur Joey Waronker, ainsi que le percussionniste Mauro Refosco de Forro in the Dark. Yorke explique cette nouvelle aventure en déclarant : "Dieu les aime, mais je joue avec [Radiohead] depuis l'âge de 16 ans, et faire ça a été tout un voyage... C'était comme si nous avions fait un trou dans un mur, et nous devrions juste passer par là."

Atoms for Peace a fait ses débuts avec huit performances en Amérique du Nord en 2010. Lors de leurs premières représentations, ils ont choisi de rester anonymes, se présentant simplement comme "Thom Yorke" ou sous des pseudonymes mystérieux tels que "??????". En juin de cette même année, Yorke a également offert une performance surprise au Glastonbury Festival, partageant la scène avec Jonny Greenwood et interprétant des morceaux tirés de "The Eraser" ainsi que du répertoire de Radiohead. Cette initiative a ajouté une nouvelle dimension à l'exploration musicale de Yorke et a captivé les fans avec une expérience scénique inattendue et mémorable.

Toujours en 2010, Thom Yorke a prêté sa voix à la chanson "...And the World Laughs with You" de l'album "Cosmogramma" de Flying Lotus. Il a également collaboré avec Modeselektor sur leur album "Monkeytown", participant en tant que chanteur aux morceaux "Shipwreck" et "This". Ces collaborations démontrent la volonté de Yorke de s'engager dans des projets diversifiés avec des artistes de différents horizons musicaux, enrichissant ainsi son parcours artistique.

Thom Yorke

Par ailleurs, Yorke a joint ses forces à celles de Damien Rice et Philip Glass pour contribuer à la bande originale du documentaire de 2010 intitulé "When the Dragon Swallowed the Sun". Cette implication dans le domaine cinématographique souligne sa capacité à transcender les frontières artistiques et à apporter sa sensibilité distinctive à des projets variés.

En l'an 2011, Radiohead dévoila son huitième opus, "The King of Limbs", une œuvre que Yorke décrivit comme une "expression de mouvements physiques et de sauvagerie". L'artiste cherchait à s'éloigner des sentiers battus des méthodes d'enregistrement conventionnelles. L'un des moments marquants de cette ère fut la sortie du clip de "Lotus Flower", où la danse excentrique de Yorke prit d'assaut la scène Internet, devenant rapidement un mème emblématique.

La même année, Yorke s'engagea dans des collaborations fructueuses avec les artistes électroniques Burial et Four Tet, donnant naissance à des morceaux captivants tels que "Ego" et "Mirror". Une autre alliance créative marquante se forma avec Greenwood et le rappeur américain MF Doom pour le titre "Retarded Fren". En 2012, Yorke prêta sa voix envoûtante à "Electric Candyman", figurant sur l'album de Flying Lotus intitulé "Jusqu'à ce que le calme vienne". Parallèlement, il offrit une nouvelle perspective au single "Hold On" du musicien électronique Sbtrkt en le remixant, se cachant derrière le pseudonyme énigmatique de Sisi BakBak. Ce n'est qu'en septembre 2014 que son identité se dévoila au grand jour.

En février 2013, Atoms for Peace dévoila son album tant attendu, "Amok", suivi d'une tournée qui embrassa l'Europe, les États-Unis et le Japon. Les critiques saluèrent généralement "Amok", bien que certains observateurs aient noté des similitudes avec le travail en solo de Yorke. Cette année-là, Yorke et Jonny Greenwood apportèrent leur contribution musicale au documentaire "The UK Gold" abordant la question de l'évasion fiscale. La bande originale, qualifiée par Rolling Stone de série de "paysages sonores minimalistes", fut rendue accessible gratuitement en février 2015 via la plateforme de diffusion musicale en ligne SoundCloud.

Yorke dévoila son second opus en solo, "Tomorrow's Modern Boxes", à travers BitTorrent le 26 septembre 2014. Ce geste audacieux le propulsa au sommet des classements des téléchargements en torrent pour l'année 2014, excluant toute pratique de piratage, avec une frappante statistique de plus d'un million de téléchargements dans les six premiers jours qui suivirent sa mise en ligne. L'initiative de Yorke et de Godrich visait à restaurer un semblant de pouvoir commercial sur Internet aux créateurs artistiques.

En décembre 2014, Yorke décida de diffuser l'album sur la plateforme musicale en ligne Bandcamp, agrémenté d'un tout nouveau titre, "You Wouldn't Like Me When I'm Angry". Ce choix stratégique marqua un tournant dans leur approche, offrant une alternative significative à la distribution traditionnelle et réaffirmant leur volonté de révolutionner la manière dont l'œuvre artistique atteint son public.

En l'an 2015, Yorke apporta sa contribution à la bande originale intitulée "Subterranea", créée pour accompagner une installation artistique de Radiohead nommée "The Panic Office", présentée à Sydney, en Australie. Cette œuvre singulière se distinguait par une bande sonore élaborée à partir d'enregistrements sur le terrain capturés dans la campagne anglaise. Ces enregistrements étaient diffusés à travers des haut-parleurs disposés à différentes hauteurs, chaque émanation accompagnée de variations de fréquences distinctes.

Thom Yorke

Triple J, la station de radio, la décrivit comme présentant des similitudes avec les sections ambiantes de "Tomorrow's Modern Boxes", tout en incorporant quelques éléments parlés numériquement évoquant la tonalité de "Fitter Happier" issu de l'album "OK Computer". Bien que cette musique n'ait pas été rendue publique, elle constituait une expérience sensorielle unique au sein de l'installation artistique.

En juillet de la même année, Yorke se joignit au groupe Portishead lors du Latitude Festival, offrant une interprétation captivante de leur morceau intitulé "The Rip". Cette collaboration live témoigna de la versatilité artistique de Yorke, s'aventurant au-delà de ses projets solo pour fusionner avec d'autres talents musicaux de renom.

En 2015, Yorke se lança dans la composition musicale pour la production de la pièce "Old Times" d'Harold Pinter, datant de 1971, présentée par la Roundabout Theatre Company à New York. Le réalisateur décrivit la musique comme étant « primitive, inhabituelle... le type de névrose présent dans la musique [de Yorke] a certainement éclairé des aspects de la répétition compulsive inhérente à la pièce ». Cette collaboration artistique souligna la capacité de Yorke à transcender les frontières de la musique populaire et à s'immerger dans le monde complexe du théâtre contemporain.

La même année, Yorke se produisit aux côtés de Godrich et de l'artiste audiovisuel Tarik Barri lors du Latitude Festival au Royaume-Uni et du Summer Sonic Festival au Japon. Ces performances live offraient une expérience immersive, combinant la musique innovante de Yorke avec des éléments visuels captivants.

En 2016, Radiohead dévoila son neuvième album, "A Moon Shaped Pool", le 8 mai. Yorke, en plus de sa contribution vocale, fit une apparition remarquée dans la vidéo du morceau "Beautiful

Thom Yorke

People" figurant sur l'album de Mark Pritchard sorti la même année, intitulé "Under the Sun". Cette collaboration illustra une fois de plus la diversité des talents de Yorke et son engagement continu dans des projets musicaux novateurs.

Thom Yorke, le génial musicien derrière la première bande originale de son long métrage, "Suspiria", a dévoilé son chef-d'œuvre horrifique en 2018, transportant les auditeurs dans un monde envoûtant. Cette composition, sortie le 26 octobre 2018 sous le label XL, marquait un tournant dans la carrière de Yorke, étant son premier projet depuis "The Bends" à ne pas compter sur la production de son collaborateur de longue date, Nigel Godrich. À la place, c'est Yorke lui-même, accompagné de Sam Petts-Davies, qui a donné vie à cette expérience sonore unique.

"Suspiria" a fait appel au London Contemporary Orchestra and Choir, ainsi qu'au fils talentueux de Yorke, Noah, qui a manié les baguettes de la batterie avec une virtuosité captivante. Les influences de Yorke pour cette bande originale sont aussi diverses que fascinantes, allant de la musique de fond berlinoise de "Suspiria" en 1977 au krautrock, et même à l'atmosphère emblématique de "Blade Runner" de 1982.

Curieusement, les paroles de la bande originale ne se conforment pas au récit du film, mais plutôt aux pulsations discordantes du monde réel. Yorke a confié que les discours entourant le président Donald Trump et le Brexit ont insufflé une énergie particulière à sa créativité, donnant naissance à des paroles profondément marquées par l'agitation politique de l'époque.

"Suspirium", l'un des morceaux phares de l'album, a été salué par la critique et a même été nominé pour la meilleure chanson écrite pour les médias visuels aux Grammy Awards 2020, témoignant de l'impact indéniable de cette composition cinématographique sur la scène musicale mondiale.

Thom Yorke

En 2017, Thom Yorke a illuminé la scène artistique en présentant deux spectacles captivants, préfigurant une tournée européenne et américaine en 2018 qui a marqué les esprits. C'est au cours de cette année prolifique que Yorke, en collaboration avec l'artiste visionnaire Tarik Barri, a donné vie à une exposition audiovisuelle saisissante intitulée "City Rats", une œuvre commandée par l'Institute for Sound and Music de Berlin.

L'engagement de Yorke dans des projets socialement conscients était tout aussi évident. En septembre 2018, il a lancé "I See You", un zine en édition limitée réalisé en partenariat avec Crack Magazine. Les bénéfices générés par cette publication ont été généreusement reversés à Greenpeace, illustrant la volonté de Yorke de soutenir des causes environnementales cruciales.

En plus de ses exploits sur scène et dans le domaine visuel, Yorke a étendu son influence à la sphère cinématographique. Il a apporté sa touche musicale distinctive aux courts métrages de 2018 "Pourquoi ne pouvons-nous pas nous entendre?" et "Time of Day" pour la marque de mode Rag & Bone, démontrant ainsi sa polyvalence artistique et sa capacité à transcender les frontières créatives. Thom Yorke continuait à se forger une place exceptionnelle dans le panorama artistique mondial.

Le 29 mars 2019, Thom Yorke a été honoré en tant que membre de Radiohead avec son intronisation au prestigieux Rock and Roll Hall of Fame. Cependant, marquant sa réputation de personnalité indépendante et souvent anticonformiste, Yorke a choisi de ne pas assister à la cérémonie d'intronisation. Il a invoqué les différences culturelles entre le Royaume-Uni et les États-Unis, ainsi que son expérience négative aux Brit Awards, pour expliquer son choix.

La décision de Yorke de ne pas participer à l'événement a été décrite par lui-même comme "ce qui ressemble à ce genre d'accident de voiture ivre dans lequel on ne veut pas s'impliquer". Cette métaphore visuelle souligne son désir de se tenir à l'écart des cérémonies et des protocoles qu'il percevait peut-être comme étant trop éloignés de sa vision artistique et de sa philosophie personnelle. En agissant ainsi, Yorke a continué à incarner son esprit non conformiste au sein du monde de la musique.

La sortie tant attendue du troisième opus en solo de Yorke, intitulé "Anima", marqua un tournant majeur le 27 juin 2019. Ce jour-là, le monde découvrit non seulement les nouvelles harmonies créées par le génie musical de Yorke, mais également un court métrage captivant dirigé par nul autre que Paul Thomas Anderson.

L'impact d'"Anima" fut immédiat et éloquent, propulsant Yorke au sommet du classement Billboard Dance/Electronic Albums, une première pour l'artiste. Les éloges et la reconnaissance continuèrent à affluer lors des Grammy Awards 2020, où l'album fut nommé dans les catégories du meilleur album de musique alternative et du meilleur coffret ou édition spéciale limitée. Le film accompagnant l'album, également baptisé "Anima", obtint une nomination pour le Grammy du meilleur film musical, ajoutant une dimension visuelle époustouflante à la reconnaissance déjà méritée.

Cependant, la marche triomphale de Yorke fut entrecoupée par les circonstances mondiales tumultueuses de l'époque. Une tournée solo qui aurait dû débuter en mars 2020 fut inévitablement annulée en raison de la pandémie de COVID-19, laissant les fans à la fois enthousiastes et déçus devant la perspective de voir leur artiste préféré sur scène. Malgré ces obstacles, "Anima" et son univers musical continuèrent de résonner, laissant une empreinte indélébile dans le paysage sonore de cette époque particulière.

Thom Yorke

Dans l'univers cinématographique de 2019, le film "Motherless Brooklyn" a été enrichi par la plume musicale de Yorke, qui a composé "Daily Battles" en collaboration avec les cors de son complice du groupe Atoms for Peace, Flea. Sous la direction du réalisateur Edward Norton, cette mélodie a connu une transformation remarquable grâce à la réarrangement de Wynton Marsalis, musicien de jazz de renom, qui l'a transformée en une ballade évoquant les sonorités de Miles Davis des années 1950.

L'impact de "Daily Battles" ne s'est pas limité à la trame sonore du film ; il a été catapulté sur la scène prestigieuse des Oscars en étant nominé pour la meilleure chanson originale lors de la 92e cérémonie. Cette reconnaissance témoigne du talent novateur de Yorke, capable de transcender les frontières musicales pour créer des œuvres qui captivent et transcendent.

Par ailleurs, Yorke a étendu son horizon créatif en composant sa première œuvre classique, "Don't Fear the Light", destinée au duo de pianos Katia et Marielle Labèque. Cette composition révolutionnaire a fait ses débuts en avril 2019, dévoilant un aspect encore inexploré du génie musical de Yorke, prouvant ainsi que son art ne connaît pas de limites.

En avril 2020, un moment exceptionnel s'est déroulé lorsque Yorke, depuis l'intimité de son domicile, a dévoilé au monde une nouvelle mélodie captivante intitulée "Plasticine Figures". Cette performance exclusive a eu lieu lors de l'émission The Tonight Show, offrant un aperçu intime de la créativité sans fin de l'artiste.

L'année suivante, Yorke a renoué avec des collaborations fructueuses, s'associant à nouveau à Four Tet et Burial pour donner naissance à "Her Revolution" et "His Rope". Ces œuvres fusionnent les univers sonores distincts de ces artistes exceptionnels, créant une synergie musicale unique.

Thom Yorke

Parallèlement, Yorke a apporté sa touche distinctive au morceau "Isolation Theme" du musicien électronique Clark, offrant un remix qui reflétait, selon ses propres termes, les verrouillages induits par la pandémie de COVID-19. À travers cette réinterprétation, Yorke a capturé l'essence d'un "nouveau type de silence", exprimant ainsi les nuances émotionnelles et les transformations induites par la période troublée que le monde traversait. Ce remix a servi de témoignage sonore unique de cette époque sans précédent, soulignant une fois de plus la capacité de Yorke à traduire les émotions complexes en une expérience musicale profonde et évocatrice.

En ce mois de mars 2021, Yorke plongea dans l'univers envoûtant des défilés du créateur de mode japonais, Jun Takahashi, apportant sa touche unique à la bande sonore, notamment avec une version remixée captivante de la célèbre chanson "Creep". Le rythme de ses créations harmonieuses semblait fusionner avec le tissu des vêtements défilant sur le podium, créant une atmosphère envoûtante et captivante.

Puis, en ce mois d'août, Yorke se plongea dans le monde du rap en apportant sa magie à deux remix de "Gazzillion Ear" du légendaire rappeur MF Doom. Ses talents musicaux transcendaient les genres, ajoutant une dimension nouvelle et audacieuse à l'univers sonore déjà riche de MF Doom. Chaque battement, chaque note, semblait être tissé dans le canevas complexe de la créativité musicale, laissant une empreinte indélébile dans le paysage sonore de l'époque.

Au gré du mois de mai, une nouvelle constellation musicale illumina le firmament artistique : The Smile, fruit de la collaboration entre Yorke, Jonny Greenwood, et le virtuose batteur de jazz Tom Skinner, sous la houlette de Godrich en tant que producteur émérite. Ce projet émergea comme un exutoire créatif pour Yorke et Greenwood, cherchant à fusionner leurs

Thom Yorke

talents durant les périodes de confinement imposées par la pandémie de COVID-19.

The Smile fit une entrée remarquée dans le paysage musical le 22 mai, dans le cadre d'une performance surprise diffusée par le Glastonbury Festival. Yorke se retrouva sur scène, jouant le rôle de vocaliste et maniant divers instruments tels que la guitare, la basse, le synthétiseur Moog et le piano Rhodes. La polyvalence de ses talents transcenda les limites conventionnelles de la scène, créant une expérience sonore multiforme.

Alexis Petridis, critique du Guardian, dépeignit The Smile comme une entité sonore à la fois épurée et complexe, évoquant une version à la fois plus dépouillée et plus intriquée de Radiohead. L'exploration de influences rock plus progressives se manifesta à travers des signatures rythmiques inusitées, des riffs complexes, et un psychédélisme motorisé d'une intensité inébranlable. Le son unique du groupe captiva les auditeurs, les transportant vers des contrées musicales inexplorées et résolument audacieuses.

En ce mois d'octobre fécond de l'année 2021, Yorke se retrouva sur la scène majestueuse du Royal Albert Hall de Londres lors de l'événement Letters Live. Là, il donna vie à une mélodie enchanteresse de The Smile, intitulée "Free in the Knowledge". Les notes de cette composition emplirent l'enceinte du Royal Albert Hall, créant une atmosphère captivante et immersive.

Simultanément, Yorke et l'artiste de couverture de Radiohead, Stanley Donwood, orchestrèrent une expérience artistique unique. Ils présentèrent une exposition d'œuvres d'art et de paroles emblématiques de l'album "Kid A" au siège prestigieux de Christie's à Londres. Cette exposition préfigura la réédition tant attendue des albums "Kid A" et "Amnesiac" sous le titre évocateur de "Kid A Mnesia".

Thom Yorke

Le duo créatif ne s'arrêta pas là. Ils prêtèrent également leur génie créatif aux paroles et aux illustrations de "Kid A Mnesia Exhibition", une expérience numérique révolutionnaire disponible gratuitement sur PlayStation 5, macOS, et Windows. Cette plongée dans le monde numérique offrait aux auditeurs une immersion totale dans l'univers artistique de Radiohead, fusionnant la musique, les paroles et les visuels dans une expérience multimédia novatrice. Yorke et Donwood continuaient ainsi à repousser les frontières de l'expression artistique, laissant derrière eux une empreinte indélébile dans le paysage culturel de l'époque.

Le 9 avril 2022, les montagnes suisses résonnaient des mélodies envoûtantes de Thom Yorke, alors qu'il se produisait en solo au festival Zeltbühne à Zermatt. Un concert magistral où il puisa dans son vaste répertoire, offrant une performance captivante qui traversa les différentes époques de sa carrière, incluant des titres de Radiohead, The Smile, Unkle et de ses albums en solo. Les sommets alpins devinrent le théâtre d'une communion musicale unique.

Le mois suivant, en mai 2022, marqua une étape cruciale pour The Smile avec la sortie de leur premier album, "A Light for Attracting Attention". Un opus tant attendu qui ouvrit la porte à une tournée européenne, emportant les auditeurs dans un voyage musical transcendant les frontières sonores conventionnelles.

Thom Yorke ne se contenta pas de ses exploits collectifs ; il laissa sa marque distincte dans le monde de la télévision en contribuant avec brio à la sixième série de la populaire émission "Peaky Blinders". Deux de ses créations, "5.17" et "That's How Horses Are", vinrent enrichir la bande sonore, ajoutant une dimension mélodique et émotionnelle à l'univers sombre de la série diffusée en 2022.

Thom Yorke

Dans un tournant artistique inattendu, Yorke endossa le rôle de producteur pour l'album "Sus Dog" de Clark, le dixième opus du talentueux musicien. Agissant en tant que mentor pour la voix de Clark, Yorke apporta également sa contribution personnelle en termes de chant et de basse, démontrant une fois de plus sa polyvalence et son influence transformatrice dans le monde de la musique. L'année 2023 promettait ainsi d'être le témoin de nouvelles explorations artistiques sous la guidance inspirée de Thom Yorke.

En ce mois de septembre 2023, l'effervescence artistique s'est à nouveau emparée de Londres avec l'exposition remarquable de Thom Yorke et Stanley Donwood intitulée "The Crow Flies". Cette collection intrigante d'œuvres d'art, dévoilée au public londonien, transporta les spectateurs dans un univers visuel captivant. Les tableaux, initialement conçus comme une œuvre accompagnant l'album "A Light for Attracting Attention", puisèrent leur inspiration dans les cartes de pirates islamiques et les cartes topographiques militaires américaines des années 1960. Chaque toile était une fusion unique de l'héritage maritime et des mystères topographiques, créant une expérience visuelle à la fois saisissante et énigmatique.

Tandis que les couleurs de "The Crow Flies" résonnaient dans les galeries, une autre annonce captiva les fans de musique du monde entier. Le deuxième opus tant attendu de The Smile, intitulé "Wall of Eyes", était programmé pour janvier 2024. Ce nouvel album promettait une exploration audacieuse et novatrice, dévoilant des facettes inexplorées de la créativité musicale de Yorke, Greenwood, et Skinner. Pour donner vie à ces compositions, une tournée européenne était déjà planifiée en mars, promettant aux admirateurs une expérience immersive au cœur de l'univers sonore unique de The Smile.

Ainsi, l'année 2024 s'annonçait comme une période de découverte artistique et musicale, où les frontières entre les médiums visuels

Thom Yorke

et sonores semblaient s'estomper sous la vision créative exceptionnelle de Thom Yorke et de ses complices artistiques.

Thom Yorke occupe une place singulière au sein de l'épopée créative de Radiohead, écrivant les ébauches initiales de la plupart des chansons qui, par la suite, se transforment harmonieusement sous l'ingéniosité de Jonny Greenwood, avant que les autres membres du groupe n'y apportent leur touche distinctive. Pour Yorke, la création musicale est un voyage perpétuel, où la quête et l'intranquillité guident le processus créatif.

Dans une réflexion sur la nature de la créativité, Yorke partage sa conviction que conserver l'esprit d'un débutant est essentiel. Pour lui, la recherche, l'agitation et le processus lui-même sont les véritables objectifs. C'est une quête constante vers l'inconnu, une exploration sans fin qui alimente son expression artistique.

Son œuvre en solo se distingue principalement par une incursion audacieuse dans le domaine de la musique électronique. Stereogum a décrit son travail en solo comme étant "en grande partie intérieur", caractérisé par une froideur émotionnelle et une orientation marquée vers le rythme, en contraste avec les "horizons grands ouverts" que l'on trouve dans les chansons de Radiohead. Yorke, en tant qu'artiste solo, explore des paysages sonores plus intimes, révélant une facette plus personnelle de sa créativité.

Ainsi, la trajectoire créative de Thom Yorke témoigne de son engagement envers l'innovation continue, explorant des territoires musicaux inexplorés tout en préservant l'esprit inaltérable du débutant, toujours avide de découvertes.

La collaboration entre Thom Yorke et le producteur Nigel Godrich a été un pilier essentiel de la richesse musicale de Yorke.

Thom Yorke

Leur partenariat prolifique s'étend sur plusieurs projets majeurs, englobant Radiohead, Atoms for Peace, The Smile, et la majeure partie de l'œuvre solo de Yorke. Godrich, en tant que collaborateur, a joué un rôle déterminant dans le processus créatif de Yorke.

Yorke reconnaît l'inestimable contribution de Godrich en tant qu'éditeur de son travail. Godrich excelle dans l'art délicat de discerner les nuances, identifiant les parties à améliorer et celles qui portent un potentiel inexploité. Cette collaboration n'a pas été exempte de défis, avec des disputes parfois prolongées sur la direction à prendre. Cependant, Yorke souligne que malgré ces désaccords, la résolution a toujours été trouvée. Il compare même leur relation à celle de frères, soulignant la profondeur et la durabilité de leur partenariat.

De son côté, Nigel Godrich partage l'appréciation de Yorke pour leur collaboration. Il souligne la productivité exceptionnelle qui émerge de leur travail commun, qualifiant cette synergie de "chose vraiment précieuse et importante" qui imprègne chaque projet auquel ils se consacrent. La dynamique entre Yorke et Godrich va au-delà de la simple collaboration professionnelle, créant une alchimie musicale unique qui a marqué de son empreinte l'évolution sonore de nombreuses œuvres exceptionnelles.

Yorke était un virtuose multi-instrumentiste, maniant avec maîtrise des outils musicaux aussi variés que la guitare, le piano, la basse et la batterie. Sa polyvalence transparaissait lorsqu'il endossait le rôle de batteur pour les prestations captivantes de la chanson "Bangers and Mash" de Radiohead en 2007. Au sein du groupe Smile, Yorke optait pour une basse Fender Mustang, exploitant avec élégance une technique de jeu au doigt qui conférait une touche distinctive à sa musicalité.

Thom Yorke

Yorke explore l'univers musical avec une palette électronique, maniant habilement des synthétiseurs, des boîtes à rythmes, des séquenceurs, et s'immergeant dans des techniques électroniques sophistiquées telles que la programmation, l'échantillonnage et le bouclage. En 2015, il a confié : "Vraiment, j'aime juste écrire des mots assis devant un piano. J'ai tendance à me désintéresser de la boîte à rythmes." Cette déclaration révèle une préférence pour l'authenticité de la composition pianistique. Selon Godrich, "Thom va s'asseoir et faire un chaos fou et fracturé avec une râpe à fromage sur la tête sur un ordinateur, mais à un moment donné, il sort toujours sa guitare pour vérifier qu'il peut réellement en jouer." Cette dualité entre l'électronique avant-gardiste et l'ancrage organique à la guitare souligne la richesse et la complexité de son approche artistique.

À la différence de son compère de groupe, Jonny Greenwood, Yorke n'est pas un lecteur assidu de partitions. Il l'a exprimé ainsi : "Vous ne pouvez pas exprimer les rythmes correctement comme ça. C'est une façon très inefficace de le faire, donc je n'ai jamais vraiment pris la peine de le reprendre." Cette approche non conventionnelle souligne son penchant pour une musicalité plus intuitive et libre.

Lorsqu'on lui a demandé de jouer du piano sur la chanson "Mr. Bellamy" de l'album "Memory Almost Full" (2007) de Paul McCartney, Yorke a décliné en expliquant : « Le jeu du piano impliquait que deux mains fassent des choses séparément. Je n'ai tout simplement pas cette compétence disponible. Je lui ai dit : « Je gratte le piano, c'est tout. » » Cette admission franche reflète son honnêteté artistique et son refus de se conformer à des conventions qui pourraient entraver sa créativité.

Yorke possédait l'une des gammes vocales les plus vastes de l'univers musical populaire. Sa renommée reposait en grande partie sur son fausset, une qualité que le magazine Paste décrivait comme « douce », « prudente » et « obsédante ». Dans une éloge vibrante, Rolling Stone qualifiait sa voix de « balayage large et émotif », soulignant un « son aigu et vif » qui captivait l'auditeur. The Guardian allait plus loin en la décrivant comme « semblable à un instrument », une présence « spectrale » qui transcendait la posture égocentrique souvent associée au stéréotype du chanteur de rock indépendant.

Le journaliste musical Robert Christgau livrait une analyse élogieuse, décrivant la voix de Yorke comme portant une « intensité douloureuse et transportée, pure en haut avec des notes de grain hystérique en dessous ». Il la décrivait comme tendue, impliquée, dépourvue de frivolités, ni asexuée ni banale, mais plutôt la voix idéalisée d'un collégien prétentieux. Que l'on adhère ou non, cette voix était indéniablement remarquable.

Cependant, en 2023, Yorke lui-même admit que sa gamme vocale avait subi les ravages du temps. Il avoua trouver désormais difficile d'interpréter "Creep", signe d'une évolution naturelle et inéluctable.

Yorke manie fréquemment sa voix à l'aide de logiciels et d'effets, la transformant ainsi en une entité presque « désincarnée », un instrument malléable au service de sa créativité. Un exemple probant de cette manipulation artistique se trouve dans "Everything in Its Right Place" (2000), où sa voix est méticuleusement traitée pour engendrer un « collage glitch et bégaiement ».

Selon Pitchfork, au fil des décennies, la voix de Yorke a subi une transformation significative, passant de celle d'un « rocker alternatif semi-intéressant » à celle d'un « demi-dieu de l'art-rock de gauche » pour finalement émerger comme un « grand sorcier électronique ». Cette évolution démontre la diversité de son approche artistique, explorant constamment de nouveaux horizons sonores.

Thom Yorke

En 2006, Yorke exprima son inconfort face à la perception de sa voix comme étant simplement « jolie ». Il souligna le caractère potentiellement trompeur de cette apparence polie, considérant que, derrière cette façade, ses paroles pouvaient renfermer une profonde acidité. Il confia que la préoccupation pour l'impact émotionnel de sa voix était omniprésente dans son processus créatif, quel que soit le genre musical abordé. Notamment, il admit avoir du mal à écouter de la musique de danse sans imaginer une voix, soulignant ainsi l'importance centrale de cette dimension vocale dans son univers musical.

En 2005, les lecteurs de Blender et de MTV2 ont hissé Thom Yorke à la 18e place dans le classement des plus grands chanteurs de tous les temps. En 2010, Rolling Stone l'a honoré en le classant à la 66e position, soulignant son statut d'une des figures vocales les plus influentes de sa génération, ayant marqué des groupes tels que Muse, Coldplay, Travis et Elbow.

Dans la mise à jour de 2023, Rolling Stone a élevé Yorke au 34e rang des plus grands chanteurs de tous les temps. La publication a salué le « véritable bord d'aliénation » perceptible dans sa voix, soulignant ainsi non seulement son impact continu, mais aussi la singularité et l'authenticité qui continuent de caractériser son talent vocal exceptionnel.

Les premiers mots prononcés par Yorke résonnaient de manière intime, mais il ressentit une certaine lassitude envers des paroles qu'il qualifia de "torturées". Selon lui, ces expressions ne portaient pas la profondeur et la sincérité qu'il recherchait. Il les compara plutôt à un collage composé d'images et de références externes, puisées notamment dans le monde de la télévision. Depuis l'avènement de Kid A, il s'est aventuré dans l'expérimentation en découpant des mots et des phrases, les assemblant de manière aléatoire. Il faisait parfois le choix des mots pour leur sonorité

Thom Yorke

plutôt que pour leur signification, comme c'est le cas avec la phrase-titre de "Myxomatosis" ou la répétition de "les gouttes de pluie" dans "Sit Down. Stand Up". Une étude réalisée en 2021 a mis en lumière l'étendue exceptionnelle du vocabulaire de Yorke parmi les chanteurs pop, mesurée en fonction du nombre de mots différents utilisés dans chacune de ses chansons.

Yorke fait délibérément usage de clichés, d'idiomes et d'autres expressions courantes, s'inspirant de l'artiste américaine Barbara Kruger. Un exemple notable est présent dans les paroles de Kid A, où, selon l'écrivain de Pitchfork Rob Mitchum, des observations apparemment anodines se transforment en attaques de panique. Jayson Greene, un autre rédacteur de Pitchfork, a interprété cette approche comme le signe d'un esprit submergé par des données dénuées de sens. Ryan Kearney, écrivain pour le New Republic, a émis l'hypothèse que l'utilisation par Yorke d'expressions courantes, qualifiées de "radioheadismes", représente une tentative de saper la substance de notre langage commun et de mettre en lumière la vacuité du discours quotidien.

Yorke lui-même a exprimé le souhait de capturer l'expérience quotidienne des individus, qui tentent de donner un sens émotionnel aux mots et aux images qui les entourent. Il considère que les paroles devraient être comme une série de fenêtres s'ouvrant plutôt que se fermant, une tâche qu'il juge incroyablement difficile. Colin Greenwood a décrit ces paroles comme un commentaire continu sur ce qui se passe dans le monde, les comparant à un volet qui claque successivement.

Les paroles de Yorke révèlent fréquemment une teinte de paranoïa. Le critique du Guardian, Alexis Petridis, a décrit ce qui pourrait être qualifié de vision du monde de Yorke : une perception où la vie se présente comme un cauchemar éveillé, et où tout semble être complètement, et peut-être irrémédiablement, chaotique. Selon Yorke lui-même, bon nombre de ses paroles sont alimentées par la colère, exprimant ses inquiétudes politiques et environnementales, et sont rédigées comme une réponse constante à la double pensée.

Les paroles de l'album "Hail to the Thief" de Radiohead, sorti en 2003, abordent ce que Yorke a appelé "l'ignorance et l'intolérance, la panique et la stupidité", en réaction à l'élection du président américain George W. Bush en 2000 et à la guerre contre le terrorisme qui en a découlé. Le single "Harrowdown Hill" en 2006 est une composition de Yorke traitant de David Kelly, l'expert britannique en armes devenu lanceur d'alerte. Lors d'une représentation télévisée de "House of Cards" en 2008, Yorke a dédié le refrain "déni, déni" à Bush pour avoir rejeté le Protocole de Kyoto, un traité international visant à réduire les émissions de gaz à effet de serre. En 2011, le single "The Daily Mail" s'attaque au journal de droite du même nom.

Dans une interview en 2015 avec l'activiste et écrivain George Monbiot, Yorke a exprimé sa perspective sur la difficulté actuelle de créer des chansons qui fonctionnent comme des appels aux armes, comparant la situation aux années 60. Il a souligné la complexité d'écrire une chanson de protestation sur le changement climatique en 2015, affirmant que cela serait inefficace. Selon lui, une chanson, une œuvre d'art ou un livre ne peut pas à lui seul changer l'opinion de quelqu'un.

Lors de la création du neuvième album de Radiohead, "A Moon Shaped Pool", Yorke a exprimé des inquiétudes quant à la possibilité que des chansons politiques puissent aliéner certains auditeurs. Cependant, il a décidé que cela valait mieux que d'écrire "une autre chanson amoureuse sur rien". L'écrivain Jayson Greene a noté dans ses critiques que les paroles de Yorke sur cet album étaient moins cyniques, exprimant plutôt l'émerveillement et l'étonnement.

Malgré des spéculations de nombreux critiques sur la possible influence de la séparation de Yorke d'avec Rachel Owen, sa

Thom Yorke

partenaire depuis plus de 20 ans, dans les paroles, Yorke a catégoriquement nié écrire de manière biographique. Il a affirmé que ses paroles étaient plutôt le résultat d'une écriture "spasmodique", basée sur des images plutôt que sur des expériences personnelles.

Yorke intègre fréquemment la danse dans ses performances, une caractéristique décrite par le Sunday Times comme sa "signature sur scène". L'adoption de la danse a débuté après la sortie de Kid A par Radiohead en 2000, lorsque, comme il l'a expliqué, "tout à coup, je n'avais plus de guitare autour du cou". Les performances de Yorke ont évolué d'une apparence décrite comme "torturée" dans les années 1990 vers des représentations ultérieures plus "lâches" et confortables, selon le New York Times.

Yorke lui-même a commenté qu'il apprécie "jouer avec l'idée d'être la rock star ou le gars coincé [des années 1990]". Il exprime ainsi la liberté de choisir de prendre une direction totalement différente, de se comporter de manière absurde ou de sauter partout, créant ainsi une expérience visuelle et artistique dynamique pour son public.

La danse de Yorke est mise en avant dans les vidéoclips de chansons telles que "Lotus Flower" et "Ingenue", ainsi que dans le court métrage "Anima". Les critiques décrivent son style de danse comme "erratique", "agité" et non conventionnel. En 2011, les lecteurs de Rolling Stone l'ont élu comme leur 10e musicien de danse préféré. Sa manière unique et expressive de se mouvoir a contribué à forger son image artistique distinctive et a été saluée pour sa créativité et son originalité.

Dans son enfance, Yorke avait une préférence marquée pour des artistes tels que Queen, REM, Siouxsie and the Banshees, Joy Division, et Bob Dylan. À l'adolescence, ses influences musicales étaient fortement marquées par des figures emblématiques telles

Thom Yorke

que Michael Stipe, Morrissey, et David Sylvian, qu'il tentait initialement d'imiter. Il souligne également l'impact significatif que Mark Mulcahy de Miracle Legion a eu sur lui à cette époque : "C'était la voix de quelqu'un qui n'était vraiment heureux que lorsqu'il chantait... Cela a changé ma façon de penser aux chansons et aux chants."

À l'âge de 16 ans, Yorke a pris l'initiative d'envoyer une démo à un magazine de musique, qui a remarqué une similitude frappante avec Neil Young dans sa voix. Bien que peu familier avec l'œuvre de Young à l'époque, Yorke a décidé d'acquérir l'album de 1970 intitulé "After the Gold Rush". Cette expérience a joué un rôle crucial en lui conférant la confiance nécessaire pour révéler "la douceur et la naïveté" dans son chant.

Yorke attribue également à Neil Young une influence significative sur le plan lyrique, soulignant : "C'était son attitude envers la façon dont il composait les chansons. Il s'agit toujours de déposer tout ce que vous avez en tête à ce moment-là et de rester complètement fidèle à cela, peu importe ce que c'est." De plus, il a partagé que Jeff Buckley lui a fourni la confiance indispensable pour explorer l'utilisation du fausset et exprimer la vulnérabilité à travers son chant.

Yorke a souvent évoqué l'influence majeure de certains artistes sur sa vie et sa carrière. Les Pixies, Björk et PJ Harvey, selon lui, ont "changé sa vie". En 2006, il a même affirmé à Pitchfork que Radiohead avait "arnaqué REM à l'aveugle pendant des années". Il a spécifiquement loué Michael Stipe en tant que parolier préféré, appréciant particulièrement la manière dont Stipe prenait une émotion, prenait du recul, et rendait ainsi cette émotion beaucoup plus puissante.

Le refrain de la chanson "How to Disappear Completely" de l'album "Kid A" a été inspiré par les conseils de Stipe, qui suggérait à Yorke de soulager le stress de la tournée en se

Thom Yorke

répétant mentalement : "Je ne suis pas là, cela n'arrive pas." Yorke a également cité John Frusciante, le guitariste des Red Hot Chili Peppers, comme une influence majeure sur son jeu de guitare dans l'album "In Rainbows". Par ailleurs, Scott Walker a été identifié par Yorke comme une influence aussi bien sur sa voix que sur ses paroles.

Après la sortie de l'album "OK Computer", Yorke et le groupe Radiohead ont intégré des influences d'artistes électroniques tels qu'Aphex Twin et Autechre dans leur musique. En 2013, Yorke a spécifiquement désigné Aphex Twin comme sa plus grande influence, exprimant son admiration en ces termes : « Il brûle une ombre lourde... Aphex a ouvert un autre monde qui n'impliquait pas ma putain de guitare électrique... Je détestais toute la musique qui était autour de Radiohead à l'époque, ça n'avait absolument aucun sens. Je détestais le truc de la Britpop et ce qui se passait en Amérique, mais Aphex était totalement magnifique. » Cette déclaration témoigne de l'impact profond qu'Aphex Twin a eu sur la direction musicale de Yorke et du groupe à cette période.

Depuis la sortie de l'EP "My Iron Lung" en 1994, Thom Yorke s'est investi dans la création d'illustrations pour Radiohead et d'autres projets en collaboration avec l'artiste Stanley Donwood. Leur partenariat artistique a débuté alors qu'ils étaient tous deux étudiants en art à l'Université d'Exeter. Donwood a partagé sa première impression de Yorke en le décrivant comme quelqu'un de « bavard. Énervé. Quelqu'un avec qui je pourrais travailler ».

Crédité sous des noms tels que White Chocolate Farm, Tchock, Dr. Tchock, et des abréviations similaires, Yorke a joué un rôle essentiel dans la création des œuvres d'art qui ont accompagné la musique de Radiohead. Leur collaboration a contribué à façonner l'esthétique visuelle distinctive associée au groupe.

Thom Yorke

Alors que Stanley Donwood se décrivait comme étant porté vers le « détail et le perfectionnisme », il notait que Yorke était « complètement opposé, il fout tout en l'air... Je fais quelque chose, puis il le fout en l'air, puis je fous en l'air ce qu'il a fait... et nous continuons à faire cela jusqu'à ce que nous soyons satisfaits du résultat. C'est un concours pour voir qui « gagne » le tableau, lequel d'entre nous en prend possession de manière artistique. »

Par ailleurs, l'artiste Tarik Barri a joué un rôle crucial en fournissant des visuels en direct pour les projets et spectacles solo de Yorke, notamment avec le groupe Atoms for Peace. Cette collaboration multimédia a ajouté une dimension visuelle captivante aux performances live de Yorke.

Yorke, personnage central de cette histoire musicale, s'est dressé contre l'industrie musicale, ouvrant la voie à des plateformes de sortie alternatives, une quête audacieuse qu'il a partagée avec le groupe Radiohead et son travail en solo. Lassé d'être simplement une pièce rapportée du style de vie glamour et séduisant de MTV, auquel il avait l'impression de contribuer, Yorke a connu un moment de désenchantement après la tournée américaine de Radiohead en 1993.

Ce moment de rupture avec les artifices de la célébrité a été accentué par un article de Melody Maker en 1995, suggérant que Yorke pourrait suivre le même chemin tragique que le chanteur de Nirvana, Kurt Cobain. Cette prédiction morbide a laissé une empreinte indélébile sur Yorke, nourrissant une aversion grandissante envers la presse musicale britannique.

Cependant, dans l'ombre de ces tumultes médiatiques, Yorke a continué à forger son propre chemin musical, explorant des avenues créatives qui allaient bien au-delà des limites imposées par l'industrie. Son refus de se conformer aux attentes préétablies a non seulement redéfini son rapport à la célébrité mais a

Thom Yorke

également insufflé une énergie nouvelle à sa quête artistique, faisant de lui un pionnier des voies alternatives et indépendantes. Ainsi, l'histoire de Yorke se déploie comme une symphonie complexe, empreinte de défis et de réinvention, au rythme de sa propre mélodie inimitable.

Le documentaire de 1998, "Meeting People Is Easy", brosse le tableau poignant de la désillusion de Yorke envers l'industrie musicale et la presse pendant la tournée de l'album "OK Computer" de Radiohead. Le film dépeint les coulisses de la notoriété croissante du groupe, soulignant la tension entre la créativité artistique et les exigences oppressantes de la célébrité.

Suite à la diffusion non autorisée de leur quatrième album, "Kid A" (2000), sur la plateforme de partage de fichiers peer-to-peer Napster, quelques semaines avant sa sortie officielle, Yorke a exprimé dans une entrevue avec le magazine Time son opinion sur Napster, le qualifiant d'outil qui "encourage l'enthousiasme pour la musique d'une manière que l'industrie musicale a depuis longtemps négligée". Il a salué ceux qui osaient remettre en question le statu quo, déclarant : "J'ai oublié de le faire. Je pense que quiconque lève le doigt sur tout ça est merveilleux en ce qui me concerne."

En 2001, Yorke a élargi son champ de critique envers l'industrie musicale américaine live, la qualifiant de monopole sous le contrôle de Clear Channel Entertainment et Ticketmaster. Ses commentaires incisifs ont jeté une lumière crue sur les défis et les inégalités au sein de l'industrie du spectacle, soulignant son engagement en faveur de la remise en question des normes établies. Ainsi, l'histoire de Yorke se dessine comme une saga de résistance contre les contraintes de l'industrie, marquée par un constant appel à la créativité et à la justice dans le monde de la musique.

Thom Yorke

À la suite de la conclusion du contrat d'enregistrement de Radiohead avec EMI et la sortie de l'album "Hail to the Thief" (2003), Yorke a partagé ses réflexions avec le magazine Time, déclarant : "J'aime les gens de notre maison de disques, mais le moment est proche où vous devez vous demander pourquoi quelqu'un en a besoin. Et, oui, cela nous donnerait probablement un plaisir pervers de dire 'Va te faire foutre' à ce modèle économique en décomposition."

En 2006, il a renforcé ses critiques envers les grandes maisons de disques, les qualifiant de "jeux stupides de petits garçons - surtout très haut placés". Ces commentaires révèlent la frustration de Yorke envers un système qu'il percevait comme obsolète et inadapté aux évolutions rapides de l'industrie musicale. À travers ses paroles, on ressent la volonté de Yorke et de Radiohead de se libérer des contraintes imposées par les conventions établies, prêts à embrasser de nouvelles approches et à défier les normes préexistantes. Ainsi, le chapitre post-EMI de l'histoire musicale de Yorke se dessine comme une quête audacieuse vers l'émancipation artistique et l'exploration de nouveaux horizons.

En 2007, Radiohead a marqué l'histoire en publiant de manière indépendante son album "In Rainbows", offrant aux auditeurs la possibilité de fixer le prix d'achat lors du téléchargement. Thom Yorke a décrit cette initiative comme la partie "la plus excitante" de la sortie, soulignant l'élimination de la barrière traditionnelle entre l'artiste et le public.

Cependant, en 2013, Yorke a exprimé des préoccupations quant aux implications de cette stratégie. Dans une interview avec le Guardian, il a évoqué ses craintes que la sortie de "In Rainbows" ait finalement favorisé des acteurs majeurs tels qu'Apple et Google. Il a remis en question la marchandisation constante des contenus par ces entreprises, déclarant : "Ils doivent continuer à marchandiser les choses pour maintenir le cours de l'action à un niveau élevé, mais en le faisant ils ont donc rendu sans valeur

Thom Yorke

tous les contenus, y compris la musique et les journaux, afin de gagner des milliards. Et c'est ce que nous voulons ?"

En 2015, Yorke a élargi ses critiques, prenant pour cible YouTube pour sa gestion du contenu des contributeurs. Il a fait une analogie frappante en comparant cette prise de contrôle à un pillage artistique, faisant référence aux actes des nazis pendant la Seconde Guerre mondiale. Ces commentaires reflètent la constante remise en question de Yorke sur le rôle des grandes entreprises dans la musique et l'art, soulignant son engagement en faveur d'un équilibre plus équitable entre la créativité artistique et les intérêts commerciaux. Ainsi, le chemin de Yorke dans l'industrie musicale continue d'être marqué par un questionnement profond et une recherche constante de justesse.

En 2013, Thom Yorke et Nigel Godrich ont fait sensation en critiquant ouvertement le service de streaming musical Spotify et en retirant les œuvres d'Atoms for Peace ainsi que la musique solo de Yorke de la plateforme. À travers une série de tweets, Yorke a exprimé son inquiétude quant à la rémunération des nouveaux artistes sur Spotify, affirmant que ces derniers ne seraient pas correctement rétribués, tandis que les actionnaires tireraient profit de la situation. Il a qualifié Spotify de "dernier souffle de l'ancienne industrie" et l'a accusé de favoriser uniquement les grands labels dotés de vastes catalogues. Yorke a plaidé en faveur d'une connexion directe entre les artistes et leur public, encourageant ainsi une approche plus indépendante.

Cependant, Brian Message, associé de la société de gestion de Radiohead, n'était pas du même avis. Il a contredit Yorke en soulignant que Spotify reverse 70 % de ses revenus à l'industrie musicale, arguant que le problème résidait dans une industrie musicale obstruée. Message a encouragé une vision à long terme, expliquant que "le problème de Thom était que le tuyau était devenu tellement bloqué... Nous encourageons tous nos artistes à adopter une approche à long terme... Planifiez à long terme, comprenez que c'est un jeu difficile."

Finalement, en décembre 2017, la musique de Yorke a été réintégrée sur Spotify. Ce geste pourrait être interprété comme une évolution dans le paysage musical ou une concession pragmatique face à la réalité du marché, illustrant la complexité des relations entre les artistes, les plateformes de streaming et l'industrie musicale en constante évolution.

Pour son deuxième album solo, "Tomorrow's Modern Boxes" (2014), Thom Yorke a décidé de rompre avec les conventions établies en le distribuant via BitTorrent. Lui et Nigel Godrich ont exprimé l'espoir de "rendre un certain contrôle d'Internet aux personnes qui créent l'œuvre... en contournant les gardiens auto-élus". Ils cherchaient ainsi à offrir une alternative, permettant aux artistes de maintenir une influence plus directe sur la distribution de leur travail, échappant aux intermédiaires traditionnels.

Interrogé sur le succès de cette initiative, Yorke a répondu avec une franchise caractéristique : "Non, pas exactement... Je voulais montrer qu'en théorie, on peut aujourd'hui suivre toute la chaîne de production du disque, du début à la fin, sur son disque. Mais dans la pratique, c'est très différent. Nous ne pouvons pas nous charger de toutes les responsabilités d'une maison de disques." Cette réponse témoigne des défis concrets et des complexités qui accompagnent la tentative de redéfinir la distribution musicale de manière indépendante. Malgré les aspirations idéalistes, la réalité opérationnelle s'avère souvent plus nuancée et exigeante. Ainsi, l'expérience de "Tomorrow's Modern Boxes" reflète la tension persistante entre les idéaux artistiques et les réalités pragmatiques de l'industrie musicale en mutation.

En l'an 2000, lors des sessions d'enregistrement de "Kid A", Yorke se retrouva submergé par une obsession pour le site Web de

Thom Yorke

l'Institut Worldwatch. Celui-ci débordait de statistiques alarmantes concernant la fonte des calottes glaciaires et les caprices changeants des conditions météorologiques. Il confessa s'être profondément investi dans le mouvement en faveur de la lutte contre le changement climatique après être devenu parent, avouant qu'il était tourmenté chaque nuit par une terreur indescriptible.

Thom Yorke a apporté son soutien indéfectible aux Amis de la Terre et à leur campagne "Big Ask" depuis 2003. En 2006, lui et Jonny Greenwood ont pris la tête du Big Ask Live, un concert-bénéfice visant à persuader le gouvernement d'instaurer une nouvelle loi sur le changement climatique. Dans un article percutant du Guardian, Yorke a partagé ses réflexions, déclarant :

"Au début, j'ai clairement indiqué aux Amis de la Terre que je n'étais absolument pas la bonne personne à associer à leur campagne. Ma vie était centrée sur les tournées, et l'industrie du rock est notoirement énergivore. Cependant, ils m'ont convaincu que c'était précisément pour cette raison que ma participation était une idée judicieuse. Ils ne cherchaient pas à présenter un message plus vertueux que le tien. Au départ, j'ai essuyé quelques critiques, mais il suffit de les accepter, de prendre une gorgée d'eau froide et de continuer à avancer dans la vie."

En 2006, Thom Yorke a décliné une invitation des Amis de la Terre à rencontrer le Premier ministre britannique, Tony Blair, afin de discuter des enjeux liés au changement climatique. Yorke a affirmé que Blair manquait de crédibilité en matière environnementale et que ses conseillers en communication manipuleraient la nature de la réunion. Dans une interview accordée au Guardian, Yorke a expliqué que les conseillers de Blair avaient insisté pour le pré-examiner, et que les Amis de la Terre risquaient de perdre l'accès à Blair s'il exprimait une opinion contraire à leurs attentes. Yorke a qualifié cette situation de chantage, soulignant ainsi son refus de se plier à des pressions

Thom Yorke

qui entraveraient sa liberté d'expression sur les questions cruciales liées à l'environnement.

En 2008, le groupe Radiohead a pris des mesures concrètes pour réduire son empreinte carbone lors de leurs tournées. Après avoir commandé une étude approfondie sur le sujet, ils ont pris des décisions stratégiques, telles que choisir des lieux facilement accessibles par les transports publics, négocier des accords avec des entreprises de camionnage pour minimiser les émissions, adopter un éclairage LED à faible consommation d'énergie, et encourager les festivals à utiliser des plastiques réutilisables.

Au-delà de ces actions, Thom Yorke a également pris la plume en 2008 en éditant une édition spéciale sur le changement climatique pour Observer Magazine. Dans ses écrits, il a exprimé une perspective optimiste, déclarant : "Contrairement aux pessimistes tels que James Lovelock, je ne crois pas que nous soyons tous condamnés... Vous ne devriez jamais perdre espoir." Cette déclaration reflète la conviction de Yorke en la possibilité d'un changement positif, même face aux défis du changement climatique.

En 2009, Thom Yorke a réalisé une performance unique via Skype lors de la première du documentaire environnementaliste "The Age of Stupid". De manière ingénieuse, il a également obtenu un accès aux négociations de la COP 15 sur le changement climatique à Copenhague en se faisant passer pour un journaliste. En 2010, démontrant son engagement continu envers les causes environnementales, Yorke a organisé un concert-bénéfice au Cambridge Corn Exchange en soutien au Parti Vert britannique. Parallèlement, il a apporté son soutien à la campagne 10:10, axée sur l'atténuation du changement climatique.

L'année suivante, en 2011, Yorke a franchi une nouvelle étape en rejoignant le voyage inaugural du Rainbow Warrior III, un yacht utilisé par Greenpeace pour surveiller les dommages causés à

Thom Yorke

l'environnement. Cette initiative souligne son engagement pratique dans la protection de l'environnement et son désir de sensibiliser à ces questions cruciales à travers des actions tangibles.

En 2015, Thom Yorke s'est engagé activement dans le domaine politique en soutenant la candidature parlementaire de la candidate verte Caroline Lucas aux élections générales britanniques. Son appui démontre son implication constante dans des causes environnementales et sociales. En décembre de la même année, Yorke a marqué une présence significative à la Conférence des Nations Unies sur les changements climatiques à Paris en participant à un concert-bénéfice au profit de 350.org, une organisation dédiée à la sensibilisation sur le changement climatique. Sa performance énergique a été immortalisée sur l'album live "Pathway to Paris", sorti en juillet 2016.

Par ailleurs, en 2018, Thom Yorke a manifesté son soutien envers Greenpeace en contribuant un morceau électronique intitulé "Hands Off the Antarctic" à l'effort de sensibilisation de cette organisation. Cette démarche reflète son engagement continu à travers l'art et la musique pour attirer l'attention sur les enjeux environnementaux cruciaux de notre époque.

En avril 2017, une pétition signée par plus de 50 personnalités, dont les musiciens Roger Waters et Thurston Moore, le militant des droits Desmond Tutu et le cinéaste Ken Loach, a exhorté Radiohead à annuler leur représentation en Israël, soutenant le mouvement de Boycott, Désinvestissement et Sanctions (BDS), qui prône un boycott culturel d'Israël. Face à ces critiques, Thom Yorke a répondu dans une interview avec Rolling Stone en exprimant son incompréhension : "Je n'arrive tout simplement pas à comprendre pourquoi aller jouer un spectacle de rock ou donner des conférences à l'université [pose problème pour eux]... C'est vraiment bouleversant. Les artistes que je respecte pensent que nous ne sommes pas capables de prendre une décision morale nous-mêmes après toutes ces années. Ils nous dénigrent et je trouve tout simplement ahurissant qu'ils pensent qu'ils ont le droit de faire cela." Cette déclaration met en lumière le désaccord de Yorke face aux critiques et sa conviction en la liberté artistique et individuelle de prendre des décisions morales.

La controverse entourant la représentation de Radiohead en Israël a pris une tournure lorsque Thom Yorke a déclaré que les pétitionnaires ne l'avaient pas contacté, une affirmation contestée par le musicien Roger Waters, qui affirmait avoir tenté de joindre Yorke à plusieurs reprises. Waters a exprimé ses préoccupations dans une lettre ouverte publiée dans Rolling Stone. En réponse, Yorke a réaffirmé sa position en déclarant : "Jouer dans un pays n'est pas la même chose que soutenir le gouvernement. La musique, l'art et le monde universitaire consistent à traverser les frontières et non à les construire, à parler d'esprits ouverts et non fermés, d'humanité partagée, de dialogue et de liberté d'expression." Cette déclaration souligne la conviction de Yorke en la puissance de la musique et de l'art pour transcender les frontières politiques et encourager le dialogue.

Thom Yorke a adopté le végétarisme et a critiqué ouvertement l'industrie de la viande. Sa décision de cesser de manger de la viande remonte en partie à un désir personnel d'attirer une personne qu'il aimait. Dans un film réalisé en 2005 pour la fondation de défense des droits des animaux Animal Aid, Yorke a exprimé son point de vue en ces termes : "La société juge nécessaire de créer ce niveau de souffrance pour que [les gens] mangent de la nourriture dont ils n'ont pas besoin... vous devriez au moins être conscient de ce que vous faites plutôt que de supposer que c'est votre droit en tant qu'être humain de le faire." Cette déclaration souligne son engagement envers la prise de conscience des conséquences de nos choix alimentaires et son

Thom Yorke

plaidoyer pour une réflexion éthique sur la consommation de viande.

En l'an de grâce 1999, Yorke entreprit un voyage vers les sommets du G8, ardent défenseur du mouvement Jubilee 2000, prônant l'abolition de la dette des nations du tiers-monde. Dans les colonnes du Guardian en 2003, il décocha sa plume critique envers l'Organisation mondiale du commerce, affirmant : « L'Occident est en train de forger une bombe à retardement économique, environnementale et humanitaire d'une dangerosité extrême. Nous vivons au-dessus de nos moyens. » En l'année 2005, il se produisit lors d'une veillée nocturne dédiée au mouvement Trade Justice, clamant haut et fort la nécessité d'un accord commercial plus équitable pour les nations démunies.

En l'an béni de 2002, Yorke se livra à une prestation mémorable lors du Bridge School Benefit, un concert charitable orchestré par le maestro canadien Neil Young, figure tutélaire de ses inspirations. Son répertoire comprenait une réinterprétation de la mélodie emblématique de Young datant de 1970, "After the Gold Rush", jouée avec ferveur sur le même piano qui avait accueilli les notes originales de Young.

Puis, en septembre 2004, Yorke prit la parole en tant qu'orateur éminent lors d'une manifestation de la Campagne pour le désarmement nucléaire, juste devant la base aérienne de Fylingdales dans le Yorkshire. Son objectif : protester vigoureusement contre le soutien accordé par Tony Blair aux projets de l'administration Bush concernant le système de défense antimissile connu sous le nom de « Star Wars ».

En l'année gracieuse de 2011, aux côtés de Robert Del Naja de Massive Attack et de Tim Goldsworthy de Unkle, Yorke se lança dans un DJ set clandestin, orchestré dans les locaux déserts de la banque d'investissement UBS, en faveur d'un groupe de militants

Thom Yorke

engagés dans le mouvement Occupy. Les notes de sa musique se mêlaient aux murmures de la protestation, créant une symphonie dissidente dans les couloirs abandonnés du pouvoir financier.

Pour célébrer l'ascension du président américain Barack Obama en 2008, Yorke dévoila une version remixée de son single "Harrowdown Hill", offrant gracieusement le téléchargement. Un geste musical empreint d'enthousiasme face à cette ère nouvelle.

Toutefois, en 2016, à l'issue de l'élection de Donald Trump, Yorke choisit les mots, tweetant les paroles de "Burn the Witch" de Radiohead. Des vers interprétés comme une critique acerbe de la politique du nouveau président américain.

En juin de cette même année, suite à la tragédie de la fusillade dans la discothèque d'Orlando en Floride, Yorke se tint parmi les près de 200 personnalités de l'industrie musicale signant une lettre ouverte, parue dans Billboard. Une lettre exhortant le Congrès des États-Unis à instaurer des contrôles plus stricts sur les armes à feu.

Portant son engagement au-delà des frontières, Yorke se dressa contre le Brexit et, en mars 2019, se joignit à la marche du Vote du Peuple, réclamant un second référendum. Des pas musicaux et des paroles s'entrelaçant avec l'urgence des enjeux politiques de notre époque.

Pendant vingt-trois années, Yorke entretenait une liaison avec l'artiste et conférencière Rachel Owen, une rencontre qui remontait à ses années d'études à l'Université d'Exeter. En 2012, une publication de Rolling Stone affirmait qu'Owen et Yorke n'étaient pas mariés. Cependant, le Times fit plus tard une révélation surprenante : ils s'étaient unis lors d'une cérémonie secrète dans l'Oxfordshire en mai 2003. De cette union naquit leur fils, Noah, en 2001, suivi de leur fille, Agnes, en 2004.

Thom Yorke

Sur l'album de la bande originale de Thom Yorke, intitulé "Suspiria", sorti en 2018, Agnes a contribué avec ses talents artistiques aux illustrations, tandis que Noah a apporté sa virtuosité à la batterie sur deux morceaux. En septembre 2021, Noah a lancé sa propre carrière solo avec la sortie d'une chanson intitulée « Trying Too Hard (Lullaby) ». Les critiques de NME ont souligné la nature "fantomatique" de son arrangement, le comparant même à l'emblématique album "In Rainbows" de Radiohead. Depuis lors, Noah a continué à dévoiler plusieurs morceaux et prévoit de sortir un EP intitulé "Cerebral Key". De manière intrigante, il collabore également avec James Knott au sein du duo noise appelé Hex Girlfriend.

En août 2015, Yorke et Owen ont publiquement annoncé leur séparation, survenue de manière amiable. Malheureusement, le 18 décembre 2016, Owen a perdu la vie des suites d'un combat contre le cancer, à l'âge de 48 ans. Poursuivant son parcours, en septembre 2020, Yorke a débuté un nouveau chapitre en épousant l'actrice italienne Dajana Roncione à Bagheria, en Sicile. Une figure familière dans le monde de Yorke, Roncione a fait une apparition notable dans la vidéo de la chanson de Radiohead "Lift" ainsi que dans le court métrage d'Yorke intitulé "Anima". Actuellement, le couple réside à Oxford.

Thom Yorke explore régulièrement la méditation dans sa vie. Confronté par le passé à des épisodes d'anxiété et de dépression, il a adopté une approche holistique pour y faire face, intégrant l'exercice physique, le yoga et la lecture dans son quotidien. Ces pratiques sont devenues des outils essentiels pour maintenir son bien-être mental.

Intéressant à noter, son unique frère, le cadet Andy Yorke, a également été actif dans le monde de la musique en tant que chanteur du groupe Unbelievable Truth, de 1993 à 2000. Cette

Thom Yorke

connexion familiale suggère une affinité partagée pour l'expression artistique à travers la musique.

Jonny Greenwood

Jonny Greenwood

Jonathan Richard Guy Greenwood naquit le 5 novembre 1971, une date marquée par la promesse d'une destinée musicale exceptionnelle. Originaire d'Angleterre, il s'éleva pour devenir le guitariste et claviériste éminent du groupe de rock vénéré, Radiohead. Sa virtuosité transcendante ne se limita pas à la scène du rock, car il se distingua également en tant que compositeur de renom pour de multiples œuvres cinématographiques.

Les mélodies créées par Greenwood résonnent dans l'âme de ceux qui écoutent, capturant l'essence de l'émotion et transcendant les frontières du son. Son talent incommensurable a valu à Greenwood des éloges de la part de critiques et de pairs, lui valant une place prestigieuse parmi les plus grands guitaristes. Des publications éminentes, telles que Rolling Stone, ont consacré son génie musical, reconnaissant ainsi la contribution singulière de Greenwood à l'art de la guitare.

Ainsi, l'histoire musicale de Jonathan Greenwood s'inscrit comme une symphonie en perpétuelle expansion, une ode à la créativité qui transcende les genres et laisse une empreinte indélébile dans le paysage musical contemporain.

Aux côtés de son frère aîné, Colin, Greenwood arpenta les couloirs de l'Abingdon School à Abingdon, une localité pittoresque près d'Oxford, où les prémices de l'épopée musicale de Radiohead prirent forme. C'est au sein de ces murs empreints de savoir que la fraternité Greenwood jeta les bases du groupe emblématique.

Jonathan Greenwood, animé par une passion indomptable pour la musique, prit la décision audacieuse de mettre un terme à ses études de musique lorsqu'une opportunité extraordinaire frappa à la porte de Radiohead, scellant ainsi le destin du groupe chez

Jonny Greenwood

Parlophone. Leur premier single, l'irrévérencieux "Creep" (1992), se démarqua par le jeu de guitare percutant de Greenwood, incarnant la quintessence d'une agressivité maîtrisée.

Depuis ces premiers éclats, Radiohead a tracé une trajectoire musicale saluée par la critique et couronnée par la vente de plus de 30 millions d'albums à travers le monde. L'impact indélébile de leur contribution artistique a été consacré par leur intronisation au prestigieux Rock and Roll Hall of Fame en 2019, un témoignage éclatant de l'influence durable de Radiohead dans le paysage musical contemporain.

Greenwood se distingue par sa polyvalence musicale, explorant une palette d'instruments avec une maîtrise exceptionnelle. Parmi ses talents éclatants, il se démarque en tant qu'éminent joueur des ondes Martenot, un instrument électronique pionnier qui confère à sa musique une dimension unique et avant-gardiste. Son expertise s'étend également aux techniques électroniques contemporaines, allant de la programmation subtile à l'échantillonnage expressif et au bouclage ingénieux.

Au sein de l'écosystème musical de Radiohead, Greenwood revêt le rôle de visionnaire, contribuant de manière significative en écrivant des logiciels musicaux qui façonnent le son distinctif du groupe. Son influence ne se limite pas à la technologie, car il endosse également le rôle d'arrangeur, jouant un rôle essentiel dans la transformation des démos de Thom Yorke en pièces musicales abouties.

L'empreinte musicale de Greenwood est profondément tissée dans les albums de Radiohead, où ses arrangements de cordes et de cuivres ajoutent une richesse orchestrale inégalée. Au-delà des frontières du rock, il s'est aventuré à composer pour des orchestres renommés tels que le London Contemporary Orchestra et le BBC Concert Orchestra, démontrant ainsi sa capacité à fusionner l'innovation électronique avec la grandeur

Jonny Greenwood

symphonique. La musique de Greenwood transcende les limites conventionnelles, dévoilant un artiste habile, à la fois explorateur sonore et architecte d'émotions musicales.

L'aventure solo de Greenwood s'est amorcée en 2003 avec la sortie de la bande originale du film "Bodysong". Cette œuvre marqua le début d'une carrière prolifique en tant que compositeur indépendant, révélant la profondeur de sa créativité au-delà des frontières du rock. En 2007, il éblouit le monde cinématographique en composant la bande sonore de "There Will Be Blood", le point de départ d'une série de collaborations fructueuses avec le réalisateur Paul Thomas Anderson. Cette association fructueuse se répéta en 2018 avec une nomination aux Oscars pour la musique de "Phantom Thread", réalisé par Anderson. Cette reconnaissance fut réitérée en 2021 pour la bande sonore de "The Power of the Dog", œuvre cinématographique dirigée par Jane Campion.

Le génie musical de Greenwood s'étend au-delà du septième art, laissant son empreinte sonore sur des films tels que "We Need to Talk About Kevin" (2011) et "You Were Never Really Here" (2017), dirigés par la talentueuse Lynne Ramsay. Sa collaboration avec le compositeur israélien Shye Ben Tzur fut une autre étape notable, notamment avec l'album "Junun" en 2015, où leurs forces musicales convergèrent de manière magistrale.

En 2021, Greenwood révéla une nouvelle facette de son talent en lançant un groupe innovant, "The Smile", aux côtés de Thom Yorke et du batteur Tom Skinner. Cette union prometteuse augure de nouvelles explorations musicales, élargissant encore davantage l'horizon artistique de Jonathan Greenwood.

Jonny Greenwood vit le jour le 5 novembre 1971 dans la charmante ville d'Oxford, en Angleterre. Il n'était pas seul dans cette aventure appelée vie ; son frère aîné de deux ans, le

Jonny Greenwood

talentueux bassiste de Radiohead, Colin Greenwood, partageait avec lui les secrets de l'enfance. Les liens familiaux s'étendaient au-delà du cercle intime, car leur père avait jadis servi au sein de l'armée britannique en tant qu'expert en déminage, une profession qui nécessitait courage et compétence.

Au-delà des anecdotes familiales, les Greenwood étaient inscrits dans le tissu même de l'histoire politique britannique. Leurs racines plongeaient profondément dans le sol fertile du Parti communiste de Grande-Bretagne et de la Fabian Society socialiste, des affiliations qui semaient les graines d'une conscience politique et sociale. Ces liens historiques ont inévitablement influencé le parcours de Jonny Greenwood, lui offrant une toile de fond unique qui se mêlera plus tard à la mélodie de sa vie.

Dans les jours insouciants de son enfance, la voiture de la famille Greenwood devenait un théâtre musical ambulant, animé par une sélection soigneusement limitée de cassettes. Parmi les trésors sonores qui résonnaient dans l'habitacle, on trouvait les majestueux concertos pour cor de Mozart, les envoûtantes comédies musicales Flower Drum Song et My Fair Lady, ainsi que les mélodiques reprises des ballades intemporelles de Simon et Garfunkel. Lorsque les cassettes restaient silencieuses, le jeune Greenwood s'immergeait dans le ronronnement du moteur, s'efforçant de graver chaque nuance musicale dans sa mémoire.

Créditant ses frères et sœurs aînés pour cette initiation musicale, Jonny Greenwood découvrit également les arcanes du rock grâce à des groupes emblématiques tels que Beat et New Order. Ces vibrations électriques ont laissé une empreinte indélébile sur son âme musicale en pleine croissance. Le premier chapitre de sa vie concertante s'ouvrit à l'automne de 1988, lorsqu'il assista, émerveillé, à la tournée Frenz Experiment. L'expérience fut pour lui non seulement éducative, mais aussi véritablement écrasante,

Jonny Greenwood

marquant le début d'une relation passionnelle avec le monde envoûtant de la musique live.

Les frères Greenwood ont arpenté les couloirs de l'école indépendante pour garçons d'Abingdon, où la symphonie de leur éducation commença à prendre forme. Le directeur musical de l'établissement, Michael Stinton, se souvient de Jonny comme d'un "étudiant charmant" et d'un "musicien engagé", décrivant un jeune homme qui investissait autant de son temps que possible dans le département de musique. Jonny Greenwood, le prodige en herbe, trouva son premier écho musical dans une flûte à bec, un présent qui lui avait été offert à l'âge tendre de quatre ou cinq ans. Les mélodies baroques résonnaient alors dans des groupes de flûtes à bec au cours de son adolescence, et cette passion perdura au fil des années.

Les notes de son alto se mêlèrent à l'harmonie de l'orchestre des jeunes de Thames Vale, une expérience qu'il qualifia plus tard de formatrice. Jonny se rappelle avec émotion : "J'avais fait partie d'orchestres scolaires et je n'en avais jamais vu l'intérêt. Mais à Thames Vale, je me suis retrouvé soudainement avec tous ces 18 ans, des vieux qui pouvaient réellement jouer juste. Je me souviens avoir pensé : « Ah, c'est à ça qu'un orchestre est censé sonner ! »"

Cependant, la symphonie de la vie de Greenwood ne se limitait pas à la partition conventionnelle de la musique classique. Dans les méandres de la programmation informatique, Jonny s'immergea dans le langage BASIC et le code machine simple pour créer des jeux informatiques. Il confia plus tard : "Plus je me rapprochais des éléments essentiels de l'ordinateur, plus je le trouvais excitant." Ainsi, les clés de la créativité de Greenwood s'entremêlaient, formant une composition complexe qui allait bien au-delà des notes sur une portée.

Jonny Greenwood

Au sein des murs d'Abingdon, les frères Greenwood trament les fils d'une destinée musicale qui les liera à jamais. L'épopée débute avec la formation d'un groupe nommé On a Friday, où Jonny, le cadet de la fratrie, se retrouve aux côtés du chanteur charismatique Thom Yorke, du guitariste Ed O'Brien, et du batteur rythmique Philip Selway. Jonny, le benjamin de la troupe, était en décalage de deux années scolaires avec Yorke et Colin, ajoutant ainsi une dimension temporelle intrigante à la dynamique du groupe.

Cependant, On a Friday n'était pas le premier voyage musical de Jonny Greenwood. Auparavant, il avait exploré les territoires sonores avec le groupe Illiterate Hands, une collaboration comprenant Matt Hawksworth, Simon Newton, Ben Kendrick, Nigel Powell, et le frère de Thom Yorke, Andy. Ces premières expériences, comme les premiers accords d'une symphonie en gestation, tracèrent le chemin qui mènerait Jonny à la croisée des chemins avec On a Friday, un groupe dont le nom lui-même évoquait l'attente impatiente du week-end, période propice à l'éclosion de mélodies et d'harmonies prometteuses.

L'évolution musicale de Jonny Greenwood au sein d'On a Friday reflète un parcours aussi singulier que prometteur. Initialement confié à l'harmonica et aux claviers, Jonny fut propulsé dans un rôle clé lorsque le claviériste précédent fut évincé pour avoir osé jouer trop fort. Dans ses premiers mois au clavier, Greenwood, soucieux de ne pas répéter les erreurs de son prédécesseur, exécuta ses mélodies avec l'instrument éteint. Un secret bien gardé, car aucun membre du groupe ne s'en rendit compte, et Thom Yorke, le chanteur charismatique, alla même jusqu'à saluer la "texture intéressante" ajoutée par Jonny.

Jonny, tel un artisan perfectionniste, rentrait chez lui chaque soir pour s'exercer à jouer des accords, augmentant prudemment le volume de son clavier au fil des mois. Finalement, il fit la transition pour devenir le guitariste principal du groupe. Alors

Jonny Greenwood

que les autres membres d'On a Friday quittaient Abingdon en 1987 pour poursuivre des études universitaires, la flamme musicale continuait à brûler. Les répétitions persistaient, rythmant les week-ends et les jours fériés d'une mélodie constante.

Durant cette période, Jonny Greenwood se plongea dans l'étude de la musique au niveau A, explorant notamment l'harmonisation des chorals. Cette formation académique allait s'imbriquer harmonieusement avec son expérience sur scène, jetant les bases d'une carrière musicale qui transcenderait les frontières de la tradition et de l'expérimentation.

L'année charnière de 1991 a vu les membres d'On a Friday converger à Oxford, où ils ont élu domicile dans une maison située au croisement de Magdalen Road et Ridgefield Road. Jonny Greenwood, cherchant à élargir ses horizons, s'est inscrit à l'Université Oxford Brookes, optant pour un double cursus en psychologie et musique. Cependant, son parcours académique a pris une tangente inattendue dès le premier semestre, marqué par la signature d'un contrat d'enregistrement avec EMI par On a Friday.

Cette opportunité musicale irrésistible a poussé Jonny à quitter l'université après son premier mandat. Le groupe, rebaptisé Radiohead, a fait ses premiers pas sous cette nouvelle identité, et leur premier album, "Pablo Honey", a vu le jour en 1993. Ainsi, les rues pavées d'Oxford ont été le témoin silencieux de la métamorphose d'On a Friday en une entité musicale qui allait redéfinir les frontières du rock alternatif. L'histoire était en marche, et le nom de Radiohead allait bientôt résonner dans le monde entier.

Le destin de Radiohead a connu une ascension fulgurante avec la sortie de son premier single emblématique, "Creep". Selon les

Jonny Greenwood

observateurs attentifs de l'époque, notamment le magazine Rolling Stone, c'étaient les explosions sonores perçantes créées par Jonny Greenwood qui ont distingué Radiohead comme bien plus qu'un simple groupe mélancolique. Ces rugissements caractéristiques étaient les prémices du rôle crucial que Greenwood allait jouer dans l'évolution et la renommée de son groupe.

Sa créativité ne se limitait pas aux frontières de Radiohead. En 1992, Jonny Greenwood prêtait son talent à un autre projet en jouant de l'harmonica sur le single "Crazy Jazz" du groupe Blind Mr. Jones. Cette collaboration soulignait la versatilité de Greenwood en tant qu'artiste et sa capacité à explorer différents horizons musicaux. À travers ces contributions diverses, Jonny Greenwood gravait son empreinte dans le panorama musical, devenant un pilier essentiel de l'identité sonore novatrice de Radiohead.

Le second opus de Radiohead, "The Bends" (1995), a attiré une attention critique significative. Greenwood a confié que cet album a marqué un "tournant" pour le groupe : "Il a commencé à apparaître dans les sondages [best of] de fin d'année. C'est à ce moment-là que nous avons commencé à ressentir que nous avions pris la bonne direction en tant que groupe." Pendant la tournée, Greenwood a subi des dommages auditifs et a dû porter des protections auditives lors de certaines performances.

Lorsque le troisième album de Radiohead, "OK Computer" (1997), a vu le jour, il a été acclamé, mettant en avant le travail de guitare exceptionnel de Greenwood, notamment sur des morceaux tels que "Paranoid Android". Pour la chanson "Climbing up the Walls", Greenwood a composé une section impliquant 16 instruments à cordes jouant des quarts de ton l'un par rapport à l'autre, une inspiration tirée du compositeur polonais Krzysztof Penderecki.

Jonny Greenwood

En 1998, pour la réalisation du film "Velvet Goldmine", Greenwood a collaboré avec Yorke, Bernard Butler de Suede et Andy Mackay de Roxy Music pour former le groupe Venus in Furs. Ensemble, ils ont enregistré des reprises des titres emblématiques de Roxy Music tels que «2HB», «Ladytron» et «Bitter-Sweet». Par ailleurs, Greenwood a également prêté son talent à l'harmonica pour les morceaux "Platform Blues" et "Billie" sur le dernier album de Pavement, "Terror Twilight" (1999).

Au tournant du millénaire, les albums emblématiques de Radiohead, "Kid A" (2000) et "Amnesiac" (2001), ont marqué un véritable bouleversement sonore. Ces opus ont audacieusement fusionné des influences provenant de l'électro, de la musique classique, du jazz et du krautrock. Jonny Greenwood, le guitariste émérite du groupe, a été un architecte sonore clé, introduisant un changement radical dans la palette sonore du groupe.

Se plongeant dans l'univers de la production électronique, Greenwood a façonné le rythme de la boîte à rythmes de "Idioteque" en exploitant habilement un synthétiseur modulaire. L'innovation ne s'est pas arrêtée là : il a également pris en main les ondes Martenot, un instrument électronique pionnier aux airs de thérémine, pour enrichir plusieurs pistes de ces albums. Une symbiose audacieuse d'instruments et de genres a ainsi émergé, révolutionnant la signature sonore de Radiohead et solidifiant leur réputation d'avant-gardistes musicaux.

Selon Nigel Godrich, le producteur de Radiohead, l'approche visionnaire de Greenwood a suscité une réaction inattendue de la part des musiciens à cordes. En découvrant la partition de Greenwood, ils ont éclaté de rire, déconcertés par la complexité de ce qu'il avait écrit. Certains considéraient même cela comme impossible à exécuter, du moins selon leurs normes habituelles. Malgré cela, le chef d'orchestre John Lubbock a joué un rôle

Jonny Greenwood

crucial en encourageant les musiciens à embrasser l'expérimentation, les incitant à travailler avec les idées apparemment "naïves" de Greenwood.

Ce partenariat fructueux entre Greenwood et les musiciens à cordes a également marqué d'autres morceaux de l'album "Amnesiac". Greenwood a, en effet, arrangé les parties de cordes pour les titres captivants tels que "Pyramid Song" et "Dollars and Cents". Ainsi, au cœur de ces collaborations audacieuses, émergeait une nouvelle forme d'expression musicale, repoussant les limites de la créativité et de la réalisation artistique.

L'influence musicale de Jonny Greenwood s'est étendue au-delà des frontières de Radiohead. En 2002, il a collaboré avec Bryan Ferry en tant que guitariste sur l'album "Frantic". Cette incursion dans d'autres projets a témoigné de la polyvalence de Greenwood et de sa capacité à s'adapter à des styles musicaux variés.

Le sixième opus de Radiohead, "Hail to the Thief" (2003), a été le théâtre d'une nouvelle évolution dans l'approche musicale de Greenwood. Il a introduit l'utilisation du langage de programmation musicale Max pour échantillonner et manipuler les performances du groupe. Après avoir largement exploré les possibilités offertes par les pédales d'effets sur les albums précédents, Greenwood s'est lancé le défi de créer des parties de guitare intrigantes sans avoir recours à ces artifices sonores.

Cette transition démontre la constante recherche d'innovation et d'expérimentation de Greenwood, élargissant son répertoire artistique tout en insufflant une nouvelle dynamique au son distinctif de Radiohead. L'utilisation de la programmation musicale et la mise au défi de ses propres habitudes créatives ont contribué à forger une étape cruciale dans l'évolution musicale de Jonny Greenwood et de son groupe emblématique.

Jonny Greenwood

En l'an 2003, Greenwood fit son entrée dans le monde de la création en solo avec la sortie de sa première œuvre, la bande originale du documentaire cinématographique intitulé "Bodysong". Dans cette réalisation artistique, il fusionna habilement la guitare, le jazz et la musique classique, dévoilant ainsi un éventail sonore d'une richesse inouïe. L'année suivante, en 2004, Greenwood et Yorke unirent leurs talents pour contribuer au single intitulé "Do They Know It's Christmas?" de Band Aid 20. Cette collaboration fructueuse, sous la direction de Godrich, témoigna de leur engagement musical varié et de leur volonté de soutenir des causes humanitaires.

En mars 2004, le London Sinfonietta donna vie à la première composition orchestrale de Greenwood, intitulée "Smear". Ce morceau, empreint de son génie musical distinctif, captiva le public par son exploration novatrice de l'orchestration. En reconnaissance de son talent exceptionnel, Greenwood se vit attribuer le titre de compositeur en résidence du BBC Concert Orchestra en mai de la même année.

Sa création suivante, "Popcorn Superhet Receiver" (2005), spécialement écrite pour le BBC Concert Orchestra, s'imposa rapidement en remportant le prestigieux Radio 3 Listeners' Award aux BBC British Composer Awards 2006. Cette œuvre novatrice trouve son inspiration dans la radio statique et les complexes et dissonants groupes de tons de "Threnody to the Victims of Hiroshima" de Penderecki (1960). Greenwood composa cette pièce en enregistrant des sons individuels à l'alto, puis en les manipulant et en les superposant avec une dextérité remarquable grâce à l'outil de production Pro Tools.

En récompense de cette réalisation exceptionnelle, Greenwood se vit accorder la somme de 10 000 £ de la Fondation PRS, une reconnaissance bien méritée qui lui permit de recevoir une commande pour une nouvelle œuvre orchestrale, continuant ainsi à enrichir le paysage musical contemporain.

Jonny Greenwood

En l'année 2005, Greenwood prit part à une aventure musicale magique en rejoignant le groupe de rock sorcier Weird Sisters pour le film "Harry Potter et la Coupe de Feu". Au sein de ce groupe envoûtant, il partagea la scène avec des talents éminents tels que le batteur de Radiohead, Philip Selway, Jarvis Cocker et Steve Mackey de Pulp, Steven Claydon de Add N to (X), et Jason Buckle de Tout Voir I.

Lors du Festival Ether 2005, Greenwood et Yorke unirent leurs forces pour interpréter "Arpeggi" aux côtés du London Sinfonietta et de l'Orchestre Arabe de Nazareth. Cette performance magistrale témoigna de la diversité artistique de Greenwood et de son penchant pour l'expérimentation sonore. Le morceau "Arpeggi" prit une nouvelle forme sur le septième album de Radiohead, "In Rainbows" (2007), où il fut rebaptisé "Weird Fishes/Arpeggi", dévoilant ainsi une évolution captivante de cette œuvre musicale envoûtante.

Greenwood fut l'architecte sonore derrière la mélodie envoûtante du film "There Will Be Blood" de 2007, réalisé par Paul Thomas Anderson. La bande originale qu'il a composée s'est vu décerner un prestigieux prix aux Critics' Choice Awards, ainsi que le trophée tant convoité de la meilleure musique de film aux Evening Standard British Film Awards de 2007. Malgré ses mérites, la partition, qui comportait des extraits de la pièce antérieure intitulée "Popcorn Superhet Receiver", n'était malheureusement pas éligible pour un prix aux Oscars.

L'influence de cette composition musicale transcende les distinctions honorifiques, avec Rolling Stone allant jusqu'à désigner "There Will Be Blood" comme le meilleur film de la décennie. Ils ont salué la partition comme une "explosion sonore" révolutionnant la perception de ce que la musique de film pouvait être. En 2016, le renommé compositeur de films Hans

Jonny Greenwood

Zimmer a exprimé son admiration, déclarant que cette partition avait été la plus marquante au cours de la dernière décennie, la qualifiant de "follement belle" avec une imprudence artistique captivante.

En mars 2007, Greenwood s'est aventuré dans le monde du reggae en agissant en tant qu'architecte d'un album de compilation captivant, sobrement intitulé "Jonny Greenwood Is the Controller". Cette œuvre, publiée par Trojan Records, offre une rétrospective immersive de morceaux emblématiques du reggae, principalement issus des racines et du dub des années 70. Les pistes sélectionnées proviennent de maîtres du genre tels que Lee "Scratch" Perry, Joe Gibbs, et Linval Thompson.

L'album tire son nom du morceau évocateur de Thompson, "Dread Are the Controller". En unissant ces joyaux musicaux, Greenwood a réussi à créer une compilation qui transcende les époques, offrant aux auditeurs une plongée nostalgique dans l'âge d'or du reggae. "Jonny Greenwood Is the Controller" représente ainsi une exploration sonore soigneusement orchestrée, un hommage vibrant à l'héritage musical et à l'influence durable de ces légendes du reggae.

En octobre 2007, Radiohead a marqué l'histoire musicale avec la sortie de son septième album, "In Rainbows". Ce moment a été caractérisé par une approche révolutionnaire de la distribution, adoptant le modèle novateur du "payez ce que vous voulez" pour les ventes de musique. Face à la montée de la culture du téléchargement gratuit, comparée à la légende du roi Canut par Greenwood, le groupe a décidé de faire face à la réalité plutôt que de tenter de résister au changement inévitable.

Greenwood, en particulier, a exprimé cette perspective en soulignant que prétendre que le déluge de la musique gratuite n'arriverait pas était futile. L'album "In Rainbows" et son modèle

Jonny Greenwood

de distribution ont ainsi incarné une réponse audacieuse et novatrice à l'évolution du paysage musical numérique.

En 2008, Greenwood a étendu son talent au-delà de Radiohead en composant la musique du spectacle de sketches "Meebox" d'Adam Buxton. En 2009, il a également apporté sa contribution à l'album "Basof Mitraglim Le'Hakol" du musicien de rock israélien Dudu Tassa, démontrant ainsi sa diversité artistique et sa capacité à transcender les frontières musicales.

En février 2010, Greenwood amorça la genèse d'une nouvelle composition, baptisée "Doghouse", capturant les notes naissantes dans les enceintes des studios Maida Vale de la BBC. Les racines de cette création plongeaient dans les tréfonds des hôtels et des loges qu'il arpentait lors d'une tournée effrénée aux côtés de Radiohead. Ce morceau, ébauché entre les pages de ses voyages, devait plus tard éclore sous une forme différente, fusionnant harmonieusement avec la bande sonore du film japonais "Norwegian Wood", qui vit le jour plus tard cette même année.

L'empreinte musicale de Greenwood s'étendit également sur l'album "Olympia" de Bryan Ferry en 2010, où les cordes de sa guitare tissèrent une toile sonore singulière. Puis, en 2011, une collaboration inattendue prit forme lorsque lui et Yorke unirent leurs talents à ceux du rappeur MF Doom pour donner naissance au morceau enigmatiquement intitulé « Retarded Fren ». Une convergence d'artistes qui transcenda les frontières musicales, laissant dans son sillage une empreinte audacieuse et inoubliable.

Radiohead façonna son huitième opus, "The King of Limbs" (2011), avec l'ingénieux concours de Greenwood, qui mit à contribution un logiciel d'échantillonnage de sa propre plume. L'album, captivant et innovant, témoignait de la symbiose artistique au sein du groupe.

Jonny Greenwood

En 2011, Greenwood prit la baguette musicale pour accompagner visuellement le film "We Need to Talk About Kevin", réalisé par Lynne Ramsay. Dans cette entreprise, il mania des instruments atypiques, dont une harpe aux cordes métalliques, distillant une atmosphère sonore en harmonie avec l'intensité du film.

L'année suivante, en 2012, il plongea dans l'univers cinématographique d'Anderson en composant la musique du film "The Master". Cette collaboration fusionna les mondes du cinéma et de la musique de manière magistrale, ajoutant une profondeur émotionnelle au récit visuel.

Au cours de ce même chapitre de sa carrière, le mois de mars vit l'émergence d'une collaboration notable entre Greenwood et le compositeur polonais Krzysztof Penderecki, figure majeure de l'inspiration musicale de Greenwood. Ils dévoilèrent un album comprenant les compositions emblématiques de Penderecki des années 1960, telles que "Polymorphia" et "Threnody for the Victims of Hiroshima", ainsi que la pièce contemporaine de Greenwood, "Popcorn Superhet Receiver", et une nouvelle œuvre qu'il avait façonnée, intitulée "48 réponses à la polymorphie". Ce projet conjoint célébrait la convergence de deux génies musicaux, créant un pont entre le passé et le présent.

Au cours de cette même année, Greenwood plongea dans une aventure musicale unique en acceptant une résidence artistique de trois mois avec l'Australian Chamber Orchestra à Sydney. Durant cette période immersive, il donna naissance à une nouvelle composition intitulée "Water". Les sonorités émanant de cette pièce semblaient capturer l'esprit des eaux australiennes, fusionnant l'inspiration du paysage avec la créativité musicale.

Par ailleurs, Greenwood et Yorke, aux côtés d'autres artistes éminents, apportèrent leur contribution à la bande sonore du documentaire de 2013 intitulé "The UK Gold", dénonçant les pratiques d'évasion fiscale au Royaume-Uni. Leurs talents

Jonny Greenwood

musicaux s'entrelacèrent pour donner vie à une toile sonore qui amplifiait le message du film. La bande originale, fruit de cette collaboration engagée, fut rendue accessible au public en février 2015, diffusée gratuitement sur la plateforme audio en ligne SoundCloud. Cette initiative soulignait l'importance de la musique en tant que force motrice au service de causes sociales et politiques.

Au cœur de l'œuvre cinématographique d'Anderson, "Inherent Vice" (2014), résonne la composition envoûtante de Greenwood. Celui-ci offre une nouvelle incarnation d'un morceau inédit de Radiohead, baptisé "Spooks", magnifié par l'interprétation magistrale de Greenwood en collaboration avec deux membres émérites de Supergrass. La bande originale, tissée de notes captivantes et de mélodies envoûtantes, vient ainsi parfaire l'atmosphère singulière du film, transcendant l'expérience cinématographique par une symphonie sonore unique et inoubliable.

En l'an 2014, Greenwood s'est engagé dans une collaboration remarquable avec le London Contemporary Orchestra. Ensemble, ils ont offert une performance captivante, interprétant des sélections issues de ses bandes originales éminentes ainsi que des compositions inédites. La scène musicale s'est illuminée de l'harmonie unique créée par l'union de Greenwood et de cet orchestre contemporain londonien.

Parallèlement, cette même année, Greenwood a partagé la scène avec le compositeur israélien Shye Ben Tzur et son groupe. Greenwood a décrit la musique de Tzur comme étant "assez festive, plus proche de la musique gospel qu'autre chose, sauf que tout est fait sur un accompagnement d'harmoniums et de percussions indiennes". Il a humblement exprimé son rôle, se définissant comme un acteur de "soutien" plutôt que comme un "soliste", contribuant ainsi à enrichir la texture musicale de

Jonny Greenwood

manière subtile et profonde. Une collaboration qui transcende les frontières musicales, fusionnant des éléments variés pour créer une expérience sonore véritablement mémorable.

En l'an 2015, une collaboration artistique exceptionnelle a pris vie entre Greenwood, Tzur et Godrich, donnant naissance à l'album "Junun". Ce projet unique a été enregistré au fort de Mehrangarh, situé au cœur du Rajasthan en Inde, en compagnie de talentueux musiciens locaux. Greenwood a insisté pour recruter exclusivement des artistes du Rajasthan et utiliser des instruments à cordes originaires de cette région, imprégnant ainsi l'œuvre d'une authenticité culturelle profonde.

Le processus créatif a été guidé par la plume de Ben Tzur, compositeur émérite qui a écrit les chansons, tandis que Greenwood a apporté sa contribution à la guitare, à la basse, aux claviers, aux ondes Martenot et à la programmation. S'éloignant des conventions de la musique occidentale, qui repose souvent sur des harmonies et des progressions d'accords, Greenwood a délibérément choisi d'utiliser les accords avec parcimonie, optant plutôt pour la composition basée sur les ragas de l'Inde du Nord.

Greenwood et Godrich ont exprimé leur intention d'éviter la "l'obsession" de la haute fidélité dans l'enregistrement de la musique du monde, préférant capturer l'essence même de la musique indienne avec sa "saleté" et sa "rugosité". Le résultat, l'album "Junun", a été immortalisé dans un documentaire réalisé en 2015 par Paul Thomas Anderson, offrant un regard fascinant sur le processus de création et l'expérience culturelle qui a donné vie à cette œuvre singulière.

En 2016, Greenwood a apporté sa contribution exceptionnelle à l'orchestration des cordes pour les albums de Frank Ocean, à savoir "Endless" et "Blonde". Pendant cette période, le neuvième opus de Radiohead, intitulé "A Moon Shaped Pool", a vu le jour en mai 2016. Les arrangements des cordes et des voix chorales,

Jonny Greenwood

magistralement conçus par Greenwood, ont été interprétés avec une grâce exceptionnelle par le London Contemporary Orchestra.

Le mariage harmonieux de ces éléments a donné naissance à une expérience auditive captivante. De manière significative, aux côtés de Ben Tzur et de l'ensemble indien, Greenwood a joué un rôle essentiel dans le soutien de la tournée "Moon Shaped Pool" de Radiohead en 2018, opérant sous le nom collectif de Junun. Cela a témoigné de la continuité de la collaboration fructueuse entre ces artistes exceptionnels, créant une synergie unique qui transcende les frontières musicales et culturelles.

En 2017, Greenwood s'est illustré en tant que compositeur pour la bande sonore du film "Phantom Thread" réalisé par Anderson. Cette œuvre remarquable lui a valu une nomination aux Oscars dans la catégorie de la meilleure musique originale, et elle a également contribué à décrocher à Greenwood son sixième prix Ivor Novello. La même année, il a collaboré à nouveau avec Ramsay pour créer la musique du film "You Were Never Really Here". En 2019, aux BBC Proms à Londres, Greenwood a marqué ses débuts avec une composition intitulée "Horror Vacui", mettant en vedette un violon solo accompagné de 68 instruments à cordes.

En mars 2019, Radiohead a été officiellement intronisé au Rock and Roll Hall of Fame, un honneur majeur dans le monde de la musique. Cependant, Jonny Greenwood a choisi de ne pas assister à l'événement. L'année précédant la nomination du groupe, dans une interview accordée à Rolling Stone, Greenwood avait exprimé son désintérêt envers cette reconnaissance en disant : "Je m'en fiche. C'est peut-être une chose culturelle que je ne comprends vraiment pas... De toute façon, c'est une profession plutôt égoïste. Et tout ce qui rehausse cela me met encore plus mal à l'aise."

Jonny Greenwood

En septembre 2019, Jonny Greenwood a initié la création d'un label, Octatonic Records, dans le but de promouvoir la musique classique contemporaine interprétée par des solistes et de petits groupes qu'il avait rencontrés au fil de sa carrière de compositeur de films. Cependant, en 2021, il a exprimé son hésitation quant à la sortie de nouveaux albums sous la bannière d'Octatonic. Il a déclaré que les deux disques déjà publiés "ne semblaient vraiment avoir de lien avec personne", laissant planer un doute sur la direction future du label.

Pour la composition de la bande originale de "The Power of the Dog" en 2021, Jonny Greenwood a apporté une touche unique en jouant du violoncelle de manière similaire à celle d'un banjo. De plus, il a enregistré un morceau pour piano mécanique, contrôlé par le logiciel Max. Cette bande originale remarquable a valu à Greenwood sa deuxième nomination aux Oscars dans la catégorie de la meilleure musique originale.

Dans le cas de la bande originale de "Spencer" en 2021, Greenwood a fait preuve d'une créativité audacieuse en combinant des éléments de musique baroque et de jazz, juxtaposant les styles "rigides" et "colorés". Cette approche novatrice a contribué à créer une ambiance distinctive pour le film. Par ailleurs, Greenwood a également apporté sa contribution à la bande sonore du film "Licorice Pizza" d'Anderson en 2021, démontrant ainsi sa polyvalence artistique.

En l'année 2021, Greenwood initia une nouvelle aventure musicale en créant un tout nouveau groupe baptisé "The Smile", en collaboration avec Yorke et le talentueux batteur de jazz, Tom Skinner. Greenwood a partagé que ce projet émergeait comme une réponse créative aux confinements imposés par la pandémie de COVID-19, offrant ainsi à lui et à Yorke l'opportunité de collaborer malgré les restrictions. L'étonnant premier acte de The Smile fut révélé lors d'une performance diffusée par le

Jonny Greenwood

Glastonbury Festival le 22 mai, où Greenwood se distinguait en maîtrisant à la fois la guitare et la basse.

Alexis Petridis, critique pour The Guardian, a exprimé que The Smile "évoque une version à la fois plus dépouillée et plus enchevêtrée de Radiohead", explorant des influences rock plus progressives, caractérisées par des signatures rythmiques inhabituelles, des riffs complexes et un psychédélisme "dur" propulsé. En mai 2022, The Smile a dévoilé son premier opus, intitulé "A Light for Attracting Attention", marquant le début d'une tournée internationale. Leur deuxième album, "Wall of Eyes", est programmé pour janvier 2024, suivi d'une tournée européenne en mars.

Greenwood et Yorke ont apporté leur contribution musicale à la sixième saison de la série télévisée Peaky Blinders, diffusée en 2022. Puis, le 9 juin 2023, Greenwood s'est associé au musicien israélien Dudu Tassa pour la sortie de "Jarak Qaribak", un album regorgeant de mélodies d'amour du Moyen-Orient. L'album, produit par Greenwood et Tassa, et mixé par Godrich, met en avant plusieurs musiciens talentueux de la région. Greenwood a partagé sa vision du projet en déclarant qu'ils avaient "tenté d'imaginer ce que Kraftwerk aurait créé s'ils avaient évolué au Caire dans les années 1970". Malgré les spéculations politiques qui entourent souvent les projets artistiques dans cette partie du monde, Greenwood a catégoriquement nié toute intention politique derrière l'album, soulignant : "Je comprends que dès que vous entreprenez quelque chose dans cette région, cela devient politique... peut-être surtout s'il s'agit d'une expression artistique." Par ailleurs, Greenwood a été le compositeur et le chef d'orchestre des cordes pour la chanson "I Think About You Daily" des Pretenders, sortie en juin 2023.

Au cœur de l'univers musical de Radiohead, se tient Greenwood, le guitariste principal, réputé pour son style de jeu audacieux.

Jonny Greenwood

Guitar.com décrit son apport sur le premier album du groupe, "Pablo Honey", comme un "mélange exaltant de paysages sonores choisis avec un trémolo, d'octaves volumineuses, de courses hurlantes dans le registre aigu et de pitreries de killswitch".

Les années 1990 ont vu Greenwood confronté à des blessures liées au stress répétitif, contraignant l'ajout d'une attelle sur son bras droit. Pour lui, c'était comme "s'attacher les doigts avant un match de boxe". Un paradoxe poignant entre la créativité musicale et les défis physiques, faisant écho à la dualité inhérente à l'artiste en quête d'expression.

Dans l'épopée musicale de Radiohead, Greenwood s'est armé depuis longtemps d'une Fender Telecaster Plus, un modèle de Telecaster équipé de micros Lace Sensor. Far Out rapporte que l'artiste exploite "la puissance et l'instabilité" de la Telecaster pour créer un son percutant qui a grandement contribué à distinguer Radiohead dans les tumultueuses années 1990.

Sur des pièces plus douces, telles que "Subterranean Homesick Alien" et "Let Down" de l'album "OK Computer", ainsi que "You And Whose Army?" issu de "Amnesiac", Greenwood préfère la douce résonance d'une Fender Starcaster. À l'occasion, il opte même pour un archet de violon, ajoutant une texture unique à son jeu. Pour ses performances en solo et avec le groupe The Smile, on le voit manier avec dextérité une Gibson Les Paul.

Lorsque le rythme bascule vers la basse, Greenwood fait vibrer les cordes d'une Fender Precision Bass avec un style de picking agressif. Défiant la tendance à sacraliser les guitares, il exprime son point de vue singulier, les percevant davantage comme des outils utilitaires, comparables à une machine à écrire ou un aspirateur, plutôt que des objets à admirer ou à vénérer. Une perspective qui transcende la simple pratique musicale pour embrasser une vision plus pragmatique de l'artiste et de son instrument.

Jonny Greenwood

Dans l'arsenal sonore de Greenwood, les pédales d'effets sont des alliées incontournables, ajoutant une dimension distinctive aux mélodies de Radiohead. La pédale de distorsion Marshall ShredMaster, par exemple, a laissé son empreinte sur de nombreuses compositions du groupe dans les années 1990, conférant une texture inimitable à leur son.

Le riff percutant de "My Iron Lung" révèle une autre facette de sa créativité, avec l'utilisation astucieuse d'une pédale DigiTech Whammy. Cette dernière permet de décaler la hauteur de sa guitare d'une octave, donnant naissance à un son "glitch et lo-fi" qui transcende les frontières du conventionnel.

Sur des morceaux tels que "Identikit" et plusieurs compositions de The Smile, Greenwood explore les possibilités de l'effet de retard, créant des répétitions synchronisées aux contours "angulaires". Une utilisation stratégique qui façonne l'ambiance distinctive de ces pièces.

En ce qui concerne l'amplification, les amplificateurs Vox AC30 et Fender 85 sont les piliers de sa sonorité. Ces choix méticuleux témoignent de la quête constante de Greenwood pour trouver le mariage parfait entre instruments, pédales et amplification, créant ainsi un paysage sonore unique qui caractérise la signature musicale de Radiohead.

En l'année 2010, le prestigieux NME décerna à Greenwood le titre envié de l'un des plus grands guitaristes vivants. Son influence transcenda même les frontières du contemporain, le plaçant au septième rang des plus grands guitaristes de tous les temps dans un sondage de la BBC 6 Music, qui sollicita l'opinion de plus de 30 000 auditeurs.

Le journaliste de Rolling Stone, David Fricke, propulsa Greenwood à la 48e position dans son classement des plus grands

Jonny Greenwood

guitaristes de tous les temps en 2010, un honneur également confirmé par Spin en 2012, qui le positionna à la 29e place. En 2008, Guitar World consacra le solo de Greenwood dans "Paranoid Android" comme le 34e plus grand solo de guitare, ajoutant une reconnaissance supplémentaire à sa maîtrise exceptionnelle de l'instrument.

Dans la liste récente de 2023 des plus grands guitaristes de Rolling Stone, Greenwood et son compère O'Brien furent classés au 43e rang. Le commentaire élogieux souligne que même après avoir embrassé la renommée en tant que compositeur néoclassique, Greenwood n'a jamais omis d'ajouter à chaque album au moins un morceau déroutant, une explosion cérébrale de sa virtuosité à la guitare. Un héritage musical éternel qui continue de captiver et d'inspirer les générations.

Greenwood se distingue également en tant qu'éminent joueur d'ondes Martenot, un instrument électronique pionnier qui produit des sons en déplaçant un anneau le long d'un fil, évoquant des sonorités semblables à celles d'un thérémine. Son exploration de cet instrument novateur a débuté sur l'album "Kid A" de Radiohead en 2000, apportant une dimension sonore unique et expérimentale à leur musique.

Les ondes Martenot de Greenwood s'infiltrent de manière magistrale dans plusieurs pièces emblématiques de Radiohead, dont "The National Anthem", "How to Disappear Completely" et "Where I End and You Begin". Ces mélodies captivantes, créées par les mouvements délicats de l'anneau le long du fil, ajoutent une texture envoûtante et éthérée à l'ensemble musical, démontrant la capacité de Greenwood à repousser constamment les frontières de l'exploration sonore au sein de la formation.

Greenwood découvrit les ondes Martenot à l'âge de 15 ans, profondément impressionné par la Symphonie Turangalîla

Jonny Greenwood

d'Olivier Messiaen. Cet instrument singulier captiva son imagination, en partie parce qu'il ne se considérait pas comme un chanteur accompli. Il confia un jour : "J'ai toujours voulu pouvoir jouer d'un instrument qui ressemblait au chant, et il n'y a rien de plus proche que les ondes Martenot."

Malgré l'arrêt de la production de cet instrument en 1988, Greenwood ne voulut pas se séparer de son modèle original. La crainte de l'endommager l'incita à prendre une décision audacieuse : il fit créer une réplique des ondes Martenot pour accompagner Radiohead en tournée en 2001. Cette démarche témoigne non seulement de son engagement envers cet instrument exceptionnel, mais aussi de son désir de préserver et de partager les sonorités uniques qu'il peut apporter à la musique de Radiohead. Une déclaration éloquente de l'importance que Greenwood accorde à l'exploration sonore et à la préservation des éléments distinctifs de son expression musicale.

Nicholas Greenwood, un musicien passionné, maîtrisait une gamme éclectique d'instruments, devenant ainsi un véritable virtuose. Parmi ses talents, on compte la virtuosité au piano, la magie du synthétiseur, la profondeur de l'alto, les éclats mélodiques du glockenspiel, la douceur de l'harmonica, la légèreté de la flûte à bec, la grandeur de l'orgue, la rusticité du banjo et la grâce enchanteresse de la harpe.

Il confessait son amour pour la confrontation avec des instruments qu'il ne maîtrisait pas vraiment, trouvant une satisfaction particulière dans cette lutte musicale. Greenwood avouait avec un sourire complice qu'il chérissait autant ses moments de combat mélodique avec le glockenspiel au sein de Radiohead que ses instants passés à dompter les cordes d'une guitare. Un artiste aux multiples facettes, il trouvait la beauté dans la diversité des instruments, transformant chaque performance en une symphonie en constante évolution.

Jonny Greenwood

Greenwood, l'architecte sonore de "Idioteque" issu de l'album "Kid A", a façonné le rythme emblématique de cette pièce en utilisant un synthétiseur modulaire. Pour donner vie à cette composition, il a puisé dans l'univers de la musique informatique de Paul Lansky, échantillonnant la phrase de synthétiseur à quatre accords provenant de "mild und leise". Cette fusion d'influences a donné naissance à une œuvre sonore novatrice et captivante.

Lors des performances de la chanson "Everything in its Right Place" de l'album "Kid A", Greenwood a introduit une touche futuriste en utilisant un Kaoss Pad pour manipuler la voix envoûtante de Thom Yorke. Cette expérimentation en direct ajoutait une dimension supplémentaire à l'expérience musicale, repoussant les limites de l'expression artistique.

En 2014, Greenwood a partagé son engouement pour les instruments indiens, en mettant particulièrement en lumière le tanpura. Il considérait cet instrument comme un créateur de "murs" sonores d'une complexité unique. Sa fascination pour ces sonorités exotiques témoigne de sa quête incessante pour repousser les frontières de la musique et explorer de nouveaux horizons auditifs.

Greenwood, toujours en quête d'innovation sonore, a incorporé à son arsenal musical une curiosité unique : une "machine sonore faite maison". Cette invention ingénieuse est constituée de petits marteaux percutant une variété d'objets hétéroclites, tels que des cartons de yaourt, des pots, des cloches et des tambourins. Cette assemblage inhabituel crée une palette sonore aussi éclectique que fascinante, ajoutant une dimension expérimentale à son approche musicale.

Sa propension à utiliser des "sons trouvés" s'est manifestée de manière marquante dans des œuvres telles que "Climbing Up the

Jonny Greenwood

Walls" de l'album "OK Computer" et "The National Anthem" de "Kid A". Dans ces pièces, Greenwood a exploité des dispositifs du quotidien, tels qu'une télévision et une radio à transistors, pour incorporer des éléments sonores inattendus et captivants. Cette démarche novatrice souligne son talent pour repousser les frontières de la création musicale en exploitant les possibilités sonores insoupçonnées qui résident dans le monde qui l'entoure.

Sous la suggestion éclairée de Nigel Godrich, le producteur de Radiohead, Greenwood a entamé une nouvelle exploration musicale en adoptant le langage de programmation Max. Dans cette aventure numérique, il a exprimé sa satisfaction en déclarant : « J'ai pu me reconnecter correctement aux ordinateurs... Je n'ai pas eu besoin d'utiliser l'idée de quelqu'un d'autre sur ce qu'un delay, une réverbération ou un séquenceur devrait faire, ou à quoi cela devrait ressembler. Je pourrais partir du terrain, et penser en termes de son et de mathématiques. C'était comme si je déraillais ».

L'utilisation habile de Max par Greenwood a laissé une empreinte distincte dans son travail. Des exemples notables incluent le traitement du piano sur la piste "Glass Eyes" de l'album "A Moon Shaped Pool" et l'effet de guitare "bégaiement" caractéristique qu'il a introduit dans des morceaux tels que le single de 2003 "Go to Sleep". Cette utilisation novatrice de la programmation a permis à Greenwood de transcender les limites conventionnelles de la création musicale.

Lors de la conception du huitième album de Radiohead, "The King of Limbs", Greenwood a étendu son expertise en utilisant Max pour élaborer un logiciel d'échantillonnage sur mesure. Cette approche témoigne de son engagement constant à repousser les frontières de la technologie pour donner vie à des expériences sonores uniques.

Jonny Greenwood

Les écrits marquants de Greenwood au sein de Radiohead englobent diverses contributions notables. "Just", décrite par Yorke comme le résultat d'une compétition entre lui et Jonny pour intégrer autant d'accords que possible dans une chanson, se distingue parmi elles. De même, "My Iron Lung", co-écrite avec Yorke, a vu le jour sur l'album The Bends (1995). Greenwood a également joué un rôle crucial dans la création de "The Tourist" et du pont emblématique "rain down" de "Paranoid Android" sur l'album OK Computer (1997). Sa contribution à la mélodie vocale de "Kid A" (2000) ainsi qu'à la mélodie de guitare distinctive de "A Wolf At The Door" de l'album Hail To The Thief (2003) mérite également d'être soulignée. Il est intéressant de noter que la qualité "douce" de la mélodie de guitare de cette dernière a inspiré Yorke à interpréter les paroles de la chanson avec une tonalité plus "en colère". Ces diverses contributions démontrent la polyvalence et le talent musical indéniable de Greenwood au sein du groupe.

Le New York Times a décrit Greenwood comme "le gars qui peut prendre une notion abstraite de Thom Yorke et maîtriser les outils nécessaires pour l'exécuter dans le monde réel". En 2016, Greenwood a offert une perspective sur son rôle d'arrangeur :

"Ce n'est pas vraiment une question de savoir si je peux jouer ma partie de guitare maintenant, c'est plutôt... Qu'est-ce qui servira le mieux à cette chanson ? Comment éviter de compromettre cette excellente chanson ? Une partie du défi réside dans le fait que Thom s'assoit au piano et joue une chanson comme "Pyramid Song". Nous l'enregistrons, et la question devient alors : comment ne pas aggraver les choses ? Comment pouvons-nous améliorer cette chanson par rapport à Thom qui la joue seul, ce qui est déjà généralement assez génial."

Jonny Greenwood

Pour ses compositions de bandes originales de films, Greenwood s'efforce de maintenir une instrumentation contemporaine en accord avec la période de l'histoire du film. Un exemple notable est sa réalisation de la bande originale de "Norwegian Wood". Dans cette entreprise, il a opté pour l'authenticité en enregistrant avec une guitare japonaise à cordes de nylon datant des années 1960, utilisant un équipement d'enregistrement domestique de cette époque. L'objectif était de créer un enregistrement qui aurait pu être réalisé par l'un des personnages du film, ajoutant ainsi une dimension temporelle et narrative à la composition musicale. Cette approche méticuleuse témoigne de la volonté de Greenwood de fusionner la musique et l'histoire cinématographique de manière harmonieuse et évocatrice.

De nombreuses compositions de Greenwood arborent une qualité microtonale distinctive. Il fait fréquemment usage de modes de transposition limitée, notamment la gamme octatonique, exprimant ainsi : « J'aime savoir ce que je ne peux pas faire et ensuite travailler à l'intérieur de cela. » Cette approche révèle son penchant pour l'exploration musicale audacieuse, choisissant consciemment des structures tonales moins conventionnelles. En embrassant les défis que présentent les compositions microtonales et les modes de transposition limitée, Greenwood enrichit son langage musical d'une palette sonore plus vaste et d'une originalité créative. C'est à travers cette volonté de repousser les limites et d'embrasser l'inconnu que sa musique acquiert une profondeur et une complexité singulières.

Au cœur de son univers musical, Greenwood a puisé dans une palette d'influences aussi vaste que variée, façonnant ainsi un son singulier qui transcende les frontières des genres. Des harmonies envoûtantes du jazz à la grandeur intemporelle du classique, du rugissement énergique du rock aux pulsations entraînantes du reggae, de l'impétuosité créative du hip-hop à l'expérimentation

Jonny Greenwood

sonore de la musique électronique, chaque note et chaque rythme ont contribué à la richesse de son expression artistique.

Dans l'arène du jazz, ses mentors musicaux comprennent des virtuoses tels que Lee Morgan, Alice Coltrane et le légendaire Miles Davis. Ces maîtres ont gravé leur empreinte sur son âme musicale, guidant ses pas dans un univers où la spontanéité et l'audace se mêlent harmonieusement.

Aux côtés des membres émérites de Radiohead, Greenwood partage une admiration profonde pour l'innovateur Scott Walker ainsi que le groupe Krautrock Can, déployant ainsi une diversité d'influences qui transcendent les limites du conventionnel.

Cependant, parmi les fils conducteurs de son inspiration, émerge la figure emblématique du guitariste John McGeoch de Magazine. Greenwood dévoile que l'écriture de chansons de Magazine a exercé une influence déterminante sur la trajectoire artistique de Radiohead, s'insinuant profondément dans la genèse de leur création musicale. Une influence si prégnante que, même face à l'opportunité de remplacer McGeoch lors de la tournée de retrouvailles du Magazine en 2009, Greenwood a préféré décliner l'offre. Son refus, éclairé par la timidité et une abondance de responsabilités, témoigne de l'ampleur de l'héritage laissé par les pionniers qui ont tracé la voie. Ainsi, l'énigmatique Jonny Greenwood, sculpteur de sons, continue de tisser sa propre épopée musicale, fusionnant le passé et le présent dans une symphonie intemporelle.

À l'aube de ses quinze ans, Greenwood fit une rencontre musicale qui allait façonner irréversiblement le cours de sa vie artistique. La Symphonie Turangalîla d'Olivier Messiaen, tissage sonore d'une complexité éblouissante, pénétra son univers auditif et l'envoûta d'une passion inextinguible.

Jonny Greenwood

C'était le début d'une fascination dévorante, un virage soudain qui marquait le commencement d'une histoire d'amour indélébile avec la musique de Messiaen. Le compositeur devint le "premier lien" de Greenwood avec le monde envoûtant de la musique classique, établissant ainsi une connexion intime qui transcenderait le temps.

Au détour de cette adolescence marquée par la découverte, Messiaen ne se contenta pas d'être une simple étape dans le parcours de Greenwood. Bien au contraire, son influence persista, s'insinuant dans les fibres mêmes de la créativité du musicien. Greenwood confesse avec émotion : "Il était encore en vie quand j'avais 15 ans, et pour une raison quelconque, je sentais que je pouvais l'assimiler à mes autres groupes préférés - il n'y avait pas de grande réputation posthume pour me rebuter." Cette affinité particulière permettait à Greenwood de créer avec une énergie renouvelée, inspiré par les méandres complexes et les transpositions limitées qui caractérisaient l'œuvre de Messiaen.

Ainsi, le jeune artiste, imprégné de la grandeur de la Symphonie Turangalîla, poursuivit son chemin musical, guidé par l'héritage vivant d'Olivier Messiaen. Chaque note, chaque composition, témoignage d'une passion née à l'aube de l'adolescence et évoluant en une symphonie intemporelle, façonnant ainsi le paysage sonore unique de Jonny Greenwood.

La route musicale de Greenwood s'est élargie encore davantage avec une admiration profonde pour le compositeur polonais Krzysztof Penderecki. Un tournant significatif dans son parcours artistique s'est manifesté au début des années 90 lorsqu'il a assisté à un concert dédié à la musique envoûtante de Penderecki, une expérience qu'il qualifie lui-même de "conversion". C'est dans cette émergence sonore qu'il découvrit une nouvelle dimension, une palette harmonique qui résonnerait en lui de manière transformante.

Jonny Greenwood

Parmi les compositeurs qui ont laissé leur empreinte sur l'âme musicale de Greenwood, figurent les illustres György Ligeti, Henri Dutilleux, et Steve Reich. Chacun de ces maîtres a apporté sa propre nuance à la symphonie complexe qui résonne dans l'esprit créatif du musicien polyvalent.

En particulier, Greenwood a non seulement embrassé l'œuvre de Steve Reich, mais il s'est également lancé dans l'interprétation de sa composition pour guitare de 1987, "Electric Counterpoint". Cette alliance entre la virtuosité de Greenwood et la vision novatrice de Reich a donné naissance à une interprétation captivante de cette pièce musicale innovante. Son engagement envers cette collaboration artistique s'est encore renforcé avec l'enregistrement d'une version pour l'album de Reich en 2014, "Radio Rewrite", ajoutant ainsi une nouvelle strate à leur dialogue musical.

Ainsi, la trajectoire musicale de Jonny Greenwood se tisse à travers un riche éventail de compositeurs, chaque rencontre musicale façonnant sa compréhension et son expression uniques dans le vaste paysage de la création sonore contemporaine.

Au cœur de la vie personnelle de Greenwood réside une histoire d'amour tissée de notes et de couleurs, avec l'artiste visuelle israélienne Sharona Katan. Leurs destins se sont croisés en 1993, lorsque Radiohead, le groupe auquel appartient Greenwood, se produisait en Israël. Une rencontre qui allait transcender les frontières de la musique pour s'épanouir dans un mariage harmonieux entre les mondes sonore et visuel.

Sharona Katan, créditée sous le nom de Shin Katan, a laissé son empreinte artistique distinctive sur plusieurs projets de Greenwood. Son travail orne les couvertures de l'album "Junun" et s'inscrit dans le paysage sonore de plusieurs bandes sonores

Jonny Greenwood

signées Greenwood, fusionnant ainsi leurs talents créatifs respectifs dans une synergie artistique.

Leur parcours conjugal a été béni par l'arrivée de trois enfants. Leur premier fils a vu le jour en 2002, marquant une nouvelle étape de leur voyage familial. L'album "Hail to the Thief" de Radiohead, sorti en 2003, porte la dédicace émouvante à ce nouveau chapitre de leur vie.

Leur famille s'est agrandie avec l'arrivée d'une fille en 2005 et d'un deuxième fils en février 2008. Ainsi, le fil de la vie de Jonny Greenwood s'entrelace avec celui de sa famille, une symphonie personnelle où les notes de l'amour familial se mêlent aux harmonies de la créativité artistique, créant une mélodie unique et intemporelle.

Au cœur de la vie familiale de Greenwood et Katan, la dimension culturelle et religieuse trouve une place particulière. Katan partage ouvertement sa vision de la famille, la considérant comme juive. Elle évoque avec fierté le cadre éducatif dans lequel leurs enfants évoluent, élevant ainsi une génération imprégnée de traditions et de valeurs juives.

Dans leur foyer, la présence d'une mezouza symbolise un lien tangible avec la spiritualité et la tradition juives. Les rituels familiaux s'étendent au-delà du quotidien, s'incarnant parfois dans l'organisation de dîners de Chabbat, moments privilégiés où la famille se réunit autour de la table pour célébrer le repos sacré.

Les fêtes juives rythment également le calendrier familial, marquant des occasions spéciales où les rituels et les coutumes sont honorés. Une attention particulière est portée à la préservation de la nourriture casher, les enfants s'abstenant de consommer du porc, ce choix alimentaire étant un aspect essentiel de l'expression de leur identité juive.

Jonny Greenwood

Pour Katan, maintenir ces traditions revêt une importance particulière, formant ainsi une continuité avec le patrimoine culturel et religieux qui imprègne leur vie quotidienne. La transmission de ces héritages, façonnée par la fierté et le respect, contribue à la richesse et à la diversité de leur expérience familiale. Ainsi, la famille de Greenwood et Katan, teintée de traditions juives, inscrit son récit dans la trame vivante de l'histoire culturelle.

En février 2021, Greenwood a partagé une incursion fascinante dans sa palette musicale personnelle lors de son passage à l'émission "Saturday Live" de la BBC Radio 4. Au cours de l'émission, il a dévoilé ses "morceaux d'héritage", choisis avec soin. Parmi eux figuraient "Sweetheart Contract" de Magazine et "Brotherhood of Man" d'Oscar Peterson et Clark Terry, des pièces qui résonnent comme des joyaux intemporels dans son paysage musical.

Notablement, Greenwood est daltonien rouge-vert, une caractéristique qui ajoute une nuance unique à sa perception du monde et, par extension, à son expression artistique.

Depuis 2015, Greenwood a élu domicile dans une ferme nichée dans les Marches, en Italie, une retraite qui offre non seulement un refuge, mais également une source d'inspiration au cœur de la nature. Un nouvel épisode de sa vie s'est ouvert en avril 2023 lorsqu'il a lancé la vente de sa propre huile d'olive. Cette entreprise, ancrée dans la terre italienne, s'est concrétisée à travers la boutique en ligne de Radiohead, un espace où les amateurs peuvent non seulement se connecter avec la musique du groupe mais aussi goûter à l'essence de la vie quotidienne de Greenwood dans les collines verdoyantes de l'Italie. Une aventure qui transcende les frontières de la musique, révélant la diversité des passions qui animent l'artiste dans sa quête continue de créativité et d'exploration.

Colin Greenwood

Colin Greenwood

Les premières lueurs du 26 juin 1969 ont apporté avec elles un musicien exceptionnel, Colin Charles Greenwood. Cet Anglais talentueux a tracé son chemin dans le monde de la musique en tant que bassiste émérite du groupe de rock emblématique, Radiohead. Bien au-delà des frontières de la simple guitare basse, Greenwood maîtrise également la contrebasse et explore les horizons sonores avec des instruments électroniques. Son empreinte musicale, aussi diversifiée que captivante, s'est inscrite dans l'histoire de la scène musicale contemporaine, faisant de lui une figure incontournable au sein de l'univers artistique de Radiohead.

En compagnie de son cadet Jonny, Greenwood a partagé les bancs de l'Abingdon School à Abingdon, en Angleterre, un lieu qui allait sceller le destin musical des deux frères. C'est là qu'ils ont croisé le chemin des autres membres qui allaient compléter l'épopée sonore de leur groupe. Radiohead, fruit de ces rencontres fortuites, a rapidement conquis les critiques et les cœurs du public, écoulant plus de 30 millions d'albums au fil de son parcours musical.

L'année 2019 a marqué une apogée majeure dans la carrière de Greenwood, alors qu'il a été intronisé au prestigieux Rock and Roll Hall of Fame en tant que membre incontournable de Radiohead. Cette reconnaissance ultime a solidifié l'héritage musical du groupe, scellant ainsi l'impact indélébile de Colin Charles Greenwood dans l'histoire de la musique contemporaine.

Loin des projecteurs de Radiohead, Greenwood a étendu son influence musicale en apportant une précieuse contribution aux projets solo de ses comparses du groupe. Son talent polyvalent a également trouvé un terrain fertile dans des collaborations fructueuses avec des artistes éminents tels que Tamino, Gaz

Colin Greenwood

Coombes, Nick Cave et Warren Ellis. Au-delà des frontières de son groupe emblématique, Greenwood a tissé des liens musicaux, enrichissant ainsi le paysage sonore de ses partenaires artistiques et laissant une empreinte dans le monde de la musique.

Dans les rues tranquilles d'une petite ville britannique, Colin Greenwood, l'aîné de la fratrie, partageait des liens indéfectibles avec la musique et le destin. Jonny Greenwood, son cadet et guitariste talentueux du groupe émergent Radiohead, était son alter ego musical. Cependant, leur histoire ne se limitait pas à la scène musicale.

Le père des Greenwood, un homme qui avait autrefois arpenté les champs de bataille en tant qu'expert en déminage au sein de l'armée britannique, avait apporté une solennité et une discipline militaires à leur foyer. Les échos de son service résonnaient dans les conversations feutrées autour de la table familiale, créant un fond sonore de détermination et de résilience.

Mais au-delà de l'héritage militaire, la famille Greenwood était tissée dans la trame complexe de l'histoire politique. Des liens profonds avec le Parti communiste britannique et la Fabian Society socialiste parsemaient leur passé, jetant des ombres intrigantes sur leurs réunions familiales. Les discussions animées sur les idéaux politiques se mêlaient au doux murmure des mélodies que Colin et Jonny forgeaient ensemble dans l'intimité de leur univers musical.

Ainsi, dans ce foyer où les accords de la guitare se mêlaient aux échos des idées progressistes, la famille Greenwood naviguait entre les notes de la musique et les pages de l'histoire, créant une symphonie unique de passion, de dévouement et d'héritage.

Dans les rues animées de l'Allemagne, là où les rivières murmuraient des secrets du passé, Colin Greenwood a tracé les

Colin Greenwood

premières lignes de son histoire. Enfant curieux, il naviguait aisément entre les langues, maîtrisant l'allemand avec une grâce qui reflétait son monde multiculturel.

Sa sœur aînée, Susan, détenait les clés d'un univers musical alternatif, dévoilant à Colin et à son cadet Jonny les mystères envoûtants de groupes considérés par beaucoup comme "misérables". Fall, Magazine et Joy Division faisaient partie de ce répertoire sombre, imprégné d'une mélancolie qui résonnait étrangement avec les paysages de leur jeunesse germanique.

Colin, nostalgique de ces premières découvertes musicales, rendait hommage à Susan pour avoir ouvert les portes de cette dimension artistique. Il se souvenait avec une certaine ironie que, dans le paysage musical de leur école, où les battements de cœur de tous semblaient synchronisés au rythme d'Iron Maiden, eux étaient les outsiders, les exilés musicaux.

"Nous avons été ostracisés à l'école parce que tout le monde était fan d'Iron Maiden", confiait-il, un sourire en coin. C'était une époque où leur quête musicale singulière les isolait, mais c'était aussi le terreau fertile où germait leur identité artistique distincte, prête à éclore dans les notes complexes de l'avenir.

Sur les terrains majestueux de l'Abingdon School, une école privée immergée dans le charme éternel de l'Oxfordshire, les destins des frères Greenwood se sont entrelacés avec ceux qui marqueraient l'histoire musicale à venir. À l'âge tendre de 12 ans, Colin, naviguant à travers les couloirs de l'apprentissage et de la découverte, croise le chemin de celui qui deviendrait le chanteur emblématique de Radiohead : Thom Yorke.

C'est dans cette enceinte académique où les rêves prennent souvent racine que les autres membres fondateurs du groupe ont également trouvé leur voie. Ed O'Brien, un futur compagnon musical de Colin, fit son entrée dans cette histoire partagée lors

Colin Greenwood

d'une production scolaire de l'opéra "Trial by Jury". Les éclats des projecteurs sur la scène de l'école ont peut-être été les premiers échos d'une symphonie future.

Philip Selway, autre pièce maîtresse du puzzle Radiohead, était lui aussi parmi les élèves d'Abingdon. Ainsi, dans les salles de classe de cette institution éducative prestigieuse, les graines de la créativité et de l'amitié ont été semées, prêtes à éclore dans un jardin musical unique et intemporel. L'Abingdon School était bien plus qu'un lieu d'éducation ; c'était le creuset d'une collaboration artistique exceptionnelle, où des liens profonds ont été tissés, jetant les bases d'une aventure musicale qui transcenderait le temps.

À l'âge de quinze ans, Colin Greenwood fit un pas décisif dans le monde de la musique en faisant l'acquisition de sa première guitare. C'était le point de départ d'un voyage musical qui allait le propulser au-delà des frontières du conventionnel.

Sous la tutelle éclairée de Terence Gilmore-James, le professeur de musique à l'Abingdon School, Colin et ses camarades de groupe furent initiés à un éventail musical aussi vaste que captivant. Gilmore-James ne se contenta pas d'enseigner la guitare classique ; il les plongea également dans les riches méandres du jazz, des musiques de films envoûtantes, de la musique d'avant-garde d'après-guerre et des chefs-d'œuvre classiques du 20e siècle.

"Quand nous avons commencé, il était très important que nous ayons son soutien, car nous n'en recevions pas du directeur", confia Greenwood, évoquant les débuts du groupe. Une anecdote révélatrice soulignait l'indifférence de la direction envers leur quête musicale. Un jour, une facture fut délivrée, exigeant un paiement pour l'utilisation de la propriété de l'école, simplement parce qu'ils avaient osé répéter dans l'une des salles de musique un dimanche. C'était comme si les murs mêmes qui résonnaient

Colin Greenwood

de leurs mélodies étaient imprégnés de résistance. Malgré ces obstacles, la passion et le soutien de Gilmore-James furent les notes qui ont harmonisé le parcours musical des jeunes musiciens, créant une mélodie de détermination et de persévérance.

Colin Greenwood, le bassiste émérite de Radiohead, n'a pas embrassé la basse par hasard, mais par une nécessité profondément enracinée dans la quête de créer de la musique ensemble. Loin des schémas traditionnels de choix d'instrument, Greenwood et les autres membres du groupe ont fait un choix pragmatique : ils ont choisi leurs instruments non pas parce qu'ils rêvaient spécifiquement de les jouer, mais parce qu'ils aspiraient à fusionner leurs talents dans une symphonie collective.

C'est ainsi que la basse est devenue l'instrument de prédilection de Colin, et il s'est lancé dans un apprentissage autodidacte en s'inspirant des maîtres tels que New Order, Joy Division et Otis Redding. Plongeant dans les grooves hypnotiques de la basse, il a assimilé les nuances, les pulsations et les subtilités qui allaient donner forme au son distinctif de Radiohead.

"Nous avons choisi nos instruments parce que nous voulions jouer de la musique ensemble, plutôt que simplement parce que nous voulions jouer de cet instrument en particulier. Il s'agissait donc plutôt d'un angle collectif, et si vous pouviez contribuer en faisant appel à quelqu'un d'autre pour jouer de ton instrument, alors c'était vraiment cool", expliqua Greenwood. Cette approche collaborative a jeté les bases d'une harmonie unique, où chaque note jouée était un maillon essentiel d'une chaîne musicale plus vaste, façonnant ainsi l'essence même de l'aventure sonore de Radiohead.

Au sein des murs académiques majestueux de Peterhouse, à Cambridge, Colin Greenwood s'est plongé dans le monde des lettres anglaises entre 1987 et 1990. Ses lectures étaient un voyage

Colin Greenwood

à travers la richesse de la littérature américaine moderne, explorant les œuvres de Raymond Carver, John Cheever, et d'autres écrivains éminents de l'après-guerre aux États-Unis.

Ses jours à Peterhouse ne se limitaient pas à l'érudition littéraire. En tant que responsable des événements et des divertissements, Greenwood apporta une énergie créative à la vie universitaire, mettant en œuvre des initiatives qui alimentaient l'esprit dynamique de la communauté étudiante.

Une fois diplômé, plutôt que de se plier aux attentes conventionnelles liées à son domaine d'études, Greenwood décida de suivre sa passion pour la musique. Étonnamment, il opta pour un poste de vendeur au magasin de disques Our Price à Oxford, plongeant ainsi dans l'univers effervescent de la musique en tant qu'acteur clé plutôt que comme simple observateur. Cette transition marquait le début d'une aventure professionnelle qui allait fusionner son amour de la littérature et de la musique d'une manière inattendue, jetant les bases pour les explorations créatives à venir au sein de Radiohead.

À la fin de l'année 1991, Keith Wozencroft, le représentant commercial d'EMI, se rendit chez Our Price et engagea une conversation avec Greenwood. Lorsque Wozencroft évoqua son futur rôle en tant que découvreur de talents A&R chez Parlophone, une filiale d'EMI, Greenwood lui remit une copie de la toute dernière démo de On a Friday.

Un vendredi mémorable, ils apposent leur signature sur un contrat d'enregistrement portant sur six albums avec EMI et transforment leur nom en Radiohead. En 2011, les ventes mondiales des albums de Radiohead avaient dépassé les 30 millions d'exemplaires. En mars 2019, le groupe a été honoré d'une induction au Rock and Roll Hall of Fame. Colin, faisant partie intégrante de ce groupe aux côtés de son frère Jonny, confie

Colin Greenwood

: "Au-delà de la simple fraternité, je le respecte en tant qu'individu et musicien."

Greenwood préfère jouer principalement avec ses doigts et a avoué ne pas être à l'aise avec les médiators. Il affectionne particulièrement les basses Fender, combinées à des amplificateurs Ampeg et Ashdown. Parfois, il s'adonne à la contrebasse, notamment dans des morceaux tels que "Pyramid Song" et "You and Whose Army". Il exprime son engagement envers la guitare basse, mais souligne que les idées et suggestions de tous les membres du groupe sont écoutées, créant ainsi une véritable dynamique de groupe.

Malgré son rôle central dans la section basse, Greenwood évite de se catégoriser en tant que bassiste, préférant se percevoir simplement comme faisant partie intégrante d'un collectif musical. Il partage ses influences qui comprennent des artistes tels que Booker T et les MG, Bill Withers, Curtis Mayfield et J Dilla. En 2008, le magazine Mojo a salué Greenwood et Selway comme étant "sûrement la section rythmique la plus inventive travaillant à proximité du courant dominant du rock".

En l'an de grâce 1997, Greenwood s'engagea corps et âme dans une campagne de promotion dédiée à son alma mater, l'illustre Université de Cambridge. Pour soutenir cette noble cause, il se prêta à une séance photographique mémorable, immortalisé aux côtés d'étudiants venant des quatre coins du royaume, qu'ils fussent issus d'écoles publiques ou privées. L'objectif de cette entreprise audacieuse était clair : donner vie à une affiche éloquente, baptisée "Mettez-vous dans l'image".

Cette création visuelle n'avait rien d'une simple esthétique ; elle était conçue avec un dessein plus profond. Son ambition ? Pulvériser les stéréotypes tenaces qui, tels des remparts, décourageaient les étudiants doués de tenter leur chance à

Colin Greenwood

Cambridge. "Mettez-vous dans l'image" se faisait le messager d'une invitation chaleureuse, appelant les esprits érudits des écoles publiques à franchir le seuil de cette institution prestigieuse.

L'affiche, par son ingéniosité, se dressait comme une force de dissipation des préjugés, œuvrant ardemment à élargir l'horizon des aspirants universitaires. Elle résonnait comme un appel vibrant à la diversité académique, encourageant vaillamment les talents émergents des écoles publiques à oser rêver des portes de Cambridge grandes ouvertes devant eux. Ainsi, sous le regard bienveillant de Greenwood, la campagne prenait vie, transformant une simple séance de photos en une saga captivante, tracée par l'encre de l'ambition et du changement.

Les harmonies musicales tissées par Greenwood transcendent bien au-delà des limites de son propre éclat artistique. En véritable complice fraternel, il a prêté son talent à la réalisation de deux bandes sonores pour son frère, Jonny : "Bodysong" (2003) et "Inherent Vice". L'étendue de son génie musical s'est également déployée sur la trame sonore du film "Woodpecker" en 2008.

Sa maîtrise de la basse s'est révélée indispensable sur les albums "Amir" (2018) et "Sahar" (2022) du talentueux chanteur belgo-égyptien Tamino. Greenwood a également insufflé sa virtuosité à l'album "World's Strongest Man" (2018) de Gaz Coombes et à la piste "Brasil" de l'opus inaugural "Earth" (2020) du camarade de Radiohead, Ed O'Brien.

L'empreinte musicale de Greenwood s'étend au-delà des frontières de la basse, se manifestant dans la programmation rythmique de la chanson "Hearing Damage" de Thom Yorke, extraite de la bande originale de "The Twilight Saga: New Moon". Son génie collaboratif a également laissé son empreinte sur "Guess Again!" tirée de l'album solo de Yorke, "Tomorrow's Modern Boxes" (2014). À travers ces collaborations variées,

Colin Greenwood

Greenwood s'impose comme un artisan sonore polyvalent, sculptant des mélodies qui transcendent les genres et captivent l'âme musicale.

L'année 2004 a vu Greenwood prendre part à un panel d'éminents intervenants lors de la conférence annuelle des sixièmes, organisée par le Radley College en collaboration avec l'école de St Helen et St Katharine. Ce virtuose de la musique a partagé son expertise et ses réflexions éclairées sur la gestion des droits numériques (DRM), apportant ainsi une perspective unique à un sujet émergent.

En 2013, Greenwood s'est mué en compositeur de l'élégance sonore en enregistrant la bande originale d'un défilé de Dries van Noten, où sa guitare basse en solo a insufflé une dimension captivante à l'univers de la mode.

Le spectre de ses talents s'étend au-delà de la musique, comme en témoigne son travail en 2018 lorsqu'il a révisé le livre de Michael Palin, "Erebus: L'histoire d'un navire", pour le grand écran.

L'année 2022 a marqué un chapitre musical mémorable pour Greenwood, alors qu'il arpentait les scènes australiennes au sein du groupe de Nick Cave et Warren Ellis, laissant une empreinte indélébile sur l'album live "Australian Carnage". Cet épisode en terre australienne n'était qu'un prélude à son engagement continu, rejoignant la tournée nord-américaine de Cave en septembre 2023. Greenwood, véritable caméléon artistique, poursuit son parcours exceptionnel, élargissant les horizons de sa créativité au-delà des frontières de la musique.

Les raffinements artistiques de Greenwood ne se limitent pas à la sphère musicale ; sa passion s'étend également aux lettres. Parmi les écrivains qui captivent son esprit, on compte des noms éminents tels que Thomas Pynchon, VS Naipaul et Delmore

Colin Greenwood

Schwartz, dont l'œuvre littéraire a laissé une empreinte profonde sur sa sensibilité créative.

En décembre 1998, l'histoire personnelle de Greenwood s'est entrelacée avec celle de Molly McGrann, une critique littéraire et romancière américaine. Leur union a été scellée sous les auspices d'un amour partagé pour l'art et la littérature, donnant naissance à une famille chaleureuse et florissante.

Trois fils ont égayé leur foyer au fil des années : Jesse, venu au monde en décembre 2003, Asa, né en décembre 2005, et Henry, qui a vu le jour en décembre 2009. Au cœur d'Oxford, cette famille épanouie trouve son ancrage, entourée par l'inspiration perpétuelle que procure le patrimoine intellectuel et artistique de cette ville emblématique. La demeure des Greenwood résonne ainsi des notes de la musique, des murmures des pages tournées et de l'amour partagé pour les mots et les mélodies.

L'artiste polyvalent qu'est Greenwood ne se cantonne pas seulement à la musique et à la littérature ; il se distingue également dans l'art visuel en tant que photographe amateur. En 2003, il a partagé son regard unique sur la photographie lors d'une discussion au Victoria and Albert Museum. Au cours de cette rencontre captivante, Greenwood a dévoilé ses photographies préférées, jetant un éclairage particulier sur des images soigneusement sélectionnées de maîtres de l'objectif tels que Frederick Sommer et Harold Edgerton.

Son choix de photographes illustre son goût pour la diversité artistique, capturant des moments, des formes et des jeux de lumière qui résonnent avec sa sensibilité créative. Cette incursion dans la photographie témoigne de la profondeur de l'expression artistique de Greenwood, embrassant la vision captivante du monde à travers le prisme de l'objectif. Ainsi, son engagement dans la photographie amateur enrichit davantage le tableau de sa créativité polyvalente.

Ed O'Brien

Ed O'Brien

Edward John O'Brien naquit un doux jour d'avril en 1968. Sous les feux de la scène, il se révéla comme un virtuose de la guitare, un compositeur inspiré et l'âme créative d'un groupe de rock éminent, les icônes anglaises de Radiohead. Son génie musical ne se limita pas à l'éclat collectif du groupe, car il entreprit également un voyage solitaire dans les méandres de la création, dévoilant sa propre musique sous le pseudonyme évocateur d'EOB. C'est ainsi qu'Edward John O'Brien se fraya un chemin à travers les notes et les accords, laissant une empreinte singulière dans le vaste paysage musical.

Les racines musicales d'O'Brien puisent dans les couloirs de l'école Abingdon, nichée dans l'Oxfordshire, en Angleterre. C'est là, entre les pupitres et les manuels, qu'il tissa les premières mélodies de Radiohead avec ses compagnons de classe. À l'époque, peu pouvaient prédire que ces jeunes esprits créatifs allaient sculpter l'avenir du rock.

Au sein de Radiohead, O'Brien se définissait comme le serviteur des mélodies, une force discrète mais vitale qui soutenait l'éclat poétique de l'auteur-compositeur, Thom Yorke. Son rôle transcendait le simple maniement de la guitare; il était le créateur de paysages sonores, façonnant des textures ambiantes à l'aide d'effets, d'unités de sustain et de l'intrigant EBow. À travers ces outils, il tissait une trame musicale, apportant des harmonies pour enrichir l'expérience sonore globale. O'Brien n'était pas simplement un musicien, il était l'architecte subtil des atmosphères qui enveloppaient les chansons, ajoutant une profondeur captivante à l'univers musical de Radiohead.

En l'an 2020, Edward John O'Brien dévoila son premier opus en solo, "Earth". C'était le résultat d'années d'écriture, une exploration personnelle qui avait longtemps mûri dans les

Ed O'Brien

méandres de son esprit créatif. Pourtant, malgré ses compositions, la confiance lui faisait défaut. Il sentait qu'il abriterait un aspect de lui-même qui serait égaré au sein du puissant ensemble qu'était Radiohead.

Armé de courage, O'Brien lança une tournée nord-américaine en février 2020, portant ses chansons au-delà des frontières familiaires de son groupe emblématique. Cependant, le destin avait d'autres projets. Une tournée plus vaste, une odyssée musicale qui aurait été le chapitre suivant de son périple solo, fut malheureusement annulée. Les ravages de la pandémie de COVID-19 jetèrent une ombre sur ces plans, forçant une pause abrupte dans la quête musicale d'O'Brien. Le monde attendait, suspendu, que les accords se réveillent à nouveau.

L'empreinte musicale d'Edward John O'Brien transcende les époques, une réalité que même la prestigieuse revue Rolling Stone a saluée. En 2010, elle le consacra parmi les plus grands guitaristes de tous les temps, un honneur qui fut renouvelé en 2023. Ces distinctions cristallisent la maîtrise et l'influence durables de l'artiste au sein du panthéon de la musique.

En 2019, un autre chapitre mémorable s'ajouta à l'histoire d'O'Brien lorsqu'il fut intronisé au Rock and Roll Hall of Fame en tant que membre éminent de Radiohead. C'était la consécration ultime pour un musicien dont les accords avaient transcendé les frontières du temps et de la renommée, laissant une empreinte indélébile dans le paysage musical mondial.

Le 15 avril 1968, à Ballyporeen, en Irlande, naquit O'Brien. Issu d'une famille qui trouvait ses racines dans cette petite ville, l'enfance d'O'Brien fut marquée par sa passion pour le cricket et le théâtre. Cependant, à l'âge de 10 ans, sa vie prit un tournant lorsque ses parents décidèrent de suivre des chemins différents. C'est à ce moment précis que la musique devint le refuge

Ed O'Brien

d'O'Brien, un sanctuaire au sein duquel il se réfugia pour échapper aux tumultes de la séparation parentale.

Les mélodies qui ont bercé ses années de croissance étaient celles de groupes post-punk tels que Siouxsie and the Banshees, Adam and the Ants, Depeche Mode, the Police et David Bowie. Pour O'Brien, cette période représentait un éveil musical, une époque où l'art, la créativité et la possibilité d'être artiste ou musicien se révélaient aux esprits curieux. « C'était une [époque] très fœtale pour la musique parce que les gens qui fréquentaient une école d'art, des artistes ou des musiciens pensaient soudain : « Oh, je peux être ça. » » déclara-t-il, évoquant la transformation inspirante de cette époque.

Les destins des membres de Radiohead s'entrelacèrent au sein de l'Abingdon School, une institution indépendante pour garçons située à Abingdon, Oxfordshire. C'est sur les planches de cette école que la musique et le destin se sont conjugués de manière inattendue. Pendant qu'O'Brien endossait le rôle de Lysander dans une représentation scolaire du "Songe d'une nuit d'été", il fit la rencontre de Thom Yorke, le compositeur de la musique de la pièce. Une simple proposition de Yorke, l'invitant à se joindre à une séance musicale improvisée, allait transformer le cours de leur vie.

Pour O'Brien, cette rencontre marqua un point tournant significatif : "Avant ça, [la vie] était un peu confuse, un peu merdique. Et puis tout d'un coup... j'ai ressenti quelque chose de très fort, presque comme une sorte d'épiphanie, presque comme : 'Ça y est.'" C'est ainsi que les liens musicaux se tissèrent, jetant les bases de ce qui allait devenir l'une des formations musicales les plus influentes de leur génération.

Aux côtés du batteur Philip Selway, O'Brien occupait une classe supérieure à celle de Yorke et du bassiste Colin Greenwood, et se trouvait trois années au-dessus du frère de Colin, le guitariste

Ed O'Brien

Jonny Greenwood. En 1985, ces jeunes talents se réunirent pour former le groupe "On a Friday", un nom empreint de leur routine musicale hebdomadaire dans la salle dédiée de leur école. Même pendant les vacances, ils persévérèrent dans leurs répétitions, jonglant avec les exigences universitaires qui commencèrent à façonner leur destin.

O'Brien, en particulier, poursuivit des études en économie à l'Université de Manchester, tout en continuant à tisser les premiers fils de la toile musicale qui allait bientôt captiver le monde. Ces années de formation, d'apprentissage et d'exploration marquèrent le début d'un voyage musical extraordinaire pour les membres d'On a Friday, un prélude à la grandeur qui allait caractériser la carrière de Radiohead.

En l'année 1991, un tournant décisif se dessina pour le groupe On a Friday lorsqu'il parapha un accord d'enregistrement avec EMI, métamorphosant du même coup son identité musicale en Radiohead. Leur ascension fulgurante débuta avec un succès retentissant incarné par leur premier single, "Creep", extrait de l'album inaugural intitulé "Pablo Honey" paru en 1993. Initialement, les trois guitaristes se mêlaient souvent dans l'interprétation de parties instrumentales identiques. Toutefois, cette symétrie évolua significativement avec la création de leur deuxième opus, "The Bends" (1995). Les rôles se diversifièrent alors, Thom Yorke prenant en charge principalement le rythme, Jonny Greenwood assumant le rôle de meneur, tandis qu'Ed O'Brien apportait sa contribution à travers la fourniture d'effets sonores. Un chapitre nouveau s'ouvrait ainsi dans l'histoire musicale captivante de Radiohead.

Le troisième opus de Radiohead, "OK Computer" (1997), s'érigea en véritable phare, propulsant le groupe vers une renommée internationale et s'imposant fréquemment comme l'un des joyaux de la musique de tous les temps. Cet album marqua un tournant

Ed O'Brien

majeur dans le parcours artistique du groupe. Pour Jonny Greenwood, cette étape fut caractérisée par une utilisation plus modérée de la distorsion, privilégiant plutôt l'emploi du retard et d'autres effets, créant ainsi une sonorité axée davantage sur les textures.

La tournée étendue qui suivit la sortie d'OK Computer ne fut pas sans son lot de défis. Ed O'Brien, l'un des membres du groupe, plongea dans une période de dépression. Néanmoins, malgré ses propres tourments, il se consacra pleinement au soutien de Thom Yorke, démontrant ainsi la solidarité qui caractérisait l'unité du groupe.

Après la conclusion de cette tournée éprouvante, O'Brien retourna à Oxford, où il fut confronté à des démons intérieurs plus sombres. Dans cette période post-tournée, il s'adonna à la consommation de grandes quantités de drogues et s'enfonça davantage dans le tourbillon de la dépression. Il confessa plus tard : "J'étais célibataire, tout seul... J'étais au plus bas que je connaisse. C'était aussi l'ironie : vous êtes au sommet, ce vieux cliché." Ainsi, derrière le succès éclatant se dessinait une réalité plus complexe et nuancée, révélant les hauts et les bas d'une vie dédiée à la musique.

Les chapitres successifs de l'odyssée musicale de Radiohead, incarnés par les albums "Kid A" (2000) et "Amnesiac" (2001), tracent une trajectoire audacieuse en opérant un virage radical dans leur sonorité. Ces œuvres novatrices fusionnent avec brio des influences éclectiques telles que la musique électronique, la musique classique, le jazz et le krautrock. Cependant, ce changement de cap ne fut pas sans ses défis, notamment pour Ed O'Brien, le guitariste du groupe.

O'Brien admit initialement éprouver des difficultés face à cette nouvelle direction, exprimant ses appréhensions : "C'est effrayant – tout le monde ne se sent pas en sécurité. Je suis guitariste et tout à coup c'est comme, eh bien, il n'y a pas de guitares sur cette piste, ni de batterie." À ce carrefour créatif, une suggestion providentielle de la part de Michael Brook, le génial créateur de l'Infinite Guitar, fit émerger une solution. O'Brien embrassa l'utilisation d'unités de sustain, permettant de prolonger indéfiniment les notes de guitare. En fusionnant ces dispositifs avec des effets de boucle et de retard, il parvint à créer des sonorités évoquant celles d'un synthétiseur.

Au cours de cette métamorphose sonore, O'Brien documenta scrupuleusement les progrès de Radiohead grâce à un journal en ligne, offrant ainsi un regard intime sur le processus d'enregistrement et la recherche incessante de nouvelles voies artistiques. Ce périple créatif jeta les bases d'un nouveau chapitre dans l'histoire musicale du groupe, où l'expérimentation et l'innovation étaient élevées au rang de véritables credo artistiques.

Au cours des sessions d'enregistrement de "In Rainbows" (2007), Ed O'Brien était habité par une pensée persistante, celle que Radiohead pourrait bien ne jamais entreprendre la réalisation d'un autre album. Cette perspective teintée de doute et d'introspection s'est cristallisée dans ses propres mots plus tard : "L'un de mes mantras tout au long de l'enregistrement était : C'est la dernière fois que je fais ça. Je n'aurai plus jamais l'énergie de refaire ça. Je vais donc y mettre tout ce que je peux."

Cette approche émanait d'une motivation profonde, celle de consolider le statut de Radiohead en tant que grand groupe musical. O'Brien exprima son désir ardent de bâtir sur les fondations des trois albums précédents, à savoir "The Bends", "OK Computer" et "Kid A", qu'il considérait comme des œuvres exceptionnelles. Pour lui, l'enregistrement de "In Rainbows" représentait une opportunité cruciale de transcender ces réalisations passées et de sceller définitivement la réputation de Radiohead en tant que force créative majeure dans le paysage musical. Ainsi, chacune des notes et des harmonies façonnées au cours de cette période témoignait de l'engagement total de Radiohead à repousser les limites et à laisser une empreinte indélébile dans l'histoire de la musique.

En l'an 2011, le succès musical de Radiohead était déjà inscrit dans les annales, avec une impressionnante vente de plus de 30 millions d'albums à travers le monde. Leur impact sur la scène musicale mondiale fut solidifié lorsque, en mars 2019, le groupe fut intronisé au prestigieux Rock and Roll Hall of Fame. À cette cérémonie mémorable, Ed O'Brien et Philip Selway représentèrent dignement le groupe, prenant part à l'intronisation et prononçant des discours chargés d'émotion.

Dans son allocution, O'Brien exprima sa gratitude envers ses compagnons de groupe, saluant leur sens musical et l'amitié qui les liait. Il évoqua avec émotion les nuits passées en studio de répétition, les qualifiant de "moments transcendantaux", soulignant ainsi l'importance de ces instants partagés dans la création musicale. Ces paroles révélaient non seulement la reconnaissance envers les accomplissements passés, mais aussi le lien profond qui unissait les membres de Radiohead au-delà de la musique, créant une toile d'expériences partagées et de connexions artistiques qui transcendaient le simple statut de groupe musical.

Ed O'Brien a tracé son propre chemin musical en lançant sa carrière solo sous le nom d'EOB. Ce parcours a commencé avec la réalisation de démos en collaboration avec le producteur Ian Davenport en 2014, mais c'est entre fin 2017 et début 2019 qu'il plongea pleinement dans l'enregistrement de ses œuvres solo, cette fois-ci avec la collaboration du renommé producteur Flood.

Le dévoilement inaugural de sa carrière solo fut marqué par la sortie de la composition ambiante intitulée « Santa Teresa » le 4

Ed O'Brien

octobre 2019. Cette incursion solo représentait pour O'Brien une expression artistique distincte, un territoire où il pouvait donner libre cours à des idées musicales qui, selon lui, avaient une "énergie distincte" qu'il ne souhaitait pas sacrifier en les intégrant à l'ensemble de Radiohead. Cette démarche solo lui permettait d'explorer des horizons sonores et des thèmes musicaux qui lui étaient personnels, libéré des contraintes potentielles d'une dynamique de groupe. Ainsi, le lancement de sa carrière solo témoignait non seulement de son talent individuel, mais aussi de son désir de voir ses compositions s'épanouir dans un espace artistique authentique et singulier.

Le premier chapitre solo d'Ed O'Brien, baptisé "Earth", a vu le jour le 17 avril 2020 sous l'étendard de Capitol Records, recevant des éloges élogieux de la part des critiques. L'album a réuni un ensemble de talents divers, comprenant le batteur Omar Hakim, les membres d'Invisible Nathan East et Dave Okumu, la chanteuse folk Laura Marling, le guitariste de Portishead Adrian Utley, le batteur de Wilco Glenn Kotche, et le bassiste de Radiohead Colin Greenwood.

La genèse musicale d'"Earth" puise ses racines dans les souvenirs d'Ed O'Brien lors de son séjour au Brésil, une période où il s'immergea dans l'effervescence du Carnaval, qu'il qualifie de "moment eurêka musical". Les fruits de cette inspiration ont donné naissance à des morceaux tels que "Brasil", sorti le 5 décembre 2019, suivi de près par "Shangri-La" le 6 février.

L'aventure solo d'O'Brien a également pris forme sur scène, avec le lancement d'une tournée nord-américaine en février 2020. Malheureusement, une tournée plus vaste a été contrainte d'annulation en raison de la pandémie de COVID-19, illustrant les défis inattendus rencontrés par les artistes à cette époque.

Par ailleurs, Ed O'Brien a apporté sa touche créative à l'univers musical de Paul McCartney en remixant la chanson "Slidin'" pour

Ed O'Brien

l'album de remix "McCartney III Imagined" paru en 2021. Cette contribution témoigne de la collaboration intergénérationnelle et de la diversité musicale qui continue de définir le parcours artistique d'O'Brien.

En l'an 1999, O'Brien laissa son empreinte sur la bande sonore de la série dramatique de la BBC intitulée "Eureka Street". Sa contribution s'étendit également à la guitare au sein de l'album de 2003 de l'Asian Dub Foundation, intitulé "Enemy of the Enemy". Les chemins artistiques d'O'Brien et de Selway croisèrent ceux de Neil Finn dans le cadre du projet intitulé "7 Worlds Collide". Cette collaboration les conduisit à des tournées et des enregistrements mémorables. O'Brien apporta son talent à la guitare et aux chœurs pour l'album live de 2001, ainsi que pour l'album studio de 2009 intitulé "The Sun Came Out".

O'Brien occupe une place de choix parmi les directeurs fondateurs de la Featured Artists Coalition, une organisation à but non lucratif dédiée à la protection des droits des artistes musicaux vedettes, particulièrement à l'ère numérique. Son engagement en faveur de cette cause souligne son souci constant de préserver l'intégrité artistique dans un paysage musical en constante évolution.

En un mémorable épisode diffusé le 16 avril 2011 du programme sportif BBC Radio 5 Live Fighting Talk, O'Brien prit la parole en faveur du Record Shop Day, démontrant ainsi son attachement passionné à soutenir les traditions musicales et les lieux emblématiques qui les abritent. Cette apparition souligne la diversité de ses intérêts, oscillant entre la défense des droits artistiques et la célébration de l'héritage musical tangible.

La collaboration fructueuse entre O'Brien et la prestigieuse marque Fender a abouti à la conception d'un modèle de guitare unique en son genre, baptisé l'EOB Stratocaster. Ce bijou musical

Ed O'Brien

a été lancé sur le marché en novembre 2017, suscitant l'enthousiasme des passionnés de musique et des amateurs de guitare du monde entier.

L'EOB Stratocaster incarne l'essence même du génie créatif d'O'Brien, arborant un chevalet trémolo qui offre une gamme expressive de techniques de jeu. Sa particularité réside également dans la présence d'un micro manche sustainer, ajoutant une dimension sonore distinctive à cet instrument exceptionnel. Cette collaboration entre le musicien talentueux et le fabricant emblématique témoigne de l'engagement mutuel envers l'innovation et la création d'outils musicaux uniques qui repoussent les limites de l'expression artistique.

En l'année 2013, O'Brien a joué un rôle clé en tant que cofondateur du projet novateur baptisé The Laundry. Ce lieu atypique situé à London Fields fusionnait harmonieusement un espace de travail, un restaurant, et une discothèque, transformant ainsi une ancienne blanchisserie en un établissement multifonctionnel dynamique.

Cependant, en 2019, l'annonce du Conseil de Hackney apporta une tournure inattendue à cette aventure. Le bâtiment abritant The Laundry, porteur d'une histoire riche et d'une identité singulière, fut désigné pour être démoli, laissant place à la construction d'appartements de luxe. Cette décision suscita des réflexions sur l'évolution rapide du paysage urbain et le défi constant de concilier la préservation du patrimoine local avec les impératifs du développement urbain moderne.

En 2014, O'Brien et Selway se sont engagés activement dans une cause qui leur tenait à cœur en signant une lettre ouverte contestant l'interdiction des guitares dans les prisons britanniques. Ils soutenaient ardemment que la musique jouait un rôle crucial dans le processus de réhabilitation des détenus.

Ed O'Brien

En 2019, O'Brien a ajouté sa voix au projet RSPB Let Nature Sing, une initiative audacieuse visant à propulser le chant des oiseaux dans les charts britanniques pour sensibiliser au déclin alarmant de l'avifaune britannique.

L'année 2020 a vu O'Brien étendre son influence positive dans le domaine musical. Il a apporté sa contribution à Ear Opener, un cours vidéo en ligne conçu pour guider les jeunes dans l'art de la composition musicale. En novembre de cette même année, il a témoigné lors d'une enquête menée par le comité DCMS sur l'impact du streaming sur l'industrie musicale. O'Brien a pris la parole avec passion, exprimant son désir de représenter les artistes moins en vue qu'il estimait être exploités, dévoilant ainsi un engagement profond envers la justice et l'équité dans le monde de la musique.

O'Brien exprima son rôle au sein de Radiohead en déclarant qu'il était là pour soutenir Thom Yorke et pour « servir les chansons ». Il évoqua son approche du jeu en disant : « J'ai littéralement appris à jouer de mon instrument au sein du groupe, donc mes débuts étaient modestes, et je demeure encore aujourd'hui dans certaines limites. Mais j'ai eu la chance d'évoluer au sein d'un groupe qui n'exigeait pas de virtuosité. » En plus de sa contribution instrumentale, O'Brien prêtait également sa voix aux chœurs, qualifiés en 2006 par Pitchfork de « l'arme secrète la plus cohérente » de Radiohead.

Bien que Jonny Greenwood soit principalement responsable des parties de guitare solo au sein de Radiohead, Ed O'Brien se distingue par la création d'effets ambiants, exploitant largement diverses unités d'effets. Il décrit sa technique en ces termes : « C'est un peu comme si vous créiez une toile. Ce serait en accompagnement de Thom jouant des accords au piano - vous construisez un nuage d'effets derrière. »

Ed O'Brien

O'Brien a l'habitude de jouer sur des Fender Stratocasters, notamment une Eric Clapton Stratocaster. Il explore également d'autres sonorités avec des guitares Gretsch et Rickenbacker, incluant une Rickenbacker à douze cordes. En 2017, il a révélé que parmi ses effets les plus fréquemment utilisés figuraient la distorsion, un délai Electro-Harmonix Memory Man, et un pitch shifter DigiTech Whammy.

Pour produire le son de carillon aigu qui ouvre "Lucky", O'Brien pratique un grattage au-dessus du sillet de sa guitare. Les pops réverbérants à l'introduction de «2 + 2 = 5» sont également de son cru. Sur "Karma Police", il déforme sa guitare en poussant un effet de retard jusqu'à l'auto-oscillation, puis en réduisant le taux de retard, créant ainsi un effet de "fusion".

Le morceau ambiant "Treefingers" prend forme grâce au traitement des boucles de guitare d'O'Brien. Sur "Dollars and Cents", il joue avec une pédale de pitch shifter pour transposer ses accords de guitare du mineur au majeur. Pour "All I Need", il recourt à une unité de sustain et utilise une guitare équipée de quatre cordes de mi inférieures pour obtenir un son plus dense.

L'EBow, un dispositif de sustain électronique, fait partie intégrante de l'arsenal d'O'Brien, employé pour générer des drones et des leads ambiants sur des morceaux tels que "My Iron Lung", "Talk Show Host", "Jigsaw Falling Into Place", "Where I End and You Begin" et "Nude". Les albums "The King of Limbs" et "A Moon Shaped Pool" voient également l'utilisation d'une pédale d'overdrive Klon Centaur par O'Brien.

En 2010, le journaliste de Rolling Stone, David Fricke, a classé Ed O'Brien à la 59e place parmi les plus grands guitaristes de tous les temps. En 2023, Rolling Stone a hissé O'Brien et Jonny Greenwood à la 43e position de cette liste prestigieuse, décrivant O'Brien comme « peut-être le guitariste le plus sous-estimé du rock... ajoutant des textures subtiles qui améliorent chaque

Ed O'Brien

chanson et maintiennent le groupe sur terre avec son ambiance joyeuse et prête à tout. Vous ne pourrez peut-être pas nommer son meilleur solo, mais il est impossible d'imaginer Radiohead sans lui. »

Les premières influences guitaristiques d'Ed O'Brien remontent à Andy Summers de The Police, particulièrement impressionné par l'utilisation des effets de delay et de chorus sur "Walking on the Moon". Parmi ses autres influences figurent Peter Buck de R.E.M., Paul Weller de The Jam, Johnny Marr de The Smiths, John McGeoch de Magazine et Siouxsie and the Banshees, ainsi que The Edge de U2. O'Brien admirait la capacité de ces guitaristes à créer "de l'espace" plutôt qu'à se perdre dans des solos conventionnels. Il expliqua : "C'étaient d'excellents guitaristes, mais ils n'étaient pas les guitaristes principaux... Mes guitaristes préférés savent quand ne pas jouer. Ensuite, vous tirez davantage de chaque note que vous jouez. Faites en sorte que cela compte."

En tant que source d'inspiration, O'Brien a également cité le groupe américain Phish, soulignant : "[Ils] sont comme un groupe de jazz ; ils sont prêts à prendre des risques pour un moment de transcendance musicale. C'est ce que je recherche - je veux exploiter cela."

Ed O'Brien réside entre Londres et le Pays de Galles aux côtés de sa femme, Susan Kobrin, qui a travaillé pour Amnesty International. Le couple a la joie d'élever un fils, né en janvier 2004, et une fille, née en 2006. En dehors de sa vie musicale, O'Brien se passionne pour le cricket et apporte son soutien au Brentford FC.

Vers l'an 2000, O'Brien a fait le choix de mettre fin à sa consommation d'alcool, déclarant que cela avait un impact négatif sur sa vie, et il a commencé à explorer la méditation. En

Ed O'Brien

2011, l'artiste et sa famille ont entrepris une aventure au Brésil, s'installant pendant un an dans une ferme à proximité d'Ubatuba.

En mars 2020, Ed O'Brien a partagé publiquement qu'il avait contracté le COVID-19, se remettant ensuite en isolement pour récupérer. Ce moment a mis en lumière l'impact global de la pandémie sur la vie quotidienne, même celle des artistes renommés.

Philip Selway

Dans l'ombre des projecteurs, le musicien britannique Philip James Selway, né le 23 mai 1967, émerge comme une figure emblématique du monde de la musique. En tant que batteur talentueux, il occupe une place centrale au sein du groupe de rock renommé, Radiohead. Leurs mélodies captivantes et leurs paroles poétiques ont transcendé les frontières musicales, captivant l'audience mondiale.

Le couronnement de la carrière de Selway s'est concrétisé en 2019 lorsqu'il a été intronisé au prestigieux Rock and Roll Hall of Fame en tant que membre éminent de Radiohead. Cette reconnaissance officielle a solidifié sa contribution exceptionnelle à l'évolution du paysage musical contemporain.

Derrière le rythme envoûtant de ses percussions, Selway incarne l'âme créative d'un groupe qui a redéfini les normes de l'industrie musicale. Son voyage musical, façonné par des décennies d'exploration artistique, continue d'inspirer les générations à venir. Philip James Selway, bien plus qu'un simple batteur, demeure une icône musicale incontournable.

Loin des feux de la rampe de Radiohead, Philip James Selway a élargi son horizon artistique en lançant son premier album solo, "Familial", en 2010. Ce premier opus a été acclamé pour son exploration audacieuse de nouveaux territoires sonores, offrant un aperçu intime de la créativité sans bornes du musicien britannique.

Son deuxième chef-d'œuvre, "Weatherhouse", sorti en 2014, a confirmé la profondeur de son talent musical, plongeant les auditeurs dans des paysages sonores riches et évocateurs. Poursuivant cette quête artistique, Selway a dévoilé "Strange

Philip Selway

Dance" en 2023, un album qui témoigne de sa capacité continue à repousser les frontières de l'expression musicale.

En dehors de ses exploits en solo, Selway a prêté sa virtuosité à l'univers cinématographique en composant la bande originale du film "Let Me Go" en 2017, démontrant ainsi sa polyvalence créative. Plus récemment, en 2023, il a enrichi son parcours en tant que batteur aux côtés du groupe prometteur "Lanterns on the Lake", ajoutant ainsi une nouvelle dimension à son héritage musical déjà exceptionnel. À travers ces projets divers, Philip James Selway continue de tracer sa propre voie, laissant une empreinte indélébile dans le monde de la musique.

Dans la paisible bourgade d'Abingdon, nichée dans le Berkshire, naquit Selway le 23 mai 1967. Dès ses quinze printemps, il amorça son voyage musical, apprenant les arcanes de la batterie et de la guitare. Ce n'était pas tant pour la quête du prestige social que pour l'amour profond de la musique. Les premières mélodies qui tissèrent les contours de son inspiration furent tissées par Joy Division, les Clash et le Velvet Underground. Ainsi débuta l'odyssée musicale de Selway, sur les notes vibrantes de sa jeunesse, façonnant son destin au gré des accords et des rythmes qui résonnaient dans son cœur.

Au sein des murs austères de l'Abingdon School, une école privée réservée aux garçons, le destin des membres de Radiohead se tissa. Selway et le guitariste Ed O'Brien se trouvaient une année au-dessus du chanteur Thom Yorke et du bassiste Colin Greenwood, tandis que le multi-instrumentiste Jonny Greenwood, frère de Colin, arpentait les couloirs trois années plus jeune. L'année 1985 marqua l'éclosion d'une harmonie naissante : ils donnèrent forme à leur passion commune en créant le groupe "On a Friday", un nom empreint de la routine de leurs répétitions hebdomadaires dans la salle de musique de l'école. Ainsi, les fondations de l'histoire musicale de Radiohead se

Philip Selway

posèrent sur les notes fugitives d'une jeunesse partagée, forgeant des liens indissolubles dans les couloirs de l'éducation et les corridors de la créativité.

Après son passage à Abingdon, Selway s'engagea dans l'étude de l'anglais et de l'histoire à l'école polytechnique de Liverpool. Au-delà des salles de classe, sa trajectoire prit des chemins divers et captivants. Il se découvrit une passion pour l'enseignement de l'anglais en tant que langue étrangère (TEFL), partageant son savoir avec ceux qui, comme lui autrefois, cherchaient à maîtriser les subtilités de cette langue.

En parallèle, Selway endossa le rôle de rédacteur en chef, maniant les mots avec la même précision que ses baguettes sur une batterie. Cependant, la musique continuait de résonner profondément en lui, et il devint le batteur itinérant au sein de groupes de tournée dédiés aux comédies musicales. Ainsi, entre les pages des manuels d'histoire et les feuillets d'articles rédigés, entre les salles de classe et les coulisses des théâtres, Selway tissa une trame singulière qui mêlait harmonieusement sa passion pour l'éducation, l'écriture et la musique.

En l'an de grâce 1991, un pacte musical fut scellé entre les membres d'On a Friday et la puissante maison de disques EMI. Tel un acte de renaissance, leur identité se mua en Radiohead. Les astres alignés, la roue du destin les propulsa vers les cimes du succès dès 1992 avec leur ballade ensorcelante "Creep".

Mais ce n'était là qu'un prélude, une ébauche de leur épopée musicale. Leur troisième opus, l'opus magnum, baptisé "OK Computer" en l'an 1997, devait être l'étoile filante qui illuminerait leur destin. Acclamé par les mélomanes de tous horizons, il tissa les fils de leur renommée internationale et s'inscrit désormais dans les annales comme l'un des joyaux incontestés de l'histoire

Philip Selway

musicale, un album vénéré à travers les âges comme l'un des plus grands de tous les temps.

Avec l'avènement de leur quatrième opus, "Kid A" en l'an 2000, Radiohead amorça une métamorphose musicale en intégrant subtilement des boîtes à rythmes et des percussions électroniques dans leur univers sonore. Une révolution sonique qui, selon Selway, le batteur émérite, devint le catalyseur d'une nouvelle ère artistique. Ces ajouts novateurs non seulement élargirent son champ d'expression en tant que percussionniste, mais ils ouvrirent également des horizons créatifs insoupçonnés.

Selway, décrivant avec éloquence le processus d'arrangement des morceaux électroniques tels que "The Gloaming" ou "Idioteque" en vue de performances live, confia : "Tenter de transmettre cette essence électronique dans la pièce, mais en le façonnant à travers votre jeu d'instrument 'classique' - cela forge naturellement votre propre voix musicale... Interpréter ces pièces en direct a indubitablement marqué ma sonorité et ma manière d'approcher les parties de batterie." Ainsi, l'expérimentation électronique de Radiohead non seulement redéfinissait leur son, mais sculptait également la voie artistique individuelle de chaque membre, transformant leur musique en une fusion éblouissante du tangible et du numérique.

Depuis l'aube de l'année 2011, une nouvelle harmonie rythmique s'est inscrite dans la symphonie de Radiohead avec l'ajout d'un deuxième batteur, Clive Deamer. Évoquant leur collaboration pendant la tournée "King of Limbs" en 2012, Selway décrivit l'expérience avec des mots empreints de fascination : "L'un [d'entre nous] suivait une approche traditionnelle, pendant que l'autre imitait presque une boîte à rythmes. C'était un jeu de forces, comme des enfants qui jouent, une dynamique réellement captivante."

Philip Selway

L'union des deux batteurs, combinant le traditionnel et l'électronique, créa une alchimie sonore unique qui enrichit l'expérience musicale de Radiohead. Selway, en tant que membre essentiel de cette dualité rythmique, apporta également sa magie à d'autres horizons musicaux. Il participa à la batterie du morceau "Impossible Knots" du troisième opus solo de Thom Yorke, intitulé "Anima" et paru en 2019.

Cependant, la route musicale de Selway fut entrecoupée par une tragédie lorsque, en 2012, la scène de Radiohead s'effondra, emportant avec elle le technicien de batterie Scott Johnson. En 2019, Selway témoigna lors d'une enquête sur cet événement dévastateur, offrant son récit sur la perte d'un camarade de musique et les conséquences déchirantes de cette tragédie. Un chapitre sombre dans l'histoire de Radiohead qui souligne les risques souvent méconnus du monde de la musique live.

En l'année 2011, les ventes d'albums de Radiohead avaient déjà dépassé la barre impressionnante des 30 millions à travers le globe. Leur impact musical indélébile fut finalement consacré en mars 2019 lorsqu'ils furent intronisés au prestigieux Rock and Roll Hall of Fame.

Lors de la cérémonie d'intronisation, Selway, le batteur au cœur battant de la formation, partagea des réflexions empreintes de modestie et de fierté. Dans un discours mémorable, il confia : "Nous ne prétendons peut-être pas être les maîtres incontestés de la scène musicale actuelle, et certainement pas les plus omniprésents dans les feux de la rampe. Cependant, nous sommes devenus maîtres dans l'art d'être Radiohead. Et quand cette connexion se forme avec le public, c'est tout simplement extraordinaire." Un humble hommage à la puissance transcendante de leur musique, qui, au-delà des records de vente, a su créer des liens émotionnels puissants avec un public mondial.

Philip Selway

En l'an 2008, le prestigieux magazine Mojo consacra Phil Selway et Colin Greenwood comme étant « indubitablement la section rythmique la plus inventive évoluant aux abords du courant dominant du rock ». Cet éloge résonnait avec la reconnaissance croissante de leur contribution singulière à la scène musicale.

La même année, le site Gigwise accorda à Phil Selway la distinction de la 26e place parmi les plus grands batteurs de tous les temps. Sa technique d'une « précision mathématique » fut saluée, témoignant de sa maîtrise exceptionnelle de l'art rythmique. Cette reconnaissance, décernée par ses pairs et les critiques musicaux, positionna Selway comme un maestro des percussions, apportant une dimension unique et calculée à l'ensemble musical de Radiohead.

Dans les premières lueurs de son adolescence, Selway se laissait emporter par l'écriture de chansons, une passion qu'il avait cultivée avec ferveur. Cependant, le destin l'orienta vers la batterie après la formation de Radiohead, une période où il se consacra intensément à son art rythmique. Les années passèrent, laissant derrière elles une empreinte musicale indélébile, mais en dépit du succès avec le groupe, une étincelle créative brûlait toujours en lui.

Un jour, alors que la vie avait mûri ses perspectives, Selway ressentit le besoin irrésistible de renouer avec l'écriture, de donner vie à des mélodies qui semblaient porter l'essence même de son être. C'était une décision audacieuse, une renaissance artistique, et il choisit de s'aventurer en solitaire dans le monde de l'enregistrement. Il était convaincu que ces nouvelles créations détenaient un caractère singulier, une musicalité qui ne pouvait être pleinement exprimée au sein de Radiohead. Ainsi, dans le silence de son studio, Selway donna naissance à une œuvre personnelle, une symphonie de son âme qui défiait les limites imposées par le collectif, déployant ses ailes créatives avec une intensité renouvelée.

Philip Selway

Le 30 août 2010 marqua la naissance officielle du tout premier opus solo de Selway, intitulé "Familial". Dans cet album, Selway se dévoile avec une guitare acoustique en main et sa voix résonnant avec une sincérité captivante. L'œuvre ne se contente pas de refléter la singularité de Selway, mais elle accueille également la contribution artistique émérite de membres de Wilco tels que Glenn Kotche et Pat Sansone, ainsi que celle d'artistes de renom de 7 Worlds Collide, à savoir Lisa Germano et Sebastian Steinberg.

Les mélodies tissées dans "Familial" ont été saluées par Pitchfork comme une collection de chansons folkloriques à l'atmosphère feutrée, s'inscrivant dans la lignée artistique de légendes telles que Nick Drake. L'album a ainsi révélé une facette intime de Selway, loin des frontières sonores tracées par Radiohead.

Fort du succès de "Familial", Selway s'est lancé dans une tournée solo en 2011, emmenant ses chansons dans des lieux empreints d'une atmosphère plus personnelle, permettant à son public de plonger profondément dans l'univers musical qui avait pris racine dans son âme créative.

Le 6 octobre 2014, Selway dévoila son deuxième album solo, "Weatherhouse". Ce nouvel opus marquait une évolution artistique, embrassant une instrumentation plus ambitieuse et intégrant des éléments électroniques. L'album offrait ainsi une exploration sonore audacieuse, élargissant les horizons de l'expression musicale de Selway.

En 2017, l'artiste talentueux se lança dans une nouvelle aventure en composant la musique du long métrage "Let Me Go", réalisé par Polly Steele. Cette incursion dans le monde cinématographique témoignait de la polyvalence et de l'étendue de son talent créatif.

Philip Selway

Puis, le 24 février 2023, Selway dévoila son troisième album solo, "Strange Dance". Une décision notable marqua la conception de cet album, car Selway, maître de la batterie, décida de ne pas exercer ses talents percussifs. Il considéra qu'il n'était pas dans le bon état d'esprit et qu'il lui manquait la pratique nécessaire. À la place, il fit appel à la batteuse italienne Valentina Magaletti pour apporter une rythmique nouvelle et captivante à l'ensemble.

Pour célébrer cette nouvelle sortie, Selway se lança dans une tournée européenne en cette année mémorable, transportant son public dans les méandres envoûtants de "Strange Dance". Cette tournée promettait d'être une expérience immersive, révélant la profondeur et la richesse de l'exploration musicale de Selway.

L'empreinte musicale de Selway s'est étendue au-delà de ses propres créations avec sa contribution remarquée à l'album hommage "The Endless Colored Ways – The Songs of Nick Drake". Le 7 juillet 2023 marqua la sortie de cet hommage émouvant à Nick Drake, où Selway offrit sa propre interprétation de "Fly". Cet album réunissait divers artistes qui, à travers leur art, rendaient hommage à la sensibilité intemporelle de Nick Drake.

En septembre de la même année, Selway dévoila avec enthousiasme un nouvel opus, mais cette fois-ci sous la forme d'un album live intitulé "Live at Studios Évolution". Enregistré aux Evolution Studios à Oxford, cet album captura l'énergie et l'émotion de performances en direct, mettant en lumière des morceaux de son récent "Strange Dance" ainsi que d'autres œuvres marquantes de sa carrière. Pour enrichir davantage cette expérience musicale, Selway s'entoura du quatuor à cordes Elysian Collective et du percussionniste Chris Vatalaro, créant ainsi une symbiose artistique unique.

La sortie officielle de "Live at Studios Évolution" était attendue avec impatience et était programmée pour le 8 décembre 2023,

Philip Selway

promettant de transporter les auditeurs dans un voyage captivant au cœur de l'expression musicale spontanée et vibrante de Selway.

Selway, un homme dévoué à la cause caritative de soutien émotionnel Samaritans, avait embrassé cette mission alors qu'il était encore étudiant à l'université. Ses débuts en tant qu'auditeur téléphonique volontaire remontaient à des années, une période qui coïncidait avec l'apogée du succès de Radiohead. Il confiait souvent que cette expérience avait été cruciale pour préserver sa santé mentale au cours de cette période tumultueuse de sa vie.

Au-delà de son engagement envers Samaritans, Selway assumait également le rôle d'ambassadeur pour l'Independent Venue Week, une initiative dédiée à la promotion des petites salles de concert. Sa passion pour la musique et son impact sur la communauté étaient évidentes dans son soutien public à diverses causes.

En 2014, Selway et O'Brien, son complice musical, apposèrent leur signature sur une lettre ouverte protestant vigoureusement contre l'interdiction des guitares dans les prisons britanniques. Ils arguèrent que la musique jouait un rôle crucial dans le processus de réhabilitation, une conviction qui résonnait profondément en eux. À travers leurs actions, ces artistes emblématiques cherchaient à faire entendre leur voix pour défendre la valeur thérapeutique et transformante de la musique, même dans les endroits les plus inattendus.

En mars 2005, Selway prit part à une collaboration musicale mémorable en rejoignant le groupe Dive Dive sur scène. Cet événement marqua un moment singulier dans son parcours artistique, offrant une parenthèse différente au sein de sa carrière musicale.

Philip Selway

Cependant, un tournant tout à fait magique survint pour Selway cette même année, lorsque le monde le découvrit dans un rôle tout à fait inhabituel. Pour le film "Harry Potter et la Coupe de Feu" sorti en 2005, Selway fit une apparition remarquée au sein du groupe de rock sorcier "Weird Sisters". Ce groupe éphémère réunissait des talents exceptionnels, dont le guitariste de Radiohead Jonny Greenwood, Jarvis Cocker et Steve Mackey de Pulp, Steven Claydon de Add N to (X), ainsi que Jason Buckle de All Seeing I. Cette collaboration unique transcenda les frontières entre la magie cinématographique et la musique, laissant une empreinte mémorable dans l'univers de la culture populaire. Selway, en tant que membre des Weird Sisters, apporta sa touche distinctive à cet ensemble exceptionnel, ajoutant une dimension musicale envoûtante à l'univers déjà magique de Harry Potter.

Selway s'est aventuré au-delà des frontières de son univers musical habituel en collaborant avec Neil Finn au sein du projet "7 Worlds Collide". Son implication dans ce projet fut marquée par des performances tant sur scène qu'en studio, ajoutant sa touche distinctive à l'exploration musicale commune.

En 2001, Selway fit résonner sa virtuosité à la batterie lors de l'enregistrement de l'album live du projet. Son jeu rythmique apporta une dimension unique aux morceaux interprétés lors de ces sessions captivantes.

La collaboration entre Selway et Neil Finn prit une nouvelle envergure en 2009 avec la sortie de l'album studio intitulé "The Sun Came Out". Cette fois-ci, Selway ne se contenta pas de manier les baguettes, mais il se déploya également en tant que guitariste et chanteur, offrant ainsi une palette polyvalente à l'enregistrement. De plus, son talent s'étendit jusqu'à la composition, avec la contribution de deux morceaux qu'il écrivit pour cet album, ajoutant une dimension personnelle à cette collaboration artistique fructueuse. Cette expérience démontra une fois de plus la capacité de Selway à s'immerger dans des

Philip Selway

projets variés, enrichissant ainsi le paysage musical avec sa créativité multiforme.

Selway avait intégré le groupe en tant que batteur, mais sous l'impulsion bienveillante de Finn, il avait été incité à apporter ses propres créations. Ce disque marquait ainsi les débuts de Selway en tant que parolier et chanteur.

Selway fait une apparition remarquée sur les morceaux "Rest on the Rock" et "Out of Light" de l'album "Before the Ruin" de Roddy Woomble, en collaboration avec Kris Drever et John McCusker. Sa présence est également marquante sur le cinquième opus de Lanterns on the Lake, "Versions of Us" (2023), où il a brillamment joué de la batterie et des percussions.

Selway partage avec sa femme Cait une famille composée de trois fils et d'une fille. La vie de Selway a été marquée par des moments de joie et de deuil. En mai 2006, sa mère, Thea, est décédée, entraînant l'annulation d'un concert de Radiohead à Amsterdam afin que Selway puisse honorer ses responsabilités familiales. Par la suite, en août, le groupe est retourné à Amsterdam pour offrir le spectacle qui avait été reporté. L'album "In Rainbows" de Radiohead, sorti en 2007, a été dédié à la mémoire de Thea Selway.

En février 2023, Selway avait récemment élu domicile à Londres, marquant ainsi une nouvelle étape dans sa vie.

Leurs Albums Studio

Pablo Honey – 1993

Dans les méandres du temps, au crépuscule de l'hiver de l'année 1993, émergeait des notes envoûtantes qui allaient bercer les âmes avides de nouvelles mélodies. C'est ainsi que naquit "Pablo Honey", le premier opus studio du groupe de rock anglais, Radiohead. Tel un oracle musical, il fit son entrée dans le royaume britannique le 22 février sous la bienveillance de Parlophone, puis traversa l'Atlantique pour éblouir les terres américaines le 20 avril, porté par les ailes de Capitol Records.

Les architectes de cette symphonie moderne furent les maîtres artisans Sean Slade, Paul Q. Kolderie, et le co-gestionnaire éclairé de Radiohead, Chris Hufford. Ensemble, ils tissèrent une toile sonore captivante, élevant les accords et les harmonies au-delà des frontières musicales conventionnelles. Ainsi, dans la pénombre des studios, naquit un album qui allait résonner à travers les époques, capturant l'essence même de l'expression artistique de Radiohead.

Aux confins de l'Abingdon School, nichée dans les brumes de l'Oxfordshire, une rencontre fortuite entre des esprits créatifs a donné naissance à l'entité sonore connue sous le nom de Radiohead. L'année 1991 marqua le pacte scellé avec EMI, une alliance qui allait sculter l'avenir musical du groupe.

Les premiers échos, émanant de l'EP "Drill" en 1992, ne suscitèrent que des murmures dans l'écho musical. Cependant, tel un récit en quête de son climax, les protagonistes décidèrent de tracer leur destin outre-Atlantique. Les producteurs américains furent convoqués, et les rêves musicaux de Radiohead prirent une tangente vers les horizons prometteurs du marché américain.

Pablo Honey – 1993

Leur premier né, "Pablo Honey", fut façonné dans l'antre des Chipping Norton Recording Studios, durant trois semaines fébriles de septembre à novembre 1992. Cependant, les murs du studio devinrent les témoins silencieux des tribulations de novices, car l'inexpérience de Radiohead en matière d'enregistrement constituait un défi à surmonter. Les défis devinrent des épreuves, mais dans l'épreuve émergea un album qui allait briser les chaînes de l'inconnu, propulsant Radiohead sur la scène mondiale de la musique.

Les mélodies initiales des singles tels que "Creep", "Anyone Can Play Guitar" et "Stop Whispering" ont d'abord caressé l'air avec timidité, ne suscitant guère plus qu'un murmure dans le vaste paysage musical. Cependant, telle une graine dormant dans l'ombre, "Creep" a commencé à germer, s'élevant lentement pour conquérir les ondes internationales. Après sa résurrection en 1993, il s'éleva avec une force irrésistible jusqu'à la septième place du UK Singles Chart.

Armés de cette nouvelle arme musicale, Radiohead se lança dans une offensive promotionnelle sans merci aux États-Unis, partageant la scène avec Belly et PJ Harvey. Leur épopée ne s'arrêta pas là, car une tournée européenne vit le jour, portée par les accords envoûtants de "Creep" et soutenant le groupe James.

En ce mois de mai 1995, un fragment capturé de leur voyage musical prit forme sous la silhouette d'une vidéo live, "Live at the Astoria (1995)", gravée sur la toile de la VHS. Ce fut une invitation à vivre et revivre l'expérience musicale qui avait transcendé les frontières du temps et de l'espace, capturant l'essence brute et envoûtante de Radiohead sur scène.

Sur l'échiquier musical britannique, l'album inaugural, "Pablo Honey", gravit les échelons du UK Albums Chart pour s'établir fièrement à la 22e place. Cependant, son histoire ne se résume pas

Pablo Honey – 1993

à des positions dans un classement, mais plutôt à une évolution au fil du temps.

Au Royaume-Uni, le disque fut auréolé de l'or en 1994, avant de se parer d'une triple couronne de platine en 2013, témoignant ainsi de sa longévité et de son impact durable. Outre-Atlantique, il fut honoré du sceau de platine dès 1995, signe que la musique de Radiohead avait traversé les océans pour conquérir de nouveaux horizons.

Les critiques, bien que généralement favorables, tressaillirent parfois devant une œuvre jugée sous-développée ou dérivée. Une étoile naissante qui n'éclipsa pas immédiatement ses pairs, mais qui, avec le recul, a trouvé sa place parmi les joyaux musicaux. Les membres mêmes de Radiohead, regardant en arrière, n'ont pas hésité à pointer du doigt une composition de chansons parfois chancelante et leur propre inexpérience en studio.

Malgré ces échos mitigés, "Creep" persiste comme le phare lumineux de cette ère, demeurant le single le plus réussi de Radiohead, une mélodie qui a traversé les années, affirmant sa place dans les annales de la musique. Ainsi, "Pablo Honey" reste un chapitre inaugural dans le récit épique de Radiohead, un préambule à une saga musicale qui allait se déployer avec une ampleur et une complexité grandissantes.

À l'époque où les membres de Radiohead se sont croisés dans les couloirs de l'école Abingdon à Abingdon, Oxfordshire, en 1985, ils ont tissé les premiers fils de leur destin musical. Unis par une passion commune, ils ont donné naissance à un groupe baptisé On a Friday, un nom évoquant leur journée de répétition habituelle dans la salle de musique de l'école.

Les prémices de leur aventure artistique ont été capturées sur des cassettes de démonstration, dont l'emblématique "Manic

Pablo Honey - 1993

Hedgehog". Ces enregistrements précurseurs dévoilaient déjà des ébauches des futurs morceaux qui orneraient plus tard l'album "Pablo Honey", dont les titres prometteurs tels que "You", "I Can't" et "Thinking About You". Ces bandes modestes résonnaient des premiers accords d'une symphonie musicale qui allait bientôt conquérir les scènes mondiales.

La démo a captivé l'oreille avertie de Chris Hufford, producteur local dont l'enthousiasme a été tel qu'il a décidé de s'associer à Bryce Edge pour devenir les managers du groupe. Cette décision a été scellée après qu'ils aient assisté à un concert mémorable à la Jericho Tavern, à Oxford, où la magie de la musique de On a Friday a éclaté sur scène.

À la fin de 1991, un nouveau chapitre s'est ouvert pour le groupe lorsqu'ils ont paraphé un contrat d'enregistrement de six albums avec EMI. Cependant, une condition incontournable accompagnait cette union musicale : le changement de nom, dicté par la volonté d'EMI. Ainsi, On a Friday est devenu Radiohead, un nom inspiré de la chanson "Radio Head" des Talking Heads, extraite de l'album "True Stories" sorti en 1986. Ce choix délibéré a insufflé une nouvelle identité au groupe, scellant leur destin musical dans les annales de l'histoire de la musique.

En 1992, Radiohead a dévoilé son premier EP, "Drill", une œuvre façonnée dans les confins du Courtyard Studios d'Hufford, situé dans l'Oxfordshire. Cependant, malgré la passion investie dans cet enregistrement, il a atteint la position modeste de 101 sur le UK Singles Chart. Le Guardian, rétrospectivement, l'a qualifié de "début peu propice", soulignant le manque d'attention qu'il a suscité.

Chris Hufford lui-même a reconnu que produire l'EP avait été une erreur, générant des conflits d'intérêts et des tensions au sein du studio. Conscient de cette dynamique, Hufford et son partenaire Bryce Edge ont pris la décision stratégique de

Pablo Honey – 1993

rechercher des producteurs différents pour les futurs enregistrements de Radiohead.

À une époque où les labels indépendants dominaient les classements au Royaume-Uni et où EMI se tenait en tant que label majeur, Hufford et Edge avaient une vision audacieuse. Ils envisageaient que Radiohead, sous la houlette de producteurs américains, entreprenne des tournées agressives aux États-Unis avant de revenir pour conquérir un public au Royaume-Uni. Cette stratégie ambitieuse reflétait la détermination du groupe à tracer sa propre voie dans l'industrie musicale.

À ce moment-là, les producteurs américains Paul Kolderie et Sean Slade, réputés pour leur travail avec des groupes tels que les Pixies et Dinosaur Jr., étaient en quête de nouveaux projets au Royaume-Uni. Nick Gatfield, directeur d'EMI A&R, leur a présenté une sélection d'artistes à considérer. C'est lors de cette rencontre que la destinée de Radiohead a pris une nouvelle tournure.

Gatfield leur a fait écouter "Stop Whispering", et séduits par ce qu'ils ont entendu, Kolderie et Slade ont accepté de prendre les rênes de la production pour Radiohead. Bien que le nom de Steve Albini, un autre producteur renommé ayant travaillé avec les Pixies, ait également été évoqué, EMI a jugé cela trop risqué. Albini n'avait pas encore collaboré avec des groupes majeurs tels que Nirvana à l'époque.

Paul Kolderie, impressionné non seulement par Radiohead mais aussi par Chris Hufford et Bryce Edge, les managers du groupe, les a qualifiés de « mères rusées… Je ne pense pas avoir jamais rencontré deux gars qui avaient plus d'un plan ». Cette collaboration marquante allait jouer un rôle crucial dans l'évolution sonore et artistique de Radiohead.

Pablo Honey – 1993

Dans les studios de Chipping Norton, Oxfordshire, résonnaient les premières notes de l'aventure musicale de Radiohead avec leur album inaugural, "Pablo Honey". Une tentative initiale d'enregistrer deux morceaux, "Inside My Head" et "Lurgee", pressentis par EMI pour être le premier single du groupe, fut cependant un exercice laborieux. Les membres de Radiohead, selon Kolderie, étaient décrits comme "désespérément inexpérimentés", et les producteurs n'adhéraient guère au choix des chansons.

"Inside My Head" fut jugée par Kolderie comme dépourvue de la mélodie caractéristique et de la puissance qui définiraient les autres œuvres de Radiohead. Les résultats de ces premières sessions furent décrits par Hufford comme un "rock explosif exagéré". C'était le point de départ, la genèse d'un groupe qui, malgré ses débuts difficiles, allait rapidement se révéler comme l'une des forces les plus influentes et innovantes de la scène musicale contemporaine.

Au cours des répétitions, un moment inattendu a changé le destin de Radiohead : l'interprétation impromptue de "Creep". Initialement considéré comme un morceau éphémère par le groupe lui-même, il a cependant captivé les producteurs présents. Sous la suggestion de Kolderie, une prise a été enregistrée, déclenchant un tonnerre d'applaudissements dans le studio. Cette performance a convaincu EMI de hisser "Creep" au rang de premier single de Radiohead.

L'enthousiasme débordant chez EMI a conduit à l'embauche immédiate de Kolderie et Slade pour la production de l'album. "Tous ceux [chez EMI] qui ont entendu Creep ont commencé à devenir fous", raconte Kolderie. Les racines de "Creep" plongent dans la chanson de 1972, "The Air That I Breathe", et bien que des litiges aient émergé de la part de Rondor Music, les auteurs-compositeurs, Albert Hammond et Mike Hazelwood, ont finalement reçu des redevances partagées et des crédits d'écriture.

Pablo Honey – 1993

C'était ainsi que "Creep" a émergé des marges pour devenir le catalyseur du succès fulgurant de Radiohead.

En l'espace de trois semaines intenses, l'album "Pablo Honey" a pris forme. Pour Kolderie, ce fut un véritable combat, une lutte pour concrétiser les aspirations du groupe qui, dans leur quête, aspiraient à atteindre les sommets des Beatles. L'ambition était palpable : pas de réverbération dans le mix, toutes les idées accumulées au cours de deux décennies d'écoute assidue de disques devaient être capturées.

Kolderie, observant l'inexpérience de Radiohead en studio et la complexité de finaliser les morceaux, a néanmoins souligné son appréciation pour le travail accompli. Il a décrit l'expérience comme étant marquée par l'essence d'un petit groupe et une atmosphère teintée de plaisanterie, ce qui a ajouté une dimension humaine à un processus souvent rigoureux. Ainsi, au cœur de cette lutte artistique, "Pablo Honey" a émergé, portant les empreintes de l'audace et de la détermination qui caractériseraient par la suite la trajectoire de Radiohead.

Lors de l'introduction de "Anyone Can Play Guitar", Kolderie a orchestré une expérience sonore unique en demandant à tous présents dans le studio, y compris le cuisinier, de contribuer à la création de sons de guitare. L'idée sous-jacente était de correspondre au titre de la chanson : "Tout le monde peut jouer de la guitare", expliqua-t-il. Jonny Greenwood, le guitariste du groupe, adopta une approche particulièrement originale en utilisant un pinceau pour créer sa propre contribution sonore.

Cependant, l'enthousiasme pour l'enregistrement ne garantissait pas toujours la satisfaction. Radiohead, insatisfait de la version de "Lurgee" enregistrée avec Kolderie et Slade, a préféré utiliser une version antérieure capturée au Courtyard avec Hufford pour l'inclure dans l'album. Kolderie a souligné que "Pablo Honey" n'était en rien une réalisation bon marché, estimant que les coûts

Pablo Honey – 1993

d'enregistrement avaient dépassé les 100 000 £. Ainsi, au-delà des défis et des ajustements, l'album a pris forme, reflétant le mariage complexe entre la créativité audacieuse de Radiohead et les défis financiers inhérents à la production musicale de haute qualité.

Au cœur de "Pablo Honey", les critiques ont décelé une mosaïque sonore embrassant le grunge, le rock alternatif, le stade rock, le rock progressif, le rock universitaire, le post-grunge, et même des nuances de jangle-pop. L'album a engendré des parallèles avec des icônes telles que Nirvana, Dinosaur Jr., Sugar, les Smiths, The Cure, et même les légendaires The Who.

Stephen Thomas Erlewine d'AllMusic a peint "Pablo Honey" comme une fusion du rock anthémique caractéristique de U2, agrémenté de passages instrumentaux envoûtants. La journaliste d'Salon, Annie Zaleski, a décrit l'album comme porteur de "lignes de guitare floues par distorsion, tordues comme un cerf-volant dans le vent". Gary Walker, rédacteur pour Guitar.com, l'a qualifié de "totalement naïf et sans contrainte" par rapport aux œuvres ultérieures plus complexes de Radiohead. Il a souligné la capture de la "dynamique embryonnaire entre les trois guitaristes du groupe" et a dépeint le jeu de guitare de Greenwood comme un "mélange exaltant de paysages sonores sélectionnés par un trémolo, d'octaves volumineuses, de courses hurlantes dans le registre aigu et de pitreries de killswitch".

O'Brien, quant à lui, a décrit l'album comme étant "hédoniste", une bande-son parfaite pour une soirée de samedi dans une voiture décapotable en route vers une fête. Zaleski a souligné que les paroles de "Pablo Honey" exprimaient la colère envers le statu quo, le sentiment d'étrangeté, et une inquiétude palpable pour l'avenir.

"Creep" se distingue par son contraste saisissant entre un couplet feutré et un refrain puissant, accentué par les "explosions" de

Pablo Honey – 1993

guitare de Jonny Greenwood. Thom Yorke la qualifie de "chanson d'autodestruction". Les paroles de "Creep" narrent l'histoire d'une femme que Yorke suivait, et qui s'est retrouvée de manière inattendue à assister à une représentation de Radiohead.

"Stop Whispering" explore les thèmes de l'oppression et de la frustration, laissant transparaître une tension non résolue. Yorke a intégré la phrase "Faites pousser mes cheveux, je veux être Jim Morrison" de "Anyone Can Play Guitar" en réaction à l'idée répandue dans l'industrie musicale selon laquelle certains pensent qu'ils doivent adopter un comportement extravagant pour accéder à la légende.

Selon l'analyse d'Annie Zaleski, "Ripcord" aborde l'expérience de se précipiter vers l'inconnu, tandis que "Lurgee" s'achève par un solo sinueux. "Blow Out" démarre avec une batterie tendue et jazzy, des accords soigneusement ratés et culmine dans une section shoegaze à la conclusion. Chaque morceau de l'album offre une exploration distinctive des thèmes complexes et des nuances émotionnelles explorés par Radiohead à cette époque.

Le titre de l'album, "Pablo Honey", trouve son origine dans un sketch des Jerky Boys où l'appelant se fait passer pour la mère de la victime, implorant : "Pablo, chérie ? S'il te plaît, viens en Floride." Thom Yorke a expliqué que ce choix était approprié car le groupe était constitué de "garçons à mères". Un extrait de ce sketch est d'ailleurs intégré pendant le solo de guitare de "How Do You". Cette anecdote ajoute une touche d'humour et de singularité à l'identité de l'album, reflétant l'esprit et l'humour particulier qui étaient présents dans la créativité de Radiohead à cette époque.

"Creep" émergea telle une première éclatante de l'album Pablo Honey le 21 septembre 1992. Initialement diffusé de manière modeste, le single trouva écho auprès d'environ 6 000 auditeurs, grimpant timidement jusqu'à la 78e place du UK Singles Chart.

Pablo Honey – 1993

Les espoirs furent tempérés par la sortie des singles de 1993, "Anyone Can Play Guitar" et "Stop Whispering", ainsi que par l'inclusion d'un single hors album, "Pop Is Dead", qui se soldèrent par des échecs.

Malgré une présence sur le UK Singles Chart pour "Anyone Can Play Guitar" et "Pop Is Dead", le destin de "Stop Whispering" fut marqué par le silence, n'obtenant aucune traction significative. Le groupe Radiohead, insatisfait de la version initiale de "Stop Whispering", décida de réenregistrer le morceau pour sa sortie américaine. La nouvelle mouture, selon les dires d'O'Brien, se parait d'une ambiance plus aérienne, suscitant des comparaisons avec l'esthétique de Joy Division. Ainsi, dans les méandres de leur parcours musical, Radiohead naviguait entre les succès naissants et les ajustements artistiques, traçant les contours d'une carrière qui allait bientôt prendre une ampleur monumentale.

À la fin de l'année 1992, Radiohead entama une tournée à travers le Royaume-Uni, partageant la scène avec Kingmaker et Frank and Walters. En septembre de cette même année, le groupe se produisit lors de la conférence UK EMI, un moment décisif qui marqua le début d'une nouvelle phase dans leur ascension musicale. Lors de cette prestation, ils captivèrent l'attention de la promotrice d'EMI, Carol Baxter, qui fut impressionnée par leur présence singulière. Elle confia plus tard : "Ce drôle de petit groupe est arrivé et ils avaient visiblement quelque chose. C'était une maison de disques hideuse mais Thom a tout donné."

Cependant, malgré cette percée prometteuse, Radiohead ne fut pas à l'abri des critiques acerbes. En ce Noël-là, le NME publia une critique cinglante de l'une de leurs performances, les reléguant comme "une excuse pitoyable et au foie de lys pour un groupe de rock'n'roll." C'était une époque où les réactions contrastées alimentaient le feu de leur parcours musical, avec des moments de triomphe et de défi qui tissaient les fils d'une histoire en constante évolution.

Pablo Honey – 1993

En février 1993, l'album "Pablo Honey" fit son entrée dans le monde, mais son écho initial dans la presse fut plutôt discret. Il parvint à se hisser à la 25e place du UK Albums Chart de 1993, marquant modestement son territoire. Cependant, la destinée de l'album fut rapidement modelée par le triomphe naissant de "Creep" en terres lointaines. Ce single trouva un écho particulièrement chaleureux en Israël, où le DJ radio Yoav Kutner le diffusait fréquemment. En mars de la même année, Radiohead reçut une invitation à Tel Aviv pour leur première performance à l'étranger, déclenchant ainsi le début d'une expansion internationale.

Pendant ce temps, "Creep" commença à se faufiler dans les ondes radio américaines, hissant son exaltation au deuxième rang du classement US Modern Rock. Les importations de l'album "Pablo Honey" connaissaient également un succès notable. Lorsque Radiohead amorça sa première tournée nord-américaine en juin 1993, le clip de "Creep" tournait en boucle sur MTV, contribuant à propulser le single à la 34e place du classement Billboard Hot 100.

Le mois suivant, en juillet, Radiohead offrit une performance mémorable de "Anyone Can Play Guitar" en direct sur MTV Beach House. Thom Yorke, dans une scène devenue tristement célèbre, poussa des cris improvisés tels que "gros, laid, mort !", avant de s'effondrer devant la caméra et de plonger dans une piscine. Tenant un microphone en direct, Yorke évita de justesse une électrocution, laissant derrière lui une performance aussi audacieuse que controversée. C'était une époque où la notoriété de Radiohead prenait des chemins inattendus, propulsée par la dualité de son succès musical et de ses actes scéniques mémorables.

En septembre 1993, une résurgence remarquable propulsa "Creep" à la septième place du UK Singles Chart, suite à sa réédition par EMI. Ce mois-là, Radiohead fit une percée

Pablo Honey – 1993

mémorable sur la scène musicale britannique en interprétant "Creep" sur le célèbre programme musical Top of the Pops. Leur incursion outre-Atlantique se poursuivit en tant qu'invités musicaux de premier plan sur le talk-show américain Late Night with Conan O'Brien.

Pendant cette période charnière, la branche américaine d'EMI, Capitol, exprima le désir de maintenir la dynamique en faveur de l'album "Pablo Honey". Malgré une offre tentante de tourner aux États-Unis en soutien à Duran Duran, Radiohead choisit un chemin plus audacieux. Guidés par leurs managers, ils déclinèrent l'invitation, estimant qu'ils pourraient gagner davantage en crédibilité en soutenant le groupe Belly. En témoignage de leur diversité musicale, Radiohead se produisit en première partie de PJ Harvey à New York et à Los Angeles, élargissant ainsi leur empreinte sur la scène musicale américaine. C'était une période où les choix stratégiques et les performances scéniques fusionnaient pour sculpter l'évolution de Radiohead dans le paysage musical mondial.

La période de tournée n'a pas été exempte de défis pour Radiohead. Thom Yorke, peu enthousiaste à l'idée d'interagir avec les journalistes musicaux américains, exprima ouvertement son désintérêt pour les entretiens et commença à ressentir une certaine lassitude à l'égard des chansons du groupe. Les obligations promotionnelles les conduisirent à participer à des projets qu'ils regrettèrent par la suite, tels que des séances de mode pour les jeans Iceberg et le magazine Interview.

L'agent de Radiohead fit part de l'impact significatif du travail promotionnel sur le groupe, provoquant une profonde introspection sur la raison de leur existence en tant que groupe. Cette période tumultueuse de remise en question coïncida avec des moments où les membres du groupe apparurent dans des matériaux promotionnels qui semblaient éloignés de leur identité musicale.

Pablo Honey – 1993

Jonny Greenwood témoigna du défi créatif auquel le groupe était confronté, déclarant qu'ils avaient passé un an à agir comme des juke-box, reproduisant mécaniquement leurs morceaux sans pouvoir créer quelque chose de nouveau. Une stase créative s'installa, donnant naissance à une réflexion profonde sur leur trajectoire artistique. C'était une époque où les tourments internes et les pressions extérieures s'entremêlaient, façonnant le chemin complexe que Radiohead allait emprunter dans la quête perpétuelle de leur identité musicale.

La tournée américaine fut suivie par une tournée européenne aux côtés de James et Tears for Fears, marquant une phase intense d'activité pour Radiohead. Cependant, l'épuisement se fit ressentir lorsque Thom Yorke tomba malade, forçant le groupe à annuler sa participation au Reading Festival. Dans une déclaration à NME, Yorke avoua : "Physiquement, je suis complètement foutu et mentalement, j'en ai assez."

Des rumeurs circulèrent selon lesquelles EMI aurait donné à Radiohead six mois pour se rétablir ou être abandonné. Keith Wozencroft, le responsable A&R d'EMI, rejeta plus tard ces allégations, affirmant que la musique rock expérimentale de Radiohead avait un potentiel commercial et que le groupe se développait brillamment depuis "Pablo Honey". Il soutint que différentes paranoïas circulaient, mais que le label était confiant dans l'évolution de Radiohead.

Malgré les tumultes, le producteur Paul Kolderie attribua les tournées liées à "Pablo Honey" à la transformation de Radiohead en un groupe soudé. Ces expériences sur la route, bien que physiquement et mentalement exigeantes, contribuèrent à forger des liens plus étroits au sein du groupe, posant les bases pour la suite de leur parcours musical. C'était une période où la pression extérieure se confrontait à la résilience intérieure, et où la

Pablo Honey – 1993

musique de Radiohead continuait à évoluer au-delà des frontières initiales de "Pablo Honey".

Au Royaume-Uni, le succès de "Pablo Honey" fut attesté par la certification Gold en avril 1994, suivi de la certification Platinum en juin 1997, et enfin, d'une impressionnante certification Triple Platinum en juillet 2013. Aux États-Unis, le parcours de l'album fut tout aussi notable, obtenant la certification Gold en septembre 1993, puis atteignant le statut de Platinum en septembre 1995.

Le 13 mai 1995, Radiohead enrichit son répertoire avec la sortie d'une vidéo en direct intitulée "Live at the Astoria (1995)", disponible sur le support VHS. Cette sortie captura l'énergie brute et la présence scénique du groupe, offrant aux fans une immersion dans l'expérience live de Radiohead à l'époque. Ces succès commerciaux et créatifs constituaient des jalons importants dans l'évolution de Radiohead, témoignant de leur ascension constante sur la scène musicale mondiale. C'était une période où le groupe, au-delà de ses débuts, commençait à laisser une empreinte durable dans l'histoire de la musique.

Lors de sa sortie initiale, "Pablo Honey" n'a pas suscité un consensus critique immédiat. John Harris de NME a qualifié Radiohead de "l'un des plus brillants espoirs du rock", mais il a également émis des réserves sur le morceau "How Do You?", déclarant qu'il "brise l'élan [de l'album]... horriblement". Malgré ces critiques, Harris a décrit "Pablo Honey" comme un album "satisfaisant" malgré ses défauts. Plus tard, NME a reconnu l'album en le classant comme le 35e meilleur de l'année.

Le magazine Q a adopté une perspective plus positive, affirmant que "l'adolescence britannique n'a jamais été aussi grincheuse". Ils ont décrit "Pablo Honey" comme un bon album avec des moments qui pouvaient rivaliser avec des groupes éminents tels que Nirvana, Dinosaur Jr. et Sugar. Ainsi, bien que l'album ait

Pablo Honey – 1993

initialement polarisé les critiques, il s'est avéré être une étape cruciale dans le parcours de Radiohead, préfigurant une carrière exceptionnelle qui allait redéfinir les limites du rock alternatif. C'était le point de départ d'une trajectoire artistique qui évoluerait de manière radicale et innovante au fil du temps.

Aux États-Unis, "Creep" a catapulté Radiohead sur la scène musicale avec des comparaisons fréquentes avec Nirvana, certains allant jusqu'à les décrire comme le "Nirvana britannique". Billboard a salué les paroles de "Creep", affirmant qu'elles avaient "assez de mordant pour réussir d'elles-mêmes", même face aux inévitables comparaisons avec U2. Dans une critique nuancée, Mario Mundoz du Los Angeles Times a déclaré que l'album "Pablo Honey" ne présentait rien de révolutionnaire mais offrait "des paroles intelligentes et de bons crochets".

Robert Christgau de The Village Voice n'a pas recommandé l'album dans son ensemble, mais il a qualifié "Creep" de "coupure de choix". Rolling Stone a souligné le charme de l'album, attribuant cela à son travail de guitare, à ses structures de chansons, à ses mélodies et à ses refrains qui évoquaient un "attrait pop". Ainsi, même si l'album dans son ensemble n'a pas reçu une acclamation unanime, "Creep" a servi de catalyseur pour l'émergence de Radiohead et a contribué à cimenter leur place dans le paysage musical américain. C'était le début d'une histoire qui allait évoluer vers des sommets artistiques encore inexplorés.

Bien que Pablo Honey n'ait pas reçu les éloges qui seraient plus tard réservés aux albums suivants de Radiohead, il a néanmoins été salué dans une perspective rétrospective. Selon Stephen Thomas Erlewine d'AllMusic, l'écriture des chansons ne s'aligne pas toujours parfaitement sur le son caractéristique de Radiohead, mais lorsqu'elle le fait, elle parvient à capturer une puissance rare, à la fois viscérale et intelligente. Kenny EG Perry de NME a décrit l'album comme étant "le son d'un des meilleurs

Pablo Honey – 1993

groupes de cette génération, ou de toute autre génération, interprétant la musique qui leur a enseigné toutes leurs premières leçons importantes". Clash a proclamé qu'il "pointe vers tout ce que [Radiohead] allait devenir". En se fondant sur leur travail sur Pablo Honey, le groupe américain Hole a engagé Slade et Kolderie pour produire leur album de 1994, Live Through This.

Dans une critique datant de 2008, Al Spicer de BBC Music a caractérisé Pablo Honey comme une "exploration de la conscience de soi des adolescents de banlieue" par Radiohead, le qualifiant également de "l'un des débuts les plus impressionnants du rock". En revanche, en 2009, Mehan Jahasuriya de PopMatters a émis des réserves, décrivant Pablo Honey comme un "méli-mélo de grunge à moitié cuit, de jangle-pop et de rock alternatif prêt pour le stade... presque impossible à distinguer des autres produits rock universitaires éphémères du début des années 90, à l'exception de quelques indices de grandeur".

Après le triomphe de "Creep", Radiohead a commencé à ressentir un certain malaise. En 1993, Thom Yorke déclarait : "C'est comme si ce n'était plus notre chanson... C'est comme si nous faisions une reprise." Le succès fulgurant a presque entraîné la rupture du groupe. Leur frustration à l'égard de "Creep" et de l'album Pablo Honey a profondément marqué la conception de leur deuxième opus, The Bends (1995). Le titre de l'album, une référence à la maladie de décompression, symbolise la montée rapide de Radiohead vers la gloire; Yorke expliqua : "Nous sommes arrivés trop vite."

Pendant la tournée de leur album OK Computer en 1997, Yorke exprima son agacement lorsque "Creep" était évoqué lors des interviews, refusant catégoriquement de la jouer. Au fil des années, le groupe cessa complètement de l'inclure dans leurs performances, mais finit par la réintroduire sporadiquement. Malgré le succès commercial et critique croissant de Radiohead

Pablo Honey – 1993

avec leurs albums ultérieurs, "Creep" demeure leur single le plus emblématique.

En 2007, Pitchfork exprimait l'idée que, avec Pablo Honey, "Radiohead n'a pas tant embrassé le succès du grunge que trébuché dessus, et ils s'en sont excusés depuis." En 1996, le bassiste Colin Greenwood accordait à l'album une note de sept sur dix, le qualifiant de "pas mal pour un enregistrement réalisé en seulement deux semaines et demie." En 1997, Jonny Greenwood déclarait que l'album était un dérivé de Dinosaur Jr. et des Pixies. Il le décrivait comme "une collection de nos plus grands succès en tant que groupe non signé." En 1998, Jonny Greenwood confessait qu'il se sentait limité et embarrassé par la peur et l'inexpérience du groupe à l'époque. En 2020, O'Brien qualifiait Pablo Honey de "plutôt médiocre", ajoutant toutefois : "Nous avons travaillé dur et sommes devenus bons. C'est l'une des choses auxquelles je me suis accroché : vous n'êtes pas obligé d'avoir toutes les réponses tout de suite."

En 1998, Pablo Honey a obtenu la 100e place dans un sondage réalisé par Virgin pour déterminer les meilleurs albums de tous les temps, et il s'est classé 61e dans un sondage similaire mené par Q. Le journaliste Colin Larkin l'a positionné à la 301e place dans la troisième édition de All Time Top 1000 Albums en 2000. Q a également inclus "Lurgee" et "Blow Out" dans leur liste des "500 plus grands morceaux perdus" en 2007, les désignant comme deux des 20 chansons essentielles moins connues de Radiohead.

En 2006, Classic Rock et Metal Hammer ont honoré Pablo Honey en le citant parmi les 20 plus grands albums de 1993. De plus, en 2008, Blender l'a classé à la 82e position dans sa liste des "100 albums que vous devez posséder". Ces reconnaissances témoignent d'une appréciation diverse pour l'album au fil des années.

Pablo Honey – 1993

En 2003, à la fin de leur contrat, Radiohead a quitté EMI. En 2007, EMI a publié le Radiohead Box Set, une compilation d'albums enregistrés pendant la période où Radiohead était sous contrat chez EMI, incluant Pablo Honey. En 2009, EMI a lancé une "édition collector" de Pablo Honey, intégrant les morceaux de l'EP Drill, les faces B, et des prises alternatives. Il est important de noter que Radiohead n'a eu aucun rôle dans ces rééditions, et aucune remasterisation n'a été effectuée sur la musique.

En février 2013, Parlophone a été acquis par Warner Music Group (WMG). En avril 2016, grâce à un accord avec le groupe commercial Impala, WMG a déplacé l'arrière-catalogue de Radiohead vers XL Recordings. Les rééditions d'EMI, publiées sans le consentement de Radiohead, ont été retirées des services de streaming. En mai 2016, XL a réédité le catalogue arrière de Radiohead en format vinyle, incluant Pablo Honey.

The Bends – 1995

Dans les méandres du temps, surgit "The Bends", le deuxième opus studio du groupe de rock anglais Radiohead, une offrande musicale qui s'est épanouie le 13 mars 1995 sous l'étendard de Parlophone. Un voyage sonore façonné par la collaboration magistrale de John Leckie, agrémenté de touches artistiques supplémentaires de la part de Radiohead, Nigel Godrich, et Jim Warren.

"The Bends" fusionne les mélodies envoûtantes des guitares avec des ballades poignantes, transcendant les frontières sonores établies par le premier album de Radiohead, "Pablo Honey" (1993). Là où ce dernier s'aventurait avec une énergie brute, "The Bends" révèle des arrangements plus sobres, mettant en lumière des paroles énigmatiques. C'est un témoignage musical de l'évolution du groupe, un crescendo de créativité qui transporte l'auditeur dans un univers où les notes et les mots se mêlent en une symphonie captivante.

Les premiers échos de "The Bends" résonnent au sein des studios RAK de Londres, là où, en février 1994, les premières notes de cette symphonie novatrice commencent à prendre forme. Toutefois, l'atmosphère est électrique, marquée par des tensions palpables. Sous la pression de Parlophone pour égaler le succès fulgurant du premier single de Radiohead, "Creep", le processus créatif avance à pas lents.

Après une tournée internationale en mai et juin, Radiohead, portant sur ses épaules l'attente croissante, reprend l'enregistrement à Abbey Road à Londres et au Manor dans l'Oxfordshire. "The Bends" marque une étape cruciale, non seulement en tant que deuxième album du groupe, mais aussi en tant que première collaboration avec Nigel Godrich et l'artiste de couverture Stanley Donwood. Une union artistique qui

The Bends – 1995

perdurera, ces deux créateurs façonnant l'esthétique visuelle et sonore de tous les albums à venir de Radiohead. Une histoire musicale qui prend racine dans les tensions du présent pour s'épanouir en une collaboration fructueuse, dont les échos résonnent encore dans les mémoires des mélomanes.

La saga musicale de "The Bends" s'illustre à travers une pléthore de singles, chacun accompagné de son propre vidéoclip captivant. "My Iron Lung", la double face A enivrante de "Planet Telex/High and Dry", le mélodique "Fake Plastic Trees", le percutant "Just", et enfin, l'entrée triomphante de Radiohead dans le top cinq au Royaume-Uni avec "Street Spirit (Fade Out)" ont tous été dévoilés au public, créant une toile sonore variée et riche en nuances.

Cet élan créatif s'est étendu jusqu'en Irlande, où "The Bends" a également été lancé en single, ajoutant une nouvelle dimension à son influence musicale. Une performance live emblématique, capturée dans toute sa splendeur sous le titre "Live at the Astoria", a été diffusée en VHS, offrant aux fans une expérience immersive de la magie créative de Radiohead.

Guidés par le désir de partager leur musique avec le monde, Radiohead a entrepris de nombreuses tournées pour soutenir "The Bends". Leurs voyages musicaux ont traversé les États-Unis, où ils ont partagé la scène avec des géants tels que REM et Alanis Morissette. Ces périples ont transcendé les frontières géographiques pour devenir des voyages d'exploration musicale, établissant "The Bends" comme une étape incontournable dans le parcours évolutif de Radiohead.

Malgré son impressionnante ascension à la quatrième place du UK Albums Chart, "The Bends" n'a pas réussi à reproduire le triomphe mondial de "Creep", se contentant de la 88e place sur le Billboard 200 américain. Cependant, au fil du temps, l'album a transcendé ces débuts modestes pour s'élever au statut de platine

The Bends – 1995

aux États-Unis et de quadruple platine au Royaume-Uni, attestant de sa puissance musicale durable.

Au-delà des classements, "The Bends" a été bien plus qu'un simple album à succès. Il a propulsé Radiohead vers de nouveaux sommets, transformant le groupe autrefois perçu comme des "one-hit wonders" en l'un des joyaux les plus précieux de la scène musicale britannique. Les distinctions n'ont pas tardé à pleuvoir, avec une nomination pour le meilleur album britannique aux Brit Awards 1996, marquant une reconnaissance bien méritée.

Son héritage transcende les frontières, avec "The Bends" souvent cité parmi les plus grands albums de tous les temps. Il a trouvé sa place dans la prestigieuse liste du « All Time Top 1000 Albums » de Colin Larkin et a été un incontournable dans les trois éditions de la liste des « 500 plus grands albums de tous les temps » de Rolling Stone.

L'influence de "The Bends" ne se limite pas à son époque. Il a servi de phare pour une génération d'artistes post-Britpop, laissant une empreinte indélébile sur des groupes tels que Coldplay, Muse et Travis. Ainsi, au-delà des chiffres de ventes et des classements, "The Bends" demeure une œuvre qui résonne à travers les générations, une source d'inspiration continue pour ceux qui cherchent la quintessence de l'expression musicale.

En 1993, l'éclosion de Radiohead sur la scène musicale mondiale était indéniable avec la sortie de leur tout premier album, "Pablo Honey". Le démarrage de leur première tournée américaine cette année-là coïncidait avec le succès fulgurant de leur premier single, "Creep". Cependant, la montée en flèche de leur popularité engendra une pression palpable, mettant le groupe face à des attentes grandissantes.

The Bends – 1995

Au début de cette période charnière, alors que Radiohead entamait sa tournée américaine, le chanteur charismatique Thom Yorke fut frappé par la maladie. Cette épreuve physique et mentale conduisit le groupe à annuler sa participation au prestigieux Reading Festival. Yorke, dans une entrevue accordée au NME, exprima sans détour son état d'épuisement : "Physiquement, je suis complètement à plat et mentalement, j'en ai assez."

Les tensions s'accrurent lorsque des rumeurs circulèrent selon lesquelles EMI, la maison de disques de Radiohead, aurait donné un ultimatum au groupe, leur accordant six mois pour "se faire trier" ou faire face à un licenciement imminent. Keith Wozencroft, le responsable A&R d'EMI, nia catégoriquement ces allégations, affirmant que la musique rock expérimentale de Radiohead possédait un potentiel commercial indéniable. "Les gens expriment différentes paranoïas, mais pour le label, [Radiohead] se développait brillamment à partir de 'Pablo Honey'", déclara-t-il.

Ainsi, cette période tumultueuse devint un chapitre crucial dans l'histoire du groupe, marquée par la lutte contre la pression du succès et les défis personnels qui menacèrent l'avenir de Radiohead.

Une fois les enregistrements de "Pablo Honey" terminés, Thom Yorke a partagé avec le coproducteur Paul Q. Kolderie une démo de nouveau matériel, initialement intitulé "The Benz". La réaction de Kolderie fut saisissante : il était stupéfait de constater que ces nouvelles chansons étaient "toutes meilleures que tout sur Pablo Honey". Cette révélation marqua le début d'une nouvelle ère créative pour le groupe.

Le guitariste Ed O'Brien réfléchit plus tard à cette période en disant : "Après toute cette tournée avec Pablo Honey... les chansons que Thom écrivait étaient tellement meilleures. Sur une

The Bends – 1995

période d'un an et demi, tout d'un coup, bang." Cette métamorphose artistique soudaine témoignait du potentiel créatif latent de Radiohead, qui s'était épanoui après les rigueurs de la tournée.

Paul Q. Kolderie attribua cette transformation au groupe resserré que Radiohead était devenu grâce aux tournées intensives de "Pablo Honey". Ces expériences sur la route avaient forgé une unité, permettant au groupe d'évoluer et de donner vie à un nouveau matériel qui dépassait toutes les attentes, jetant ainsi les bases d'une nouvelle phase artistique.

En vue de leur prochain album, Radiohead a opté pour le producteur John Leckie, dont le pedigree incluait la production de disques pour des artistes qu'ils admiraient, tels que Magazine. Lors de leur première rencontre, le batteur Philip Selway a souligné le sentiment de réconfort que le groupe avait éprouvé en constatant la décontraction et l'ouverture d'esprit de Leckie.

Le succès retentissant de "Creep" avait, selon le guitariste Ed O'Brien, libéré Radiohead de toute dette envers EMI, leur offrant ainsi une plus grande liberté artistique pour leur prochain opus. Cependant, les attentes commerciales persistaient, avec une demande de la part d'EMI pour une suite à "Creep" destinée au marché américain. Cependant, selon les dires de Leckie, Radiohead avait renié "Creep" et adoptait une approche différente, se détournant de la création délibérée de singles à succès.

Cette période délicate marquait un tournant dans la carrière du groupe, où la pression des attentes extérieures se mêlait à leur désir d'explorer de nouveaux horizons artistiques. Avec John Leckie à la barre, Radiohead se lançait dans un processus créatif empreint d'indépendance, déterminé à transcender les conventions commerciales et à forger une œuvre authentique.

The Bends – 1995

L'enregistrement fut momentanément différé afin de permettre à John Leckie de se consacrer à l'album "Carnival of Light" d'un autre groupe d'Oxford, Ride. Profitant de ce délai, Radiohead investit son temps supplémentaire dans des répétitions intensives au sein d'une grange abandonnée, nichée au cœur de la campagne d'Oxfordshire, au cours du mois de janvier 1994.

Cette pause imprévue offrit à Radiohead l'occasion de se plonger dans une période de réflexion et de réajustement. Thom Yorke exprima la nécessité de ce processus en déclarant : « Nous avions toutes ces chansons et nous les aimions vraiment, mais nous les connaissions presque trop bien... donc nous avons dû réapprendre à les aimer avant de pouvoir les enregistrer, ce qui est étrange. » Cet exercice de redécouverte créative s'avéra essentiel pour le groupe, leur permettant de revitaliser et de redéfinir leur connexion avec leur propre matériel avant d'entrer en studio. Ainsi, cette parenthèse inattendue devint un chapitre crucial dans la genèse de leur prochain album.

Au sein des studios RAK à Londres, une période cruciale de neuf semaines s'offrait à Radiohead, octroyée par EMI avec l'intention de lancer leur album en octobre 1994. C'était le mois de février 1994, et le processus de création commençait. Thom Yorke, animé par une inspiration matinale, se retrouvait seul au piano, laissant émerger de nouvelles mélodies avec une fluidité surprenante, comme si la musique jaillissait naturellement de son être.

Les louanges du groupe se dirigeaient vers le producteur John Leckie, qui avait réussi à dissiper le mystère souvent entourant l'environnement du studio. Jonny Greenwood, le guitariste, témoignait avec enthousiasme : "Il ne nous traitait pas comme s'il était le gardien d'une magie obscure que lui seul comprenait. Il n'y avait pas de mystère, et c'était incroyablement rafraîchissant."

The Bends – 1995

Au cours de ces sessions, Radiohead scellait sa première collaboration avec le futur producteur Nigel Godrich, chargé de la conception des sessions RAK. Lorsque Leckie s'éclipsa pour assister à un engagement social, Godrich et le groupe restèrent fidèles au studio, capturant l'énergie créative pour enregistrer les faces B. Parmi elles, émergea une pépite : "Black Star," qui trouverait finalement sa place sur l'album à venir.

Alors que Pablo Honey était largement le fruit du travail de Yorke, The Bends marquait un tournant vers une collaboration plus étroite au sein du groupe. Auparavant, les trois guitaristes se retrouvaient souvent à jouer des parties identiques, créant ainsi un "mur dense et flou" de sonorités. Cependant, avec The Bends, les rôles étaient plus distincts. Yorke se chargeait généralement du rythme, Greenwood prenait le lead, et Ed O'Brien ajoutait les effets.

"(Nice Dream)" débuta comme une simple chanson à quatre accords de Yorke, mais elle prit de l'ampleur avec l'ajout de parties supplémentaires par O'Brien et Greenwood. "Just" quant à elle, fut en grande partie écrite par Greenwood, qui, selon Yorke, s'efforçait d'intégrer autant d'accords que possible dans une seule chanson. Une autre évolution notable était la création d'arrangements plus épurés. Comme le soulignait O'Brien, "Nous étions très conscients de quelque chose sur The Bends dont nous n'étions pas conscients sur Pablo Honey... Si ça sonnait vraiment bien avec Thom jouant en acoustique avec Phil et [Colin], à quoi bon essayer d'ajouter quelque chose de plus ?"

"Planet Telex" a pris naissance à partir d'une boucle de batterie empruntée à une autre chanson, la face B "Killer Cars". Écrite et enregistrée au cours d'une seule soirée aux studios RAK, elle capturait l'énergie spontanée du moment. Cependant, Radiohead n'était pas pleinement satisfait des versions de "My Iron Lung" enregistrées aux RAK. Ils ont plutôt opté pour une performance

The Bends – 1995

live au London Astoria pour l'inclure dans l'album, remplaçant la voix de Yorke et éliminant les bruits du public.

L'enregistrement de "Fake Plastic Trees" a été un processus laborieux, avec plusieurs tentatives infructueuses. O'Brien a même comparé l'une des versions à la chanson de Guns N' Roses, "November Rain", la décrivant comme "pompeuse et grandiloquente... simplement le pire". Finalement, John Leckie a enregistré Yorke jouant seul "Fake Plastic Trees", et le reste du groupe a utilisé cette base pour construire la version finale de la chanson.

Quant à "High and Dry", elle précédait les sessions de The Bends, enregistrée en 1993 aux Courtyard Studios par l'ingénieur du son live de Radiohead, Jim Warren. Yorke a révélé plus tard qu'il considérait cette chanson comme "très mauvaise" et qu'EMI l'avait poussé à la publier.

"The Bends," "(Nice Dream)," et "Just" avaient été désignés comme des singles potentiels, émergeant comme les pièces maîtresses des premières sessions et créant ainsi des tensions palpables. John Leckie se rappelle de la pression intense : "Nous devions leur accorder une attention absolue, en faire des succès incroyables et instantanés, numéro un en Amérique. Tout le monde s'arrachait les cheveux en disant : 'Ce n'est pas assez bon !' Nous faisions trop d'efforts."

Thom Yorke, en particulier, se débattait sous le poids des attentes, et Chris Hufford, le co-manager de Radiohead, envisageait même de démissionner en raison de la "méfiance de Yorke envers tout le monde." Pendant ce temps, Jonny Greenwood passait des jours à expérimenter avec de nouveaux équipements de guitare, cherchant un son distinctif avant de revenir finalement à sa Telecaster.

The Bends - 1995

Le bassiste Colin Greenwood décrivait cette période comme "huit semaines d'enfer et de torture." Yorke, de son côté, reconnaissait le caractère difficile de ces jours en affirmant : "Nous avons eu des jours d'introspection douloureuse, une putain de crise totale pendant deux putains de mois." Les tensions et les défis rencontrés lors de la création de ces singles reflétaient la quête acharnée du groupe pour répondre aux attentes élevées et produire un album exceptionnel.

Avec l'abandon de la date limite d'octobre, les sessions d'enregistrement ont marqué une pause en mai et juin, laissant place à une tournée de Radiohead en Europe, au Japon, et en Australasie. En juillet, le travail a repris pendant deux semaines au studio Manor dans l'Oxfordshire, où le groupe a mis la touche finale à des chansons telles que "Bones," "Sulk," et "The Bends."

Cependant, cette période de création n'était pas exempte de défis. Des tensions ont éclaté lors des tournées au Royaume-Uni, en Thaïlande et au Mexique, culminant en une dispute majeure entre les membres du groupe. Thom Yorke a révélé : "Des années de tension et de non-dits, et fondamentalement, toutes les choses qui s'étaient accumulées depuis que nous nous étions rencontrés, tout est sorti en une seule journée. Nous crachions, nous battions, pleurions, et disions toutes les choses dont vous ne voulez pas parler. Cela a complètement changé, et nous sommes revenus et avons fait l'album et tout avait du sens."

La tournée a cependant eu un effet transformateur. Elle a insufflé à Radiohead un nouveau sens du but, et les relations entre les membres du groupe se sont améliorées. Chris Hufford, le co-manager, les a encouragés à créer l'album qu'ils voulaient, plutôt que de se soucier du "produit et des unités." Cette approche plus authentique a marqué un tournant crucial dans la conception de l'album, orientant le groupe vers une voie artistique plus libre et sincère.

The Bends – 1995

L'enregistrement de l'album s'est achevé en novembre 1994 aux studios Abbey Road à Londres, marquant la fin d'un processus qui avait pris environ quatre mois au total, selon les dires de Selway. John Leckie a pris en charge le mixage de certaines pistes à Abbey Road. Cependant, à mesure que la pression des délais augmentait, EMI s'inquiétait du temps que cela prenait.

Sans que Leckie en soit informé, des morceaux ont été envoyés à Sean Slade et Paul Q. Kolderie, qui avaient produit Pablo Honey, pour effectuer le mixage à leur place. Bien que Leckie n'ait pas apprécié leurs mixes, les qualifiant d'"impétueux", il a plus tard déclaré : "J'ai vécu un peu de traumatisme à l'époque, mais peut-être qu'ils ont choisi la meilleure chose." Seuls trois des mixages de Leckie ont finalement été retenus pour l'album, illustrant les défis et les compromis auxquels le groupe a été confronté lors de la finalisation de cet opus.

Les notes discordantes du rock alternatif s'entremêlaient aux échos mélodiques de la Britpop et aux nuances éthérées du rock indépendant dans l'album "The Bends". Un nouvel opus musical qui, tout en conservant la trame de guitares caractéristique de son prédécesseur "Pablo Honey", se perdait dans des mélopées plus spatiales et étranges. Bill Reed, scrutateur musical pour The Gazette, avait bien saisi cette métamorphose, décrivant les compositions comme une exploration sonore à la fois plus vaste et étrangement captivante.

L'éclectisme musical de "The Bends" tranchait nettement avec le son plus uniforme de "Pablo Honey". Colin Greenwood, membre du groupe, affirmait que cette diversité était délibérée, une volonté délibérée de se distinguer du passé musical de Radiohead. Selon lui, "The Bends" était la véritable incarnation de leur style, une éclatante démonstration de leur évolution artistique.

The Bends – 1995

Le titre énigmatique de l'album, faisant référence à la maladie de décompression, était une allusion à l'ascension fulgurante de Radiohead vers la notoriété avec "Creep". Thom Yorke, le leader du groupe, exprima le sentiment d'être monté trop rapidement dans cette spirale de succès. "Nous sommes arrivés trop vite", confia-t-il, soulignant peut-être le poids des attentes qui pesaient sur leurs épaules.

Le critique musical Simon Reynolds percevait dans "The Bends" un émerveillement particulier pour un "élément art rock anglais", placé au premier plan du son de Radiohead. Cet album représentait donc non seulement une évolution sonore, mais aussi une redéfinition de l'identité musicale du groupe, plaçant la complexité artistique au cœur de leur démarche créative.

Selon Kolderie, "The Bends n'était ni un album anglais ni un album américain. C'est un album réalisé dans le vide des tournées et des voyages. Il avait vraiment ce sentiment de : « Nous ne vivons nulle part et nous n'avons notre place nulle part. »"

Reed, quant à lui, a plongé profondément dans l'essence de l'album, le décrivant comme "étrangement perturbé" et "bipolaire". Dans sa critique, il a établi des parallèles intrigants avec la musique tardive des Beatles, soulignant une dualité émotionnelle distinctive tout au long de l'œuvre. "My Iron Lung", selon Reed, émergeait comme un éclat de hard rock, tandis que des nuances plus subtiles transparaissaient sur des morceaux tels que "Bullet Proof..I Wish I Was" et "High and Dry". Ces derniers étaient révélés comme des vitrines de la facette plus plaintive et méditative de l'ensemble.

Ainsi, "The Bends" se dessinait comme un paysage sonore sans ancrage géographique précis, émergeant des creux et des pics des tournées et des voyages. L'album semblait refléter le sentiment de déplacement, la quête d'une identité musicale échappant aux frontières nationales. Reed et Kolderie mettaient en lumière la

The Bends – 1995

complexité émotionnelle et stylistique de cet opus, le situant dans un espace intemporel où les frontières musicales traditionnelles semblaient s'estomper.

Rolling Stone a capturé l'essence de "The Bends" en le décrivant comme un « mélange d'hymnes de guitare sonique et de ballades saisissantes », où les paroles tracent un « paysage hanté » peuplé de maladie, de consumérisme, de jalousie et de nostalgie. Ces mots, selon le magazine, évoquent un « sentiment de sujet désintégré ou déconnecté », plongeant l'auditeur dans un tourbillon émotionnel. Mac Randall, journaliste musical, a qualifié les paroles de véritable « recueil de maladie, de dégoût et de dépression », tout en soulignant l'aspect édifiant qui émerge de la juxtaposition avec les arrangements musicaux, décrits comme « invitants » et « puissants ».

Parmi les morceaux emblématiques, "Fake Plastic Trees" tire son inspiration du développement commercial de Canary Wharf et d'une performance mémorable de Jeff Buckley, qui a incité Thom Yorke à explorer l'utilisation du fausset. La chanson exprime le regret de Yorke face aux effets corrosifs du consumérisme sur les relations modernes. Sasha Frere-Jones a comparé la mélodie de cette pièce à « deuxième thème d'un quatuor à cordes de Schubert », soulignant la profondeur artistique de l'œuvre.

Dans "Just", Jonny Greenwood déploie des gammes octatoniques s'étendant sur quatre octaves, créant une atmosphère sonore distinctive. Le riff de guitare angulaire qui caractérise la chanson a été influencé par le jeu de John McGeoch sur "Shot By Both Sides", une pièce du magazine datant de 1978. Ainsi, "The Bends" se révèle non seulement comme un collage musical éclectique, mais aussi comme une toile poétique qui explore les méandres complexes de la condition humaine.

"Sulk" a pris naissance en réaction au massacre de Hungerford et, à l'origine, se concluait par les paroles évocatrices de "tirez

The Bends – 1995

simplement avec votre arme". Thom Yorke a toutefois choisi de les omettre après le suicide du leader de Nirvana, Kurt Cobain, en 1994, par crainte que les auditeurs ne perçoivent une possible allusion à cet événement tragique. Cette modification témoigne de la sensibilité de Yorke à l'égard des connotations potentiellement douloureuses de ses paroles.

D'autre part, "Street Spirit (Fade Out)" tire son inspiration de REM et du roman de 1991 "The Famished Road" de Ben Okri. Les paroles dépeignent une évasion d'une réalité oppressante, créant une atmosphère captivante empreinte de poésie. Le journaliste Rob Sheffield a qualifié "Street Spirit", ainsi que les morceaux "Planet Telex" et "High and Dry", comme une "épopée dystopique de big band", soulignant ainsi la dimension cinématographique et expansive de ces compositions.

Ainsi, chaque titre de "The Bends" porte en lui une histoire singulière, façonnée par des événements du monde réel et des influences diverses, créant un paysage musical complexe et riche en émotions.

"The Bends" marquait le début de l'alliance créative entre Radiohead et Stanley Donwood. Leur collaboration artistique a pris racine lorsque Donwood et Yorke se sont croisés sur les bancs de l'Université d'Exeter. Dès l'EP "My Iron Lung", Donwood avait déjà prêté son talent artistique à Radiohead. Depuis cette rencontre fortuite, chaque œuvre du groupe a été façonnée par la vision unique et captivante de Donwood. Une amitié artistique née dans les couloirs universitaires a évolué pour donner vie visuellement à l'univers sonore distinctif de Radiohead.

Pour la réalisation de "The Bends", Yorke et Donwood ont embrassé une approche visuelle novatrice. Armés d'une simple caméra à cassette, ils ont capturé des images d'objets du quotidien

The Bends – 1995

tels que des panneaux de signalisation, des emballages et des lampadaires. Leur quête créative les a même conduits à pénétrer dans un hôpital avec l'intention de filmer un poumon d'acier. Cependant, l'expérience s'est avérée décevante, Donwood notant que les poumons d'acier étaient "peu attrayants visuellement".

S'adaptant à l'imprévu, ils ont dirigé leur objectif vers un mannequin de RCR à l'expression faciale particulière, décrite par Donwood comme celle "d'un androïde découvrant pour la première fois les sensations d'extase et d'agonie simultanément". C'est cette étrange dualité d'émotions figée sur le visage du mannequin qui a captivé leur attention.

Le processus de création de la couverture de l'album a également suivi une voie peu conventionnelle. Yorke et Donwood ont projeté les images capturées sur un écran de télévision et ont saisi le moment en photographiant cet écran. Ainsi, chaque détail de l'image emblématique de la pochette a été façonné par cette fusion artistique entre la réalité tangible et l'éphémère illuminé par la lumière de l'écran.

Le 8 mars 1995, sous les auspices d'EMI au Japon et le 13 mars par le biais de Parlophone Records au Royaume-Uni, naquit "The Bends". Il se fraya un chemin sur la scène musicale, gravant son empreinte pendant 16 semaines sur le UK Albums Chart, jusqu'à accéder à la respectable quatrième place. C'est le même jour que sa libération au Royaume-Uni qu'une autre manifestation artistique de Radiohead voyait le jour : la captivante performance au London Astoria de mai 1994, immortalisée sur VHS sous le titre évocateur "Live at the Astoria". Cette œuvre vidéographique capturait l'essence du groupe, intégrant plusieurs compositions de l'album "The Bends" dans son répertoire envoûtant.

Le 4 avril, Capitol Records, la filiale nord-américaine d'EMI, dévoila "The Bends" aux États-Unis. Pourtant, l'histoire de sa

The Bends – 1995

publication fut empreinte de doutes, comme le révéla le journaliste Tim Footman. Capitol, hésitant, envisagea sérieusement de décliner la sortie, arguant que l'album semblait dépourvu de singles à succès. Malgré ces réticences initiales, "The Bends" fit ses premiers pas modestes au bas du Billboard 200 américain dans la semaine du 13 mai, atteignant le modeste rang de 147 dans la semaine du 24 juin.

Cependant, le destin de l'album prit un tournant inattendu. Il effectua un retour remarquable dans le classement lors de la semaine du 17 février 1996, grimpant jusqu'à la position 88 le 20 avril, quasiment un an après son dévoilement. Le 4 avril de cette même année, un nouveau chapitre fut inscrit dans l'histoire de "The Bends" aux États-Unis : la certification disque d'or, célébrant des ventes dépassant le demi-million d'exemplaires. Bien que cet album demeure la production de Radiohead ayant connu le classement le plus modeste aux États-Unis, il reçut l'ultime consécration en janvier 1999, atteignant la certification platine avec un million d'exemplaires vendus. Ainsi, malgré les doutes initiaux, "The Bends" s'érigea en une œuvre musicale qui, avec le temps, dévoila sa puissance et son impact aux oreilles américaines.

L'influence de musiciens éminents, notamment celle de Michael Stipe, le chanteur de REM, s'est avérée cruciale pour maintenir la renommée de Radiohead au-delà des frontières du Royaume-Uni. Cette notoriété, soutenue par plusieurs vidéoclips distinctifs, a transcendé les frontières nationales. Selway, batteur du groupe, a attribué une part significative de ce succès à ces vidéos, soulignant comment elles ont permis à "The Bends" de s'infiltrer progressivement dans la conscience du public.

L'une des chansons emblématiques de l'album, "Fake Plastic Trees", a connu une notoriété particulière aux États-Unis. Intégrée à la bande originale du film "Clueless" en 1995, elle a joué un rôle majeur en introduisant Radiohead à un public américain plus

The Bends – 1995

vaste. Selon les dires de Matt Pinfield, animateur de MTV à l'époque, les maisons de disques s'interrogeaient sur la persévérance de MTV à promouvoir "The Bends", malgré des ventes inférieures à celles de ses prédécesseurs. La réponse de Pinfield fut catégorique : "Parce que c'est génial !"

Cet éloge sincère de la qualité artistique a été plus que des paroles en l'air. Thom Yorke, le leader du groupe, a exprimé sa gratitude envers Pinfield en lui remettant un disque d'or de "The Bends". Ainsi, la combinaison d'appuis influents, de vidéoclips marquants et de chansons mémorables a permis à Radiohead de conquérir le cœur d'un public américain et de solidifier sa place sur la scène musicale mondiale.

À la clôture de l'année 1996, "The Bends" s'était écoulé à environ deux millions d'exemplaires à travers le globe, témoignant de son attrait et de son impact généralisés. Au Royaume-Uni, son lieu de naissance musical, l'album atteignit des sommets de reconnaissance, obtenant la certification platine dès février 1996 pour des ventes dépassant les 300 000 exemplaires. Cette consécration précoce ne fut qu'un prélude à une success story qui se poursuivit au fil des années.

En juillet 2013, un nouveau chapitre doré fut ajouté à l'histoire de "The Bends" lorsque l'album reçut la certification quadruple platine au Royaume-Uni. Cette distinction honorifique reflète non seulement la popularité constante de l'album, mais aussi la façon dont il a continué à résider dans le cœur et les souvenirs de ses auditeurs. Ainsi, l'impact durable de "The Bends" s'est inscrit dans l'histoire de la musique comme un testament à sa qualité artistique et à son pouvoir captivant.

En septembre 1994, EMI a lancé l'EP intitulé "My Iron Lung", qui présentait la chanson éponyme ainsi que des extraits de l'album "The Bends". Cette sortie comprenait également une version sous

The Bends – 1995

forme de single de "My Iron Lung". Cependant, l'approche promotionnelle d'EMI pour cette chanson était inhabituelle.

Le vice-président A&R, Perry Watts-Russel, a révélé qu'EMI avait délibérément évité de pousser la chanson à la diffusion radiophonique. Il expliqua que "My Iron Lung" était conçue davantage comme un "élément basé sur les fans" plutôt que comme un "véritable premier single" destiné à promouvoir "The Bends". Cette stratégie visait probablement à cultiver une connexion plus profonde avec la base de fans existante, mettant en avant une approche plus authentique et centrée sur l'appréciation des auditeurs fidèles. Ainsi, l'EP "My Iron Lung" a été façonné comme un pont entre les attentes des fans et la transition vers le prochain chapitre musical représenté par "The Bends".

Selon Hufford, le public américain avait des attentes marquées par le style de la chanson "Creep" et a été déçu de ne pas retrouver une équivalence sur "The Bends". En réponse à cette réception mitigée, Capitol a pris la décision stratégique de choisir "Fake Plastic Trees" comme le premier single aux États-Unis, marquant ainsi une volonté délibérée de distancier Radiohead de l'ombre de "Creep". Bien que cette initiative n'ait pas propulsé la chanson sur le Billboard Hot 100 américain, elle a néanmoins atteint la position honorable de numéro 20 sur le UK Singles Chart.

Le single suivant, "Just", lancé au Royaume-Uni le 21 août, a grimpé au numéro 19. Bien qu'il n'ait pas été commercialisé en tant que single aux États-Unis, son clip, réalisé par Jamie Thraves, a suscité l'attention. Le double face A "High and Dry" et "Planet Telex", choisi comme le prochain single américain, a atteint le numéro 78.

C'est avec "Street Spirit (Fade Out)", sorti en janvier 1996, que Radiohead a réaffirmé sa présence dans les classements. La

The Bends – 1995

chanson a grimpé jusqu'à la cinquième place du UK Singles Chart, surpassant même "Creep" et démontrant ainsi que le groupe ne se contentait pas de reproduire le succès passé.

En Irlande, "The Bends" a été publié en single et a atteint la position 26 du Irish Singles Chart en août 1996, soulignant l'impact international continu de l'album. Ainsi, le parcours des singles de "The Bends" illustre la complexité et l'évolution de la réception du groupe, à la fois aux États-Unis et au-delà.

Lors de la période soutenant "The Bends", Radiohead s'est lancé dans une série de tournées captivantes qui les ont entraînés à travers l'Amérique du Nord, l'Europe et le Japon. Leurs performances vibrantes ont débuté en tant que soutien pour Soul Asylum, avant de partager la scène avec REM, un groupe qui a profondément influencé leur évolution musicale et qui trônait parmi les géants mondiaux du rock à cette époque.

Thom Yorke, le leader charismatique du groupe, a partagé ses réflexions sur cette expérience tourbillonnante : « Tout ce à quoi nous nous attendions a été complètement renversé. L'idée que vous atteignez un certain niveau pour ensuite le perdre... Tout s'est déroulé de manière amicale, sans la moindre trace de méchanceté ou de rivalité. »

La tournée américaine a atteint son apogée avec une performance marquante lors du concert de Noël KROQ Almost Acoustic à l'Universal Amphitheatre de Los Angeles. Sur cette scène prestigieuse, Radiohead a partagé l'affiche avec des poids lourds tels qu'Oasis, Alanis Morissette, No Doubt et Porno for Pyros. Pour Clark Staub, un employé du Capitole, cet événement a été décrit comme un « tremplin clé » propulsant Radiohead vers une reconnaissance grandissante aux États-Unis.

The Bends – 1995

À l'aube d'une représentation très attendue à Denver, Colorado, en 1995, le destin a joué un tour cruel à Radiohead. Leur camion de tournée a été dérobé, emportant avec lui tout leur équipement musical. Dans l'urgence, Thom Yorke et Jonny Greenwood ont réagi avec agilité, offrant au public un set acoustique épuré, utilisant des instruments loués pour pallier la perte inattendue. Malheureusement, plusieurs spectacles ont dû être annulés en raison de cet incident.

L'année 2015 a apporté une tournure inattendue à cette histoire lorsque Jonny Greenwood a été réuni avec sa Fender Telecaster Plus dérobée. Un fan vigilant l'a identifiée comme étant l'instrument qu'il avait acquis à Denver dans les années 1990. Cet épisode a ajouté une note de rédemption à l'histoire tourmentée de la perte et a rappelé le lien particulier entre les artistes et leur équipement, une connexion qui va au-delà de la simple fonctionnalité instrumentale.

En mars 1996, Radiohead a entamé une nouvelle tournée aux États-Unis, illuminant la scène de The Tonight Show et de l'émission 120 Minutes. À la mi-1996, ils ont conquis les festivals européens, dont le légendaire Pinkpop aux Pays-Bas, Tourhout Werchter en Belgique, et le vibrant T in the Park en Écosse. Ces performances énergiques ont consolidé leur statut de phénomène musical mondial.

Le mois d'août a marqué une nouvelle étape cruciale pour Radiohead alors qu'ils assuraient la première partie des concerts d'Alanis Morissette. Durant cette période, le groupe a dévoilé les premières versions de plusieurs morceaux de leur prochain album tant attendu, "OK Computer". Ce fut une période charnière où l'essence novatrice et la vision futuriste de Radiohead ont commencé à se manifester, annonçant un tournant musical majeur.

The Bends – 1995

"The Bends" a été accueilli avec des éloges éclatants au Royaume-Uni. Caroline Sullivan, critique du Guardian, a souligné la métamorphose de Radiohead, les décrivant comme des « batteurs de guitare indescriptibles » devenus des aspirants à remplir des arènes. Elle a prédit une grandeur qui pourrait éventuellement s'estomper, mais a salué le groupe pour avoir injecté dans le paysage musical une puissance émotionnelle comparable à celle des premiers jours d'U2.

Q a qualifié "The Bends" de « disque puissant, meurtri et majestueusement désespéré, regorgeant de chansons effrayamment excellentes ». Mark Sutherland de NME a exprimé que Radiohead avait résolu de créer un album si éblouissant qu'il ferait oublier aux auditeurs leur propre nom, faisant référence à "Creep" comme étant relégué au passé. Il a décrit l'album comme « le disque de rock consommé, global et transcendant les continents des années 90 ».

Dave Morrison de Select a loué la capacité de "The Bends" à capturer et à clarifier une gamme d'ambiances bien plus large que celle de "Pablo Honey", qualifiant Radiohead de « l'un des atouts du big rock du Royaume-Uni ». Tant NME que Melody Maker ont inscrit "The Bends" parmi les dix meilleurs albums de l'année, témoignant de l'impact majeur qu'il a eu sur la scène musicale.

Aux États-Unis, la réception critique de "The Bends" a été nuancée. Chuck Eddy de Spin a exprimé un avis mitigé, qualifiant une grande partie de l'album de "marmonnement absurde" et regrettant le manque d'émotion tangible. De son côté, Kevin McKeough du Chicago Tribune a critiqué les paroles de Thom Yorke comme étant "égocentriques", tandis qu'il percevait la musique comme exagérée et prétentieuse.

Robert Christgau, dans The Village Voice, a reconnu l'habileté naturelle des parties de guitare et des expressions d'angoisse, mais a souligné un manque de profondeur. Il a observé que les

The Bends – 1995

paroles et la musique atteignaient la même hauteur de nécessité esthétique sans transcender cette limite.

Sandy Morris du Los Angeles Times a, quant à lui, salué Thom Yorke en le décrivant comme "presque aussi énigmatique et séduisant que Billy Corgan des Smashing Pumpkins", bien que doté d'une constitution plus délicate. Ces critiques américaines illustrent la diversité des opinions suscitées par "The Bends", reflétant la complexité et la singularité de l'album dans le contexte musical de l'époque.

"The Bends" a marqué un tournant significatif pour Radiohead, attirant une attention critique considérable. En 1997, Jonny Greenwood a souligné l'impact déterminant de l'album, notant qu'il avait commencé à figurer dans les sondages de fin d'année, un signe tangible de la reconnaissance croissante du groupe. C'est à ce moment-là, selon lui, que Radiohead a ressenti la confirmation d'avoir fait les bons choix en tant que groupe.

En 2015, Phil Selway a ajouté une perspective rétrospective, déclarant que "The Bends" marquait l'origine de ce qui allait devenir "l'esthétique Radiohead". Cette évolution artistique a été renforcée par la collaboration avec l'artiste graphique Stanley Donwood. Le succès de l'album a insufflé à Radiohead la confiance nécessaire pour prendre en charge la production de leur prochain opus, "OK Computer" (1997), une décision qui a été couronnée de succès avec la contribution du producteur Nigel Godrich. Cette période a donc marqué une phase cruciale dans la carrière du groupe, propulsant Radiohead vers une autonomie artistique et une créativité sans bornes.

Le journaliste américain Rob Sheffield a souligné l'impact retentissant de "The Bends", rappelant qu'il avait littéralement "choqué le monde". Il a propulsé Radiohead de simples "garçons britanniques pâteux" à une sorte de divinité art-rock britannique,

The Bends – 1995

évoquant l'aura des années 70. L'album a attiré l'attention de personnalités de haut niveau dans le monde de la musique et du cinéma, marquant une reconnaissance transcendant les frontières artistiques.

Deux ans après sa sortie, la critique du Guardian, Caroline Sullivan, a noté que "The Bends" avait propulsé Radiohead de la catégorie des "hit-miracles indépendants" à la "première ligue des groupes de rock britanniques respectés". Le journaliste de Rolling Stone, Jordan Runtagh, a qualifié l'album de "chef-d'œuvre musicalement dense et émotionnellement complexe", soulignant qu'il avait effacé à jamais le statut de "merveille unique" du groupe.

L'écrivain Nick Hornby a, quant à lui, souligné en 2000 que, avec "The Bends", Radiohead avait trouvé sa voix distinctive. Il a loué la capacité du groupe à mélanger un cocktail unique de rage, de sarcasme, d'apitoiement sur son sort, d'harmonie exquise et d'intelligence, affirmant que peu de groupes contemporains pouvaient égaler une telle combinaison. Ainsi, l'héritage de "The Bends" s'est inscrit dans l'histoire musicale comme un moment charnière ayant redéfini la trajectoire de Radiohead.

"The Bends" a exercé une influence marquante sur toute une génération d'artistes britanniques et irlandais, façonnant le paysage musical de l'époque. Des groupes tels que Coldplay, Keane, James Blunt, Muse, Athlete, Elbow, Snow Patrol, Kodaline, Turin Brakes et Travis ont tous été profondément touchés par l'esthétique sonore novatrice de l'album. Pitchfork a spécifiquement crédité des chansons comme "High and Dry" et "Fake Plastic Trees" pour avoir anticipé le virage post-Britpop et l'esthétique "aérographe" adoptés ultérieurement par des groupes tels que Coldplay et Travis.

The Bends – 1995

L'influence s'est étendue au-delà de la scène britannique, avec des groupes renommés tels que Garbage, REM, et kd lang citant Radiohead comme une influence majeure. Cette reconnaissance démontre la portée mondiale de l'impact de "The Bends". Même des légendes établies comme The Cure ont été si impressionnées par l'album qu'elles ont contacté Radiohead pour obtenir des conseils sur la production de "The Bends", espérant recréer la magie captivante de l'album. Ainsi, l'héritage de "The Bends" s'étend bien au-delà de son époque, laissant une empreinte indélébile sur le paysage musical et inspirant des générations d'artistes.

En 2006, The Observer a accordé à "The Bends" une place de choix parmi les "50 albums qui ont changé la musique". L'article soulignait que l'album avait popularisé un style vocal chargé d'angoisse, un "falsetto" distinct, qui représentait un contrepoids réfléchi au son percutant du lad-rock incarné par Oasis. Ce style avait finalement évolué pour devenir emblématique d'une décennie entière de musique.

Cependant, Thom Yorke, le leader de Radiohead, n'était pas enchanté par le style de rock popularisé par "The Bends". Il exprimait son mépris en 2006, estimant que d'autres groupes avaient simplement copié le son. Il a partagé sa frustration en déclarant : "J'étais vraiment, vraiment bouleversé à ce sujet, et j'ai fait de mon mieux pour ne pas l'être, mais oui, c'était un peu comme... ce genre de chose où je passais complètement à côté de l'essentiel."

Nigel Godrich, le producteur de longue date de Radiohead, a réagi en soulignant que Yorke était peut-être hypersensible à la situation. Il lui a rappelé qu'il n'avait pas inventé "les gars chantant en falsetto avec une guitare acoustique". Cette tension entre l'innovation artistique et la réception publique montre la complexité des réactions des artistes à l'évolution de leur propre influence sur la scène musicale.

The Bends – 1995

"The Bends" de Radiohead a reçu une reconnaissance substantielle dans le monde de la musique, témoignant de son impact et de son statut emblématique au fil des années.

En 2000, lors d'un vote impliquant plus de 200 000 fans de musique et de journalistes, l'album a été classé comme le deuxième meilleur album de tous les temps, juste derrière "Revolver" (1966) des Beatles. Les lecteurs de Q l'ont également élu deuxième meilleur album en 1998 et 2006, avec "OK Computer" de Radiohead prenant la première place.

Il a été inclus dans le livre "1001 albums que vous devez écouter avant de mourir" en 2005, et Rolling Stone l'a positionné à différentes places dans sa liste des 500 plus grands albums de tous les temps au fil des années, atteignant le numéro 110 en 2003, le 111 en 2012, et le 276 en 2020.

En 2006, il a obtenu la dixième place dans un sondage mondial des grands albums organisé par British Hit Singles & Albums et NME. Paste Magazine l'a classé comme le 11e meilleur album des années 1990.

En 2020, The Independent l'a désigné comme le meilleur album de 1995, soulignant son caractère downbeat, mélancolique, mais merveilleusement mélodique et édifiant, se démarquant de la Britpop et d'autres tendances de l'année légendaire de 1995.

En 2017, Pitchfork a reconnu "The Bends" comme le troisième meilleur album Britpop, soulignant sa représentation épique de la dérive et du désenchantement qui lui assure une place réticente dans le panthéon de la Britpop.

The Bends – 1995

L'accumulation de ces éloges et classements souligne l'impact durable de "The Bends" et son statut de classique de la musique contemporaine.

La relation entre Radiohead et EMI a pris fin en 2003 après la conclusion de leur contrat. En 2007, EMI a publié le "Radiohead Box Set", une compilation regroupant des albums enregistrés pendant la période où le groupe était sous contrat avec EMI, y compris "The Bends".

Par la suite, le 31 août 2009, EMI a réédité "The Bends" ainsi que d'autres albums de Radiohead dans une "Edition Collector". Cette réédition compilait des faces B et des performances live. Il est important de noter que Radiohead n'a pas contribué à cette réédition, et aucune remasterisation de la musique n'a été effectuée.

Cette situation souligne parfois les complexités et les différends qui peuvent survenir entre les artistes et les maisons de disques à propos du contrôle créatif et de la gestion de la musique enregistrée. Les artistes peuvent parfois se sentir dépossédés de leur œuvre lors de rééditions ou de compilations publiées sans leur participation active.

En février 2013, Parlophone, le label sous lequel Radiohead avait enregistré une partie de sa musique, a été racheté par Warner Music Group (WMG). Cependant, en avril 2016, à la suite d'un accord avec le groupe commercial Impala, WMG a transféré l'arrière-catalogue de Radiohead à XL Recordings.

En conséquence de ce changement, les rééditions d'EMI, qui avaient été publiées sans le consentement de Radiohead, ont été retirées des services de streaming. En mai 2016, XL Recordings a repris la réédition du catalogue de Radiohead sur vinyle, incluant ainsi "The Bends". Cette démarche a probablement été entreprise

The Bends – 1995

pour restaurer le contrôle artistique de Radiohead sur ses œuvres et garantir une gestion plus alignée avec les souhaits du groupe.

Ces mouvements reflètent les négociations complexes et les considérations liées aux droits d'auteur et au contrôle de la musique enregistrée dans l'industrie musicale.

OK Computer – 1997

Au cœur de l'été 1997, le paysage musical fut métamorphosé par la sortie de "OK Computer", le troisième opus studio du groupe de rock éminent, Radiohead. Un récit sonore captivant tissé avec maestria par les esprits créatifs du groupe anglais, cet album, qui vit le jour le 16 juin au Royaume-Uni sous l'égide d'EMI, demeure une pièce maîtresse de l'histoire musicale.

Guidés par leur vision artistique et assistés par le producteur émérite Nigel Godrich, les membres de Radiohead plongèrent profondément dans la création de cet opus singulier. Les vastes étendues de l'Oxfordshire et le charme historique du manoir de St Catherine's Court à Bath furent les témoins privilégiés de l'émergence de "OK Computer". Les sessions d'enregistrement, s'étalant de 1996 au début de 1997, virent le groupe s'éloigner délibérément du style introspectif et axé sur la guitare de leur précédent album, "Les virages".

Les paroles énigmatiques de "OK Computer", associées à son paysage sonore richement stratifié et à ses influences éclectiques, marquèrent un tournant significatif dans la trajectoire musicale de Radiohead. Cet opus non seulement ébranla les conventions, mais jeta également les bases de leurs explorations futures, ouvrant la voie à des œuvres plus expérimentales et audacieuses. Ainsi, "OK Computer" demeure un chapitre incontournable dans le récit évolutif de la créativité musicale de Radiohead.

À travers les vers poignants de ses chansons, "OK Computer" dépeint un univers saturé de consumérisme dévorant, d'aliénation sociale persistante, d'isolement émotionnel palpable, et d'un malaise politique latent. En cette fin des années 90, les prémices de ce chef-d'œuvre musical semblaient presque prophétiques, offrant un aperçu saisissant de la toile de fond de la vie au 21e siècle.

OK Computer – 1997

La genèse de cet album réside également dans des choix de production avant-gardistes, illustrés par l'utilisation de techniques peu conventionnelles. Une réverbération naturelle et l'absence délibérée de séparation audio ont contribué à forger l'identité sonore unique de l'opus. Les cordes, empreintes d'une élégance mélancolique, furent enregistrées dans les mythiques studios Abbey Road à Londres, ajoutant une dimension intemporelle à la musicalité de l'ensemble.

Un trait distinctif de "OK Computer" réside dans le fait que la majeure partie de l'album fut capturée en direct, capturant ainsi l'énergie brute et l'authenticité des performances du groupe. Cette approche, bien que risquée, conféra à l'album une spontanéité vivante et une connexion émotionnelle profonde, renforçant l'impact de ses thèmes sociaux et politiques. Ainsi, à travers cette fusion audacieuse de sonorités et de propos, "OK Computer" se forgea comme un témoignage artistique visionnaire, reflétant de manière troublante les préoccupations et les nuances de la vie moderne.

En dépit des estimations de ventes prudentes de la part d'EMI, qui considérait l'album comme non commercial et difficile à promouvoir, "OK Computer" s'est élevé au sommet du UK Albums Chart, déjouant les prévisions et se positionnant en tant que numéro un. De plus, il a fait une entrée marquante au numéro 21 du Billboard 200, représentant alors le classement le plus élevé de Radiohead dans les charts américains. Cette réussite inattendue était un témoignage éloquent de la puissance et de l'impact de l'œuvre.

La reconnaissance ne s'est pas arrêtée là. Certifié cinq fois platine au Royaume-Uni et double platine aux États-Unis, "OK Computer" a démontré sa capacité à transcender les attentes initiales et à s'installer durablement dans le panthéon musical mondial. Les singles "Paranoid Android", "Karma Police",

OK Computer – 1997

"Lucky", et "No Surprises" ont été les porte-étendards de cet opus exceptionnel, captivant les auditeurs par leur profondeur émotionnelle et leur pertinence sociale.

Cet album a marqué un tournant majeur pour Radiohead, propulsant leur renommée au-delà des frontières nationales et contribuant à une augmentation significative de leur base de fans internationale. Avec une impressionnante vente d'au moins 7,8 millions d'unités à travers le globe, "OK Computer" s'est imposé comme un phénomène musical majeur, attestant de la pertinence intemporelle de son message et de sa place dans l'histoire de la musique contemporaine.

L'éloge qui a salué "OK Computer" l'a élevé au statut d'un des plus grands albums de tous les temps, marquant un chapitre indélébile dans l'histoire de la musique. Lors des Grammy Awards de 1998, l'album a été nommé pour l'album de l'année et a triomphé en remportant le prestigieux prix du meilleur album de musique alternative. Aux Brit Awards de la même année, il a également été nominé pour le meilleur album britannique, renforçant ainsi son influence considérable dans le paysage musical.

L'impact de "OK Computer" s'est étendu au-delà des honneurs et des récompenses. Il a servi de catalyseur pour un changement stylistique significatif dans le paysage du rock britannique. En délaissant les conventions de la Britpop, l'album a tracé la voie vers un rock alternatif empreint de mélancolie et d'une atmosphère captivante. Ce virage stylistique a laissé une empreinte durable, s'étendant sur la décennie suivante et influençant la trajectoire de nombreux artistes.

La reconnaissance officielle de la portée culturelle et historique de "OK Computer" est également attestée par son inclusion, en 2014, dans le National Recording Registry de la Bibliothèque du

OK Computer – 1997

Congrès des États-Unis en tant qu'œuvre « culturellement, historiquement ou esthétiquement significative ».

Pour célébrer le vingtième anniversaire de l'album en 2017, une version remasterisée intitulée "OKNOTOK 1997 2017" a été publiée, offrant aux auditeurs une expérience enrichie de l'œuvre emblématique. En 2019, en réaction à une fuite sur Internet, Radiohead a pris l'initiative de publier "MiniDiscs [Hacked]", un ensemble volumineux comprenant des heures de matériel supplémentaire, offrant ainsi un aperçu fascinant du processus créatif qui a donné naissance à cet album légendaire.

En l'année 1995, Radiohead se lançait dans une tournée pour promouvoir leur deuxième album, "The Bends" (1995). Au cœur de cette tournée, Brian Eno leur fit une demande particulière : contribuer à une chanson pour "The Help Album", une compilation caritative organisée par War Child. L'enregistrement de cet album était prévu en une seule journée, le 4 septembre 1995, avec une sortie en urgence cette même semaine.

Le morceau choisi par Radiohead était "Lucky", et c'est avec l'aide de Nigel Godrich, qui avait participé à la conception de "The Bends" et produit plusieurs faces B du groupe, qu'ils ont réussi à l'enregistrer en cinq heures seulement. Godrich a partagé ses impressions sur cette session en déclarant : "Ces moments sont les plus inspirants, quand vous créez rapidement sans rien à perdre. Nous sommes ressortis de là avec une euphorie certaine. Ayant établi une petite connexion sur le plan professionnel, j'espérais secrètement être impliqué dans leur prochain album."

Le chanteur, Thom Yorke, a révélé que "Lucky" avait joué un rôle clé dans le développement sonore et atmosphérique de leur prochain album : "'Lucky' a façonné le son et l'ambiance naissants de notre futur projet. C'était comme la première marque sur le

OK Computer – 1997

mur, une indication précoce de la direction que nous souhaitions prendre."

En janvier 1996, Radiohead, ressentant le poids du stress des tournées, a décidé de faire une pause bien méritée. Ils aspiraient à s'éloigner du style introspectif qui caractérisait "The Bends". Le batteur, Philip Selway, exprima son sentiment en déclarant : "Il y a eu énormément d'introspection sur 'The Bends'. Refaire la même chose sur un autre album serait atrocement ennuyeux."

Le chanteur, Thom Yorke, partageait cette vision, affirmant qu'il ne voulait pas créer "un autre disque misérable, morbide et négatif". Il expliqua qu'il préférait explorer les aspects positifs de la vie, en notant : "J'écris toutes les choses positives que j'entends ou vois. Pour l'instant, je ne suis pas capable de les mettre en musique, et je ne veux pas me forcer à le faire." Ainsi, Radiohead s'engageait dans une nouvelle phase artistique, cherchant à éviter la répétition et à embrasser une perspective plus lumineuse dans leur prochaine œuvre.

Portés par le succès critique et commercial de "The Bends", Radiohead acquit la confiance nécessaire pour s'autoproduire dans la création de leur troisième album. Dotés d'un budget de 100 000 £ fourni par leur label Parlophone pour le matériel d'enregistrement, le guitariste principal, Jonny Greenwood, énonça clairement le seul concept qu'ils avaient en tête : "Nous voulions l'enregistrer loin de la ville et nous voulions le faire nous-mêmes."

Le guitariste Ed O'Brien partagea le sentiment de rébellion artistique qui animait le groupe, racontant : "Tout le monde disait : 'Vous vendrez six ou sept millions si vous sortez 'The Bends Pt 2', et nous nous disions : 'Nous allons nous opposer à cela et faire l'opposé'." Malgré les suggestions de plusieurs producteurs, y compris des noms de renom tels que Scott Litt, Radiohead,

OK Computer – 1997

inspirés par leurs sessions avec Nigel Godrich, prirent une direction différente.

Godrich, au départ sollicité pour ses conseils sur l'équipement, dépassa rapidement le rôle de conseiller pour devenir le coproducteur de l'album. Même si son penchant initial penchait vers la musique de danse électronique, il a su élargir son influence et contribuer de manière significative à la réalisation de l'album. Avant les sessions, le groupe se prépara en achetant leur propre équipement, dont un réverbérateur à plaques acquis auprès de l'auteur-compositeur Jona Lewie. Ainsi, avec une confiance renouvelée et une volonté délibérée de briser les attentes, Radiohead se lança dans la création de ce qui allait devenir un album emblématique de leur carrière.

Au début de l'année 1996, Radiohead s'est retrouvé immergé dans les Chipping Norton Recording Studios, situés à Oxfordshire, en vue d'enregistrer les démos de leur troisième album. Dès le mois de juillet, ils ont amorcé les répétitions et les sessions d'enregistrement au sein de leur propre studio, le Canned Applause, un hangar métamorphosé niché près de Didcot, toujours dans l'Oxfordshire.

Malgré l'absence d'une pression temporelle similaire à celle qui avait marqué la création de "The Bends", le groupe a dû faire face à des défis, attribués par Selway à leur décision de s'autoproduire : « Nous sautions d'une chanson à l'autre, et dès que nous commencions à manquer d'idées, nous passions à une nouvelle composition... Le plus ironique, c'est que nous étions presque arrivés à la fin chaque fois que nous passions à autre chose, car il y avait tant de travail investi dans chaque pièce. »

Les membres du groupe ont collaboré de manière quasi équitable dans la production et la création musicale, bien que Yorke demeurait indéniablement "la voix la plus forte", comme le

OK Computer – 1997

soulignait O'Brien. Selway précisait : "Nous nous accordons beaucoup d'espace pour développer nos rôles, mais en même temps, nous sommes tous très critiques à l'égard du travail des autres."

Le rôle de Godrich en tant que co-producteur se situait quelque part entre collaborateur et observateur externe. Il expliquait que Radiohead "avait besoin d'une personne extérieure à son unité, surtout lorsqu'ils jouent tous ensemble, pour dire quand la prise est réussie... J'interviens lorsque les gens ne prennent pas leurs responsabilités - produire un disque signifie assumer la responsabilité du disque... C'est à moi de m'assurer qu'ils concrétisent leurs idées." Godrich a produit tous les albums de Radiohead depuis lors et a été désigné comme le « sixième membre » du groupe, une référence au surnom de George Martin en tant que « cinquième Beatle ».

Radiohead a pris la décision de considérer le studio Canned Applause comme un lieu d'enregistrement insatisfaisant, une opinion partagée par Yorke qui la liait à la proximité du studio avec les résidences des membres du groupe. Jonny Greenwood, de son côté, attribuait cette insatisfaction au manque de salles à manger et de toilettes dans les locaux.

À ce stade, le groupe avait pratiquement finalisé quatre chansons : « Electioneering », « No Surprises », « Subterranean Homesick Alien » et « The Tourist ». Marquant une pause dans le processus d'enregistrement, ils se sont lancés dans une tournée américaine en 1996, assurant la première partie d'Alanis Morissette. C'est au cours de cette tournée que le groupe a présenté les premières versions de plusieurs nouvelles chansons, offrant ainsi un avant-goût de leur travail en cours.

Pendant la tournée, Baz Luhrmann a confié à Radiohead la tâche d'écrire une chanson pour son prochain film, Roméo + Juliette, et leur a accordé les 30 dernières minutes du film. Yorke a partagé :

OK Computer – 1997

"Quand nous avons visionné la scène où Claire Danes tient le Colt .45 contre sa tête, nous avons immédiatement commencé à travailler sur la chanson." Peu de temps après, le groupe a composé et enregistré "Exit Music (For a Film)". Bien que le morceau soit utilisé dans le générique de fin du film, il a été exclu de l'album de la bande originale à la demande du groupe.

Cette chanson a joué un rôle crucial dans l'orientation du reste de l'album. Yorke a exprimé : "C'était la première performance que nous avions jamais enregistrée où chaque note me faisait tourner la tête - quelque chose dont j'étais fier, quelque chose que je pouvais monter vraiment, très fort et ne pas grimacer à tout moment." "Exit Music (For a Film)" a ainsi contribué de manière significative à définir la trajectoire artistique globale de Radiohead à cette époque.

En septembre 1996, Radiohead a repris l'enregistrement à St Catherine's Court, un manoir historique situé près de Bath et appartenant à l'actrice Jane Seymour. Bien que le manoir soit généralement inoccupé, il était parfois utilisé à des fins d'entreprise. Ce changement de décor a marqué une transition significative dans le processus d'enregistrement. Greenwood, comparant le manoir aux studios précédents, a décrit l'expérience comme moins "laboratoire", contrairement à ce qui est courant en studio, mais plutôt comme un groupe de personnes en train de créer leur premier album ensemble.

Le groupe a exploité pleinement les différentes pièces et l'acoustique variée de la maison. Les voix de "Exit Music (For a Film)" ont bénéficié d'une réverbération naturelle obtenue en enregistrant sur un escalier en pierre, tandis que "Let Down" a pris vie dans une salle de bal à trois heures du matin. L'isolement à St Catherine's Court a offert au groupe la possibilité de travailler à un rythme différent, avec des horaires plus flexibles et spontanés. O'Brien a souligné que "la plus grande pression était de terminer [l'enregistrement]. Nous n'avions aucune date limite

OK Computer – 1997

et nous avions toute la liberté de faire ce que nous voulions. Nous le retardions un peu par crainte de conclure les choses."

Yorke était satisfait des enregistrements réalisés sur place et appréciait travailler sans séparation audio, ce qui signifie que les instruments n'étaient pas enregistrés séparément. O'Brien a estimé que 80 % de l'album avait été enregistré en direct, déclarant : "Je déteste faire des overdubs, car cela ne semble tout simplement pas naturel... Quelque chose de spécial se produit lorsque vous jouez en direct ; il s'agit en grande partie de se regarder les uns les autres et de savoir qu'il y a quatre autres personnes qui contribuent à faire que cela se réalise." De nombreuses voix de Yorke étaient des premières prises ; il craignait que des tentatives ultérieures ne lui fassent "commencer à réfléchir et que cela semble vraiment nul".

Radiohead est retourné à Canned Applause en octobre pour des répétitions, achevant la majeure partie de l'album "OK Computer" lors de sessions ultérieures à St. Catherine's Court. À Noël, la liste des morceaux avait été réduite à 14 chansons. Les parties de cordes ont été enregistrées aux studios Abbey Road à Londres en janvier 1997. Le mixage de l'album a eu lieu au cours des deux mois suivants dans divers studios londoniens, suivi du processus de mastering assuré par Chris Blair à Abbey Road.

Godrich a adopté une approche rapide et peu interventionniste du mixage, expliquant : « J'ai l'impression que si je m'y mets trop, je commence à tripoter les choses et je merde... Je prends généralement environ une demi-journée. » Cette approche a contribué à préserver la spontanéité et l'essence originale du travail du groupe, tout en permettant la réalisation d'un album cohérent et puissant.

Yorke confia que l'essence de l'album résidait dans "le son incroyablement dense et terrifiant" de Bitches Brew, l'avant-garde

OK Computer – 1997

jazz fusion de Miles Davis en 1970. Il décrivit ce son à Q en ces termes : "Il s'agissait de construire quelque chose et de le voir s'effondrer, c'est toute la beauté de la chose. C'était au cœur de ce que nous essayions de faire avec OK Computer." Yorke puisa son inspiration dans des chansons telles que "I'll Wear It Proudly" d'Elvis Costello, "Fall on Me" de REM, "Dress" de PJ Harvey et "A Day in the Life" des Beatles, qu'il identifia comme des influences majeures sur sa création.

Radiohead s'imprégna davantage du style d'enregistrement d'Ennio Morricone, le compositeur de bandes originales de films, ainsi que du groupe de krautrock Can. Ces musiciens, selon Yorke, "abusaient du processus d'enregistrement". Jonny Greenwood décrivit alors OK Computer comme le résultat de l'amour pour "tous ces disques brillants... essayant de les recréer et manquant." L'album émergeait ainsi comme une fusion d'expérimentation sonore, d'influences diverses et d'une quête constante de perfection artistique.

Selon Yorke, l'objectif de Radiohead était de créer une "atmosphère qui est peut-être un peu choquante lorsqu'on l'entend pour la première fois, mais aussi choquante que l'atmosphère de Pet Sounds des Beach Boys". Dans cette quête, ils ont élargi leur palette instrumentale pour inclure le piano électrique, le Mellotron, les cordes et le glockenspiel. Jonny Greenwood résuma cette approche exploratoire en disant : "Quand nous avons ce que nous soupçonnons être une chanson incroyable, mais que personne ne sait ce qu'ils vont jouer dessus." Spin caractérisa alors OK Computer comme "un album électronique DIY réalisé avec des guitares". Ainsi, l'album devenait une fusion d'expérimentation sonore et d'instruments variés, cherchant à capturer une émotion aussi marquante que celle engendrée par l'opus emblématique des Beach Boys.

Les critiques ont évoqué une possible influence du rock progressif des années 1970, bien que Radiohead ait explicitement

OK Computer – 1997

nié cette filiation. Selon Andy Greene de Rolling Stone, Radiohead était "collectivement hostile au rock progressif des années 70... mais cela ne les a pas empêchés de réinventer le prog à partir de zéro sur OK Computer, en particulier sur le morceau de six minutes et demie 'Paranoid Android'." Tom Hull estimait que l'album était "toujours progressif, mais peut-être simplement parce que le rock a tellement enveloppé la narration musicale que ce genre de chose est devenu inévitable."

Écrivant en 2017, Kelefa Sanneh du New Yorker déclarait qu'OK Computer "était profondément progressif : grandiose et dystopique, avec un premier single qui durait plus de six minutes". Ainsi, même si le groupe avait renié toute association avec le rock progressif, la nature expansive et expérimentale de l'album a conduit certains critiques à reconnaître des éléments caractéristiques de ce genre, tout en soulignant la capacité de Radiohead à le réinventer à leur manière unique.

Les paroles de l'album, rédigées par Yorke, se distinguent par leur abstraction par rapport aux paroles plus personnelles et émotionnelles de The Bends. Le critique Alex Ross a décrit ces paroles comme étant "un mélange de conversations entendues, de discours techno et de fragments d'un journal intime dur", capturant des images telles que "la police anti-émeute lors de rassemblements politiques, des vies angoissées dans des banlieues bien rangées, des yuppies paniqués, des extraterrestres sympathiques planant au-dessus de leur tête." Les thèmes récurrents englobent les transports, la technologie, la folie, la mort, la vie britannique moderne, la mondialisation et l'anticapitalisme.

Yorke a partagé son processus créatif en expliquant : "Sur cet album, le monde extérieur est devenu tout ce qu'il y avait... Je prends juste des polaroids de choses autour de moi qui bougent trop vite." Il a également confié à Q : "C'était comme s'il y avait

OK Computer - 1997

une caméra secrète dans une pièce et qu'elle surveillait le personnage qui entre - un personnage différent pour chaque chanson. La caméra n'est pas tout à fait moi. Elle est neutre, sans émotion. Mais pas du tout sans émotion. En fait, c'est tout le contraire." Yorke s'est également inspiré de divers livres, notamment les écrits politiques de Noam Chomsky, The Age of Extremes d'Eric Hobsbawm, The State We're In de Will Hutton, What a Carve Up! et VALIS de Philip K. Dick. Ainsi, les paroles d'OK Computer se révèlent être une toile complexe tissée à partir d'influences variées et de la perception aiguisée de Yorke sur le monde qui l'entoure.

Les chansons d'OK Computer ne suivent pas un récit linéaire, et les paroles de l'album sont généralement perçues comme abstraites ou évasives. Cependant, de nombreux critiques musicaux, journalistes et universitaires ont qualifié l'album de conceptuel ou de cycle de chansons, soulignant sa forte cohésion thématique, son unité esthétique et la logique structurelle du séquençage des chansons. Malgré ces analyses, Radiohead a explicitement affirmé ne pas considérer OK Computer comme un album conceptuel et n'avoir pas eu l'intention de lier les chansons par un concept narratif ou unificateur lors de sa création.

Jonny Greenwood a souligné : "Je pense qu'un titre d'album et une voix informatique ne font pas un album concept. C'est un peu une fausse piste." Néanmoins, bien que le groupe n'ait pas adopté l'étiquette d'album conceptuel, il a expressément souhaité que l'auditeur appréhende l'album dans son ensemble, consacrant deux semaines à l'ordre des morceaux. Ed O'Brien a ajouté : "Le contexte de chaque chanson est vraiment important... Ce n'est pas un album concept, mais il y a là une continuité." Ainsi, bien que les intentions du groupe n'aient pas été de créer un concept, la structure réfléchie de l'album et la cohérence thématique entre les chansons ont donné lieu à des interprétations diverses quant à sa nature conceptuelle.

OK Computer – 1997

Le premier morceau, "Airbag", dévoile son rythme, façonné à partir d'une courte séquence enregistrée de la batterie de Selway. Le groupe a capturé ce rythme avec un échantillonneur, puis l'a retravaillé sur un ordinateur Macintosh. Inspirés par la musique de DJ Shadow, ils ont toutefois avoué avoir approximé le style de Shadow en raison de leur inexpérience en programmation. La ligne de basse, interrompue de manière inattendue, crée un effet rappelant le dub des années 1970.

Les premiers brouillons des paroles de "Airbag" ont pris forme à l'intérieur d'une copie annotée par Yorke de "Songs of Innocence and of Experience" de William Blake. Cette copie personnelle a été vendue aux enchères par Yorke en 2016, les bénéfices étant reversés à Oxfam. Les paroles font allusion aux accidents de voiture et à la réincarnation, trouvant leur inspiration dans un article de magazine intitulé "Un airbag m'a sauvé la vie" et dans "Le Livre tibétain des morts". Yorke a composé "Airbag" autour de l'illusion de sécurité que procurent les transports en commun modernes, exprimant l'idée que chaque trajet pourrait être fatal.

La BBC a souligné l'influence de JG Ballard, notamment de son roman de 1973, "Crash", sur les paroles de la chanson. Le journaliste musical Tim Footman a observé que les innovations techniques et les préoccupations lyriques de la chanson reflétaient le "paradoxe clé" de l'album : les musiciens et le producteur célébrant les possibilités sonores de la technologie moderne, tandis que le chanteur s'insurgeait contre son impact social, moral et psychologique. Cette contradiction transparaît dans le choc culturel de la musique, avec les "vraies" guitares se confrontant difficilement aux tambours hackés et traités.

Découpée en quatre sections d'une durée totale de 6:23, "Paranoid Android" s'impose comme l'une des pièces les plus étendues du répertoire du groupe. Sa structure non conventionnelle puise son inspiration dans des compositions telles que "Happiness Is a

OK Computer – 1997

Warm Gun" des Beatles et "Bohemian Rhapsody" de Queen, échappant ainsi à la trame traditionnelle couplet-refrain-couplet. Les Pixies ont également laissé leur empreinte sur le style musical singulier de la chanson.

L'origine de cette œuvre remonte à une nuit troublante passée par Yorke dans un bar de Los Angeles. Témoin d'une réaction violente de femme à la suite d'un renversement de verre, il fut inspiré à écrire "Paranoid Android". Le titre et les paroles de la chanson font allusion à Marvin, l'androïde paranoïaque de la série "The Hitchhiker's Guide to the Galaxy" de Douglas Adams. Une incursion dans le tumulte de la vie nocturne a donc donné naissance à cette composition captivante, façonnée par des influences variées et une structure audacieuse.

L'emploi des claviers électriques dans "Subterranean Homesick Alien" constitue un exemple des efforts du groupe pour recréer l'atmosphère emblématique de "Bitches Brew". Le titre de la chanson est un hommage à la célèbre composition de Bob Dylan, "Subterranean Homesick Blues", tandis que ses paroles dépeignent un narrateur isolé qui rêve d'une rencontre extraterrestre. Le narrateur anticipe le scepticisme de ses amis à son retour sur Terre, imaginant qu'il resterait incompris et exclu.

Les paroles tirent leur inspiration d'une mission confiée à Yorke à l'époque de son passage à l'école d'Abingdon, où il devait rédiger un morceau de "poésie martienne". Ce projet s'inscrit dans le contexte du mouvement littéraire britannique qui, avec humour, réinterprète les aspects ordinaires de la vie humaine du point de vue extraterrestre. Ainsi, "Subterranean Homesick Alien" se profile comme une exploration imaginative, fusionnant les influences musicales et littéraires pour créer une expérience captivante.

Les vers de "Exit Music (For a Film)" ont puisé leur inspiration dans l'inoubliable histoire de Roméo et Juliette de William

OK Computer – 1997

Shakespeare. À l'origine, Yorke avait envisagé d'intégrer directement des lignes de la pièce dans la chanson, mais les paroles finales se sont transformées en un résumé évocateur de ce récit intemporel. Le chanteur a partagé son émotion, révélant : « J'ai vu la version de Zeffirelli quand j'avais 13 ans et j'ai pleuré à chaudes larmes, parce que je ne comprenais pas pourquoi, le lendemain de leur baiser, ils ne se sont pas enfuis. C'est une chanson pour deux personnes qui devraient s'échapper avant que tout ne tourne mal. »

Yorke a établi un parallèle entre l'ouverture de la chanson, centrée principalement sur son chant et une guitare acoustique, et "At Folsom Prison" de Johnny Cash. Le morceau utilise un chœur Mellotron et d'autres voix électroniques tout au long, atteignant son apogée avec l'entrée de la batterie et des basses déformées à travers une pédale de fuzz. La culmination de la chanson cherche à évoquer le son du groupe trip-hop Portishead, mais dans un style que le bassiste, Colin Greenwood, a décrit comme étant plus "guindé, plombé et mécanique". La conclusion de la pièce renoue avec la voix de Yorke, une guitare acoustique et le Mellotron. Ainsi, "Exit Music (For a Film)" se déploie comme une œuvre complexe, mêlant émotions et expérimentations sonores avec habileté.

"Let Down" s'enrichit de guitares arpégées superposées et d'un piano électrique, avec Jonny Greenwood apportant sa contribution distinctive à la guitare dans une signature rythmique distincte des autres instruments. La chanson, selon O'Brien, a été influencée par Phil Spector, un producteur et compositeur réputé pour sa technique d'enregistrement imposante connue sous le nom de "Wall of Sound".

Les paroles, telles que décrites par Yorke, explorent la crainte d'être pris au piège et "ce sentiment que vous ressentez lorsque vous êtes en transit mais que vous n'en avez pas le contrôle - vous survolez simplement des milliers de lieux et de personnes,

OK Computer – 1997

complètement détaché". La phrase "Ne soyez pas sentimental / Cela finit toujours par des bêtises" reflète, selon Yorke, une attitude critique envers la sentimentalité. Il explique : "La sentimentalité, c'est être émotif pour le plaisir. Nous sommes bombardés de sentiments, des gens émotifs. C'est la déception. Sentiment." Il exprime que chaque émotion est fausse, ou plutôt, chaque émotion est placée sur le même plan, que ce soit dans une publicité automobile ou une chanson pop.

Yorke souligne que ce scepticisme envers les émotions caractérise la génération X et a influencé l'approche du groupe envers l'album. Ainsi, "Let Down" se distingue non seulement par son arrangement musical riche, mais aussi par ses paroles qui sondent les complexités des émotions contemporaines, teintées d'un regard lucide et critique.

"Karma Police" présente une structure distinctive, avec deux couplets principaux alternant avec une pause subtile, suivie d'une section finale différente. Les couplets mettent en vedette la guitare acoustique et le piano, avec une progression d'accords qui fait écho au "Sexy Sadie" des Beatles. À partir de 2:34, la chanson fait une transition vers une section orchestrée, marquée par la répétition de la ligne "Pendant une minute là-bas, je me suis perdu". Cette section trouve son terme avec Ed O'Brien, le guitariste, créant un feedback en utilisant un effet de retard.

Le titre et les paroles de "Karma Police" tirent leur origine d'une blague pendant la tournée de l'album "The Bends". Jonny Greenwood a expliqué : « Chaque fois que quelqu'un se comportait d'une manière particulièrement merdique, nous disions : « La police du karma le rattrapera tôt ou tard. » » Ainsi, la chanson explore non seulement des éléments musicaux complexes mais également des thèmes liés à la justice cosmique et à la rétribution, incarnés par la "police du karma". Cette juxtaposition d'influences musicales et de commentaires sociaux donne à "Karma Police" une profondeur et une originalité qui la distinguent au sein du répertoire de Radiohead.

Au cœur de l'album réside "Fitter Happier", une brève pièce de musique concrète tissée à partir de sons musicaux et d'arrière-plans échantillonnés, accompagnée de paroles proférées par "Fred", une voix synthétisée à partir de l'application Macintosh SimpleText. Thom Yorke, frappé par un blocage de l'écrivain alors que ses camarades musiciens répétaient, a spontanément façonné les paroles en l'espace de dix minutes. Il considéra cette création comme une série de slogans capturant l'essence des années 1990, décrivant l'expérience comme "la chose la plus bouleversante que j'aie jamais écrite" et soulignant la libération qu'il ressentit en confiant ces mots à une voix artificielle au ton neutre.

En arrière-plan, on perçoit des échantillons subtils, dont une boucle tirée du film de 1975, "Trois jours du Condor". Bien que le groupe ait envisagé d'utiliser "Fitter Happier" comme pièce d'ouverture de l'album, la décision fut finalement prise de reléguer cette piste à une position différente en raison de son effet initialement repoussant.

Steve Lowe a décrit la chanson comme une "chirurgie pénétrante sur les modes de vie des entreprises pseudo-significatives", exprimant une "répugnance pour les valeurs sociales yuppies dominantes". Au sein des images évasivement reliées dans les paroles, Footman a décodé le sujet de la chanson comme étant "l'incarnation matériellement confortable et moralement vide de l'humanité occidentale moderne, mi-salarié, mi-épouse de Stepford, destinée à la cage de mise bas métaphorique, calée sur elle-même, sous Prozac, le Viagra, et tout ce que son régime d'assurance peut couvrir."

OK Computer – 1997

Pour Sam Steele, les paroles représentent un "flux d'images reçues : des bribes d'informations médiatiques, entrecoupées de slogans publicitaires sur le style de vie et de prières privées pour une existence plus saine. C'est le bourdonnement d'un monde saturé de mots, où les messages semblent confondre la frontière entre la réalité et l'artifice, nous laissant incapables de détecter la vérité au milieu de cette synthèse omniprésente."

"Electioneering", agrémenté d'une cloche distincte et d'un solo de guitare déformé, se dresse comme le morceau le plus résolument rock de l'album, figurant parmi les compositions les plus puissantes jamais enregistrées par Radiohead. On l'a comparé au style préalable du groupe sur "Pablo Honey". Avec son cynisme palpable, "Electioneering" se positionne comme la chanson la plus directement politique de l'album, les paroles étant inspirées des émeutes liées à la Poll Tax. L'influence de "Manufacturing Consent" de Chomsky, un ouvrage analysant les médias contemporains sous l'angle de la propagande, est également perceptible dans la trame de la chanson.

Thom Yorke a décrit les paroles, centrées sur les compromis politiques et artistiques, comme étant prononcées comme "un prédicateur déclamant devant une banque de microphones". Concernant les références politiques dissimulées, Yorke a déclaré : "Que pouvez-vous dire du FMI, ou des politiciens ? Ou des gens qui vendent des armes aux pays africains, qui emploient des travailleurs esclaves ou autre. Que pouvez-vous dire ? Il vous suffit d'écrire 'L'encouragement du bétail et le FMI', et les gens qui savent, savent."

Jonny O'Brien a ajouté une couche de signification en expliquant que la chanson traitait du cycle promotionnel des tournées : "Après un certain temps, vous vous sentez comme un politicien qui doit embrasser des bébés et serrer la main toute la journée."

OK Computer – 1997

"Climbing Up the Walls", décrit par Melody Maker comme un "chaos monumental", se déploie sur une toile sonore composée d'une section de cordes, d'un bruit ambiant et de percussions métalliques répétitives. La section de cordes, conçue par Jonny Greenwood pour 16 instruments, puise son inspiration dans "Threnody to the Victims of Hiroshima" du compositeur classique moderne Krzysztof Penderecki. Greenwood a partagé son enthousiasme en déclarant : "J'étais très excité à l'idée de créer des parties de cordes qui ne sonnaient pas comme 'Eleanor Rigby', ce à quoi ressemblaient toutes les parties de cordes au cours des 30 dernières années."

Select a décrit la voix désespérée de Thom Yorke et les cordes atonales comme "la voix de Thom se dissolvant dans un cri effrayant et sanglant alors que Jonny fouette le son d'un million d'éléphants mourants dans un crescendo". Les paroles de la chanson trouvent leur inspiration dans l'expérience de Yorke en tant qu'infirmier dans un hôpital psychiatrique pendant la période de politique Care in the Community, caractérisée par la désinstitutionnalisation des patients en santé mentale. Un article du New York Times sur les tueurs en série a également alimenté sa créativité. Yorke a expliqué :

"Il s'agit de l'indicible. Littéralement un écrasement du crâne. Je travaillais dans un hôpital psychiatrique à l'époque où Care in the Community a commencé, et nous savions tous ce qui allait se passer. Et c'est l'une des choses les plus effrayantes qui se produisent dans ce pays, parce que beaucoup d'entre eux n'étaient pas simplement inoffensifs... Il y avait une grêle violente lorsque nous avons enregistré cela. Cela semblait ajouter à l'ambiance."

"No Surprises", enregistré en une seule prise, se compose d'arrangements comprenant une guitare électrique inspirée de "Shouldn't It Be Nice" des Beach Boys, une guitare acoustique, un glockenspiel et des harmonies vocales. Le groupe visait à recréer

OK Computer – 1997

l'atmosphère de l'enregistrement de Louis Armstrong en 1968 de "What a Wonderful World" et la musique soul de Marvin Gaye. Thom Yorke a identifié le sujet de la chanson comme étant "quelqu'un qui s'efforce de garder le cap mais n'y parvient pas". Les paroles semblent décrire un suicide ou une vie insatisfaisante, ainsi qu'un mécontentement à l'égard de l'ordre social et politique contemporain, avec certaines lignes faisant référence à l'imagerie rurale ou suburbaine.

L'une des métaphores clés de la chanson réside dans la ligne d'ouverture, "un cœur plein comme une décharge". Selon Yorke, la chanson est une "comptine foutue" résultant de son obsession malsaine pour savoir quoi faire avec les boîtes et les bouteilles en plastique. Il explique que tous ces objets sont enterrés, les débris de nos vies, et il ajoute, "Il ne pourrit pas, il reste là. C'est comme ça que nous traitons, c'est comme ça que je gère les choses, je les enterre." Malgré le contraste frappant entre l'ambiance douce de la chanson et ses paroles poignantes, Steele la décrit en disant : "Même lorsque le sujet est le suicide... La guitare d'O'Brien est aussi apaisante qu'un baume sur une psyché rouge-crue, la chanson rendue comme une prière d'enfant douce-amère."

"Lucky" trouve son inspiration dans la guerre de Bosnie. Sam Taylor a souligné que c'était "le seul morceau de [The Help Album] à capturer la sombre terreur du conflit", et que sa gravité et son ton sombre faisaient du groupe quelque chose de "trop réel pour être autorisé à monter dans le train à sauce Britpop". Les paroles, initialement plus politiquement explicites et épurées à partir de nombreuses pages de notes, dépeignent un homme survivant à un accident d'avion, illustrant les préoccupations de Thom Yorke concernant le transport.

La pièce maîtresse musicale de "Lucky" réside dans son arrangement de guitare en trois parties. Celui-ci prend naissance dans le son de carillon aigu produit par O'Brien dans l'introduction de la chanson en grattant au-dessus de la noix de la

OK Computer – 1997

guitare. Les critiques ont comparé la guitare principale à Pink Floyd et, de manière plus générale, au rock d'arène.

L'album se clôture avec "The Tourist", une composition inhabituellement posée selon Jonny Greenwood, où quelque chose "ne doit pas se produire... toutes les trois secondes". Greenwood a expliqué que "The Tourist" se distingue du son habituel de Radiohead, devenant une chanson avec de l'espace. Les paroles, rédigées par Thom Yorke, trouvent leur inspiration dans son observation de touristes américains en France, s'efforçant frénétiquement de visiter autant d'attractions touristiques que possible.

Jonny Greenwood a précisé que la chanson a été choisie comme morceau de clôture parce que "une grande partie de l'album concernait le bruit de fond et tout allait trop vite et ne pouvait pas suivre le rythme. C'était vraiment évident d'avoir 'The Tourist' comme dernière chanson. Cette chanson m'a été écrite par moi, disant : 'Idiot, ralentis.' Parce qu'à ce moment-là, j'en avais besoin. C'était donc la seule solution possible : ralentir." La "valse bluesy inattendue" se conclut avec le déclin des guitares, laissant place à la batterie et à la basse, avant de s'éteindre complètement sur le son d'une petite cloche.

Le titre "OK Computer" trouve son origine dans la série radiophonique de 1978, "The Hitchhiker's Guide to the Galaxy". Dans cette série, le personnage Zaphod Beeblebrox prononce la phrase mémorable "D'accord, ordinateur, je veux un contrôle manuel complet maintenant". Les membres de Radiohead ont découvert cette phrase en écoutant la série pendant leur tournée en 1996, et Thom Yorke a noté la connexion. "OK Computer" est devenu un titre provisoire pour la face B "Palo Alto", et l'idée d'inclure cette chanson sur l'album a été envisagée.

OK Computer – 1997

Le titre a finalement conquis le groupe, et selon Jonny Greenwood, il a commencé à "s'attacher et à créer toutes ces résonances étranges avec ce que nous essayions de faire." Ainsi, "OK Computer" est devenu le titre emblématique de l'album, capturant l'esprit de l'œuvre dans son ensemble.

Thom Yorke a expliqué que le titre "OK Computer" englobe l'idée d'embrasser et en même temps d'être terrifié par l'avenir, que ce soit le sien, celui des autres, ou celui de la société dans son ensemble. Il a précisé que cela renvoie à l'image de se trouver dans une pièce où tous les appareils s'éteignent, y compris les machines, les ordinateurs, et ainsi de suite, avec le son que cela produit. Selon Yorke, le titre incarne une attitude résignée et effrayée, évoquant une ambiance similaire à la publicité de Coca-Cola "I'd Like to Teach the World to Sing". Certains analystes, comme l'écrivain de Wired Leander Kahney, suggèrent également qu'il pourrait être un hommage aux ordinateurs Macintosh, puisque le logiciel de reconnaissance vocale du Mac répond à la commande "OK ordinateur" au lieu de cliquer sur le bouton "OK". Parmi les autres titres envisagés figuraient "Les Uns et les Zéros", en référence au système numérique binaire, et "Votre Maison Peut Être en Danger si Vous ne Respectez pas Vos Paiements".

L'opus artistique "OK Computer" se présente comme un assemblage d'images et de texte, conçu par Yorke (crédité sous le pseudonyme de White Chocolate Farm) en collaboration avec Stanley Donwood. Yorke avait confié à Donwood la tâche de créer un journal visuel en parallèle aux séances d'enregistrement. Il déclara ne pas avoir pleinement confiance en sa musique avant d'y associer une représentation visuelle. Selon les dires de Donwood, la palette de couleurs bleue et blanche a émergé de la tentative de conférer à l'ensemble la teinte de l'os blanchi.

OK Computer – 1997

L'image représentant deux personnages se serrant la main s'affiche dans les annotations de la pochette ainsi que sur l'étiquette du disque, tant dans les versions CD que LP. Yorke a explicité que cette image était une allégorie de l'exploitation : "Quelqu'un se fait vendre quelque chose dont il ne veut pas vraiment, et quelqu'un se montre amical parce qu'il essaie de vendre quelque chose. C'est ce que cela signifie pour moi." Cette représentation a ultérieurement été reprise sur la couverture de "Radiohead: The Best Of" (2008). En dévoilant les thèmes sous-jacents de son œuvre, Yorke a ajouté : « C'est assez triste et assez drôle aussi. Toutes les œuvres d'art et ainsi de suite... C'étaient toutes les choses que je n'avais pas dites dans les chansons. »

Les motifs présents dans les œuvres d'art englobent des autoroutes, des avions, des familles, des logos d'entreprises et des paysages urbains. Il est probable que la photographie d'une autoroute en couverture ait été capturée à Hartford, Connecticut, lieu où Radiohead a donné un concert en 1996. Le terme « Lost Child » occupe une place significative, et le livret comporte des phrases en espéranto, une langue construite, ainsi que des instructions apparentées en anglais et en grec.

Le critique d'Uncut, David Cavanagh, a décrit l'utilisation de non-séquences comme créant un effet "semblable à un style de vie coaché par un fou". Les gribouillages blancs, méthode adoptée par Donwood pour rectifier les erreurs plutôt que d'utiliser la fonction informatique d'annulation, se déploient à travers les collages. Les notes de doublure comprennent les paroles intégrales, présentées avec une syntaxe atypique, une orthographe alternative et de petites annotations. Les paroles sont agencées et espacées de manière à évoquer des formes semblables à des images cachées.

En harmonie avec la position anti-corporatiste émergente de Radiohead, les crédits de production affichent l'ironique avis de

OK Computer – 1997

droit d'auteur : « Paroles reproduites avec l'aimable autorisation même si nous les avons écrites ».

Selon Selway, le label américain de Radiohead, Capitol, percevait l'album comme un "suicide commercial". Ils n'affichaient guère d'intérêt réel. À ce moment-là, une anxiété s'installa. "Comment cela sera-t-il reçu ?", se demandaient-ils. Yorke se souvient : "Lorsque nous l'avons présenté à Capitol pour la première fois, ils ont été surpris. Je ne sais pas vraiment pourquoi cela est si important maintenant, mais cela me passionne." Capitol ajusta ses prévisions de ventes de deux millions à un demi-million. Selon O'Brien, seul Parlophone, le label britannique du groupe, conserva son optimisme, tandis que les distributeurs mondiaux réduisirent considérablement leurs estimations de ventes.

Les représentants du label étaient apparemment déçus par l'absence de singles commercialisables, en particulier le manque d'une chanson équivalente au succès de Radiohead en 1992, "Creep". À l'époque, Colin Greenwood prédisait : "OK Computer n'est pas l'album avec lequel nous allons gouverner le monde. Ce n'est pas aussi saisissant, fort et agité dans la langue que The Bends. Il y a moins du facteur Van Halen."

Parlophone avait lancé une campagne publicitaire peu conventionnelle, déployant des annonces pleine page dans des journaux prestigieux du Royaume-Uni ainsi que dans les stations de métro. Ces publicités étaient frappantes, arborant les paroles de "Fitter Happier" en caractères gras noirs sur un fond blanc saisissant. Ces mêmes paroles et illustrations, tirées de l'album, étaient également réinterprétées pour créer des modèles de chemises uniques. Thom Yorke avait expliqué que le choix des paroles de "Fitter Happier" visait à établir un lien entre ce que certains critiques ont qualifié de "ensemble cohérent de

OK Computer – 1997

préoccupations" présentes à la fois sur la pochette de l'album et dans le matériel promotionnel.

D'autres articles non conventionnels faisaient partie de la gamme, notamment une disquette renfermant des économiseurs d'écran Radiohead, ainsi qu'une radio FM prenant la forme d'un ordinateur de bureau. Outre-Atlantique, Capitol a pris une approche audacieuse en envoyant 1 000 lecteurs de cassettes à des personnalités éminentes de la presse et de l'industrie musicale. Chacun de ces lecteurs comportait une copie de l'album solidement fixée à l'intérieur. Gary Gersh, président de Capitol, expliquait cette stratégie en ces termes : « Notre mission est simplement de les prendre comme un groupe au positionnement plutôt centre-gauche et de les amener vers le centre. C'est notre objectif, et nous persévérerons jusqu'à ce qu'ils deviennent le plus grand groupe du monde. »

Radiohead avait initialement envisagé de créer une vidéo pour chaque chanson de l'album, mais ce projet ambitieux a été abandonné en raison de contraintes financières et de temps. Grant Gee, le réalisateur de la vidéo de "No Surprises", a expliqué que le plan a été abandonné lorsque les coûts de production des vidéos de "Paranoid Android" et "Karma Police" ont dépassé le budget prévu. Parallèlement, les projets de collaboration avec le groupe de trip hop Massive Attack pour remixer l'album ont également été abandonnés.

Le site Web de Radiohead a été spécialement conçu pour promouvoir l'album et a été mis en ligne simultanément à sa sortie, positionnant ainsi le groupe parmi les pionniers en matière de présence en ligne. Peu de temps après le lancement de l'album, le tout premier site de fans majeur de Radiohead, baptisé "atease", a vu le jour, son nom étant inspiré de la chanson "Fitter Happier". En 2017, pour célébrer le 20e anniversaire de "OK Computer", Radiohead a pris l'initiative de restaurer temporairement son site

OK Computer - 1997

Web dans l'état qu'il avait en 1997, offrant ainsi aux fans une réminiscence nostalgique de cette époque charnière.

Radiohead a fait le choix audacieux de faire de "Paranoid Android" son premier single, malgré sa durée inhabituellement longue et l'absence d'un refrain accrocheur traditionnel. Colin Greenwood a souligné que la chanson était "à peine ce à quoi les stations de radio peuvent s'attendre en termes de format, révolutionnaire et adapté au buzz bin", mais malgré cela, Capitol a soutenu cette décision. La chanson a été présentée pour la première fois dans l'émission The Evening Session de Radio 1 en avril 1997 et a été officiellement publiée en single en mai de la même année. Grâce à une fréquente diffusion sur Radio 1 et à la rotation du clip sur MTV, "Paranoid Android" a atteint la troisième place dans les charts britanniques, marquant ainsi la plus haute position de Radiohead dans les classements à ce jour.

"Karma Police" a été publié en août 1997, suivi de "No Surprises" en janvier 1998. Les deux singles ont réussi à se hisser dans le top dix britannique, tandis que "Karma Police" a atteint la 14e place du classement Billboard Modern Rock Tracks aux États-Unis. En parallèle, "Lucky" a été publié en single en France, bien qu'il n'ait pas obtenu de classement notable. Quant à "Let Down", souvent considéré comme le premier single, il a été publié en tant que single promotionnel en septembre 1997 et a atteint la 29e place du classement Modern Rock Tracks. Ces succès démontraient la diversité et la force de l'album "OK Computer" sur la scène musicale.

Radiohead se lança dans une épopée musicale mondiale, baptisée "Against Demons", avec pour objectif la promotion de leur emblématique album "OK Computer". Le coup d'envoi de cette tournée mémorable fut donné à Barcelone le 22 mai 1997, marquant ainsi le début d'une aventure artistique sans précédent.

OK Computer – 1997

Parcourant le Royaume-Uni et l'Irlande, puis l'Europe continentale, l'Amérique du Nord, le Japon et l'Australasie, le groupe captiva les foules du monde entier avec leur musique novatrice. Cette épopée musicale atteignit son apogée le 18 avril 1998 à New York, créant des souvenirs impérissables pour les fans qui avaient suivi chaque note et chaque battement de cette symphonie mondiale.

L'histoire de cette tournée exceptionnelle fut capturée dans un documentaire réalisé par Grant Gee, intitulé "Meeting People Is Easy", dévoilé en novembre 1998. Ce documentaire offre un regard intime sur les coulisses de la vie en tournée de Radiohead, révélant les hauts et les bas de cette aventure musicale inoubliable.

La tournée "Against Demons" s'est avérée être une épreuve éprouvante pour le groupe, avec Thom Yorke en particulier exprimant son épuisement. Yorke a franche-ment déclaré : « Cette tournée a duré un an de trop. J'ai été le premier à m'en lasser, puis six mois plus tard, tout le monde dans le groupe le disait. Puis six mois de plus, plus personne n'en parlait. » Les exigences incessantes de la route et la pression constante ont laissé des marques profondes sur les membres du groupe.

En 2003, Colin Greenwood a réfléchi à la tournée, la qualifiant comme le point le plus bas de la carrière de Radiohead : « Il n'y a rien de pire que de devoir jouer devant 20 000 personnes quand quelqu'un – quand Thom – ne veut absolument pas être là, et vous pouvez voir ce regard vide dans ses yeux à des centaines de mètres. Vous détestez devoir imposer cette expérience à votre ami. » C'est dans ces moments difficiles que la véritable nature du coût émotionnel de la vie en tournée a été mise en lumière, révélant les tensions et les défis auxquels le groupe a dû faire face pendant cette période intense de leur carrière.

OK Computer – 1997

La tournée "Against Demons" a atteint son apogée mémorable avec la première prestation de Radiohead au Glastonbury Festival le 28 juin 1997. Malgré des problèmes techniques qui ont failli pousser Thom Yorke à quitter la scène, la performance a été saluée comme un moment historique et a solidifié la réputation de Radiohead en tant qu'acte live majeur. Rolling Stone l'a décrite comme « un triomphe absolu », et en 2004, Q Magazine l'a classée comme le plus grand concert de tous les temps.

En 2023, le Guardian a consacré cette performance comme le sommet du Glastonbury, déclarant que « la frustration et la tension ont incité le groupe à jouer comme jamais auparavant, ajoutant une puissance inattendue à un ensemble qui a confirmé OK Computer comme le son déterminant du post-rock, marquant un tournant dans l'ère post-Britpop ». Cette nuit-là, Radiohead a transcendé les difficultés techniques et a créé une expérience musicale qui restera gravée dans l'histoire, laissant une empreinte indélébile sur la scène musicale mondiale.

"OK Computer" a été dévoilé au monde avec des dates de sortie échelonnées, créant un impact musical mondial. Il a vu le jour au Japon le 21 mai, a émergé au Royaume-Uni le 16 juin, a conquis le Canada le 17 juin, et a conquis les États-Unis le 1er juillet. Disponible sur divers supports tels que le CD, le vinyle double LP, la cassette et le MiniDisc, l'album a offert une expérience auditive polyvalente à ses auditeurs.

Dès sa première semaine, "OK Computer" a fait une entrée remarquée au Royaume-Uni, décrochant la première place avec des ventes impressionnantes de 136 000 exemplaires. Aux États-Unis, l'album a débuté à la 21e place du Billboard 200, marquant le début de son influence outre-Atlantique. Maintenant solidement ancré dans le paysage musical, l'album a maintenu son statut de numéro un au Royaume-Uni pendant deux semaines, demeurant dans le top dix pendant plusieurs semaines

OK Computer – 1997

supplémentaires. À la fin de l'année, il s'est hissé au huitième rang des disques les plus vendus au Royaume-Uni, laissant ainsi une marque indélébile dans les annales de la musique.

En février 1998, "OK Computer" s'était déjà écoulé à plus d'un demi-million d'exemplaires au Royaume-Uni et à 2 millions dans le monde, attestant de son succès mondial. En septembre 2000, ses ventes mondiales avaient atteint la marque impressionnante de 4,5 millions d'exemplaires. Le Los Angeles Times rapportait en juin 2001 que l'album avait trouvé 1,4 million d'acheteurs aux États-Unis. En avril 2006, l'IFPI annonçait fièrement que "OK Computer" avait conquis 3 millions de foyers à travers l'Europe.

Les certifications de l'album témoignaient de son triomphe commercial, avec une triple platine au Royaume-Uni et une double platine aux États-Unis, en plus de nombreuses certifications sur d'autres marchés. En mai 2016, les chiffres de Nielsen SoundScan révélaient que "OK Computer" avait vendu 2,5 millions d'albums numériques aux États-Unis, avec 900 000 ventes mesurées en unités équivalentes à des albums. Vingt ans après sa sortie, l'Official Charts Company enregistrait des ventes totales au Royaume-Uni de 1,5 million, y compris les unités équivalentes à l'album.

En combinant les ventes américaines et européennes, "OK Computer" avait alors franchi la barre impressionnante d'au moins 6,9 millions d'exemplaires vendus dans le monde, ou 7,8 millions avec les unités équivalentes à un album, confirmant ainsi son statut d'œuvre musicale majeure et intemporelle.

L'accueil réservé à OK Computer fut quasi unanime. Les critiques le qualifièrent de sortie historique, marquée par un impact et une importance considérables. Cependant, nombreux furent ceux à souligner que son caractère expérimental en faisait une écoute exigeante. Selon Tim Footman, « Pas depuis 1967, avec la

OK Computer – 1997

parution de Sgt. Pepper's Lonely Hearts Club Band, autant de critiques majeurs ne se sont immédiatement mis d'accord, non seulement sur les mérites d'un album, mais aussi sur sa signification à long terme et sa capacité à résumer un moment particulier de l'histoire. »

Dans la presse britannique, l'album récolta des éloges dans NME, Melody Maker, The Guardian et Q. Nick Kent écrivit dans Mojo : « D'autres finiront peut-être par vendre davantage, mais dans 20 ans, je parie qu'OK Computer sera considéré comme le disque clé de 1997, celui qui fera avancer le rock au lieu de réorganiser astucieusement les images et les structures de chansons d'une époque antérieure. » John Harris, dans Select, affirma : « Chaque mot semble terriblement sincère, chaque note jaillit du cœur, et pourtant, elle s'ancre fermement dans un monde d'acier, de verre, de mémoire vive et de paranoïa à la peau épineuse. »

L'accueil critique en Amérique du Nord fut tout aussi chaleureux. Des médias prestigieux tels que Rolling Stone, Spin, le Los Angeles Times, le Pittsburgh Post-Gazette, Pitchfork et le Daily Herald ont tous partagé des critiques élogieuses. Dans The New Yorker, Alex Ross a salué le caractère progressiste de l'album, soulignant le contraste audacieux entre la prise de risque de Radiohead et le conservatisme musical « dadrock » de leurs contemporains Oasis. Ross écrivit : « Tout au long de l'album, les contrastes d'ambiance et de style sont extrêmes... Ce groupe a réussi l'un des grands numéros d'équilibriste art-pop de l'histoire du rock. »

Ryan Schreiber de Pitchfork a loué l'attrait émotionnel du disque, déclarant qu'il « déborde d'émotions authentiques, d'images et de musique belles et complexes, et de paroles à la fois passives et cracheuses de feu ».

Les réactions des critiques provenant d'Entertainment Weekly, du Chicago Tribune et de Time étaient mitigées. Robert Christgau,

OK Computer – 1997

de The Village Voice, a exprimé que Radiohead avait immergé la voix de Yorke dans « suffisamment de distinction électronique marginale pour nourrir une ville charbonnière pendant un mois », cherchant ainsi à compenser des chansons qu'il qualifiait de « sans âme », aboutissant à un art rock « aride ». Dans une critique globalement positive, Andy Gill, écrivant pour The Independent, a déclaré : « Malgré toute son ambition et sa détermination à innover, OK Computer n'est finalement pas aussi impressionnant que The Bends, qui couvrait à peu près le même genre de nœuds émotionnels, mais avec de meilleurs morceaux. Il est facile d'être impressionné, mais finalement difficile d'aimer, un album qui se complaît si facilement dans son propre découragement. »

Lors de la 40e édition des Grammy Awards en 1998, "OK Computer" s'est vu honorer de deux nominations prestigieuses : celle de l'Album de l'année et du Meilleur album de musique alternative. Ce chef-d'œuvre musical a réussi à décrocher le trophée du Meilleur album de musique alternative, témoignant ainsi de sa qualité exceptionnelle et de son impact sur la scène musicale.

Les honneurs n'ont pas manqué pour "OK Computer" aux Brit Awards 1998, où il a été nominé dans la catégorie du Meilleur album britannique. L'album a également fait son entrée dans la liste des prétendants au Mercury Prize 1997, une distinction prestigieuse récompensant le meilleur album britannique ou irlandais de l'année. L'excitation était à son comble la veille de l'annonce du lauréat, avec les parieurs plaçant "OK Computer" en tête des favoris parmi les dix nominés.

Cependant, malgré les attentes élevées et les prédictions favorables, "OK Computer" a été devancé par "New Forms" de Roni Size/Reprazent dans la course au Mercury Prize. Une déception inattendue pour les fans et les observateurs qui croyaient en la suprématie de cet album novateur. Cette soirée a

OK Computer – 1997

néanmoins marqué l'empreinte indélébile de "OK Computer" dans l'histoire de la musique, une œuvre qui transcende les récompenses pour s'inscrire comme un jalon majeur de son époque.

En l'an 1997, "OK Computer" a conquis les critiques et les auditeurs, se hissant au sommet de nombreuses listes établissant le meilleur album de l'année. Les éloges ont plu de tous côtés, et l'album s'est imposé en tête des classements de fin d'année de publications influentes telles que Mojo, Vox, Entertainment Weekly, Hot Press, Muziekkrant OOR, HUMO, Eye Weekly et Inpress. Une performance exceptionnelle, partagée à égalité avec "Homework" de Daft Punk dans le classement de The Face.

Cependant, la compétition était intense, et bien que "OK Computer" ait récolté un soutien massif, il a dû se contenter de la deuxième place dans d'autres sondages d'importance, dont NME, Melody Maker, Rolling Stone, Village Voice, Spin et Uncut. Malgré cette rivalité féroce, l'album a continué à accumuler les éloges et à se forger une réputation durable dans l'histoire de la musique.

Les revues Q et Les Inrockuptibles ont également accordé une reconnaissance particulière à "OK Computer", le plaçant tous deux dans leurs sondages de fin d'année sans classement spécifique. Cette diversité de reconnaissances témoigne de l'impact universel de l'album, qui a su transcender les frontières musicales pour devenir une référence incontournable de son époque.

Les éloges abondants pour l'album ont créé une vague d'émotions au sein du groupe. Jonny Greenwood a exprimé le sentiment que ces acclamations pouvaient être exagérées en raison du fait que leur précédent album, "The Bends", avait peut-être été « sous-évalué et sous-reçu ». Malgré les comparaisons avec des œuvres emblématiques du rock progressif et de l'art rock, notamment

OK Computer – 1997

l'album de Pink Floyd de 1973, "The Dark Side of the Moon", le groupe a catégoriquement rejeté ces associations.

Thom Yorke, le leader du groupe, a répondu avec conviction à ces interprétations : « Nous écrivons des chansons pop... Il n'y avait aucune intention que ce soit de l'art. C'est le reflet de toutes les choses disparates que nous écoutions lorsque nous l'avons enregistré. » Malgré cette mise au point, Yorke a exprimé sa satisfaction que les auditeurs aient pu identifier les influences présentes dans leur musique : « Ce qui m'a vraiment époustouflé, c'est le fait que les gens ont compris toutes les choses, toutes les textures, les sons et les atmosphères que nous essayions de créer. » Cette compréhension profonde de la part du public a renforcé la connexion entre Radiohead et leur auditoire, témoignant de la puissance et de la richesse de leur créativité.

"OK Computer" a régulièrement figuré dans les listes professionnelles des plus grands albums de tous les temps, marquant ainsi son impact significatif sur le monde de la musique. Diverses publications telles que NME, Melody Maker, Alternative Press, Spin, Pitchfork, Time, Metro Weekly et Slant Magazine ont unanimement salué l'album en le classant parmi les meilleurs de la décennie des années 1990, voire de tous les temps.

Colin Larkin, dans la 3e édition des "1000 meilleurs albums de tous les temps" en 2000, a positionné "OK Computer" à la 4e place, soulignant ainsi sa place de choix dans le panthéon musical. En 2020, Rolling Stone l'a classé 42e sur sa liste des 500 plus grands albums de tous les temps, une ascension impressionnante depuis la 162e place en 2003 et 2012.

Les revues rétrospectives de BBC Music, The AV Club et Slant ont toutes émis des éloges favorables à l'égard de cet album novateur. Dans l'édition 2004 du Rolling Stone Album Guide, "OK Computer" a reçu la note parfaite, avec Rob Sheffield soulignant

OK Computer – 1997

comment Radiohead a conquis des sommets que d'autres grands noms tels que Nirvana, Pearl Jam, U2 et REM avaient également atteints.

Selon Christgau, "OK Computer" est souvent considéré comme l'apogée de la texture postmoderne. En 2014, le National Recording Preservation Board des États-Unis a choisi de conserver l'album dans le National Recording Registry de la Bibliothèque du Congrès, reconnaissant ainsi son impact culturel, historique et esthétique sur la vie américaine. Dans The New Yorker, Kevin Dettmar a même qualifié l'album de disque ayant rendu le monde moderne possible pour la musique rock alternative, soulignant ainsi sa portée révolutionnaire.

"OK Computer", malgré son statut encensé par de nombreux critiques, n'a pas échappé à la critique et à la controverse. Certains l'ont qualifié de surévalué, remettant en question l'ampleur des éloges qui lui ont été attribués. Lors d'un sondage mené par BBC Radio 6 Music, il a été classé comme le sixième album le plus surfait parmi les milliers de personnes interrogées.

David H. Green du Daily Telegraph a exprimé une opinion tranchée, décrivant l'album comme des "pleurnicheries complaisantes" et suggérant que le consensus positif des critiques envers "OK Computer" témoigne d'une illusion du 20e siècle selon laquelle le rock est le seul domaine pour des commentaires sérieux sur la musique populaire, au détriment de la musique électronique et de la musique dance.

Le NME a inclus l'album dans sa chronique "Sacred Cows", remettant en question le statut critique des "albums vénérés". Là, Henry Yates a critiqué le disque en le décrivant comme "le moment où Radiohead a cessé d'être 'bon' [par rapport à The Bends] et a commencé à être 'important'".

OK Computer – 1997

Un article de Spin, remettant en question le "mythe" selon lequel "Radiohead Can Do No Wrong", a souligné que les éloges démesurés pour "OK Computer" ont peut-être amplifié les attentes pour les futures sorties du groupe. Dans le même esprit, Christgau a initialement qualifié l'album d'"'égocentrique" et surfait, mais a par la suite revu son opinion, le trouvant révélateur de la sensibilité cérébrale de Radiohead, et le décrivant comme "rempli de plaisirs et de surprises discrets". Cette diversité d'opinions souligne la complexité de l'impact et de la réception d'un album aussi emblématique.

OK Computer fut enregistré à l'approche des élections générales de 1997 et dévoilé au public un mois après la victoire du nouveau gouvernement travailliste de Tony Blair. Les critiques accueillirent l'album comme une manifestation de dissidence et de scepticisme envers le nouveau régime, le considérant comme une réaction à l'optimisme national. Dorian Lynskey, exprimant cette perception, écrivit : « Le 1er mai 1997, les partisans travaillistes célébraient leur victoire écrasante au son de « Les choses ne peuvent que s'améliorer ». Quelques semaines plus tard, OK Computer se présenta tel le fantôme de Banquo, avertissant : Non, les choses ne peuvent qu'empirer. »

Amy Britton, quant à elle, observa que l'album « démontrait que tout le monde n'était pas prêt à se rallier au parti, préférant plutôt exploiter un autre sentiment répandu à travers le Royaume-Uni : l'angoisse pré-millénaire. "Le monde est OK, la bande originale de l'ordinateur, pas la vague d'optimisme britannique."

Dans une entrevue, Yorke exprimait des doutes quant à la différence entre la politique de Blair et celle des deux décennies précédentes sous le gouvernement conservateur. Il affirmait que la réaction du public à la mort de la princesse Diana était plus significative, marquant le moment où les Britanniques ont réalisé que "la famille royale nous avait tenus par les couilles au cours

OK Computer – 1997

des cent dernières années, tout comme les médias et l'État". Le dégoût du groupe face à la promotion commerciale d'OK Computer renforça leur position anticapitaliste, une conviction qui sera explorée de manière plus approfondie au fil de leurs futures œuvres.

Les critiques ont établi des comparaisons entre les expressions de mécontentement politique de Radiohead et celles de groupes de rock antérieurs. David Stubbs a affirmé que, là où le punk rock s'était élevé en rébellion contre une époque de déficit et de pauvreté, OK Computer protestait contre la "commodité mécanique" du surplus et des excès contemporains. Alex Ross a décrit l'album comme représentant "l'assaut de l'ère de l'information et l'adoption paniquée d'un jeune", transformant le groupe en "l'affiche d'un certain type d'aliénation consciente, tout comme l'avaient été Talking Heads et REM avant eux." Jon Pareles du New York Times a repéré des parallèles dans le travail de Pink Floyd et Madness, établissant des liens avec les préoccupations de Radiohead concernant une culture d'engourdissement, la construction de travailleurs dociles et l'imposition de régimes d'auto-assistance et d'antidépresseurs.

Le ton de l'album a été qualifié de millénaire ou futuriste, anticipant les tendances culturelles et politiques. Selon Steven Hyden, écrivain pour The AV Club, dans le documentaire "Whatever Happened to Alternative Nation", "Radiohead semblait être en avance sur la courbe, prévoyant la paranoïa, la folie médiatique et le sentiment omniprésent de catastrophe imminente qui caractérisent par la suite la vie quotidienne au 21e siècle."

Dans "1000 Recordings to Hear Before You Die", Tom Moon a décrit OK Computer comme un "essai dystopique prémonitoire sur les implications les plus sombres de la technologie... suintant [avec] un vague sentiment de terreur et une touche de Big Brother, ce pressentiment ressemblant fortement à l'inquiétude

OK Computer – 1997

constante de la vie au niveau de sécurité orange après le 11 septembre."

Chris Martin de Coldplay a souligné : "Il serait intéressant de voir à quel point le monde serait différent si Dick Cheney écoutait vraiment OK Computer de Radiohead. Je pense que le monde s'améliorerait probablement. Cet album est putain de génial. Il a changé ma vie, alors pourquoi cela ne changerait-il pas la sienne?"

L'album a engendré une pièce radiophonique du même nom, "OK Computer", qui a été diffusée pour la première fois sur BBC Radio 4 en 2007. Cette œuvre, rédigée par Joel Horwood, Chris Perkins, Al Smith, et Chris Thorpe, réinterprète les 12 titres de l'album au sein d'une histoire captivante. L'intrigue se déroule autour d'un homme qui se réveille dans un hôpital de Berlin, affligé d'une amnésie, et qui retourne ensuite en Angleterre, étreint par des doutes quant à la réalité de la vie dans laquelle il est revenu.

La sortie d'OK Computer s'est parfaitement alignée avec le déclin de la Britpop. Sous l'égide de l'influence d'OK Computer, le paysage de la guitare pop britannique a opéré un glissement vers une interprétation de l'approche « paranoïaque mais confessionnelle, bouillie mais accrocheuse » propre à Radiohead. De nombreux artistes britanniques plus contemporains ont adopté des arrangements tout aussi complexes et atmosphériques. Par exemple, le groupe post-Britpop Travis a collaboré avec Godrich pour façonner la texture pop languissante de The Man Who, qui s'est hissé au quatrième rang des albums les plus vendus au Royaume-Uni en 1999. Certains critiques de la presse britannique ont accusé Travis d'avoir emprunté le son caractéristique de Radiohead.

OK Computer – 1997

Selon Steven Hyden de l'AV Club, dès 1999, avec le début de The Man Who, "ce que Radiohead avait créé avec OK Computer était déjà devenu bien plus vaste que le groupe lui-même", continuant à exercer son influence sur "une vague de ballades rock britanniques" qui a culminé dans les années 2000.

La renommée d'OK Computer a exercé une influence significative sur la génération suivante de groupes de rock alternatif britanniques, recueillant des éloges de musiciens établis dans une diversité de genres. Des formations telles que Bloc Party et TV on the Radio ont soit écouté assidûment l'album, soit été directement influencées par son esthétique sonore distinctive. L'impact était tel que le premier album de TV on the Radio a été sobrement intitulé OK Calculator en hommage léger à l'œuvre de Radiohead.

Radiohead eux-mêmes ont observé la prolifération de groupes qui «sonnent comme nous», ce qui a contribué à leur décision de s'éloigner du style d'OK Computer pour leur album suivant, Kid A. La reconnaissance de leur propre empreinte musicale omniprésente a servi de catalyseur à une évolution créative, marquant une transition audacieuse vers de nouvelles expérimentations sonores.

Bien que l'influence d'OK Computer sur les musiciens de rock soit largement reconnue, plusieurs critiques remettent en question la véritable adoption à grande échelle de son penchant expérimental. Certains, comme Footman, ont souligné que les groupes qualifiés de "Radiohead Lite" qui ont émergé par la suite "manquaient de l'inventivité sonore [d'OK Computer], sans parler de la substance lyrique". Selon David Cavanagh, la prétendue influence généralisée d'OK Computer sur le grand public proviendrait plus probablement des ballades de The Bends.

Cavanagh avance l'idée que les albums populaires de l'ère post-OK Computer, tels que Urban Hymns de Verve, Good Feeling de

OK Computer – 1997

Travis, Word Gets Around de Stereophonics, et Life thru a Lens de Robbie Williams, ont effectivement refermé la porte à laquelle OK Computer avait ouvert la voie à une inventivité boffin-esque. John Harris, quant à lui, considère OK Computer comme l'un des "signes éphémères indiquant que la musique rock britannique [aurait] pu revenir à ses traditions inventives" après la fin de la Britpop. Bien que Harris conclue que le rock britannique a évolué vers une "tendance globalement plus conservatrice", il souligne que Radiohead, avec OK Computer et leur matériel ultérieur, a lancé un "appel de clairon" visant à combler le vide laissé par la disparition de la Britpop.

Dans une perspective plus large, le journaliste de Pitchfork, Marc Hogan, argumente que OK Computer a marqué un "point final" pour l'ère des albums orientés rock. Son succès, à la fois public et critique, est demeuré inégalé par aucun album rock depuis, selon Hogan.

OK Computer a engendré un renouveau mineur du rock progressif et des albums concept ambitieux, propulsant une nouvelle vague de groupes influencés par le prog qui attribuent à OK Computer le mérite d'avoir revitalisé leur scène. Brandon Curtis de Secret Machines a exprimé cette idée en déclarant : "Des chansons comme 'Paranoid Android' ont permis d'aborder l'écriture musicale de manière différente, de devenir plus expérimental... OK Computer était crucial car il réintroduisait une écriture et des structures de chansons non conventionnelles."

Steven Wilson de Porcupine Tree a partagé une perspective similaire en affirmant : "Je ne considère plus l'ambition comme un gros mot. Radiohead était le cheval de Troie à cet égard. Voici un groupe issu de la tradition du rock indépendant qui a réussi à passer inaperçu des journalistes, puis a commencé à produire des disques absurdes d'ambition et de prétention - et c'est une excellente chose."

OK Computer – 1997

En 2005, le magazine Q a consacré OK Computer comme le dixième meilleur album de rock progressif, soulignant ainsi son impact durable dans le domaine.

En 2007, Radiohead a rompu ses liens avec EMI, la société mère de Parlophone, à la suite d'échecs dans les négociations contractuelles. Toutefois, EMI a conservé les droits sur le matériel enregistré par Radiohead avant 2003. Après une période d'épuisement des stocks de vinyle, OK Computer a été réédité en double LP par EMI le 19 août 2008, intégré à la série "From the Capitol Vaults", comprenant également d'autres albums de Radiohead. Cette réédition s'est avérée être un succès notable, se hissant au dixième rang des disques vinyles les plus vendus de l'année 2008, avec près de 10 000 exemplaires écoulés. La presse a associé cette réédition au regain d'intérêt pour le vinyle au début du 21e siècle.

La maison de disques EMI a orchestré le retour en force de l'album emblématique "OK Computer" le 24 mars 2009, en le présentant sous la forme d'une édition collector étendue. Cette réédition prestigieuse s'est déployée aux côtés des albums "Pablo Honey" et "The Bends", formant ainsi une trinité musicale saisissante, bien que sans la participation directe du groupe Radiohead.

Cette édition revigorante a pris vie à travers deux facettes principales : une version à deux CD et une édition étendue comprenant deux CD et un DVD. Le premier disque a préservé l'intégrité de l'album original, tandis que le deuxième a été généreusement garni de faces B soigneusement rassemblées à partir des singles de "OK Computer" et de captivantes sessions d'enregistrement en direct. Quant au DVD, il a offert une expérience visuelle immersive, renfermant une sélection de vidéoclips captivants et une performance télévisée en direct.

OK Computer – 1997

Il est important de noter que l'ensemble du matériel présenté dans cette réédition avait déjà été dévoilé au public par le passé, et aucune remasterisation musicale n'a été entreprise. Ainsi, les amateurs de Radiohead ont eu l'occasion de se replonger dans l'univers intemporel de "OK Computer" tout en découvrant des joyaux musicaux supplémentaires, le tout dans une expérience enrichie qui a su raviver la flamme de cet album révolutionnaire.

La réédition de "OK Computer" a suscité une réaction mitigée au sein de la presse, exprimant une certaine inquiétude quant à la manière dont EMI exploitait le riche arrière-catalogue de Radiohead. Larry Fitzmaurice de Spin a ouvertement accusé EMI de chercher à « publier et rééditer la discographie [de Radiohead] jusqu'à ce que l'argent cesse d'arriver ». Cette déclaration incisive révèle la préoccupation quant à une exploitation financière excessive de l'œuvre du groupe.

Ryan Dombal de Pitchfork a adopté une position critique, soulignant la difficulté de percevoir ces rééditions comme autre chose qu'une tentative de tirer profit pour EMI/Capitol, une ancienne société de médias qui avait été laissée de côté par leur groupe le plus avant-gardiste. Cette perspective met en lumière la tension entre l'aspect financier de la réédition et la préservation de l'intégrité artistique de Radiohead.

En dépit de ces critiques, Daniel Kreps de Rolling Stone a adopté une position plus nuancée, défendant la sortie en soulignant la complétude des ensembles proposés. Il a contrebalancé les accusations faciles d'exploitation en reconnaissant la richesse du contenu offert dans ces rééditions, suggérant que, malgré les préoccupations financières, elles apportent une valeur substantielle aux fans de longue date.

Ainsi, la réception de la réédition de "OK Computer" a été teintée de préoccupations financières et artistiques, reflétant les tensions

OK Computer – 1997

complexes entre la préservation du patrimoine musical et les motivations commerciales des maisons de disques.

Malgré les préoccupations exprimées quant à l'exploitation financière, les critiques de la réédition de "OK Computer" ont été généralement positives. Des publications renommées telles que AllMusic, Uncut, Q, Rolling Stone, Paste et PopMatters ont unanimement salué le matériel supplémentaire, bien que certaines réserves aient été exprimées.

Scott Plagenhoef de Pitchfork a été particulièrement élogieux, attribuant à la réédition une note parfaite. Il a argumenté que l'ensemble valait indéniablement la peine d'être acquis pour les fans qui ne possédaient pas déjà le matériel additionnel. Plagenhoef a souligné que, même si le groupe n'avait pas été directement impliqué, cela ne diminuait en rien la valeur de ces disques, affirmant que c'était le dernier mot sur ces albums, notamment en raison de l'évolution de l'ère du CD, soulignée par la campagne de remasterisation des Beatles le 9 septembre.

Josh Modell, écrivain de l'AV Club, a également exprimé des louanges, mettant en avant le disque bonus et le DVD. Il a qualifié "OK Computer" de "synthèse parfaite des impulsions apparemment contradictoires de Radiohead", soulignant ainsi la qualité et la cohérence de l'ensemble.

Ainsi, malgré les réserves et les interrogations initiales, la réédition de "OK Computer" a été globalement bien accueillie, apparaissant comme une offre enrichissante pour les aficionados du groupe et une opportunité de revisiter un chef-d'œuvre musical à travers une perspective élargie.

En 2007, EMI a lancé le "Radiohead Box Set", une compilation regroupant les albums enregistrés pendant la période où Radiohead était sous contrat avec EMI, comprenant notamment

OK Computer – 1997

"The Bends". Cependant, en avril 2016, XL Recordings a acquis l'ensemble de l'arrière-catalogue de Radiohead. Les rééditions antérieures d'EMI, réalisées sans l'approbation formelle de Radiohead, ont été retirées des services de streaming.

En réaction à ce changement de propriétaire, XL Recordings a entrepris de rééditer le catalogue plus ancien de Radiohead sur vinyle en mai 2016, incluant l'incontournable "OK Computer". Cette initiative de réédition sous une nouvelle bannière a marqué une transition significative pour le groupe, éliminant les versions antérieures controversées et offrant aux auditeurs une approche plus authentique de leur œuvre, approuvée cette fois par les artistes eux-mêmes.

Ainsi, ce transfert de l'arrière-catalogue de Radiohead à XL Recordings a eu des répercussions notables sur la disponibilité de leur musique en ligne, mettant fin à la diffusion des rééditions non autorisées tout en donnant lieu à une réédition officielle et soigneusement approuvée de leurs œuvres sur vinyle.

Le 23 juin 2017, Radiohead a marqué le 20e anniversaire de leur emblématique album "OK Computer" en lançant une réédition spéciale intitulée "OKNOTOK 1997 2017", publiée sous le label XL. Cette édition remarquable comprenait une version remasterisée de l'album original, accompagnée de huit faces B et de trois morceaux inédits : « I Promise », « Man of War » et « Lift ».

L'édition spéciale a été enrichie par des livres d'illustrations et de notes, ajoutant une dimension visuelle et contextuelle à l'expérience auditive. Une cassette audio, renfermant des démos et des enregistrements de sessions, dont des chansons inédites, a également été incluse dans cette édition limitée. Cette initiative visait à offrir aux auditeurs un regard approfondi sur le processus créatif derrière l'album emblématique.

OK Computer – 1997

"OKNOTOK" a fait ses débuts à la deuxième place du UK Album Chart, tirant sa force de la troisième performance mémorable de Radiohead au Glastonbury Festival. Notablement, l'album a dominé les ventes dans les disquaires indépendants du Royaume-Uni pendant une année complète, témoignant de la persistance de l'attrait de l'œuvre intemporelle du groupe. Cette réédition spéciale a non seulement célébré le passé, mais a également renforcé la position de Radiohead en tant que force créative majeure dans le paysage musical contemporain.

Au début du mois de juin 2019, une découverte musicale exceptionnelle a secoué le monde de la musique : près de 18 heures de démos, extraits et autres matériaux enregistrés pendant la période de création de l'album "OK Computer" de Radiohead ont été divulgués en ligne. Ce trésor musical, jusque-là inconnu du grand public, a offert aux fans un aperçu rare du processus créatif du groupe pendant cette période cruciale.

Le 11 juin de la même année, Radiohead a décidé de transformer cet événement en une opportunité positive. Ils ont rendu ces archives musicales exceptionnelles disponibles en streaming et à l'achat sur la plateforme de partage de musique Bandcamp. Cette offre exclusive était disponible pendant une fenêtre de 18 jours, une durée symbolique en référence au nombre d'heures de matériel divulgué. Les bénéfices générés par cette initiative novatrice ont été intégralement reversés à Extinction Rebellion, un groupe de défense de l'environnement.

Cette démarche non seulement a permis aux fans de plonger dans les coulisses du processus créatif de "OK Computer" mais a également renforcé l'engagement de Radiohead envers des causes sociales et environnementales. L'exploitation de cette fuite inattendue de matériel rare a ainsi été transformée en une contribution significative à la défense de l'environnement,

OK Computer – 1997

marquant une nouvelle étape dans la manière dont la musique peut servir de vecteur de sensibilisation et d'action.

Kid A – 2000

Dans l'atmosphère envoûtante de l'année 2000, émergea un chef-d'œuvre musical qui allait transcender les frontières du rock conventionnel. "Kid A", le quatrième opus studio du groupe de rock anglais Radiohead, faisait son entrée sur la scène le 2 octobre, sous l'égide du label Parlophone.

Les mélodies mystérieuses et les sonorités novatrices de l'album furent façonnées avec habileté par le groupe et leur fidèle producteur, Nigel Godrich. Ensemble, ils ont capturé l'essence de leur créativité dans des lieux emblématiques tels que Paris, Copenhague, Gloucestershire et Oxfordshire, donnant naissance à une œuvre qui transcende les simples notes pour plonger l'auditeur dans un voyage sonore unique.

Ainsi, "Kid A" devint bien plus qu'un simple album ; il devint une expérience sensorielle, une exploration audacieuse des frontières musicales qui continue d'influencer et d'inspirer les générations à ce jour. Le 2 octobre 2000 marqua le début d'un chapitre musical inoubliable, où l'art et l'innovation se sont entrelacés pour créer quelque chose d'extraordinaire.

Après l'intense période de promotion de l'album "OK Computer" en 1997, l'auteur-compositeur Thom Yorke ressentit le besoin impérieux de s'éloigner des sentiers battus du rock conventionnel. Animé par une quête artistique profonde, il plongea dans les eaux innovantes de la musique électronique, de la musique ambiante, du krautrock, du jazz et de la musique classique du XXe siècle.

Lors de la création de leur prochain opus, Radiohead embrassa une palette sonore diversifiée en exploitant des instruments tels que des synthétiseurs modulaires, les ondes Martenot, des cuivres et des cordes. Ils métamorphosèrent les sons familiers de

Kid A – 2000

la guitare, incorporèrent des échantillons et des boucles, et manipulèrent leurs enregistrements avec une précision virtuose grâce à des logiciels innovants.

Thom Yorke, en quête d'une expression poétique singulière, rédigea des paroles aussi impersonnelles qu'abstraites, découpant des phrases pour les assembler de manière aléatoire. Ce processus créatif audacieux aboutit à un nouvel opus, défini par une fusion novatrice de genres et d'approches musicales, où Radiohead transcenda les limites du conventionnel pour donner naissance à une œuvre intemporelle qui continue de captiver et de fasciner les auditeurs du monde entier.

En rupture totale avec les normes de l'industrie musicale, Radiohead a décidé de défier les conventions en renonçant à la sortie de singles et de vidéoclips, tout en limitant considérablement ses apparitions dans les médias. Le groupe a décidé de contourner les entrevues traditionnelles et les séances photos, préférant adopter une approche artistique alternative.

À la place, Radiohead a innové en publiant de courtes animations, se positionnant ainsi comme l'un des premiers groupes majeurs à exploiter Internet comme un outil de promotion novateur. Évitant les chemins balisés, le groupe a opté pour une approche plus directe avec son public en partageant des bootlegs de leurs premières performances sur des services de partage de fichiers. Cette démarche audacieuse a atteint son apogée lorsque "Kid A" a été divulgué avant sa sortie officielle, créant une anticipation frénétique parmi les fans.

En 2000, lors de leur tournée européenne, Radiohead a continué à redéfinir les règles du jeu. Ils se sont produits dans une tente sur mesure dépourvue de logos d'entreprise, offrant ainsi une expérience immersive dépourvue de l'influence commerciale habituelle. Cette audacieuse entreprise a non seulement consolidé la réputation avant-gardiste du groupe, mais a également laissé

Kid A – 2000

une empreinte indélébile dans l'histoire de la musique, soulignant que la créativité et l'authenticité peuvent prévaloir dans un paysage souvent dicté par les conventions.

Lors de son entrée fracassante au sommet du UK Albums Chart, "Kid A" s'est inscrit comme le premier opus de Radiohead à décrocher la première place du Billboard 200 aux États-Unis. Durant sa première semaine, il a trouvé plus de 207 000 mélomanes séduits par son aura novatrice.

Cependant, l'aventure musicale singulière de "Kid A" a suscité des réactions mitigées parmi les auditeurs. Certains ont qualifié son nouveau son de prétentieux, délibérément obscur, voire dérivé. Malgré les critiques, la décennie a vu un renversement de perspective remarquable. À la fin des années 2000, des publications prestigieuses telles que Rolling Stone, Pitchfork et le Times ont unanimement hissé "Kid A" au sommet de la liste des plus grands albums de la décennie. En 2020, Rolling Stone a même consacré l'album à la 20e place de sa liste mise à jour des « 500 plus grands albums de tous les temps ».

La reconnaissance institutionnelle n'a pas tardé à suivre, avec "Kid A" remportant le Grammy Award du meilleur album alternatif et obtenant une nomination pour le Grammy Award de l'album de l'année, poursuivant ainsi la lignée glorieuse tracée par son prédécesseur "OK Computer". Certifié platine dans des territoires tels que l'Australie, le Canada, la France, le Japon, les États-Unis et le Royaume-Uni, "Kid A" s'est affirmé comme une œuvre transcendant les frontières géographiques, prouvant que la véritable grandeur musicale peut résonner universellement.

Huit mois après la sortie de "Kid A", Radiohead a dévoilé un deuxième bijou issu des mêmes sessions créatives, intitulé "Amnesiac". Cette nouvelle offrande musicale a prolongé l'exploration audacieuse entamée avec son prédécesseur, élargissant encore davantage les frontières sonores du groupe.

Kid A - 2000

Puis, pour marquer le vingtième anniversaire de ces chefs-d'œuvre, est née "Kid A Mnesia", une réédition exceptionnelle compilant non seulement "Kid A" et "Amnesiac", mais également des trésors musicaux inédits. Cette réédition anniversaire, parue en 2021, a offert aux auditeurs une plongée encore plus profonde dans l'univers créatif de Radiohead, réaffirmant l'impact durable de ces deux albums emblématiques. "Kid A Mnesia" a ainsi représenté une célébration éclatante de l'innovation musicale et de la créativité intemporelle du groupe.

Après le triomphe critique et commercial de leur album "OK Computer" en 1997, les membres de Radiohead ont été accablés par l'épuisement professionnel. Thom Yorke, le génie auteur-compositeur du groupe, succomba à la maladie, se décrivant comme un "putain de désordre complet... complètement déséquilibré". Des nouveaux venus, cherchant à imiter le succès de Radiohead, le perturbèrent profondément, nourrissant en lui une hostilité envers les médias musicaux.

Dans une confession poignante à The Observer, Yorke révéla : « J'ai toujours utilisé la musique comme un moyen d'avancer et de gérer les choses, et j'avais en quelque sorte l'impression que ce qui m'aidait à gérer les choses avait été vendu au plus haut niveau. Le soumissionnaire et moi faisions simplement ce qu'il voulait. Et je ne pouvais pas gérer ça. » Dans cette période tumultueuse, l'artiste se retrouva face à une crise intérieure, confronté à la réalité que le succès avait un prix, souvent trop élevé.

Yorke était en proie au blocage de l'écrivain, incapable de donner une conclusion à ses compositions à la guitare. La frustration le poussa à se détacher de la "mythologie" qui entourait la musique rock, le laissant estimer que ce genre avait "suivi son cours". C'est à ce moment qu'il amorça un virage musical radical, se plongeant

Kid A – 2000

presque exclusivement dans l'univers électronique des artistes signés chez Warp, tels qu'Aphex Twin et Autechre.

Il confia, avec un souffle de fraîcheur, que la musique électronique était structurée sans l'empreinte de la voix humaine. Yorke déclara : "C'était rafraîchissant parce que la musique était composée de structures et ne contenait aucune voix humaine. Mais je me sentais aussi ému que je ne l'avais jamais ressenti à propos de la musique de guitare." Cette immersion dans l'électronique l'enthousiasmait, particulièrement l'idée que sa voix puisse devenir un instrument, reléguant le rôle principal à d'autres éléments. Il nourrissait le désir de se concentrer sur les sons et les textures, éloignant son approche de l'écriture de chansons traditionnelle. Une métamorphose musicale se dessinait, empreinte de nouvelles expérimentations et de la recherche d'une expression plus profonde.

Yorke fit l'acquisition d'une maison pittoresque à Cornwall, où il se consacra à déambuler le long des falaises et à s'adonner à l'art du dessin. Durant cette période, son engagement musical se réduisit à l'apprivoisement d'un piano à queue qu'il venait d'acquérir. "Everything in Its Right Place" émergea comme la première mélodie née de cette nouvelle phase. Il se décrivait humblement comme un « pianiste de merde », admettant son ignorance envers les instruments électroniques. Il puisa son inspiration dans une citation de Tom Waits, vieille de plusieurs années, où ce dernier expliquait que son maintien en tant qu'auteur-compositeur résidait dans son ignorance totale des instruments utilisés. Pour Yorke, chaque exploration sonore était une aventure, une rencontre avec l'inconnu.

Il se rappelle avec un sourire : « Je me souviens de cette citation de Tom Waits d'il y a des années, selon laquelle ce qui le maintient en tant qu'auteur-compositeur est son ignorance totale des instruments qu'il utilise. Donc tout est une nouveauté. C'est l'une des raisons pour lesquelles je voulais me lancer dans les ordinateurs et les synthés, parce que je ne comprenais pas comment ils fonctionnaient. Je n'avais aucune idée de ce que signifiait ADSR. » Ces moments d'apprentissage et d'exploration marquèrent une transformation artistique profonde, une plongée dans l'inconnu où Yorke cherchait à transcender les limites de sa compréhension musicale.

L'espoir du guitariste Ed O'Brien pour le quatrième album de Radiohead se cristallisait autour de l'idée de chansons courtes et mélodiques à la guitare. Cependant, Thom Yorke balaya rapidement cette vision en déclarant sans équivoque : "Il n'y avait aucune chance que l'album sonne comme ça. J'en avais complètement fini avec la mélodie. Je voulais juste du rythme. Toutes les mélodies étaient pour moi un pur embarras." Les aspirations mélodiques qui avaient caractérisé leur travail antérieur semblaient désormais étrangères à la nouvelle direction envisagée.

Le bassiste, Colin Greenwood, partagea ce sentiment de nécessité de changement en expliquant : "Nous sentions que nous devions tout changer. Il y avait d'autres groupes de guitares qui essayaient de faire des choses similaires. Nous devions passer à autre chose." Cette déclaration révélait une volonté collective de rompre avec les conventions musicales établies, une quête de nouveauté et d'exploration artistique qui allait définir le cours du quatrième chapitre de l'histoire musicale de Radiohead.

À la lisière des années 1990, Radiohead entama la création de son propre sanctuaire musical niché dans l'Oxfordshire. Thom Yorke, le cerveau créatif du groupe, avait imaginé cet espace comme une toile vierge où ils pourraient insuffler vie et magie à leurs compositions, s'inspirant d'une démarche similaire entreprise par le groupe allemand Can dans leur studio de Cologne. Can avait adopté une approche captivante, enregistrant chaque note,

Kid A – 2000

chaque mélodie au fur et à mesure de leur émergence, pour ensuite les sculpter en une œuvre complète.

Bien que la concrétisation de leur studio personnel ne soit prévue qu'à la fin de l'année 1999, l'impatience créative de Radiohead les poussa à chercher refuge aux Studios Guillaume Tell, à Paris, dès janvier 1999. Ces studios devinrent le théâtre où les notes et les idées de Radiohead commencèrent à danser ensemble, préfigurant la symphonie sonore qui émanerait de leur propre studio à venir. Une chronique des prémices de leur quête artistique, où les rêves musicaux prenaient forme dans l'effervescence créatrice de Paris, anticipant l'achèvement de leur sanctuaire musical britannique.

Radiohead s'immergea dans la création de leur album "OK Computer" aux côtés du producteur Nigel Godrich, sans pression temporelle pesante. Malgré l'absence de contraintes calendaires, Thom Yorke, détenteur du sceptre créatif, se trouvait encore confronté à l'impitoyable blocage de l'écrivain. Ses nouvelles compositions émergeaient sous forme d'ébauches incomplètes, certaines n'étant guère plus que des fragments de sons ou de rythmes, dépourvues de la structure conventionnelle de couplets et refrains.

La plume hésitante de Yorke devenait un défi à surmonter, car ses paroles, jadis des phares lumineux guidant ses compagnons de groupe, étaient désormais éparpillées, laissant place à des compositions vagues et énigmatiques. Dans cet espace de création, dépourvu des repères habituels, Radiohead naviguait à travers les mystères de l'expression musicale, cherchant à donner vie à des ébauches sonores, malgré l'absence apparente de balises textuelles claires. C'était un voyage à travers l'inconnu musical, où l'énigme des mots ouvrait la voie à l'exploration sonore.

La nouvelle direction artistique de Thom Yorke suscitait des turbulences au sein du groupe. Selon Nigel Godrich, Yorke

Kid A - 2000

demeurait énigmatique, communicant peu sur ses aspirations musicales. De son côté, Yorke exprimait son incompréhension face à la nécessité de changer de cap, se demandant pourquoi ils devraient délaisser une force créative éprouvée pour se lancer dans l'inconnu.

Jonny Greenwood, le guitariste principal, redoutait l'émergence d'absurdités artistiques-rock sans fondement, simplement pour l'expérimentation. Son frère, Colin, quant à lui, rejetait les influences émanant du monde sonore de Warp que Yorke embrassait, les qualifiant de "vraiment froides". Au sein du groupe, l'incertitude régnait, certains membres se sentant démunis quant à leur contribution potentielle, au point de considérer sérieusement l'idée de partir. Comme le confiait O'Brien, le guitariste, "C'est effrayant - tout le monde ne se sent pas en sécurité. Je suis guitariste et tout à coup c'est comme, eh bien, il n'y a pas de guitares sur cette piste, ni de batterie." Les fondements mêmes de leur identité musicale semblaient vaciller, laissant place à l'appréhension au sein du groupe.

Radiohead s'est aventuré dans l'univers des instruments électroniques avec une audace manifeste, explorant des territoires sonores autrefois inconnus. Parmi ces outils novateurs figuraient des synthétiseurs modulaires, les ondes Martenot - l'un des premiers instruments électroniques comparables au thérémine - et l'utilisation de logiciels tels que Pro Tools et Cubase pour sculpter et manipuler leurs enregistrements.

Cependant, l'intégration harmonieuse de ces instruments électroniques dans leur processus de création n'était pas sans embûches. Thom Yorke témoignait des défis rencontrés en affirmant : "Nous avons dû trouver des moyens d'aller dans les coins et de construire des choses sur le séquenceur, le synthétiseur ou la machine que nous apporterions à l'équation, puis de les intégrer dans notre façon de travailler normalement." Le mariage entre le monde électronique et leur approche musicale

Kid A - 2000

traditionnelle exigeait une ingénierie créative pour fusionner ces deux univers distincts.

Jonny Greenwood, le guitariste, a également contribué à cette alchimie en adoptant des unités de sustain sur sa guitare, permettant aux notes de s'étendre à l'infini. Cette innovation, combinée à des effets de boucle et de retard, a permis à sa guitare de transcender ses limites conventionnelles, créant ainsi des sonorités évoquant celles d'un synthétiseur. Radiohead, pionnier de cette fusion entre l'analogique et le numérique, continuait d'explorer les frontières de la musique, repoussant les limites de l'expérimentation sonore.

En mars, Radiohead entama une migration vers les Medley Studios à Copenhague, une entreprise qui s'étendit sur deux semaines mais demeura étonnamment stérile sur le plan de la productivité. Ces sessions générèrent près de 50 bobines de bande, chacune renfermant 15 minutes de musique, mais aucune ne déboucha sur une œuvre achevée. L'air de frustration planait alors que le groupe se heurtait à des idées en gestation, incapables de prendre forme.

En avril, un nouveau chapitre s'ouvrit lorsque Radiohead reprit l'enregistrement dans le cadre majestueux d'un manoir à Batsford Park, Gloucestershire. Cependant, l'absence de contraintes temporelles et la prolifération d'idées fragmentaires rendirent la concentration difficile, instaurant un climat tendu au sein du groupe. Des réunions tendues furent inévitables, marquant un moment critique où l'avenir du groupe semblait suspendu à un fil. Ils firent un pacte solennel : s'ils ne parvenaient pas à s'accorder sur la création d'un album qui méritait d'être dévoilé, la dissolution du groupe serait inévitable.

C'est dans ce contexte intense que, en juillet, Ed O'Brien initia le suivi en ligne des progrès de Radiohead à travers un journal, offrant ainsi une fenêtre transparente sur leur processus créatif en

Kid A - 2000

constante évolution. Un témoignage numérique de l'effort collectif, capturant les hauts et les bas de la quête musicale du groupe à mesure qu'ils se dévoilaient face à l'inconnu.

Le mois de septembre vit Radiohead emménager dans son tout nouveau studio niché dans l'Oxfordshire. Novembre marqua un tournant décisif lorsque le groupe décida d'offrir au monde une expérience unique : une webdiffusion en direct depuis leur nouveau repaire créatif. L'événement fut bien plus qu'une simple performance musicale ; il révéla une série de morceaux inédits, transportant les spectateurs dans l'univers sonore innovant de Radiohead.

L'année suivante, en 2000, six chansons virent le jour, témoignant du processus créatif intensif qui animait le groupe. C'est alors qu'en janvier, sur la suggestion avisée de Godrich, Radiohead opta pour une approche singulière : la division en deux groupes distincts. L'un se consacrerait à la génération d'un son ou d'une séquence, excluant tout instrument acoustique tel que guitares ou tambours, tandis que l'autre s'attèlerait au développement de ces éléments bruts. Bien que cette expérience ne donnât naissance à aucune chanson finalisée, elle eut le mérite de convaincre O'Brien du potentiel insoupçonné des instruments électroniques. Ainsi, dans les méandres de leur processus créatif, Radiohead explorait de nouveaux horizons, repoussant les limites de leur propre art.

Le 19 avril 2000, Thom Yorke partagea une annonce capitale sur le site Web de Radiohead : l'enregistrement était officiellement terminé. Après avoir façonné plus de 20 chansons, le groupe se trouva face à une décision délicate. L'idée d'un double album émergea, portée par la richesse du matériel accumulé, mais l'évidence de sa densité les fit reconsidérer. Ils firent le choix de réserver la moitié des compositions pour un projet à venir, qui prendrait forme sous le nom d'Amnesiac, dévoilé l'année suivante.

Kid A – 2000

Thom Yorke expliqua cette division en deux albums en ces termes : "Ils s'annulent en tant que choses globalement terminées. Ils viennent de deux endroits différents." Cette perspective nuancée révéla une approche artistique délibérée, consciente de l'impact que peut avoir la séquence des morceaux sur la perception globale d'un album. Il souligna que choisir la liste des morceaux ne se limitait pas à sélectionner les meilleures chansons, car "vous pouvez mettre toutes les meilleures chansons du monde sur un disque et elles se ruineront mutuellement." S'inspirant des Beatles, Yorke salua l'efficacité du séquençage, se référant aux derniers albums du légendaire groupe pour illustrer son point : "Comment diable pouvez-vous avoir trois versions différentes de « Revolution » sur le même disque et vous en sortir ? J'ai pensé à ce genre de chose."

La décision de finaliser la liste des morceaux ne fut pas sans conflit. Ed O'Brien révéla que le groupe était au bord de la séparation : "C'était comme si ça pouvait aller dans un sens ou dans l'autre, ça pouvait casser... Mais nous sommes arrivés le lendemain et c'était résolu." Finalement, l'album fut confié aux talents de Chris Blair pour le mastering aux Abbey Road Studios de Londres, ajoutant une note emblématique à l'achèvement de cette étape cruciale du processus créatif.

Dans les confins du Gloucestershire, l'atmosphère embrassait la créativité de Thom Yorke et de Nigel Godrich, qui se trouvaient aux prises avec le premier morceau, "Everything in Its Right Place". Les échos de sessions de groupe à Copenhague et à Paris s'étaient estompés dans l'ombre de l'insatisfaction. Un sentiment de stagnation les hantait, jusqu'à ce que le duo décide de se retirer dans leur propre espace, armé d'un synthétiseur Prophet-5.

Le clavier électronique devint leur allié, transformant la mélodie rebelle en une symphonie captivante. C'est là, dans l'intimité de cette collaboration artistique, que la voix distinctive de Yorke fut

Kid A – 2000

capturée et métamorphosée par les mains habiles de Pro Tools, armé d'un outil de nettoyage magique.

Pendant ce temps, loin de ces expérimentations sonores, Ed O'Brien et le batteur Philip Selway partageaient une révélation transcendante. "Everything in Its Right Place" devenait le catalyseur de la compréhension que chaque chanson n'exigeait pas la présence de chaque membre du groupe. O'Brien, se remémorant ce moment crucial, exprima son exaltation : "Être véritablement ravi que vous ayez travaillé pendant six mois sur ce disque et que quelque chose de formidable en soit sorti, et que vous n'y ayez pas contribué, est un sentiment vraiment libérateur."

Pour Jonny Greenwood, ce morceau marque un tournant décisif dans la trajectoire de l'album à venir. "Nous savions que ce devait être la première chanson, et tout a juste suivi après," déclara-t-il, révélant l'importance primordiale de cette pièce musicale, capable de diriger l'ensemble vers un destin inexploré.

Les racines de "The National Anthem" remontent aux jours d'école de Thom Yorke, où il a donné naissance à une première version de cette pièce singulière. Cependant, ce n'est qu'en 1997 que Radiohead a pris l'initiative d'enregistrer la batterie et la basse pour cette composition, initialement envisagée comme une face B potentielle pour l'album emblématique "OK Computer". Cependant, une décision audacieuse fut prise : celle de réserver cette pièce unique pour leur prochain opus.

Lors de la création de "Kid A", Jonny Greenwood insuffla une nouvelle vie à "The National Anthem". Les ondes Martenot vinrent enrichir la palette sonore, tandis que des échantillons sonores capturés des ondes radiophoniques ajoutèrent une dimension intrigante. La voix de Yorke subit une transformation métamorphique grâce à l'utilisation habile d'un modulateur en

Kid A - 2000

anneau, conférant à la chanson une aura expérimentale et avant-gardiste.

C'est en novembre 1999 que Radiohead, captivé par le "chaos organisé" du Town Hall Concert du légendaire musicien de jazz Charles Mingus, décida d'incorporer une section de cuivres à "The National Anthem". Les musiciens furent invités à évoquer l'essence d'un "embouteillage", ajoutant ainsi une dimension chaotique et organique à cette composition audacieuse et résolument unique.

Les envoûtantes cordes qui enveloppent "How to Disappear Completely" furent confiées à l'éminente maestria de l'Orchestre de St John's, dont les notes se sont épanouies dans l'enceinte sacrée de l'abbaye de Dorchester, une église datant du XIIe siècle, sise à huit kilomètres à peine du studio d'enregistrement de Radiohead dans l'Oxfordshire. Un choix de lieu et d'interprètes méticuleusement orchestré pour insuffler une essence spirituelle à cette pièce captivante.

Le choix de cet orchestre ne fut pas anodin. Radiohead, toujours en quête d'une profondeur artistique, avait été captivé par les précédentes interprétations de pièces de compositeurs tels que Penderecki et Messiaen par l'Orchestre de St John's. Jonny Greenwood, le virtuose de l'ensemble, seul membre du groupe à avoir reçu une formation approfondie en solfège, prit les rênes de l'arrangement des cordes, maniant avec brio ses ondes Martenot en une symphonie en plusieurs pistes.

Lorsque les partitions de Greenwood furent dévoilées aux musiciens de l'orchestre, une éclatante hilarité remplissait la salle. Les défis posés par les compositions audacieuses semblaient insurmontables, voire impossibles, du moins selon les normes conventionnelles de l'orchestre. Cependant, le chef d'orchestre, John Lubbock, joua un rôle crucial en encourageant

Kid A – 2000

l'expérimentation, incitant les musiciens à collaborer avec les idées audacieuses de Greenwood.

Selon Alison Atkinson, directrice des concerts, cette session s'est avérée être bien plus qu'une simple performance orchestrale. Elle déclara que l'expérience était d'une nature plus expérimentale que les réservations habituelles de l'orchestre, un témoignage de l'audace et de l'innovation qui ont toujours défini l'approche artistique de Radiohead.

"Idioteque" a émergé des méandres créatifs de Jonny Greenwood, qui, armé d'un synthétiseur modulaire, forgea un modèle de boîte à rythmes unique. Le battement électronique caractéristique de la chanson trouve ses racines dans cette création novatrice. Toutefois, le génie musical de Greenwood s'étend au-delà de ses propres expérimentations, car il intégra habilement un échantillon de la composition électronique "Mild und Leise" de Paul Lansky. Ce fragment fut extrait de l'album avant-gardiste de 1976, "Electronic Music Winners".

L'approche collaborative de Radiohead se manifesta de manière singulière dans la gestation de "Idioteque". Greenwood, déversant 50 minutes d'improvisation, offrit à Thom Yorke une toile sonore sans bornes. Yorke, tel un alchimiste musical, prit une courte section de cette improvisation et la tissa dans la trame de la chanson. Il décrivit cette démarche comme "une tentative de capturer ce son de rythme explosif là où vous êtes au club et le son si fort, vous savez que ça fait des dégâts". C'est ainsi que naquit "Idioteque", une fusion audacieuse d'expérimentation sonore, de créativité électronique et de vision artistique, alimentée par le désir de saisir l'énergie brute d'un moment captivant.

"Motion Picture Soundtrack" trouve ses origines avant même l'éclosion du premier single emblématique de Radiohead, "Creep" (1992). Lors des sessions d'enregistrement de l'album

Kid A – 2000

révolutionnaire "OK Computer", le groupe immortalisa une version au piano de cette composition évocatrice.

Cependant, c'est dans le cadre de l'album "Kid A" que Thom Yorke décida de réinventer "Motion Picture Soundtrack". Délaissant le piano, il opta pour l'orgue à pédales, inspiré par l'esthétique singulière de l'auteur-compositeur Tom Waits. Cette transformation radicale insuffla à la chanson une nouvelle vie, teintée de l'influence artistique caractéristique de Waits.

Dans leur quête constante d'innovation sonore, Radiohead enrichit la toile musicale de "Motion Picture Soundtrack" avec des échantillons de harpe et de contrebasse. Une tentative audacieuse pour évoquer l'atmosphère des bandes sonores des films Disney des années 1950, démontrant ainsi leur capacité à transcender les frontières musicales conventionnelles.

L'histoire créative de Radiohead ne se limite pas à l'achèvement d'albums spécifiques. Plusieurs compositions, dont "Nude", "Burn the Witch", et "True Love Waits", furent amorcées au cours de sessions d'enregistrement, mais demeurèrent inachevées, attendant patiemment leur destin au sein des futurs chapitres discographiques du groupe. Ainsi, "Motion Picture Soundtrack" s'inscrit dans une saga artistique plus vaste, témoignant de l'évolution constante et de l'exploration audacieuse qui définissent l'essence de Radiohead.

Kid A absorbe les empreintes laissées par des artistes électroniques de renom, tels que les pionniers de l'IDM des années 1990, Autechre et Aphex Twin, issus du catalogue de Warp Records. Les vibrations du Krautrock des années 1970, notamment incarnées par des légendes telles que Can, s'entrelacent également dans la trame sonore du groupe. Les échos du jazz imprègnent l'album, empruntant des nuances à des maîtres tels que Charles Mingus, Alice Coltrane et Miles Davis.

Kid A – 2000

L'influence du hip-hop abstrait, chapeauté par le label Mo'Wax avec des acteurs tels que Blackalicious et DJ Krush, imprègne également la palette sonore.

Thom Yorke, l'âme créative derrière Radiohead, a évoqué l'album Remain in Light (1980) des Talking Heads comme une influence monumentale. Björk, avec son chef-d'œuvre de 1997, Homogenic, a laissé une empreinte majeure, tout comme les expérimentations du Beta Band. Dans une période difficile, un concert d'Underworld a rallumé la flamme créative de Radiohead, renouvelant leur enthousiasme musical. Ainsi, Kid A se révèle être un kaléidoscope sonore façonné par des éclats d'influences diverses, fusionnant habilement des genres pour créer une œuvre musicale riche et complexe.

L'orchestration envoûtante des cordes dans "How to Disappear Completely" puise son inspiration dans le talent du compositeur polonais Krzysztof Penderecki. La magie des ondes Martenot, orchestrées par Jonny Greenwood sur plusieurs morceaux, trouve son origine dans l'influence d'Olivier Messiaen. Ce dernier, pionnier dans la popularisation de cet instrument, était également un héros adolescent de Greenwood.

Le guitariste a partagé son intérêt pour la fusion entre les technologies musicales anciennes et modernes, un concept qui s'exprime pleinement dans l'œuvre du groupe. Au cours des sessions d'enregistrement, Thom Yorke s'est plongé dans les pages de "Revolution in the Head" de Ian MacDonald, offrant une rétrospective détaillée des enregistrements des Beatles avec George Martin dans les années 1960.

L'approche novatrice du groupe consistait à marier habilement les manipulations électroniques avec des sessions improvisées en studio, s'inspirant du modèle créatif du groupe allemand Can. Ainsi, l'élaboration de l'album reflète une alchimie artistique complexe, mêlant les influences classiques et contemporaines, les

Kid A – 2000

techniques d'enregistrement innovantes et la spontanéité d'une création en studio.

Kid A se révèle comme une œuvre musicale aux contours multiples, une fusion audacieuse de genres et de styles. L'album a été catégorisé comme de l'électro, du rock expérimental, du post-rock, du rock alternatif, du post-prog, de l'ambient, du rock électronique, de l'art rock et de l'art pop. Bien que la présence de la guitare soit moins prédominante par rapport aux albums antérieurs de Radiohead, elle demeure un élément essentiel dans la plupart des compositions.

L'instrumental "Treefingers", aux tonalités ambiantes, a émergé de la manipulation numérique des boucles de guitare de O'Brien. L'album témoigne également d'une expérimentation vocale marquée, avec de nombreuses voix de Yorke soumises à des traitements et effets variés. Par exemple, la voix sur la chanson éponyme a été initialement prononcée, puis transformée à l'aide du vocodeur des ondes Martenot, créant ainsi une mélodie singulière. Kid A se dresse ainsi comme un tableau sonore complexe, où la diversité des techniques et des éléments musicaux s'entrelace pour former une expérience artistique immersive.

Dans l'atmosphère éthérée de "Kid A", les paroles de Yorke abandonnent la familiarité des confessions personnelles pour se plonger dans un monde d'abstractions et de surréalisme. Comme un alchimiste linguistique, il découpe des fragments de phrases, les mêle au hasard, créant ainsi une mosaïque de clichés et d'observations banales. Un exemple saisissant de cette approche se manifeste dans "Morning Bell", où des lignes contrastées, telles que "Où avez-vous garé la voiture ?" et "Coupez les enfants en deux", se répètent de manière hypnotique.

Kid A – 2000

Lorsqu'on interroge Yorke sur la signification de ses paroles, il nie toute intention délibérée, affirmant n'avoir "essayé de faire passer quoi que ce soit". Au lieu de cela, il décrit ses créations linguistiques comme "des morceaux de miroir brisés", des fragments d'une réalité éclatée. Ainsi, les paroles deviennent des reflets déformés, capturant des éclats de quelque chose de brisé et mystérieux, invitant l'auditeur à naviguer dans les méandres complexes de l'imagination de Yorke.

Yorke a puisé dans l'approche novatrice de David Byrne en matière de paroles sur "Remain in Light" comme source d'inspiration majeure. Il évoque le processus créatif de Byrne, soulignant que lors de la réalisation de cet album, Talking Heads n'avait pas de chansons préexistantes ; au lieu de cela, ils les ont construites au fur et à mesure. Byrne arrivait avec des pages remplies de mots, choisissant simplement des éléments au hasard, et c'est précisément cette méthodologie que Yorke a adoptée pour aborder "Kid A".

Radiohead a traité les paroles de Yorke comme des pièces de puzzle, les intégrant dans un collage sonore complexe. Ils ont utilisé ces fragments pour créer une œuvre d'art, juxtaposant de petites choses différentes pour former une expérience musicale cohésive. Une particularité notable réside dans le fait que les paroles de l'album ne figurent pas dans les notes de la pochette. Radiohead a délibérément choisi de ne pas les présenter de manière indépendante de la musique, considérant que leur véritable signification émergeait uniquement dans le contexte de l'ensemble. Yorke, conscient de cette intention, souhaitait éviter que les auditeurs se focalisent exclusivement sur les paroles, les invitant plutôt à plonger dans la fusion indissociable de mots et de mélodies qui caractérise "Kid A".

La genèse de "Everything in Its Right Place" trouve ses racines dans la période de dépression que Thom Yorke a traversée lors de la tournée d'OK Computer, une époque où il se sentait incapable

Kid A – 2000

de s'exprimer verbalement. Le morceau est devenu le véhicule de ses émotions enfouies et du tumulte intérieur qu'il vivait.

Le refrain envoûtant de "How to Disappear Completely" tire son inspiration des conseils du chanteur de R.E.M., Michael Stipe, qui suggéra à Yorke de soulager le stress de la tournée en se répétant mentalement : « Je ne suis pas là, cela n'arrive pas ». Ces paroles, imprégnées de désir de fuite, reflètent la lutte de Yorke pour se déconnecter temporairement de la réalité oppressante qui l'entourait.

Dans "Optimistic", le refrain puissant ("essayez du mieux que vous pouvez / le mieux que vous pouvez est assez bon") trouve son origine dans les paroles rassurantes de la partenaire de Yorke, Rachel Owen. Ces mots encourageants ont servi de phare pendant les moments de frustration que Yorke a vécus face aux défis et aux progrès du groupe.

Le titre énigmatique "Kid A" tire son nom d'un simple fichier sur l'un des séquenceurs de Yorke. Cette approche non conventionnelle reflète l'attrait de Yorke pour le non-sens, expliquant que donner un nom spécifique à un album pourrait trop diriger son orientation. Ainsi, le choix de "Kid A" maintient une aura de mystère, invitant les auditeurs à explorer l'album sans préjugés préconçus.

L'illustration captivante et l'emballage de l'album "Kid A" ont pris forme grâce à la collaboration artistique entre Thom Yorke et Stanley Donwood, lequel collabore avec Radiohead depuis leur EP "My Iron Lung" sorti en 1994. Donwood, utilisant des couteaux et des bâtons, a créé des œuvres impressionnantes sur de grandes toiles, qu'il a ensuite photographiées et retravaillées avec l'aide de Photoshop. Au cours de ce processus créatif, Yorke et Donwood se sont immergés dans une fascination naissante pour le site web de l'Institut Worldwatch, regorgeant de

Kid A - 2000

statistiques alarmantes sur la fonte des calottes glaciaires et les évolutions climatiques. Cette découverte a inspiré l'utilisation d'une image représentant une imposante chaîne de montagnes pour la pochette de l'album. Donwood a exprimé sa vision des montagnes comme étant une force cataclysmique, ajoutant ainsi une dimension évocatrice à l'ensemble artistique.

Donwood a puisé son inspiration dans une photographie saisissante capturée pendant la guerre du Kosovo, dépeignant un mètre carré de neige jonché de ce qu'il a décrit comme des "détritus de guerre", comprenant du matériel militaire et des traces de cigarettes. Cette image l'a profondément ému d'une manière que la guerre n'avait jamais réussi à le faire auparavant, suscitant en lui le sentiment que ces événements se déroulaient dans sa propre rue.

La présence marquante d'une piscine rouge à l'arrière et sur le disque de l'album a, quant à elle, trouvé son origine dans le roman graphique de 1988 intitulé "Brought to Light" d'Alan Moore et Bill Sienkiewicz. Ce roman visualise le nombre de personnes tuées par le terrorisme d'État à travers des piscines remplies de sang. Donwood a partagé que cette image le hantait tout au long de l'enregistrement de l'album, la décrivant comme un "symbole d'un danger imminent et d'attentes brisées".

Une autre influence notoire sur leur travail artistique a été une exposition à Paris présentant les peintures de David Hockney, citée par Yorke et Donwood comme une source d'inspiration significative. Ces diverses influences convergent pour créer une œuvre visuelle complexe et émotionnellement chargée pour l'album "Kid A".

Thom Yorke et Stanley Donwood ont élaboré plusieurs versions de la couverture de l'album, arborant différentes images et titres présentés dans diverses polices. Confrontés à la difficulté de faire un choix, ils ont décidé de les disposer de manière éparpillée sur les placards de la cuisine du studio avant d'aller se coucher. Selon les dires de Donwood, le choix du lendemain s'est révélé "évident".

En unissant leurs talents artistiques, Yorke et Donwood ont créé un ensemble d'œuvres d'art pour "Kid A" qui a suscité un intérêt soutenu. En octobre 2021, les deux artistes ont orchestré une exposition dédiée aux œuvres visuelles de "Kid A" au siège de Christie's à Londres, offrant ainsi au public une occasion unique d'explorer et d'apprécier les diverses facettes artistiques liées à l'album.

Radiohead avait adopté une approche minimaliste lors de la promotion de "Kid A", limitant considérablement les interviews et les séances photo. Contrairement à la pratique courante, aucun single de l'album n'a été officiellement publié, bien que des morceaux tels que "Optimistic" aient été diffusés à la radio et des copies promotionnelles aient circulé.

Cette décision de minimiser leur implication dans la promotion était, selon les dires de Thom Yorke, davantage motivée par le désir d'éviter le stress lié à la publicité, un défi qu'ils avaient déjà rencontré avec l'album "OK Computer". Pour Yorke, cette approche était plus une stratégie pour préserver la santé mentale et réduire la pression médiatique, plutôt qu'une décision dictée par des considérations strictement artistiques. En effet, le groupe cherchait à se distancer des contraintes et des attentes souvent associées à la promotion intense des albums, privilégiant ainsi une approche plus discrète pour la sortie de "Kid A".

Radiohead a pris des mesures soigneuses pour présenter "Kid A" comme une œuvre cohérente plutôt que comme une simple compilation de morceaux individuels. Plutôt que de remettre des copies individuelles aux dirigeants d'EMI, le groupe a opté pour une approche plus immersive. Ils ont invité les responsables à

Kid A – 2000

écouter l'album dans son intégralité lors d'un voyage en bus reliant Hollywood à Malibu.

Rob Gordon, vice-président du marketing chez Capitol Records, la filiale américaine du label EMI de Radiohead, a salué la qualité de l'album mais a également reconnu que sa promotion représenterait un "défi commercial". Cette reconnaissance souligne les choix artistiques audacieux du groupe et suggère que la nature novatrice de "Kid A" pouvait défier les attentes traditionnelles de l'industrie musicale, rendant ainsi la promotion plus complexe d'un point de vue commercial.

Aucune copie préliminaire de "Kid A" n'a été largement distribuée, mais des séances de diffusion contrôlées ont été organisées pour les critiques et les fans privilégiés. Le 5 septembre 2000, l'album a été dévoilé pour la première fois en public au théâtre IMAX de Lincoln Square à Manhattan. Les exemplaires promotionnels de "Kid A" étaient assortis d'autocollants stricts interdisant toute diffusion avant le 19 septembre.

Cependant, à minuit le jour fatidique, l'album a été diffusé dans son intégralité par la station de radio londonienne Xfm. Des diffusions similaires ont suivi sur des chaînes telles que MTV2, KROQ et WXRK. Malgré la restriction initiale, l'anticipation autour de l'album a conduit à une diffusion précoce, alimentant davantage le mystère et l'engouement entourant le projet novateur de Radiohead.

Au lieu d'opter pour la traditionnelle séance photo pour le magazine Q, Radiohead a décidé d'innover en fournissant des portraits numériquement altérés. Leurs visages ont été métamorphosés, avec une peau lissée, des iris recolorés, et la paupière tombante de Yorke a été effacée. Le résultat a été décrit par Andrew Harrison, le rédacteur en chef de Q, comme "agressivement bizarre au point de stupéfaction... Les cinq

Kid A - 2000

membres de Radiohead semblaient être des extraterrestres ébahis."

Thom Yorke, avec une pointe d'ironie, a commenté en disant : « J'aimerais les voir essayer de mettre ces photos sur une affiche. » Cependant, Q a pris cela comme un défi créatif et a diffusé les images de manière audacieuse. Les portraits altérés ont été projetés sur les Chambres du Parlement, affichés sur des panneaux publicitaires et des panneaux d'affichage dans le métro de Londres, ainsi que sur le rond-point d'Old Street. En outre, les images ont été reproduites sur des porte-clés, des tasses et des tapis de souris, dans le but de, comme l'a expliqué Q, "transformer Radiohead en un produit". C'était une stratégie qui allait au-delà des normes conventionnelles de promotion, cherchant à incarner l'esthétique avant-gardiste et la singularité du groupe.

Plutôt que d'opter pour des vidéoclips conventionnels pour accompagner la sortie de "Kid A", Radiohead a décidé de créer quelque chose d'unique. Ils ont commandé des dizaines de vidéos de 10 secondes, appelées « blips », mettant en avant les œuvres de Donwood. Ces blips ont été diffusés sur des chaînes musicales et partagés en ligne. Pitchfork les a décrits comme des « cauchemars animés sans contexte qui rayonnaient de mystère », évoquant des « allusions archaïques à la surveillance ».

Cinq de ces vidéos ont été diffusées exclusivement sur MTV, contribuant ainsi à renforcer la mystique artistique qui a toujours entouré Radiohead, comme l'a noté Billboard. Une grande partie du matériel promotionnel mettait en scène des personnages d'ours aux dents pointues créés par Donwood. Ces ours avaient une origine particulière, puisqu'ils étaient nés des histoires que Donwood racontait à ses enfants, des récits mettant en scène des ours en peluche prenant vie et dévorant les « adultes » qui les avaient abandonnés. Cette approche novatrice et la fascination

Kid A – 2000

pour les éléments énigmatiques ont contribué à forger l'identité visuelle singulière de l'album et à susciter l'intérêt de manière inédite.

Malgré l'expérimentation de Radiohead avec la promotion en ligne pour OK Computer en 1997, la promotion de la musique sur Internet n'était pas largement répandue en 2000. Les maisons de disques dépendaient encore principalement de MTV et de la radio pour la diffusion de la musique. Donwood a rapporté que EMI n'avait aucun intérêt pour le site Web de Radiohead. Par conséquent, ils ont laissé le groupe mettre à jour le site avec du contenu "discursif et aléatoire".

Pour la promotion de Kid A, Capitol a innové en lançant "iBlip", une applet Java conçue pour être intégrée sur les sites de fans. Cette application offrait aux utilisateurs la possibilité de diffuser l'album tout en fournissant des illustrations, des photos et des liens permettant de commander Kid A sur Amazon. L'impact a été significatif, avec plus de 1 000 sites utilisant iBlip et l'album étant diffusé plus de 400 000 fois.

Capitol a également étendu la diffusion de Kid A en collaborant avec des plateformes majeures telles qu'Amazon, MTV.com et heavy.com. Une stratégie audacieuse a été mise en œuvre en partenariat avec le service de partage de fichiers peer-to-peer Aimster. Cette campagne permettait aux utilisateurs d'échanger des skins Aimster arborant les marques iBlips et Radiohead, créant ainsi une synergie unique entre la promotion en ligne et les fans partageant leur engagement à travers ces plateformes novatrices.

Trois semaines avant sa sortie officielle, Kid A a été divulgué en ligne et partagé via le service peer-to-peer Napster. Face à cette fuite, Ray Lott, président du Capitol, a été interrogé sur les éventuels impacts négatifs sur les ventes. Il a répondu en

Kid A – 2000

comparant la situation aux préoccupations infondées entourant les enregistrements à domicile dans les années 1980, affirmant : « J'essaie de vendre autant d'albums de Radiohead que possible. Si je m'inquiétais de ce que Napster ferait, je ne vendrais pas autant d'albums. »

Dans le même temps, Thom Yorke a exprimé une perspective différente en déclarant que Napster "encourage l'enthousiasme pour la musique d'une manière que l'industrie musicale a depuis longtemps oublié de faire". Cette déclaration suggère que, malgré la fuite en ligne, le frontman de Radiohead percevait Napster comme un moyen de susciter un intérêt passionné pour la musique, soulignant ainsi l'importance de la connexion émotionnelle entre les artistes et leur public au-delà des considérations strictement commerciales.

Au cœur des projecteurs, Radiohead entreprit une métamorphose artistique, réarrangeant avec ingéniosité les mélodies de Kid A pour les offrir dans une expérience live saisissante. O'Brien, l'un des membres éminents du groupe, partagea son insight : "Donner vie à Kid A sur scène tout en demeurant fidèle à l'essence de l'album était une tâche insurmontable. Il fallait plutôt concevoir cela comme une installation artistique... Lors de nos performances live, nous réintroduisions l'élément humain, tissant ainsi une connexion plus profonde avec notre public." Selway, batteur talentueux, ajouta sa perspective, déclarant qu'ils avaient "insufflé une nouvelle vie" aux compositions lorsqu'ils les interprétaient en concert. Un acte musical transcendant, où l'âme de Kid A se révéla au gré des variations live, capturant l'essence même de la créativité en évolution constante.

Au cœur des années 2000, quelques mois avant l'avènement de l'album révolutionnaire Kid A, Radiohead s'embarqua dans une tournée en Méditerranée, dévoilant pour la première fois les mélodies de Kid A et Amnesiac. Les fans, assoiffés de cette

Kid A – 2000

nouvelle ère musicale, partagèrent avidement des bootlegs de ces concerts en ligne. Colin Greenwood, l'un des membres éminents du groupe, partagea une anecdote marquante : "À Barcelone, après notre performance, dès le lendemain, l'intégralité du spectacle était diffusée sur Napster. Trois semaines plus tard, lors de notre venue en Israël, le public connaissait déjà par cœur les paroles de toutes les nouvelles chansons, et c'était une expérience merveilleuse."

Plus tard cette même année, Radiohead sillonna l'Europe avec une tournée singulière, se produisant sous une tente sur mesure dépourvue de logos d'entreprise, mettant en lumière principalement leurs compositions inédites. La tournée engloba un spectacle mémorable de retour à South Park, Oxford, avec des prestations de soutien de Humphrey Lyttelton (un collaborateur d'Amnesiac), Beck et Sigur Rós. Selon le journaliste Alex Ross, ce spectacle pourrait bien avoir été le plus grand rassemblement public de l'histoire d'Oxford, marquant ainsi un moment indélébile dans l'histoire musicale et sociale de la région.

Radiohead s'est également aventuré dans l'enceinte intimiste des théâtres nord-américains, marquant leur retour après près de trois ans d'absence. Les billets pour ces petites salles se sont envolés rapidement, attirant des célébrités tandis que les fans dévoués campaient toute la nuit pour s'assurer une place. En octobre, le groupe a illuminé l'écran de la télévision américaine en se produisant dans l'émission emblématique Saturday Night Live. La performance a surpris les téléspectateurs qui s'attendaient à des sonorités rock classiques, alors que Jonny Greenwood maniait des instruments électroniques, la fanfare house improvisait sur "The National Anthem" et Thom Yorke se livrait à une danse erratique sur "Idioteque".

Cette tournée audacieuse de Kid A a été qualifiée par Rolling Stone de "révélation, exposant l'humanité du rock and roll" à travers les compositions. En novembre 2001, Radiohead a offert à

Kid A – 2000

ses fans une résonance captivante de ces moments live avec la sortie de "I Might Be Wrong: Live Recordings", un album comprenant des performances issues des tournées de Kid A et Amnesiac. Une célébration tangible de l'évolution artistique du groupe et de la puissance émotionnelle qui émane de leurs prestations sur scène.

Les vagues sonores de Kid A ont déferlé sur le monde avec une puissance inattendue, propulsant l'album au sommet des charts et redéfinissant les attentes. Sur la plateforme d'Amazon, il a balayé la concurrence, accumulant plus de 10 000 précommandes et établissant un record de ventes. Le jour de sa sortie, l'album a pris d'assaut le UK Albums Chart, écoulant 55 000 exemplaires en une journée, surpassant ainsi toutes les autres productions du top dix réunies.

Outre-Manche, Kid A a également conquis le cœur des auditeurs américains en faisant une entrée triomphante au sommet du Billboard 200. Avec plus de 207 000 exemplaires vendus au cours de sa première semaine, il a non seulement marqué le retour en force de Radiohead dans le top 20 américain, mais a également réaffirmé la domination britannique dans le paysage musical américain.

Au Canada, en France, en Irlande et en Nouvelle-Zélande, les mélodies novatrices de Kid A ont été accueillies avec enthousiasme, propulsant l'album au sommet des classements locaux dès sa sortie. Cependant, le succès européen a été temporairement éclipsé le 2 octobre 2000, jour de la sortie, lorsque EMI a dû rappeler 150 000 CD défectueux, freinant momentanément l'élan de l'album.

Malgré cet incident, les ventes ont continué à grimper, et en juin 2001, Kid A avait trouvé plus de 310 000 foyers au Royaume-Uni. Bien que ce chiffre représente moins d'un tiers des ventes de

Kid A – 2000

l'illustre OK Computer, l'album a conquis les cœurs et les esprits à travers le monde, atteignant des certifications de platine au Royaume-Uni, en Australie, au Canada, en France, au Japon et aux États-Unis. Kid A s'était imposé comme une œuvre incontournable, laissant une empreinte indélébile dans l'histoire musicale mondiale.

L'arrivée de Kid A était empreinte d'une attente palpable, comparable à celle qui avait entouré des monuments du rock tels qu'In Utero de Nirvana. Le magazine Spin ne mâchait pas ses mots, le qualifiant de l'album de rock le plus attendu depuis l'ère Nirvana. Andrew Harrison, le rédacteur en chef de Q, exprimait les espoirs collectifs des journalistes, anticipant des moments épiques et cathartiques, ornés de guitares, un héritage direct d'OK Computer, lors du samedi soir à Glastonbury.

Quelques mois avant la sortie, Pat Blashill de Melody Maker résumait l'excitation générale en affirmant avec conviction que si un groupe pouvait redonner vie au rock, ce serait Radiohead. Ces anticipations élevées étaient le reflet de l'aura créative et novatrice du groupe, les fans et les critiques s'attendant à ce que Kid A transcende les frontières musicales et offre une expérience sonore révolutionnaire. C'était l'aube d'une ère nouvelle et audacieuse pour Radiohead, et le monde musical retenait son souffle en attendant la révélation de Kid A.

Après que Kid A ait subi le verdict des critiques, de nombreuses voix se sont élevées pour exprimer leur déception face à l'absence de guitare, à la mystification des voix et aux structures de chansons non conventionnelles. Certains n'ont pas hésité à le décrire comme une "note de suicide commerciale". Le Guardian, décrivant les "bourdonnements, impulsions et tonalités électroniques assourdis", a prédit que cela laisserait les auditeurs perplexes.

Kid A - 2000

Dans Mojo, Jim Irvin a été direct dans son jugement initial, déclarant que, lors de la première écoute, Kid A était tout simplement horrible. Il a souligné que l'album donnait l'impression d'être constitué de fragments initiaux du processus d'écriture, comme des boucles, des riffs, et des lignes de texte marmonnées, figés dans le béton et sur lesquels des idées moins importantes avaient été empilées.

Adam Sweeting, critique pour le Guardian, a ajouté une couche de perplexité, déclarant que même les auditeurs familiers avec le krautrock ou Ornette Coleman trouveraient Kid A une expérience mystifiante. Il a accusé l'album de se plier aux pires clichés du "misérabilisme implacable" associé à Radiohead.

Quant à "The National Anthem", le free jazz discordant et dérangeant a trouvé peu d'adeptes parmi les critiques, qui ont décrit cette incursion dans le genre comme désagréable et déconcertante. Kid A, avec son éclatement d'expérimentations sonores, a suscité des réactions mitigées, bousculant les attentes et défiant les conventions musicales établies.

Les critiques, nombreuses, ont dépeint Kid A comme étant soit prétentieux, soit délibérément obscur. L'Irish Times a exprimé son regret devant l'absence de structures de chansons conventionnelles, qualifiant l'album de "délibérément abstrus, volontairement ésotérique et insondable sans raison... La seule chose qui pose problème chez Kid A est le véritable défi de votre capacité d'attention."

Dans le New Yorker, le romancier Nick Hornby a pris une position franche, le considérant comme une "preuve morbide que ce genre d'auto-indulgence aboutit à une sorte étrange d'anonymat plutôt qu'à quelque chose de distinctif et d'original."

Mark Beaumont, critique de Melody Maker, a été sans équivoque, qualifiant l'album de "trapu, ostentatoire, auto-félicitant, regardema-je-peux-sucer-ma-propre-bite, de vieilles conneries pleurnichardes... Environ 60 chansons ont été commencées que personne n'avait un foutu indice sur la façon de finir."

Alexis Petridis du Guardian a employé des termes tels que "consciemment maladroit et sanglant", décrivant le bruit comme celui d'un groupe qui essayait si fort de créer un album "difficile" qu'ils se sentaient indignes d'écrire des chansons.

Rolling Stone a ajouté à la liste des critiques en publiant un article moqueur, qualifiant Kid A de dépourvu d'humour, dérivé, et accusant l'album de manquer de chansons : "Parce qu'il a été décidé que Radiohead était important et significatif la dernière fois, personne ne peut accepter l'album comme un projet artistique farfelu qu'il est si évidemment." Kid A, semblait-il, avait suscité des réactions tranchées et souvent négatives, renforçant son statut d'œuvre controversée.

Certains critiques ont exprimé le sentiment que Kid A manquait d'originalité. Howard Hampton du New York Times a qualifié Radiohead de "rock composite" et a suggéré que Kid A "recycle le solipsisme de la face cachée de la lune de Pink Floyd à la perfection de Me-Decade". Mark Beaumont a également partagé une perspective similaire, affirmant que Radiohead "labourait simplement les sillons creusés par DJ Shadow et Brian Eno avant eux".

L'Irish Times a comparé les éléments ambiants de Kid A à ceux de l'album Music For Airports d'Eno de 1978, tout en trouvant les éléments "effrayants" inférieurs à ceux de l'album Tilt de Scott Walker de 1995. Select a ajouté une note sarcastique en se demandant si Radiohead aspirait à ressembler à l'Aphex Twin vers 1993.

Dans une rétrospective, le journaliste Rob Sheffield a jugé que la "maîtrise des effets électroniques de type Warp" présente dans

Kid A – 2000

Kid A semblait "maladroite et datée" au moment de sa sortie. James Oldham, dans un éditorial du NME, a critiqué les influences électroniques de l'album en les considérant comme "embourbées dans le compromis", estimant que Radiohead restait fondamentalement un groupe de rock. Il a conclu en suggérant que le temps jugerait, mais pour l'instant, Kid A semblait être une "erreur longue et sur-analysée".

Cependant, Rob Mitchell, le co-fondateur de Warp, a pris une position plus nuancée, considérant que Kid A représentait "une interprétation honnête des influences [de Warp]" et n'était pas "gratuitement" électronique. Il a même prédit que l'album pourrait être réévalué avec le recul, évoquant la manière dont l'album Low de David Bowie en 1977, qui avait initialement aliéné certains fans, avait fini par être acclamé.

Bien que AllMusic ait accordé à Kid A une critique favorable, l'éloge était nuancé, soulignant que l'album "n'est jamais aussi visionnaire ou époustouflant que OK Computer" et qu'il ne récompense pas pleinement le temps intensif nécessaire pour s'imprégner de son essence. De même, le NME a exprimé une opinion positive, mais a qualifié certaines chansons de "sinueuses" et "anticlimatiques", concluant que malgré la magnificence manifeste de la construction appelée Kid A, elle trahit un groupe jouant d'une seule main pour prouver qu'ils le peuvent, peut-être par peur de s'engager émotionnellement.

Dans Rolling Stone, David Fricke a caractérisé Kid A comme une "œuvre d'obsession délibérément enracinée et souvent irritante", ajoutant que c'était de la pop, une musique ornée de ruse, scintillante et de douleur honnête, capable de vous toucher profondément une fois que vous lui avez laissé l'opportunité de s'infiltrer sous votre peau. Ainsi, même parmi les critiques positives, l'idée persistait que Kid A représentait une expérience musicale exigeante, nécessitant une immersion délibérée pour en apprécier pleinement la profondeur.

Kid A – 2000

Spin a pris une position équilibrée en déclarant que Kid A n'était ni un acte de suicide professionnel ni une démonstration d'auto-indulgence méprisable, prédisant plutôt que les fans reconnaîtraient cet album comme le plus "courageux" de Radiohead. Billboard, quant à lui, l'a qualifié d' "océan de profondeur musicale sans précédent" et du "premier album véritablement révolutionnaire du 21e siècle".

Le critique musical Robert Christgau a ajouté une touche poétique en décrivant Kid A comme "une variation imaginative et imitative d'un incontournable de la pop : la tristesse rendue jolie". The Village Voice l'a appelé "oblique oblique oblique... Aussi incroyablement beau".

Brent DiCrescenzo de Pitchfork a attribué une note parfaite à Kid A, le qualifiant de "cacophonique mais tranquille, expérimental mais familier, étranger mais semblable à un utérus, spacieux mais viscéral, texturé mais vaporeux, éveillé mais onirique". Il a conclu que Radiohead "doit être le plus grand groupe vivant, sinon le meilleur, puisque vous savez qui". Cette critique, l'une des premières à être publiées en ligne, a contribué à populariser Pitchfork et est devenue célèbre pour son écriture "obtuse". Kid A, loin de se contenter de susciter des opinions mitigées, semblait véritablement diviser les critiques, générant à la fois l'admiration et la perplexité.

Chez Metacritic, la compilation des critiques attribue à Kid A un score de 80 sur la base de 24 avis, signalant des "avis généralement favorables". L'album a été reconnu comme l'un des meilleurs de l'année par diverses publications telles que The Wire, Record Collector, Spin, NME et Village Voice.

Aux Grammy Awards de 2001, Kid A a été nommé dans la catégorie de l'Album de l'année et a remporté le prix du Meilleur album alternatif. Cette reconnaissance à travers les critiques et les

Kid A – 2000

distinctions prestigieuses témoigne de l'impact significatif et de l'importance artistique que Kid A a eu dans le paysage musical, malgré les réactions divergentes de la part des critiques individuels.

Dans les années qui suivirent sa sortie, Kid A fut salué par la critique. En 2005, Pitchfork écrivit qu'il avait « défié et déconcerté » le public de Radiohead, devenant par la suite « un symbole intellectuel... Le posséder était devenu une sorte de "l'obtenir", et l'obtenir était devenu "l'oindre" ». En 2015, Rob Sheffield de Rolling Stone compara le changement de style de Radiohead au passage controversé de Bob Dylan à la musique rock, notant que les critiques hésitaient maintenant à admettre qu'ils ne l'avaient pas apprécié à l'époque. Sheffield qualifia Kid A de « moment déterminant dans la légende de Radiohead ». Un an plus tard, Billboard avança l'idée que Kid A était le premier album depuis "Low" de Bowie à faire progresser « le rock et la musique électronique d'une manière aussi mature ». Dans un article célébrant le 20e anniversaire de Kid A, le Quietus suggéra que les critiques négatives pouvaient être attribuées au rockisme, cette tendance des critiques musicaux à idolâtrer la musique rock par rapport à d'autres genres.

Dans un article du Guardian de 2011 critiquant sévèrement Melody Maker, Beaumont écrit que bien que son opinion sur Kid A n'ait pas changé, « le statut de Kid A en tant que pierre angulaire culturelle m'a prouvé, sinon que j'avais tort, du moins qu'il était très minoritaire... dont les opinions en qui j'ai confiance prétendent que c'est leur album préféré de tous les temps. » En 2014, Brice Ezell de PopMatters exprima l'idée que Kid A est « plus stimulant à penser et à écrire qu'à écouter réellement », représentant « une vision moins convaincante des talents du groupe que The Bends et OK Computer ». En 2016, Dorian Lynskey écrivit dans The Guardian : « Parfois, Kid A est assez ennuyeux pour vous faire souhaiter ardemment qu'ils aient

Kid A – 2000

fusionné les moments forts avec les meilleurs morceaux d'Amnesiac, tout aussi inégal... Yorke avait abandonné sur des paroles cohérentes, donc on ne peut que deviner de quoi il s'inquiétait. »

Radiohead a catégoriquement nié avoir délibérément opté pour une musique "difficile". Jonny Greenwood a argué que leurs morceaux étaient courts et mélodiques, suggérant que "les gens veulent fondamentalement qu'on leur tienne la main pendant 12 minutes, à la manière de 'Mull Of Kintyre'". Yorke a affirmé qu'ils n'avaient pas cherché à aliéner ou à dérouter leur public, mais que leurs intérêts musicaux avaient simplement évolué. Il rappela que le groupe était "blanc comme un drap" avant les premières performances de la tournée Kid A, se sentant "absolument détruits". Parallèlement, la réaction du public les a galvanisés : "Il y avait une sensation de combat pour convaincre les gens, ce qui était vraiment très excitant." Il a exprimé des regrets quant à l'absence de singles, estimant que cela signifiait que la majeure partie des premières critiques de l'album provenaient des critiques. Yorke a déclaré que Radiohead se sentait "incroyablement justifié et heureux" lorsque Kid A est devenu numéro un aux États-Unis : "Cela a montré que c'était peut-être encore possible."

Grantland a attribué à Kid A le mérite d'avoir été un pionnier dans l'utilisation d'Internet pour diffuser et promouvoir la musique. Ils ont écrit : « Pour de nombreux fans de musique d'un certain âge et de certaines convictions, Kid A a été le premier album écouté principalement via Internet - c'est là que vous alliez l'entendre, lisiez les critiques et discutiez pour savoir s'il s'agissait d'un chef-d'œuvre... Écoutez tôt, formez rapidement votre opinion, exprimez-la publiquement et passez au prochain grand disque avant la date de sortie officielle. De cette manière, Kid A a inventé la musique moderne telle que nous la connaissons. »

Kid A – 2000

Dans son livre de 2005, "Killing Yourself to Live", le critique Chuck Klosterman a interprété Kid A comme une prédiction des attentats du 11 septembre.

Lors de la cérémonie d'intronisation de Radiohead au Rock and Roll Hall of Fame en 2019, David Byrne de Talking Heads, l'une des influences majeures de Radiohead, a exprimé : « Ce qui était vraiment étrange et très encourageant, c'est que [Kid A] était populaire. C'était un succès ! Cela m'a prouvé que le risque artistique était payant et que les amateurs de musique ne sont parfois pas stupides. » En 2020, Billboard a souligné que le succès de Kid A, malgré son contenu « difficile », a solidement établi Radiohead comme « des poids lourds du secteur à long terme ».

En 2020, Rolling Stone a hissé Kid A à la 20e place de sa liste actualisée des « 500 plus grands albums de tous les temps », le dépeignant comme « un nouveau type de disque rock particulièrement intrépide pour un nouveau siècle de plus en plus effrayant... [Il] reste l'une des transformations sonores les plus étonnantes de l'histoire de la musique. » Dans les versions précédentes de la liste, Kid A se positionnait au numéro 67 en 2012 et au numéro 428 en 2003. En 2005, Stylus et Pitchfork ont désigné Kid A comme le meilleur album des cinq années précédentes, Pitchfork le qualifiant de « disque parfait pour son époque : inquiétant, surréaliste et incroyablement millénaire ».

En 2006, Time a inclus Kid A parmi les 100 meilleurs albums, le qualifiant de "l'opposé de l'écoute facile et de l'album le plus étrange jamais vendu à un million d'exemplaires, mais aussi un témoignage de la complexité de la musique pop". À la fin de la décennie, Rolling Stone, Pitchfork et le Times ont classé Kid A comme le plus grand album des années 2000. Le Guardian l'a positionné au deuxième rang, le décrivant comme une "prémonition nerveuse de la décennie troublée, déconnectée et surchargée à venir. Le son d'aujourd'hui, en d'autres termes, une

Kid A – 2000

décennie plus tôt". En 2021, les lecteurs de Pitchfork ont élu Kid A comme le meilleur album des 25 années précédentes.

En 2011, Rolling Stone a classé "Everything in Its Right Place" à la 24e place parmi les meilleures chansons des années 2000, la décrivant comme "l'étrangeté à son meilleur". "Idioteque" a été nommée l'une des meilleures chansons de la décennie par Pitchfork et Rolling Stone, et Rolling Stone l'a classée à la 33e place sur sa liste de 2018 des « plus grandes chansons du siècle jusqu'à présent ».

Radiohead rompt ses liens avec EMI à l'expiration de leur contrat en 2003. Après une période de déclin des vinyles, l'album "Kid A" fait son retour avec une réédition en double LP le 19 août 2008, faisant partie de la série "From the Capitol Vaults", aux côtés d'autres œuvres de Radiohead. En 2007, EMI publie le "Radiohead Box Set", une compilation d'albums enregistrés pendant la période où le groupe était sous contrat avec EMI, comprenant notamment "Kid A". Le 25 août 2009, EMI réintroduit "Kid A" dans une "édition collector" en deux CD et une "Édition Collector Spéciale" incluant un DVD supplémentaire. Ces versions comportent des morceaux enregistrés en live, principalement issus de performances télévisées. Il est à noter que Radiohead n'a joué aucun rôle dans ces rééditions et que la musique n'a pas subi de remasterisation.

Après le transfert de l'arrière-catalogue de Radiohead à XL Recordings en 2016, les rééditions d'EMI ont été interrompues. En mai 2016, XL a relancé le vinyle de "Kid A", ainsi que le reste de l'arrière-catalogue du groupe. Une démo inédite de "The National Anthem" a été ajoutée à l'édition spéciale de la réédition de 2017 de "OK Computer", intitulée "OKNOTOK 1997 (2017)". En février 2020, Radiohead a publié une version étendue de "Treefingers", originellement sortie sur la bande originale du film "Memento" en 2000, sur diverses plateformes numériques.

Kid A – 2000

Le 5 novembre 2021, Radiohead a dévoilé "Kid A Mnesia", une réédition spéciale à l'occasion de l'anniversaire combinant les albums "Kid A" et "Amnesiac". Cette édition comprend un troisième album intitulé "Kid Amnesiae", regroupant des morceaux inédits issus des sessions d'enregistrement. La promotion de cette réédition a été marquée par la sortie de singles accompagnant les morceaux inédits "If You Say the Word" et "Follow Me Around". Parallèlement, l'expérience immersive "Kid A Mnesia Exhibition", proposant une fusion de musique et d'illustrations tirées des albums, a été lancée le 18 novembre sur PlayStation 5, macOS et Windows.

Amnesiac – 2001

Au cœur de l'année 2001, émergea une œuvre musicale transcendante qui allait redéfinir les frontières du rock contemporain. "Amnesiac", le cinquième opus studio du groupe de rock éminemment anglais, Radiohead, déploya ses ailes créatives le 30 mai, tel un phénix surgissant de l'obscurité, porté par les vents musicaux de l'innovation.

Conçu au sein des mêmes sessions prolifiques que son prédécesseur, "Kid A" (2000), cet album captivant fut façonné par les mains expertes du producteur Nigel Godrich. Une collaboration artistique qui allait transcender les limites de l'audace musicale. Face à la richesse de leur création, Radiohead prit la décision audacieuse de diviser l'œuvre en deux, jugeant sa densité trop imposante pour un simple double album.

Tel un alchimiste musical, Radiohead fusionna habilement des influences hétéroclites, mêlant les arcanes de la musique électronique, les échos mélodiques de la musique classique du XXe siècle, les rythmes audacieux du jazz, et les éclats psychédéliques du krautrock. Une symphonie éclectique qui, telle une peinture abstraite, dévoile ses multiples nuances au fil de l'écoute.

En apothéose, l'ultime morceau, "Life in a Glasshouse", s'érige comme une pièce maîtresse, une collaboration magistrale avec le virtuose de la trompette jazz, Humphrey Lyttelton, et son ensemble. Une rencontre audacieuse entre les univers, où la mélodie et l'improvisation s'entremêlent dans une danse envoûtante.

Ainsi, "Amnesiac" demeure une pièce unique dans le puzzle musical de Radiohead, une exploration sonore qui transcende les

Amnesiac – 2001

frontières établies, laissant une empreinte indélébile dans le panorama musical du XXIe siècle.

Dans l'ombre de l'absence de singles pour "Kid A", Radiohead embrassa une nouvelle ère promotionnelle avec la sortie d'"'Amnesiac". Deux pépites sonores, "Pyramid Song" et "Knives Out", furent choisies comme ambassadrices de cet opus captivant, chacune accompagnée de vidéos soigneusement conçues pour amplifier l'expérience musicale. Une nouvelle facette de l'art visuel se déployait, révélant des histoires visuelles en harmonie avec la complexité des compositions.

L'exploration visuelle se poursuivit avec des vidéos intrigantes pour des morceaux tels que "Pulk/Pull Revolving Doors" et "Like Spinning Plates". "I Might Be Wrong", quant à lui, fut non seulement un single promotionnel, mais également l'objet d'une vidéo soigneusement réalisée, complétant ainsi la palette visuelle d'"'Amnesiac".

En juin 2001, Radiohead amorça avec audace la tournée dédiée à "Amnesiac". Ce périple musical marqua le retour tant attendu du groupe sur les scènes nord-américaines après une absence de trois ans. Les foules se pressaient pour être témoins de l'interprétation live de ces pièces sonores avant-gardistes, faisant de chaque concert un événement tant attendu, mêlant la magie de la création studio à l'énergie brute de la scène.

Ainsi, le chapitre "Amnesiac" se dévoila non seulement comme une aventure musicale, mais également comme un voyage visuel et scénique, où chaque note, chaque image et chaque performance contribuait à tisser la trame complexe d'une œuvre artistique inoubliable.

"Amnesiac" s'érigea tel un monarque musical dès ses débuts, atteignant la première marche du podium au Royaume-Uni, trônant fièrement au sommet du UK Albums Chart, tandis

Amnesiac – 2001

qu'outre-Atlantique, il décrochait une honorable deuxième place au prestigieux Billboard 200 américain. Les mélodies progressives et les expérimentations sonores de l'album captivèrent un public mondial, et en octobre 2008, les chiffres parlaient d'eux-mêmes avec plus de 900 000 exemplaires écoulés à travers le globe.

Les échos de ce triomphe résonnèrent dans les couloirs des certifications, où "Amnesiac" fut couronné de succès, obtenant le statut de platine au Royaume-Uni, aux États-Unis, et au Canada, tandis qu'au Japon, il brilla de l'éclat doré. Cette reconnaissance internationale témoignait de la portée universelle de l'album, transcendant les frontières géographiques avec une puissance mélodique incontestable.

Bien que certains critiques aient émis des réserves, trouvant l'album trop expérimental ou le percevant comme moins cohérent que son prédécesseur "Kid A", d'autres louèrent l'audace artistique de Radiohead. Certains considérèrent "Amnesiac" comme une collection d'extraits sonores soigneusement assemblés, formant un ensemble dynamique et stimulant. Au-delà des débats critiques, l'album reçut une pluie d'éloges et se hissa parmi les meilleurs de l'année, acclamé par de nombreuses publications comme une œuvre musicale majeure de son époque. Ainsi, "Amnesiac" laissa une empreinte indélébile dans l'histoire de la musique, où la subjectivité des opinions ne faisait que souligner la richesse et la diversité de son impact artistique.

Le rayonnement d'"Amnesiac" s'étendit bien au-delà des frontières musicales, s'inscrivant dans les annales des récompenses et des honneurs. Une reconnaissance éminente fut celle du Mercury Prize, où l'album figura parmi les nominés, témoignant de son impact significatif sur la scène musicale contemporaine. Aux Grammy Awards, plusieurs nominations vinrent couronner l'œuvre, culminant avec la victoire du prix du meilleur enregistrement pour l'édition spéciale d'"Amnesiac".

Amnesiac – 2001

Cette consécration souligna la qualité exceptionnelle de l'album et son statut d'œuvre marquante.

L'empreinte indélébile de "Pyramid Song", l'une des pièces maîtresses de l'album, se grava dans l'histoire musicale de la décennie. Célébrée par des publications influentes telles que Rolling Stone, NME et Pitchfork, la chanson fut unanimement saluée comme l'un des meilleurs morceaux des années 2000. Le prestigieux classement de Rolling Stone en 2012, plaçant "Amnesiac" au 320e rang des "500 plus grands albums de tous les temps", attesta de la pérennité de l'impact artistique de l'album.

Dans une célébration ultime de l'héritage musical de Radiohead, une réédition anniversaire intitulée "Kid A Mnesia" émergea en 2021. Compilant non seulement "Kid A" et "Amnesiac" mais aussi du matériel inédit, cette édition spéciale offrit une plongée profonde dans l'évolution artistique du groupe, ravivant l'admiration pour ces albums emblématiques et dévoilant des joyaux cachés pour une nouvelle génération de mélomanes. Ainsi, la saga d'"Amnesiac" continua de captiver les esprits et d'inspirer les générations, affirmant sa place au panthéon de la musique moderne.

Radiohead et leur producteur, Nigel Godrich, ont façonné Amnesiac au cours des mêmes sessions d'enregistrement que leur album précédent, Kid A, qui avait vu le jour en octobre 2000. Ces sessions, qui se sont étalées de janvier 1999 à mi-2000, ont eu lieu dans des lieux aussi variés que les Studios Guillaume à Paris, les Studios Medley à Copenhague, et le studio de Radiohead dans l'Oxfordshire. Le batteur, Philip Selway, a décrit ces moments comme étant caractérisés par "deux états d'esprit... une tension entre notre ancienne approche consistant à être tous dans une pièce jouant ensemble et l'autre extrême consistant à fabriquer de la musique en studio." Selway estime que la force d'Amnesiac réside dans l'agencement du groupe pendant ces sessions.

Amnesiac – 2001

Ces sessions ont puisé leur inspiration dans un kaléidoscope musical, embrassant la musique électronique, la musique classique du XXe siècle, le jazz et le krautrock. Pour donner vie à cette palette sonore diversifiée, le groupe a exploité une gamme d'instruments, notamment des synthétiseurs, des ondes Martenot, des boîtes à rythmes, ainsi que des cordes et des cuivres.

Les magnifiques arrangements de cordes, conçus par le guitariste Jonny Greenwood, ont été exécutés par l'Orchestre de St John's. Ces enregistrements ont eu lieu dans un cadre tout aussi majestueux, à l'abbaye de Dorchester, une église du XIIe siècle située à proximité du studio de Radiohead. Cette fusion d'éléments classiques et contemporains a contribué à la richesse et à la complexité sonore caractéristiques d'Amnesiac.

Lors de la conception de l'œuvre, Radiohead a initialement envisagé de la publier sous forme de double album, mais a rapidement jugé cette option trop dense. Thom Yorke, le chanteur du groupe, a expliqué que la décision de diviser l'album en deux parties était motivée par le fait que les deux albums, bien qu'achevés, semblaient se neutraliser mutuellement en raison de leurs origines distinctes.

Selon Yorke, Amnesiac n'était pas simplement une collection de faces B ou d'extraits de Kid A, mais plutôt une œuvre autonome offrant une "vision différente" de son prédécesseur, ainsi qu'une "forme d'explication". Les membres du groupe ont tenu à souligner cette perspective, affirmant que chaque album avait émergé de "deux endroits différents". Pour eux, Amnesiac était une entité musicale indépendante.

Thom Yorke a partagé que le titre de l'album était inspiré par une croyance gnostique selon laquelle le traumatisme de la naissance efface les souvenirs des vies passées, une idée qui le fascinait profondément. Ainsi, le choix du nom Amnesiac reflétait non

Amnesiac – 2001

seulement le contenu de l'album, mais également une exploration plus profonde des concepts philosophiques qui ont influencé son élaboration.

Le doux murmure de "Pulk/Pull Revolving Doors" naquit d'une tentative avortée d'immortaliser une autre mélodie, "True Love Waits". Des boucles de clavier, capturées lors des tumultueuses sessions d'enregistrement d'OK Computer, se trouvent à la genèse de cette composition intrigante. Radiohead, délibérément subversifs, défirent les têtes d'effacement des magnétophones, orchestrant une répétition infinie sur la bande elle-même, donnant naissance à une boucle "fantomatique". Ces résultats furent ensuite manipulés avec maestria dans l'arène de Pro Tools.

Au fil de l'exploration, il devint évident que cet arrangement ne se prêtait pas à l'écrin de "True Love Waits". Cependant, plutôt que de reléguer ces notes dans l'oubli, Radiohead en fit l'étoffe d'une nouvelle pièce musicale. Thom Yorke, l'architecte sonore du groupe, prit la barre en ajoutant une voix parlée, qu'il transforma habilement en mélodie à l'aide du logiciel de correction de hauteur Auto-Tune. Yorke, espiègle, révéla que cet outil "cherche désespérément la musique dans votre discours et produit des notes au hasard. Si vous lui assignez une clé, vous obtenez de la musique".

C'est ainsi que la version de "True Love Waits" de "Pulk/Pull Revolving Doors" a finalement émergé de l'ombre, prête à révéler ses mystères au monde. Elle a été consignée dans les annales sonores de la compilation de 2021, Kid A Mnesia, comme un fragment captivant de l'ingéniosité musicale de Radiohead.

Auto-Tune, tel un alchimiste moderne, a de nouveau prêté son charme au monde sonore de Radiohead, cette fois dans "Packt Like Sardines in a Crushd Tin Box". Thom Yorke, guide vocal émérite, fut soumis à une métamorphose via cet outil, conférant à

Amnesiac – 2001

sa voix un timbre nasal et dépersonnalisé, une signature sonore qui transcende les frontières de l'ordinaire.

Pour "You And Whose Army?", les artisans sonores de Radiohead ont entrepris un voyage temporel, cherchant à capturer l'éclat du groupe d'harmonie des années 1940, les Ink Spots. Armés de boîtes à œufs étouffant les microphones et du mystique haut-parleur résonnant à palme diffuseur des ondes Martenot, ils ont façonné un paysage sonore à la fois doux, chaleureux et imprégné de l'esprit proto-doowop. À la différence de nombreuses pièces nées des sessions, "You And Whose Army?" a vu le jour en direct. Ed O'Brien, le guitariste, a partagé avec un sourire dans sa voix, "Nous l'avons répété un peu, pas trop, puis nous sommes simplement entrés et l'avons fait. C'est juste nous qui faisons notre truc en tant que groupe", dévoilant ainsi l'essence brute et spontanée qui anime cette œuvre singulière.

Dans les pages de son journal, Ed O'Brien a révélé que la gestation de "Knives Out" s'étendait sur une année entière. Une durée étonnante pour ce qu'il qualifiait de "la chose la plus simple que nous ayons faite depuis des années". L'épreuve résidait dans la tentation de trop embellir la pièce, une lutte contre l'excès qui témoigne de l'effort du groupe pour préserver la simplicité au cœur de leur création. Les influences de Johnny Marr des Smiths se manifestent dans le travail de guitare, tricotant ainsi une toile sonore teintée de nostalgie.

"Dollars and Cents" trouve son origine dans une séance improvisée de onze minutes, un terrain fertile d'où a émergé une pièce sculptée par une approche d'édition inspirée du groupe de krautrock Can. L'art de la coupe et du montage a donné naissance à cette composition complexe, où chaque note semble être une pierre précieuse taillée avec précision.

Pendant l'enregistrement, l'ombre inspirante d'Alice Coltrane a plané dans le studio, sous la forme d'un disque de jazz écouté par le bassiste Colin Greenwood. Cette mélodie audacieuse a captivé l'imagination de Jonny Greenwood, incitant la création d'un arrangement de cordes qui rend hommage à l'esthétique distinctive de Coltrane. Ainsi, les vibrations du jazz ont fusionné avec l'univers musical de Radiohead, créant une symphonie où passé et présent dansent en harmonie.

"Like Spinning Plates" émerge tel un phénix musical des cendres d'une tentative avortée de Radiohead d'enregistrer une autre chanson, "I Will", sur un synthétiseur. Insatisfaits de leur première tentative, qu'ils ont qualifiée de "Kraftwerk douteux", le groupe a pris une route inattendue. Ils ont décidé d'inverser l'enregistrement initial, métamorphosant ainsi le projet en une toute nouvelle composition.

Thom Yorke, le maître des vocalises, partage une anecdote éclairante sur la genèse de cette pièce singulière. "J'étais dans une autre pièce, j'ai entendu la mélodie vocale revenir en arrière et j'ai pensé : 'C'est bien mieux que dans le bon sens'. Puis j'ai passé le reste de la nuit à essayer d'apprendre la mélodie." Un moment de révélation qui a donné naissance à une approche artistique inattendue.

Yorke, avec son génie créatif, a chanté les paroles à l'envers, un acte délibéré de déconstruction artistique. Ces paroles ont ensuite été inversées, donnant naissance à des voix éthérées aux paroles en apesanteur, ajoutant une couche de mystère à la composition.

Finalement, Radiohead a réintégré "I Will" dans leur répertoire, l'enregistrant dans un tout nouvel arrangement pour leur album à venir, "Hail to the Thief" (2003). Ainsi, "Like Spinning Plates" s'est imposée comme une œuvre unique, née de l'audace artistique et de la créativité sans entraves de ce groupe emblématique.

Le dénouement musical, "Life in a Glasshouse", trouve son inspiration dans une lettre de détresse musicale envoyée par

Amnesiac – 2001

Jonny Greenwood au trompettiste de jazz Humphrey Lyttelton. La missive énonçait que Radiohead se trouvait "un peu coincé", cherchant un souffle créatif pour clore leur œuvre. En réponse, Lyttelton, séduit par l'impact de l'album OK Computer sur sa fille en 1997, s'est engagé à jouer sur cette pièce en compagnie de son groupe.

Selon les dires de Lyttelton, Radiohead avait un désir particulier pour "Life in a Glasshouse" : éviter le vernis sophistiqué d'une production de studio au profit d'une exploration légère, où la musique émergeait de manière spontanée, comme si rien n'était préalablement planifié. La séance d'enregistrement s'étira sur sept heures, épuisant le talentueux trompettiste. "J'ai détecté une sorte de roulement des yeux au début de la séance, comme pour dire que nous étions à des kilomètres l'un de l'autre", a partagé Lyttelton. "Ils ont fait pas mal de dépressions nerveuses au cours de tout cela, rien qu'en essayant de nous expliquer à tous ce qu'ils voulaient."

Ainsi, "Life in a Glasshouse" n'est pas simplement une conclusion musicale, mais le résultat d'une collaboration où les frontières entre la perfection planifiée et l'exploration spontanée ont été délibérément brouillées, créant une symphonie qui transcende les conventions.

L'album "Amnesiac" fusionne avec audace des éléments de rock expérimental, d'électro, de rock alternatif et de jazz. Colin Greenwood a décrit cet opus comme renfermant à la fois des "chansons traditionnelles à la manière de Radiohead" et des compositions plus audacieuses sur le plan expérimental. Les nuances de l'album ont été comparées à un "reflet chirurgical" de l'atmosphère de "Kid A" par The Atlantic, mettant en avant des arrangements sonores à la fois "marécageux et brumeux", accompagnés d'accords et de rythmes évoquant une certaine inquiétude.

Amnesiac – 2001

Le tout premier morceau, "Packt Like Sardines in a Crushd Tin Box", se présente comme une composition électronique, teintée de synthétiseurs et de percussions métalliques. Il offre une expérience sonore unique. En contraste, "Pyramid Song" se dévoile comme une ballade équilibrée, où piano et cordes se mêlent harmonieusement. Cette pièce a puisé son inspiration dans la chanson "Freedom" de Charles Mingus. Les paroles, quant à elles, ont trouvé leur source dans une exposition d'art égyptien ancien que Yorke a visitée pendant l'enregistrement du groupe à Copenhague. De plus, elles ont été influencées par les notions de temps cyclique explorées à la fois par Stephen Hawking et le bouddhisme. C'est ainsi que l'album "Amnesiac" se distingue par son éclectisme, fusionnant diverses inspirations pour créer une expérience musicale riche et immersive.

Lorsqu'on interrogea Yorke à propos de la phrase énigmatique "Vous et quelle armée ?", il expliqua qu'elle faisait référence à quelqu'un élu au pouvoir par le peuple, mais qui le trahit de manière flagrante, une situation qu'il assimila à l'expérience de Tony Blair. La chanson se construit lentement au piano, atteignant un crescendo dans sa dernière minute. Selon O'Brien, cette montée en intensité aurait duré beaucoup plus longtemps dans le Radiohead d'antan, comme c'était le cas avec "OK Computer", où une pause similaire aurait persisté pendant quatre minutes, avant de reprendre dans le style de "Hey Jude". C'est ainsi que le groupe, fidèle à son évolution artistique, exploite les nuances de la composition pour transmettre des émotions complexes et susciter une réflexion profonde chez ses auditeurs.

"I Might Be Wrong" marie habilement un riff de guitare "venimeux" à un "beat métallique de type transe". La ligne de basse, façonnée par Colin Greenwood, trouve son inspiration chez Bernard Edwards, le bassiste de Chic. Les paroles, quant à elles, reflètent les conseils bienveillants de la compagne de Yorke, Rachel Owen : "Soyez fier de ce que vous avez accompli. Ne vous

Amnesiac – 2001

attardez pas sur le passé, avancez comme si de rien n'était. Laissez simplement les choses négatives s'évaporer."

"Knives Out", considérée comme la chanson la plus conventionnelle de l'album, présente des lignes de guitare qui semblent dériver, des percussions entraînantes, une ligne de basse errante, des voix obsédantes et des paroles étrangement captivantes. Cette composition dévoile la capacité du groupe à créer une atmosphère singulière en mêlant des éléments musicaux variés. Ainsi, "Amnesiac" continue d'affirmer la signature artistique distinctive de Radiohead tout en explorant de nouvelles frontières sonores.

"Morning Bell/Amnesiac" émerge comme une version alternative de "Morning Bell" issue de l'album "Kid A". The Atlantic a astucieusement décrit cette itération comme un mélange de "confort et de nausée". Selon O'Brien, Radiohead était souvent enclin à enregistrer et à abandonner diverses versions de chansons, mais cette version particulière était, selon lui, "assez robuste pour mériter d'être redécouverte".

Yorke a partagé son sentiment à propos de cette inclusion en écrivant que cela s'est produit "parce qu'il provenait d'un endroit tellement différent... Parce que nous l'avons retrouvé par accident après l'avoir oublié. Parce que cela ressemble à un rêve récurrent." Ainsi, "Morning Bell/Amnesiac" offre un éclairage unique sur le processus créatif du groupe, dévoilant une facette inattendue qui ajoute à la complexité et à la richesse de l'ensemble de l'album "Amnesiac".

Il a été exprimé que les paroles de "Dollars and Cents" étaient, selon les propres termes de l'auteur, du "charabia", bien que leur inspiration trouve ses racines dans l'idée que "les gens ne sont fondamentalement que des pixels sur un écran, servant sans le savoir cette puissance supérieure qui est manipulatrice et destructrice". Ainsi, même si la précision littéral des paroles peut

Amnesiac – 2001

sembler énigmatique, leur essence réside dans une méditation sur la condition humaine, vue à travers le prisme d'une influence manipulatrice et potentiellement destructrice. Ce mélange d'obscurité et de contemplation complexifie davantage la texture poétique de l'œuvre, invitant l'auditeur à interpréter et à ressentir les nuances émotionnelles de la chanson.

"Hunting Bears" se présente comme un court instrumental, mettant en scène la guitare électrique et le synthétiseur dans une fusion sonore concise. En contraste, "Life in a Glasshouse" propose une expérience musicale immersive avec le Humphrey Lyttelton Band, jouant dans le style d'un enterrement de jazz à la Nouvelle-Orléans. Selon Lyttelton, la chanson débute par "des méandres improvisés, bluesy et mineurs", pour évoluer progressivement vers une interprétation du "vrai blues sauvage et primitif de la Nouvelle-Orléans".

Les paroles de la chanson ont puisé leur inspiration dans un reportage que Yorke a lu, relatant l'histoire de l'épouse d'une célébrité harcelée au point de recouvrir ses fenêtres de photographies des paparazzi. Cette exploration des thèmes de l'intrusion médiatique et de la célébrité offre une dimension poignante à l'album "Amnesiac", illustrant la capacité du groupe à puiser dans des expériences réelles pour créer une musique profondément émotionnelle et introspective.

L'œuvre d'art intitulée "Amnesiac" prit forme sous la créativité conjointe de Yorke et Stanley Donwood, un collaborateur de longue date de Radiohead. Plongeant dans l'inspiration, Donwood arpenta les rues de Londres, prenant des notes tout en comparant la métropole à un labyrinthe digne de la mythologie grecque. Ses explorations le conduisirent à numériser des pages vierges de vieux livres, sur lesquelles il superposa des clichés de feux d'artifice et des vues des tours de Tokyo. Il mêla également des reproductions des dessins tirés des "Prisons imaginaires" de

Amnesiac – 2001

Piranesi, ainsi que des paroles et des phrases soigneusement imprimées par Yorke à l'aide d'une machine à écrire défectueuse. Dans cette fusion d'éléments disparates, "Amnesiac" émergea tel un kaléidoscope artistique, capturant l'esprit éclectique et la vision singulière des artistes derrière cette collaboration exceptionnelle.

La couverture, tel un écho visuel de la profondeur émotionnelle de l'œuvre "Amnesiac", présente une scène poignante : un minotaure en pleurs, capturé dans la trame d'une couverture de livre. Ce minotaure, emblématique dans l'ensemble artistique, symbolise le "labyrinthe" au sein duquel Thom Yorke se sentit égaré durant sa période de dépression suivant la sortie d'OK Computer. Stanley Donwood, décrivant cette figure comme une "figure tragique", l'a inscrite dans l'imaginaire visuel de l'album.

Au fil des pages du livret, des figures complexes prennent vie : des terroristes sans visage, des politiciens égoïstes, et des dirigeants d'entreprise. Thom Yorke a expliqué que ces personnages incarnaient "les fausses voix abstraites, semi-comiques, stupidement sombres qui nous combattaient pendant que nous essayions de travailler". Ainsi, chaque image et chaque motif au sein de l'album s'entrelacent pour peindre une toile narrative riche en émotions et en réflexions, capturant la lutte intérieure et les défis extérieurs auxquels les artistes étaient confrontés au cours de cette période créative intense.

Pour l'édition spéciale, Stanley Donwood a conçu un emballage novateur, adoptant la forme d'un boîtier de CD cartonné qui évoque l'esthétique d'un livre de bibliothèque égaré. Son concept visuel s'articule autour de l'idée que ces pages artistiques ont été méticuleusement élaborées dans un livre, puis oubliées dans un tiroir de bureau, sommeillant dans un grenier oublié. L'intention était de créer une expérience visuelle et musicale immersive, invitant les auditeurs à dévoiler les pages de ce livre singulier, à la recherche de son essence cachée.

Amnesiac – 2001

Cette édition spéciale, en plus de son audace artistique, a été reconnue avec distinction en remportant un Grammy Award pour le meilleur package d'enregistrement lors des 44e Grammy Awards. Une reconnaissance bien méritée pour l'ingéniosité de Donwood dans la fusion de l'art visuel et de la musique, transformant ainsi l'acte d'explorer l'album en une quête captivante à la recherche d'un trésor oublié.

En janvier 2001, Radiohead a révélé l'arrivée imminente d'Amnesiac sur son site Internet, dévoilant ainsi le successeur tant attendu de Kid A, qui avait été lancé trois mois auparavant. Le déploiement mondial de l'album a débuté au Japon le 30 mai sous l'égide d'EMI, suivi par une sortie au Royaume-Uni le 4 juin sous le label Parlophone, et aux États-Unis le 5 juin sous l'égide de Capitol, deux filiales d'EMI. Cette annonce marquait le prochain chapitre musical de Radiohead, captivant les fans du monde entier avec l'attente fébrile de découvrir les sonorités et les récits qui allaient caractériser Amnesiac.

Amnesiac a connu un succès immédiat en se hissant à la première place du UK Albums Chart dès son lancement. Aux États-Unis, il a également marqué un triomphe en faisant ses débuts au numéro deux du Billboard 200, avec des ventes impressionnantes de 231 000 exemplaires. Ce résultat a surpassé les 207 000 ventes réalisées par Kid A lors de sa première semaine, témoignant de la force persistante de l'attrait de Radiohead auprès du public américain.

Le succès de l'album s'est également étendu au Japon, où il a été certifié disque d'or par la Recording Industry Association of Japan pour avoir atteint les 100 000 exemplaires expédiés à travers le pays. En octobre 2008, les ventes mondiales d'Amnesiac avaient déjà atteint la remarquable marque de 900 000 exemplaires. En reconnaissance de son impact continu, l'album a

Amnesiac – 2001

obtenu la certification platine au Royaume-Uni en juillet 2013, honorant ses ventes dépassant les 300 000 exemplaires dans ce territoire. Un témoignage éloquent de la réception durable et de l'influence mondiale de cet opus musical.

Après avoir choisi de ne pas publier de singles pour Kid A, Radiohead a adopté une approche différente avec Amnesiac, en lançant deux singles majeurs accompagnés de clips vidéo. En mai, "Pyramid Song" a été dévoilé, suivi de près par la sortie en juillet de "Knives Out", chacun bénéficiant d'une représentation visuelle soigneusement élaborée.

En juin, le groupe a également publié "I Might Be Wrong" en tant que single radio, et pour accompagner cette sortie, deux vidéos distinctes ont été créées pour la chanson. Cette diversité dans les expressions visuelles a ajouté une dimension artistique supplémentaire à la promotion d'Amnesiac, offrant aux auditeurs une variété de perspectives sur les thèmes et l'esthétique de l'album. Ainsi, la période post-sortie d'Amnesiac a été marquée non seulement par la richesse musicale de l'album, mais également par une exploration visuelle captivante à travers ces singles et leurs vidéos associées.

Radiohead a entrepris une réinterprétation visuelle de "Pulk/Pull Revolving Doors" et "Like Spinning Plates" à travers une vidéo d'animation par ordinateur dirigée par Johnny Hardstaff. Cette création unique a vu le jour le 29 novembre 2001 lors d'un festival d'animation au Centre For Contemporary Arts de Glasgow. La vidéo transporte les spectateurs dans un monde visuel intrigant, mettant en scène des images d'épaulards évoluant sous la lumière UV, une machine prenant forme, et des bébés siamois tournant dans une centrifugeuse.

Cependant, malgré son caractère artistique captivant, la vidéo a rencontré une réception mitigée de la part de MTV, qui a jugé son

Amnesiac – 2001

contenu "de nature sensible". En conséquence, MTV a décidé de diffuser la vidéo uniquement avec un avertissement, limitant ainsi sa diffusion. Johnny Hardstaff a exprimé une certaine ironie dans cette situation, soulignant le contraste entre la facilité avec laquelle des contenus légers et dénués d'émotion sont diffusés sur MTV, tandis que des œuvres plus profondes et émotionnelles peinent à obtenir une visibilité. Une réflexion provocante sur les défis rencontrés par des créateurs cherchant à transmettre une émotion authentique à travers leur art.

La première présentation publique des chansons d'Amnesiac s'est déroulée au cours de la tournée Kid A, inaugurée en juin 2000 par Radiohead. Durant cette période, le groupe a insufflé une nouvelle vie aux morceaux électroniques en les interprétant avec une instrumentation rock captivante. Un exemple marquant de cette transformation est la réorchestration de "Like Spinning Plates", métamorphosé en une ballade au piano poignante.

Le 10 juin 2001, Radiohead a gravé une page mémorable de son histoire en enregistrant un concert exclusif pour un épisode d'une heure de l'émission de la BBC, Later... with Jools Holland. Ce moment privilégié a vu le groupe offrir une performance époustouflante de "Life in a Glasshouse", accompagné du Humphrey Lyttelton Band. Une symbiose magique entre les univers musicaux qui a ajouté une dimension nouvelle et envoûtante à cette œuvre emblématique.

Le 18 juin 2001, Radiohead a amorcé une tournée nord-américaine, marquant ainsi son retour sur scène après une pause de trois ans. Cette série de concerts s'est ouverte avec des performances en amphithéâtres le long de la côte ouest au cours du mois de juin, pour ensuite s'étendre vers l'est et le Midwest en août. Capitol, la maison de disques du groupe, a choisi une approche novatrice en contournant les méthodes de promotion traditionnelles de tournée. Au lieu de cela, ils ont relayé les

Amnesiac – 2001

informations directement à la vaste communauté de fans en ligne de Radiohead.

L'impact a été phénoménal, les billets se vendant en un temps record, en seulement quelques minutes. The Observer a qualifié cet exploit de "la conquête la plus radicale de l'Amérique par un groupe britannique" depuis la Beatlemania, soulignant que Radiohead a réussi là où d'autres, tels qu'Oasis, avaient échoué. Cette tournée a non seulement marqué un retour triomphal sur scène, mais elle a également consolidé la position de Radiohead en tant que force incontournable dans le paysage musical mondial.

Radiohead avait l'intention d'entreprendre une tournée aux États-Unis en adoptant une approche similaire à celle de la tournée Kid A en Europe, utilisant une tente sur mesure. Cependant, leurs projets ont été contrecarrés par l'opposition de Clear Channel Entertainment et de Ticketmaster, des acteurs qu'a identifiés Thom Yorke comme détenant un quasi-monopole sur la scène musicale live américaine. Face à cette résistance, Radiohead a envisagé de renoncer à ses tournées aux États-Unis, mais a jugé cette option comme une capitulation.

À la place, le groupe a décidé d'opter pour des lieux atypiques, tels que Grant Park à Chicago et les rives de la rivière Hudson à New York. Cette décision audacieuse a non seulement défié les obstacles imposés par l'industrie musicale américaine, mais a également permis à Radiohead de conserver sa créativité et son indépendance artistique.

Les fruits de cette période tumultueuse ont été capturés dans les enregistrements des tournées de Kid A et Amnesiac, publiés sous le titre "I Might Be Wrong: Live Recordings" en novembre 2001. Ces enregistrements témoignent de la persévérance du groupe face aux défis et de leur engagement à offrir des performances

Amnesiac – 2001

mémorables dans des cadres uniques, malgré les obstacles rencontrés sur la route.

Après la sortie de l'album précédent de Radiohead, Kid A, qui avait suscité des opinions divergentes parmi les auditeurs, beaucoup espéraient qu'Amnesiac marquerait un retour à leur son rock antérieur. The Guardian, dans sa critique, a titré de manière rassurante : "Détendez-vous : cela n'a rien à voir avec Kid A." Cependant, Rolling Stone percevait Amnesiac comme une nouvelle évolution loin du style "Britpop" antérieur de Radiohead, tandis que Pitchfork notait qu'il était tout à fait distinct de l'album de 1995, The Bends.

Stylus exprimait que même si Amnesiac était "légèrement plus simple" que Kid A, il avait néanmoins "solidifié le modèle post-millénaire de Radiohead : moins de chansons, plus d'ambiance, plus éclectique et électronique, plus paranoïaque, plus menaçant, plus sublime." Yorke lui-même soutenait que, selon lui, Amnesiac n'était pas plus accessible que Kid A et aurait suscité des réactions similaires s'il avait été publié en premier.

Selon Robert Hilburn du Los Angeles Times, Amnesiac, comparé à Kid A, était perçu comme "un disque plus riche et plus engageant, son austérité et sa vision troublée enrichies par un éveil de l'esprit humain". De même, Alexis Petridis, critique du Guardian, qui n'avait pas apprécié Kid A, considérait qu'Amnesiac ramenait Radiohead à son statut de "groupe de rock majeur le plus intrigant et le plus innovant au monde... [Il] établit un équilibre astucieux et gratifiant entre l'expérimentation et la qualité. Ce n'est pas facile à digérer, mais ce n'est pas non plus impossible à avaler." Bien qu'il ait critiqué certains morceaux électroniques tels que "Pulk/Pull Revolving Doors" et "Like Spinning Plates" comme étant indulgents, il a néanmoins loué les "changements musicaux obsédants et les mélodies non conventionnelles" de l'album, et le Guardian a honoré Amnesiac

Amnesiac – 2001

en le nommant "CD de la semaine". Stylus, tout en décrivant l'album comme "excellent", a noté qu'il n'était pas aussi "exploratoire ou intéressant" que Kid A.

Certains ont rejeté Amnesiac en le percevant comme une compilation de morceaux non retenus de Kid A. Le critique de Pitchfork, Ryan Schreiber, a critiqué son "séquençage douteux... ne faisant pas grand-chose pour étouffer l'argument selon lequel le disque n'est qu'une compilation de faces B à peine voilée". Un autre rédacteur de Pitchfork, Scott Plagenhoef, a eu une perspective différente, considérant que le séquençage créait une tension qui amplifiait la puissance des morceaux les plus expérimentaux. Cependant, il a également exprimé l'opinion que le marketing plus conventionnel donnait une impression de "banalité" par rapport à Kid A, suggérant que Radiohead avait cédé à la pression de leur maison de disques.

Certains critiques ont exprimé l'opinion qu'Amnesiac était moins cohérent que Kid A. Le critique d'AllMusic, Stephen Thomas Erlewine, a souligné qu'il "joue souvent comme un méli-mélo" et que les deux albums "proviennent clairement de la même source et présentent les mêmes défauts... La division ne fait que donner l'impression que les deux disques sont flous, même si le meilleur des deux disques est assez époustouflant." Un autre critique d'AllMusic, Sam Samuelson, a déclaré qu'Amnesiac était une version "assemblée" qui aurait pu bénéficier d'un emballage plus soigné, suggérant que l'album live I Might Be Wrong aurait pu constituer un "package complet de sessions Kid A". Cependant, Schreiber a pris un angle différent, estimant que "les points forts valaient indéniablement la peine d'attendre et surmontaient facilement les irrégularités occasionnelles".

Dans sa critique de la réédition de 2009 sur Pitchfork, Scott Plagenhoef a commenté : "Plus que Kid A – et peut-être plus que tout autre LP de son époque – Amnesiac est le coup d'envoi d'une époque désordonnée et enrichissante... déconnectée, consciente

Amnesiac – 2001

d'elle-même, tendue, éclectique, qui fait tourner les têtes – une surcharge de bonnes idées inhibées par les règles, les restrictions et les idées reçues." En 2021, à l'occasion du 20e anniversaire de l'album, The Atlantic a exprimé l'idée qu'Amnesiac pourrait être la meilleure œuvre de Radiohead : "En l'écoutant 20 ans après sa sortie, la sagesse grincheuse de l'album – sa dignité face à l'effroi – est plus émouvante que jamais."

Amnesiac a été nominé pour le Mercury Music Prize en 2001, mais a perdu face à Stories from the City, Stories from the Sea de PJ Harvey, un album pour lequel Thom Yorke avait fourni des voix invitées. Il s'agissait du quatrième album consécutif de Radiohead à être nominé pour un Grammy Award du meilleur album de musique alternative. De plus, l'édition spéciale de l'album a remporté un Grammy Award pour le meilleur enregistrement lors de la 44e cérémonie des Grammy Awards.

Amnesiac a été largement salué en 2001, figurant parmi les meilleurs albums de l'année selon plusieurs publications, notamment Q, The Wire, Rolling Stone, Kludge, The Village Voice, Pazz and Jop, le Los Angeles Times, et la presse alternative. En 2005, Stylus l'a même désigné comme le meilleur album des cinq années précédentes. En 2009, Pitchfork l'a classé comme le 34e meilleur album des années 2000, tandis que Rolling Stone lui a attribué la 25e place.

L'impact de l'album s'est également étendu au-delà de sa décennie de sortie. En 2005, il a été inclus dans le livre "1001 albums à écouter avant de mourir", et dans l'édition 2012 de la liste des "500 plus grands albums de tous les temps" de Rolling Stone, Amnesiac s'est classé au numéro 320.

De manière spécifique, le morceau "Pyramid Song" a également obtenu une reconnaissance notable, étant classé parmi les meilleurs de la décennie par Rolling Stone, NME et Pitchfork. La

Amnesiac – 2001

réception positive et la reconnaissance continue témoignent de l'influence durable d'Amnesiac dans le paysage musical.

Les destins de Radiohead et d'EMI se sont entrelacés jusqu'à ce que les chaînes contractuelles les libèrent en 2003. Cependant, les ombres du passé ont persisté. En 2007, EMI, dans un dernier souffle de nostalgie, a donné naissance à la "Radiohead Box Set", une compilation en hommage aux albums gravés pendant l'ère où Radiohead était sous le joug d'EMI, parmi lesquels trônait majestueusement "Amnesiac".

Ce joyau musical, jadis soumis aux caprices des impressions sur vinyle, a connu une renaissance le 19 août 2008. Ce jour-là, il a émergé en tant que double LP, réintégrant le monde sous la bannière de la série envoûtante "From the Capitol Vaults", aux côtés d'autres pièces maîtresses du répertoire de Radiohead. Ainsi, l'histoire tumultueuse entre le groupe et EMI a trouvé un nouvel écho dans cette réédition, capturant l'esprit indompté de leur collaboration passée.

Le 25 août, EMI a célébré l'aura intemporelle d'Amnesiac en lançant une "Édition Collector" qui transcendait les frontières de l'audace musicale. Cette édition, déclinée en deux CD, offrait une expérience sensorielle inégalée. Le premier disque abritait l'album studio original, immortel dans sa composition. Quant au deuxième CD, il dévoilait un trésor caché constitué des faces B des singles Amnesiac et d'enivrantes performances live.

Poussant encore plus loin le voyage dans l'univers de Radiohead, l'"Édition Collector Spéciale" se distinguait par l'ajout d'un DVD. Celui-ci devenait le portail magique révélant des vidéoclips captivants et une performance télévisée en direct, comme autant de fragments d'un rêve éveillé.

Amnesiac – 2001

Il est à noter que Radiohead n'a pas pris part à ces rééditions, préservant ainsi l'authenticité brute de leur création originale. La musique, inchangée dans son essence, n'a pas été soumise aux artifices du remastering. Cependant, cette symphonie d'émotions capturée dans ces éditions spéciales a ajouté une nouvelle dimension à l'héritage musical du groupe.

L'histoire de ces rééditions prit fin avec un tournant significatif en 2016. Suite au transfert de l'arrière-catalogue de Radiohead à XL Recordings, les projets d'EMI furent interrompus, marquant ainsi la fin d'une ère. En mai 2016, XL Recordings prit le relais avec une réédition sur vinyle de l'arrière-catalogue de Radiohead, ressuscitant ainsi Amnesiac et les œuvres emblématiques du groupe dans une nouvelle ère sonore.

L'odyssée musicale de Radiohead s'est élargie avec la sortie d'une première démo de "Life in a Glasshouse", une pièce intime où Yorke se révèle à la guitare acoustique. Cette mélodie captivante a émergé du recueil "2019 MiniDiscs [Hacked]".

Puis, le 5 novembre 2021, un moment de jubilation pour les fans a marqué la sortie de "Kid A Mnesia", une réédition anniversaire fusionnant les mondes de "Kid A" et "Amnesiac". Cet opus comprenait une perle rare, "Kid Amnesiae", un troisième album riche de matériel inédit issu des sessions originales. En avant-première, Radiohead a dévoilé deux joyaux méconnus sous la forme de singles numériques, "If You Say the Word" et "Follow Me Around", réchauffant les cœurs des aficionados.

L'expérience s'est étendue au-delà des notes, avec la naissance de "Kid A Mnesia Exhibition" le 18 novembre. Cette création interactive, déployée sur PlayStation 5, macOS et Windows, a transporté les auditeurs dans un monde fusionnant musique et illustrations des albums. Un hommage numérique où les frontières entre l'auditeur et l'artiste semblaient s'effacer, offrant une immersion totale dans l'univers sonore et visuel incomparable de Radiohead. Un nouveau chapitre s'est ainsi ouvert, façonnant la continuité d'une aventure musicale aussi captivante que novatrice.

Hail to the Thief – 2003

Sous les acclamations du voleur, le sixième opus du groupe de rock anglais Radiohead prit son envol. "Hail to the Thief" vit le jour le 9 juin 2003, dévoilant ses notes au monde entier par l'intermédiaire de Parlophone, avant de s'épanouir un jour plus tard sur le sol américain sous l'étendard de Capitol Records. Cet album marqua la conclusion d'une ère, la dernière mélodie tissée dans le cadre du pacte d'enregistrement unissant Radiohead à EMI, la société-mère de Parlophone et Capitol.

Après avoir exploré un territoire plus électronique avec leurs albums "Kid A" (2000) et "Amnesiac" (2001), forgés à travers d'audacieuses expérimentations en studio, Radiohead entreprit un nouveau chapitre, cherchant à fusionner spontanéité et mariage entre la musique électronique et le rock. Les échos de "Hail to the Thief" résonnent des studios de Los Angeles, où, en l'espace de deux semaines, le groupe, accompagné de leur producteur de longue date Nigel Godrich, sculpta l'essentiel de l'album. L'approche se concentra sur des prises live authentiques, reléguant les overdubs au second plan.

Le maestro des paroles, Thom Yorke, insuffla ses mots dans l'atmosphère de l'époque, teintant ses écrits des échos de la guerre contre le terrorisme et des discours politiques ambiants. Il maria habilement ces thèmes avec des influences tirées des contes de fées et de la littérature pour enfants, créant un univers singulier et complexe. L'œuvre visuelle qui habille l'album, conçue par l'artiste Stanley Donwood, se dévoile comme une carte des étoiles d'Hollywood, ponctuée de mots extraits de la signalisation routière à Los Angeles et des paroles poignantes de Yorke. Un paysage musical et visuel captivant, fruit d'une collaboration artistique exceptionnelle.

Hail to the Thief – 2003

Malgré une fuite médiatisée de matériel inachevé sur Internet dix semaines avant sa date de sortie, "Hail to the Thief" fit une entrée triomphale en se hissant à la première place du UK Albums Chart et à la troisième position du prestigieux classement américain Billboard 200. Ce succès fut salué par des certifications platine au Royaume-Uni et au Canada, et des distinctions en or dans plusieurs autres pays.

L'album fut porté par la force de ses singles et clips, notamment "There There", "Go to Sleep" et "2 + 2 = 5". Chacun d'eux contribua à tisser l'épopée sonore de l'œuvre, emmenant les auditeurs dans un voyage musical captivant.

Les critiques, quant à elles, firent écho à la qualité de l'album. "Hail to the Thief" s'inscrivit comme le cinquième opus consécutif de Radiohead à être nominé pour un Grammy Award du meilleur album de musique alternative. De plus, il s'est vu décerner le prestigieux Grammy Award du meilleur album non classique d'ingénierie, soulignant ainsi la maîtrise technique qui sous-tendait la création de cette œuvre audacieuse et novatrice. Une consécration méritée pour un album qui laissait une empreinte indélébile dans l'histoire musicale contemporaine.

Après avoir façonné simultanément les albums "Kid A" (2000) et "Amnesiac" (2001), une étape qui marqua le remplacement du son rock axé sur la guitare par une esthétique plus électronique, Radiohead se prépara à affronter les scènes en adaptant sa musique pour le live. Ils fusionnèrent des sons synthétiques avec une instrumentation rock, maîtrisant l'art subtil de l'interprétation en direct.

Thom Yorke, le vocaliste charismatique du groupe, partagea son point de vue en déclarant : « Même avec l'électronique, il y a un élément de performance spontanée dans leur utilisation. C'était la tension entre ce qui est humain et ce qui vient des machines.

Hail to the Thief – 2003

C'était quelque chose dans lequel nous nous lancions. » Cette recherche d'équilibre entre l'élément humain et la mécanique électronique ajouta une couche de complexité à leur son, créant une fusion unique et captivante.

Conscients de leur évolution, le groupe aborda la création de leur prochain opus sans l'intention de réaliser un "grand saut créatif" ou de formuler une déclaration audacieuse. Ils semblaient plutôt embrasser l'évolution naturelle de leur musique, marquant une continuité réfléchie tout en explorant de nouveaux territoires sonores. C'était un pas en avant, empreint d'une quête constante d'authenticité et d'exploration musicale.

Début 2002, après la conclusion de la tournée Amnesiac, Yorke adressa des CD de démos à ses comparses au sein du groupe. Ces trois disques, baptisés "The Gloaming", "Episcoval" et "Hold Your Prize", renfermaient une fusion éclectique de musique électronique, agrémentée de croquis mélodiques au piano et à la guitare. Bien que Radiohead ait tenté d'enregistrer certaines chansons, telles que "I Will", pour les albums Kid A et Amnesiac, le groupe n'était guère satisfait des résultats obtenus. La période de mai à juin 2002 fut consacrée à l'arrangement et à la répétition méticuleuse de ces compositions avant de les présenter au public lors de leur tournée estivale en Espagne et au Portugal, en juillet et août.

En septembre 2002, Radiohead a entrepris un voyage vers Ocean Way Recording à Hollywood, Los Angeles, en compagnie de leur producteur de longue date, Nigel Godrich. C'est ce dernier qui avait suggéré ce studio, l'ayant déjà utilisé pour la production d'albums de Travis et Beck. Il pensait que ce serait un "bon changement de décor" pour Radiohead. Yorke, le leader du groupe, a exprimé à ce sujet : "Nous nous sommes demandé : devons-nous vraiment traverser le monde pour faire cela ?" Mais l'expérience s'est avérée excellente, car nous avons travaillé

Hail to the Thief - 2003

ardemment. Chaque jour, nous mettions sur pied une nouvelle piste. C'était un peu comme un camp de vacances créatif."

Kid A et Amnesiac ont émergé d'un processus d'enregistrement et de montage s'étalant sur plusieurs années, qualifié par le batteur Philip Selway comme une "fabrication de musique en studio". Cependant, pour leur prochain album, Radiohead s'est tourné vers l'objectif de saisir un son plus "live" et immédiat. Contrairement à la méthode antérieure, la plupart des éléments électroniques n'étaient pas superposés, mais plutôt enregistrés en direct en studio. Le groupe a intégré des ordinateurs dans leurs performances aux côtés d'autres instruments. Thom Yorke a expliqué que "tout était une question de performance, comme mettre en scène une pièce de théâtre".

Radiohead a adopté une approche axée sur la rapidité et la spontanéité, cherchant à contourner la procrastination et la suranalyse dans leur processus de création. Thom Yorke s'est retrouvé contraint de rédiger les paroles de manière différente, n'ayant pas la possibilité de les retravailler en studio. Pour certaines chansons, il est revenu à la méthode consistant à découper les mots et à les agencer au hasard, une technique qu'il avait précédemment utilisée lors de la production de Kid A et Amnesiac.

Le guitariste principal, Jonny Greenwood, a exploité le langage de programmation musicale Max pour échantillonner et manipuler les performances du groupe. Par exemple, il a appliqué cette technique au traitement de sa guitare sur "Go To Sleep", créant un effet de bégaiement aléatoire. En outre, Greenwood a persisté dans l'utilisation de synthétiseurs modulaires et de l'ondes Martenot, l'un des premiers instruments électroniques similaires au thérémine. Après avoir abondamment recouru à des pédales d'effets sur les albums précédents, il s'est lancé le défi de concevoir des parties de guitare captivantes sans avoir recours à des effets.

Hail to the Thief – 2003

Inspiré par les Beatles, Radiohead a cherché à maintenir la concision dans leurs chansons. Le morceau d'ouverture, "2 + 2 = 5", a été enregistré comme un essai en studio et achevé en deux heures. "There There" a posé des défis lors de l'enregistrement ; après une reprise dans leur studio d'Oxfordshire, Thom Yorke, soulagé d'avoir enfin capturé la quintessence de la chanson, a versé des larmes, considérant celle-ci comme la meilleure œuvre du groupe.

Une version électronique de "I Will" avait été enregistrée pendant les sessions de Kid A et Amnesiac, mais elle avait été abandonnée comme étant un "Dodgy Kraftwerk". Des éléments de cet enregistrement ont été réutilisés pour créer "Like Spinning Plates" sur Amnesiac.

Pour Hail to the Thief, le groupe s'est engagé à "aller au cœur de ce qu'il y a de bon dans la chanson" et à ne pas se laisser distraire par les détails de la production ou les nouveaux sons, optant pour un arrangement épuré.

Radiohead a enregistré la majeure partie de Hail to the Thief en l'espace de deux semaines, avec des sessions d'enregistrement et de mixage additionnelles dans leur studio d'Oxfordshire, en Angleterre, à la fin de 2002 et au début de 2003. Le guitariste Ed O'Brien a confié à Rolling Stone que Hail to the Thief était le premier album de Radiohead où, à la fin de sa réalisation, "nous n'avions pas envie de nous entre-tuer". Néanmoins, des conflits ont émergé lors du mixage et du séquençage. Selon Thom Yorke, "Il y a eu une longue période pendant laquelle nous avons vécu avec, mais ce n'était pas complètement terminé, donc on s'attache aux versions et nous avons eu de grandes disputes à ce sujet." Philip Selway a ajouté : "Nous avons commencé rapidement. Ensuite, il y avait plus d'exigences." Nigel Godrich a estimé que les mixes bruts des sessions de Los Angeles ont été utilisés pour environ un tiers de l'album.

Hail to the Thief – 2003

Les paroles de "Hail to the Thief" ont été façonnées par ce que Yorke a décrit comme « le sentiment général d'ignorance, d'intolérance, de panique et de stupidité » qui a suivi l'élection du président américain George W. Bush en 2000. Il a extrait des mots et des expressions des discours entourant la guerre contre le terrorisme en cours, les incorporant habilement dans les paroles et les illustrations de l'album. Bien qu'il ait catégoriquement nié toute intention de formuler des déclarations politiques au travers de ses chansons, il a confessé : « J'ai désespérément essayé de ne rien écrire de politique, évitant tout ce qui exprimerait la terreur profonde avec laquelle je vis au jour le jour. Mais c'est simplement là, et finalement, il faut abandonner et laisser faire. »

En tant que nouveau père, Yorke a adopté une approche consistant à « distiller » les thèmes politiques dans une « simplicité enfantine ». Il a puisé dans des phrases issues de contes de fées et du folklore, notamment celui de Chicken Little, ainsi que dans la littérature pour enfants et des émissions de télévision qu'il partageait avec son fils, telles que la série des années 1970, Bagpuss. La parentalité a éveillé chez Yorke des préoccupations quant à l'état du monde et à son impact potentiel sur les générations futures. Greenwood a interprété les paroles de Yorke comme exprimant « la confusion et l'évasion, comme « Je vais rester à la maison et m'occuper des gens qui me tiennent à cœur, acheter un mois de nourriture » ».

Yorke a également puisé dans les phrases de "L'Enfer" de Dante, sujet de la thèse de doctorat de sa partenaire Rachel Owen. Plusieurs chansons, dont "2 + 2 = 5", "Sit Down Stand Up" et "Sail to the Moon", font référence aux notions chrétiennes du bien et du mal, du paradis et de l'enfer, marquant ainsi une première pour la musique de Radiohead. D'autres morceaux explorent des thèmes liés à la science-fiction, à l'horreur et au fantastique, comme les loups et les vampires évoqués dans "A Wolf at the

Hail to the Thief – 2003

Door" et "We Suck Young Blood", la référence au slogan "deux plus deux égale cinq" tiré du roman dystopique "Nineteen Eighty-Four", ainsi que l'allusion au géant des "Voyages de Gulliver" dans "Go to Sleep".

Radiohead a rencontré des difficultés pour trouver un nom pour l'album. Ils ont envisagé de l'intituler "The Gloaming" (signifiant « crépuscule » ou « crépuscule »), mais cette option a été rejetée pour son caractère jugé trop « poétique » et « sinistre, devenant ainsi le sous-titre de l'album. D'autres titres envisagés comprenaient "Little Man Being Erased", "The Boney King of Nowhere" et "Snakes and Ladders", qui ont finalement été adoptés comme titres alternatifs pour les chansons "Go To Sleep", "There There" et "Sit Down. Stand Up". L'utilisation de titres alternatifs a été inspirée par les affiches victoriennes mettant en scène des chansons moralisatrices jouées dans les music-halls.

L'expression « Hail to the Thief » a été adoptée par les manifestants anti-Bush comme une variation de « Hail to the Chief », l'hymne présidentiel américain. Thom Yorke a décrit sa première rencontre avec cette expression comme un « moment formateur ». Bien que Radiohead ait choisi ce titre en partie en référence à George W. Bush, c'était aussi une réponse à « la montée de la double pensée, de l'intolérance et de la folie générales… comme si les individus étaient totalement hors de contrôle de la situation… une manifestation de quelque chose de pas vraiment humain ». Le titre fait également allusion à la fuite d'une version inachevée de l'album avant sa sortie. Thom Yorke craignait que cela puisse être mal interprété comme une référence uniquement aux élections américaines, mais ses collègues de groupe estimaient que cela « évoquait toutes les absurdités, toutes les absurdités et la jubilation de l'époque ».

Hail to the Thief - 2003

Sous le signe de "Hail to the Thief" se dessine un paysage sonore riche, mêlant habilement le rock alternatif, le rock artistique, le rock expérimental et le rock électronique. Une œuvre qui s'éloigne de la manipulation numérique prédominante dans les albums antérieurs de Radiohead, tels que "Kid A" et "Amnesiac", pour embrasser une instrumentation rock plus conventionnelle.

L'utilisation judicieuse de la batterie, de la guitare et du piano en direct imprègne l'album d'une énergie organique, contrastant avec les expérimentations électroniques plus abondantes dans le passé. La voix de Yorke, moins encline aux artifices et aux effets, se révèle plus authentique, ajoutant une dimension nouvelle et captivante à l'ensemble.

Dans son analyse, Rolling Stone a souligné que "Hail to the Thief" se distingue par son caractère plus mélodieux et axé sur la chanson. L'album explore également la construction de tension silencieuse à forte, un trait caractéristique emprunté à l'esthétique des "Pixies", un hommage subtil aux influences du passé de Radiohead qui se manifeste à travers plusieurs morceaux. Ainsi, l'opus révèle une évolution sonore, où la maîtrise de différentes textures musicales se marie harmonieusement à la créativité caractéristique du groupe.

Bien que Thom Yorke ait qualifié Hail to the Thief de manière énigmatique de "très acoustique", il a catégoriquement nié que l'album pouvait être réduit à l'étiquette simpliste de "disque de guitare". En réalité, l'opus conserve habilement des éléments électroniques, tels que des synthétiseurs, des boîtes à rythmes et des échantillonnages, démontrant ainsi la capacité du groupe à fusionner des genres apparemment disparates.

Phil Selway, le batteur de Radiohead, a articulé cette synergie unique en déclarant que la combinaison du rock et de la musique électronique couvrait "les deux hémisphères du cerveau de Radiohead". Cette fusion est mise en lumière par le critique de

Hail to the Thief – 2003

Spin, Will Hermes, qui décrit Hail to the Thief comme un album qui "oscille entre le froid des séquenceurs et la chaleur des doigts sur les cordes et les touches".

Au sein du groupe, l'album était perçu comme un "disque pop brillant et brillant. Clair et joli", selon la vision de Radiohead eux-mêmes. Jonny Greenwood, le guitariste, a ajouté une nouvelle couche sonore audacieuse, capturant un son "fanfaron" avec "de l'espace, du soleil et de l'énergie", comme l'a souligné Ed O'Brien. Ainsi, Hail to the Thief se révèle être une œuvre où la diversité des influences et des éléments musicaux coexiste harmonieusement, transcendant les frontières conventionnelles du rock.

L'album s'ouvre sur une note percutante avec "2 + 2 = 5", un morceau rock qui atteint un crescendo bruyant, annonçant d'emblée l'intensité de l'expérience musicale à suivre. Il captive l'auditeur avec son énergie fulgurante et sa force expressive.

La transition vers "Sit Down. Stand Up" offre un changement de ton significatif, plongeant dans une ambiance électronique. Cette pièce, influencée par le génie du jazz Charles Mingus, marie habilement des éléments électroniques complexes avec une atmosphère immersive, créant ainsi une expérience sonore unique et captivante.

"Sail to the Moon" change de cap une fois de plus, se transformant en une ballade au piano évoquant une berceuse. Les signatures rythmiques changeantes ajoutent une dimension supplémentaire à ce morceau, tandis que les paroles font subtilement allusion à l'histoire biblique de l'Arche de Noé. Il est intéressant de noter que ces paroles, chargées de symbolisme, ont été écrites en un laps de temps étonnamment court, "en cinq minutes", pour le fils de Yorke, Noé.

Hail to the Thief – 2003

"Backdrifts" plonge l'auditeur dans l'univers de l'électronique, explorant le concept du "glissement vers l'arrière qui se produit partout où vous regardez". Cette chanson offre une réflexion lyrique sur les forces de régression omniprésentes dans la vie, tout en étant enveloppée dans une ambiance électronique qui caractérise la polyvalence sonore de l'album. Ainsi, chaque morceau de Hail to the Thief se révèle être une exploration sonore distincte, tissant ensemble une expérience musicale riche et multidimensionnelle.

"Go to Sleep" s'ouvre avec un riff de guitare acoustique, un clin d'œil musical à la folk anglaise des années 1960, selon les mots du bassiste Colin Greenwood. Cette introduction évoque une atmosphère nostalgique tout en jetant les bases d'une pièce qui évolue avec grâce entre les sonorités acoustiques et les nuances plus complexes qui caractérisent l'ensemble de l'album.

"Where I End and You Begin" prend un virage rock, orchestré par des "murs" d'ondes Martenot et une section rythmique qui emprunte son inspiration à New Order. L'intégration de ces éléments crée une ambiance dynamique et électrique, élargissant encore la palette sonore de l'album.

Thom Yorke décrit "We Suck Young Blood" comme un "air de bateau négrier", incorporant une pause free jazz et soulignant qu'elle ne doit être prise "pas au sérieux". La chanson, perturbée par des applaudissements inopportuns de type zombie, s'engage dans une satire acerbe de la culture hollywoodienne et de son "désir constant de rester jeune et de tondre les gens, de sucer leur énergie". Cette incursion lyrique met en lumière la capacité du groupe à aborder des thèmes sociaux tout en naviguant habilement à travers des expérimentations sonores innovantes.

"The Gloaming" se profile comme une chanson électronique, caractérisée par des rythmes "mécaniques" que Jonny Greenwood a soigneusement élaborés à partir de boucles de bandes.

Hail to the Thief – 2003

Greenwood lui-même la décrit comme une expérience d'électronique "très old school", excluant l'utilisation d'ordinateurs au profit de synthétiseurs analogiques, de magnétophones, et de rubans adhésifs. Cela confère à la chanson une texture sonore unique, empreinte d'une approche artisanale.

Thom Yorke a souligné que "The Gloaming" était "la chanson de protestation la plus explicite du disque". Les paroles abordent la montée du fascisme, mettant en lumière des thèmes tels que "l'intolérance, le sectarisme et la peur, et toutes les choses qui maintiennent une population à un niveau bas". Ainsi, la chanson sert de véhicule pour une critique sociale, enveloppée dans une esthétique sonore qui transcende les conventions électroniques contemporaines.

En contraste, "There There" se dévoile comme une chanson rock, où des percussions superposées atteignent un point culminant bruyant. L'influence des groupes tels que Can, Siouxsie and the Banshees, et les Pixies se manifeste, ajoutant une dimension dynamique à la composition. Cette pièce démontre la capacité du groupe à fusionner des éléments rock classiques avec des nuances expérimentales, créant ainsi une œuvre qui évoque à la fois le passé et le présent du paysage musical.

"I Will" a été décrite par Thom Yorke comme la chanson la plus empreinte de colère qu'il ait jamais écrite. Ses paroles trouvent leur inspiration dans des images d'actualités poignantes, celles de l'attentat à la bombe contre l'abri d'Amiriyah pendant la guerre du Golfe. Cet événement tragique a coûté la vie à environ 400 personnes, incluant des enfants et des familles, laissant une empreinte indélébile sur la conscience de Yorke et se manifestant à travers une expression artistique chargée d'émotion.

En revanche, "A Punchup at a Wedding" introduit une influence funk, mais derrière cette façade rythmique se cache une expression profonde de l'impuissance ressentie par Yorke face

Hail to the Thief - 2003

aux événements mondiaux. La colère s'infiltre également dans les paroles, reflétant la frustration de Yorke envers une critique négative de la performance de Radiohead à South Park, Oxford en 2001. Yorke a partagé son étonnement, soulignant que le spectacle était "l'un des plus grands jours de ma vie". Il exprime son incompréhension face à la capacité de quelqu'un, simplement armé d'un clavier et d'une machine à écrire, de discréditer un événement qui revêtait une signification profonde pour de nombreuses personnes. Ainsi, cette chanson devient une méditation personnelle sur l'impact des critiques et des événements mondiaux, teintée de la colère et de l'incompréhension de l'artiste.

La composition de "Myxomatosis" repose sur une ligne de basse fuzz entraînante, conférant à la chanson une énergie distinctive. Dans cette pièce, Radiohead s'est efforcé de recréer les sons de synthétiseur désaccordés et "effrayants" caractéristiques des groupes new wave des années 1970 et 80, à l'instar de Tubeway Army. Les paroles, telles que décrites par Thom Yorke, abordent des thèmes tels que le contrôle mental et la censure des idées par les médias, ajoutant une dimension politique et sociale à la composition.

Jonny Greenwood décrit "Scatterbrain" comme "simple et joli", caractérisé par des accords qui ne trouvent pas de résolution. Cette simplicité est contrastée par la complexité émotionnelle qui se dégage de la composition, créant ainsi une expérience sonore riche en nuances.

Le morceau final, "A Wolf at the Door", a été décrit par NME comme "une jolie chanson, avec un monologue sinistre par-dessus". Jonny Greenwood a comparé les paroles à un conte de fées des frères Grimm, ajoutant une touche d'obscurité à l'esthétique globale de la chanson. Thom Yorke a expliqué le choix de placer cette chanson à la fin de l'album comme étant une expérience similaire à se réveiller après un cauchemar, soulignant

Hail to the Thief – 2003

que cela donne l'impression que tout ce qui a précédé était une sorte de rêve troublant et que le auditeur doit maintenant se réajuster à la réalité, symbolisé par le besoin de "aller chercher un verre d'eau maintenant". Ainsi, la disposition de "A Wolf at the Door" à la conclusion de l'album ajoute une dimension narrative à l'ensemble, créant une expérience d'écoute cohérente et réfléchie.

Au cœur de l'œuvre d'art de "Hail to the Thief" se trouve la créativité visionnaire de Stanley Donwood, le collaborateur émérite de Radiohead. Sa collaboration avec le groupe a débuté lors des séances d'enregistrement à Hollywood, un chapitre captivant dans la genèse de l'album.

Stanley Donwood avait une idée audacieuse à l'origine, envisageant de créer des œuvres d'art inspirées de photographies de topiaires phalliques. Cependant, cette proposition novatrice a rencontré une résistance inattendue de la part de Thom Yorke, le leader du groupe, qui a préféré explorer d'autres avenues artistiques.

Le résultat final est une pochette qui sert de feuille de route visuelle d'Hollywood. Donwood a puisé dans l'esthétique de la publicité routière de Los Angeles, capturant des mots et des expressions tels que « Dieu », « TV » et « pétrole ». À travers cette œuvre, l'artiste cherche à déconstruire la nature même de la publicité. Il souligne le paradoxe intrinsèque de messages conçus pour séduire, tout en explorant la notion de vendre quelque chose de soi-même.

Donwood opère avec une subversion délibérée, extrayant les slogans publicitaires de leur contexte familier pour « enlever l'impératif » et « aller au cœur pur de la publicité ». Il expose ainsi la dualité entre l'attrait superficiel de la publicité et une réalité sous-jacente, quelque chose de profondément « troublant ». En repoussant les limites de l'expression artistique, Donwood et

Hail to the Thief – 2003

Radiohead créent une expérience visuelle qui transcende les conventions, invitant les auditeurs à remettre en question les messages omniprésents qui nous entourent.

Au sein de l'œuvre, une toile narrative complexe se dessine, tissée à partir des paroles provocantes de Thom Yorke et des discussions politiques tumultueuses qui ont marqué l'ère de la guerre contre le terrorisme. Parmi les éléments emblématiques se trouve "Burn the Witch", un titre énigmatique qui a trouvé sa place sur le neuvième album du groupe, "A Moon Shaped Pool" (2016), bien après la conception initiale de "Hail to the Thief".

L'album ne se contente pas de capturer l'essence de la musique, mais s'étend également visuellement à travers des œuvres d'art qui font écho aux cités marquées par les conflits. Des références à des métropoles emblématiques de la guerre, telles que New York, Londres, Grozny et Bagdad, se profilent dans le paysage artistique, ajoutant une couche supplémentaire de profondeur et de réflexion.

Les premières éditions de l'album se distinguent par une inclusion singulière : une feuille de route dépliante de la couverture. Cette carte visuelle détaillée agit comme un guide pour les auditeurs, les invitant à naviguer à travers les nuances sonores et les thèmes complexes qui parsèment l'œuvre. À travers ces multiples dimensions artistiques, Radiohead offre une expérience immersive qui transcende les limites traditionnelles de la musique, invitant son public à explorer les interconnexions entre la musique, la politique et l'expression visuelle.

La palette audacieuse de couleurs sur la couverture de l'album, comparée aux tonalités plus sobres des œuvres antérieures de Radiohead, a suscité des réflexions profondes de la part de Stanley Donwood. L'artiste a décrit ces couleurs vives, en apparence "agréables", comme étant en réalité "menaçantes", car elles sont toutes dérivées de l'industrie pétrochimique. Cette

Hail to the Thief – 2003

juxtaposition visuelle sert à souligner les conséquences inéluctables de la dynamique société que nous avons créée, mettant en lumière la responsabilité que nous devrons assumer tôt ou tard.

Amy Britton, essayiste éclairée, a proposé une interprétation fascinante de l'œuvre d'art, la voyant comme une allusion subtile au plan de "feuille de route pour la paix" de l'administration Bush dans le conflit israélo-palestinien. Cette connexion entre l'esthétique visuelle et les enjeux géopolitiques renforce la richesse des couches interprétatives de l'œuvre.

Joseph Tate, dans une comparaison perspicace avec les peintures de l'artiste français Jean Dubuffet, a décelé une représentation sur la couverture qu'il qualifie de "homogénéisée et fortement enrégimentée". Cette vision, selon Tate, reflète la présence visuelle flagrante du capitalisme, une uniformité oppressante de style et de couleur qui évoque la réduction des différences provoquée par la mondialisation. Ainsi, la couverture de "Hail to the Thief" transcende le simple visuel pour devenir une toile complexe, tissée avec les fils de la critique sociale et politique, incitant le spectateur à une contemplation profonde des implications de notre monde moderne.

Le 30 mars 2003, dix semaines avant sa sortie officielle, une version inachevée de "Hail to the Thief" a été divulguée en ligne, jetant le groupe Radiohead dans l'arène imprévue de la diffusion non autorisée. Cette fuite précoce comprenait des montages bruts et des chansons non mixées datant de janvier de la même année. Sur le forum officiel de Radiohead, Jonny Greenwood a pris la parole, exprimant le mécontentement du groupe non pas envers les téléchargeurs, mais envers la sortie prématurée et "bâclée" de leur travail inachevé.

Hail to the Thief – 2003

Colin Greenwood a ajouté une touche d'humour déconcertant à la situation en déclarant que la fuite était ressentie comme si le groupe avait été "photographié avec une chaussette quand on se lève le matin". Cependant, il a également exprimé sa consternation à l'égard des ordres de cessation et d'abstention émis par le label EMI envers les stations de radio et les sites de fans diffusant les morceaux divulgués. Sa critique incisive a souligné l'ironie que, généralement, les maisons de disques déboursent des sommes considérables pour que les stations diffusent leurs disques, et pourtant, dans ce cas précis, elles étaient prêtes à dépenser de l'argent pour les en dissuader.

Cette réaction du groupe face à la fuite offre un aperçu de la complexité des relations entre les artistes et l'industrie musicale, mettant en lumière les défis uniques posés par l'ère numérique et la diffusion en ligne non autorisée.

Face à la fuite précoce de "Hail to the Thief", EMI a choisi de ne pas avancer la date de sortie, prenant une position ferme contre les circonstances imprévues. Ted Mico, le directeur d'EMI, a expliqué que la fuite avait, malgré tout, engendré une couverture médiatique substantielle. Il exprima la confiance d'EMI dans la qualité de l'album, affirmant que "Hail to the Thief" rencontrerait le succès commercial escompté.

Curieusement, cette expérience a eu des répercussions sur la façon dont Radiohead a choisi de lancer son prochain album, "In Rainbows" (2007). La fuite de "Hail to the Thief" a contribué à influencer la décision du groupe de prendre les rênes de la distribution de leur musique. Ils ont décidé de publier "In Rainbows" en ligne, qu'ils ont qualifié de « leur date de fuite ». Cette approche audacieuse, où les auditeurs pouvaient choisir de payer ce qu'ils voulaient pour télécharger l'album, a marqué un tournant significatif dans la relation entre les artistes et la distribution de la musique à l'ère numérique. La réaction de

Hail to the Thief – 2003

Radiohead à la fuite a ainsi inspiré une nouvelle stratégie qui redéfinissait les normes de l'industrie musicale contemporaine.

"Hail to the Thief" a vu le jour le 9 juin 2003 sous l'étendard de Parlophone Records au Royaume-Uni, suivi d'une sortie aux États-Unis un jour plus tard par Capitol Records. L'album a été méticuleusement conçu, mais il a également suscité des préoccupations en raison de la protection contre la copie intégrée sur les CD dans certaines régions. Des plaintes ont émergé, notamment de la part du groupe de consommateurs belge Test-Achats, signalant des difficultés de lecture sur certains lecteurs de CD.

Pour enrichir davantage l'expérience musicale offerte par "Hail to the Thief", une compilation captivante de faces B, de remixes et de performances live a été dévoilée en avril 2004 sous le titre "Com Lag (2plus2isfive)". Cette sortie a offert aux fans un aperçu plus complet du processus créatif du groupe et a ajouté une dimension supplémentaire à l'exploration de l'univers sonore de l'album.

Ainsi, la période post-sortie de "Hail to the Thief" a été marquée par une diversité d'expressions musicales, mettant en lumière l'engagement continu de Radiohead à offrir à leur auditoire des œuvres riches en nuances et en textures.

"Hail to the Thief" a connu un succès remarquable dès sa sortie, atteignant la première place du classement des albums britanniques et y demeurant pendant 14 semaines consécutives. L'album a séduit le public britannique, se vendant à 114 320 exemplaires au cours de sa première semaine de mise en vente.

Aux États-Unis, l'impact a été tout aussi significatif, avec une entrée remarquable à la troisième place du Billboard 200. Les ventes initiales ont dépassé toutes les attentes, totalisant 300 000

Hail to the Thief - 2003

exemplaires au cours de la première semaine de disponibilité, éclipsant ainsi les performances de tous les albums précédents de Radiohead sur le marché américain. En 2008, les ventes avaient franchi la barre du million d'exemplaires aux États-Unis, témoignant de la popularité durable de l'album.

Sur le plan des certifications, "Hail to the Thief" a été honoré de la certification platine au Royaume-Uni et au Canada, soulignant l'impact mondial de l'œuvre. Ces réalisations notables attestent de la capacité du groupe à captiver les auditeurs à travers le globe et à établir un héritage musical qui transcende les frontières.

Selon le critique du Guardian, Alexis Petridis, la campagne marketing de "Hail to the Thief" était, selon les normes de Radiohead, une blitzkrieg promotionnelle. En avril 2003, des affiches promotionnelles, détournant le style des affiches de recrutement de talents, ont fait leur apparition à Los Angeles et à Londres, arborant des slogans extraits des paroles de "We Suck Young Blood". Ces affiches affichaient un numéro de téléphone épelant le mot « au voleur », redirigeant les appelants vers un enregistrement les accueillant à la hotline du service client de "Hail to the Thief". En mai, des avions tractant des bannières "Hail to the Thief" ont survolé le festival californien de Coachella.

"There There" a été dévoilé en tant que premier single le 21 mai 2003. Thom Yorke avait initialement sollicité Oliver Postgate, le créateur de Bagpuss, pour réaliser le clip, mais Postgate, déjà à la retraite à l'époque, a décliné l'offre. À la place, une vidéo d'animation en stop-motion a été réalisée par Chris Hopewell. La première de cette vidéo a eu lieu sur le Times Square Jumbotron à New York le 20 mai 2003, et elle a été diffusée toutes les heures ce jour-là sur MTV2.

"There There" a été suivi par la sortie des singles "Go to Sleep" le 18 août et "2 + 2 = 5" le 17 novembre.

Hail to the Thief – 2003

En juin, Radiohead a redéfini son site web en offrant des animations numériques explorant les thèmes de la culture médiatique et des métropoles fonctionnant 24 heures sur 24. Parallèlement, le groupe a inauguré radiohead.tv, une plateforme diffusant des courts métrages, des clips vidéo et des émissions en direct depuis le studio, programmées à des heures spécifiques. Les spectateurs en retard pour les diffusions se voyaient gratifiés d'une carte de test accompagnée d'une musique d'entracte « dans le style des années 1970 ».

Thom Yorke a expliqué que l'idée initiale de Radiohead était de diffuser ce matériel sur leur propre chaîne de télévision, mais ce projet a été avorté en raison de contraintes financières, de restrictions budgétaires, de considérations trop excentriques susceptibles d'effrayer le public, de licenciements du personnel et de pressions des actionnaires. Toutefois, le contenu a finalement été rendu accessible sur le DVD "La bouche allongée la plus gigantesque de tous les temps" en 2004.

Sous les étoiles de l'évaluation universelle, "Hail to the Thief" brille avec un score de 85 sur 100 sur le site de Metacritic. Neil McCormick, plume du Daily Telegraph, l'acclame comme "Radiohead à pleine puissance, une œuvre majeure d'artistes éminents au sommet de leur art". Pour Chris Ott de Pitchfork, Radiohead a réussi brillamment à transformer la musique pop en un médium aussi vaste et potentiellement expansif qu'il devrait l'être. Il le consacre même "Meilleure nouvelle musique" de la semaine.

Ethan Brown, critique de renom à New York, déclare que "Hail to the Thief" n'est pas simplement un album de protestation, c'est précisément pour cette raison qu'il excelle. À l'instar des chefs-d'œuvre passés de Radiohead, tels que "Kid A", la musique, tumultueuse et incroyablement inventive, relègue la politique au

Hail to the Thief – 2003

second plan. Andy Kellman d'AllMusic reconnaît que bien que l'album ait l'air plus comme une collection de chansons sur un disque que comme un ensemble cohérent, son impact demeure substantiel. Il conclut que le groupe "entame une deuxième décennie d'enregistrement avec un surplus d'élan".

Dans les pages de Mojo, Peter Paphides analyse que "Hail to the Thief" est aussi cohérent que tout autre opus dans le canon de Radiohead. Ainsi, l'album se distingue, porté par une énergie qui transcende les frontières musicales, marquant une étape significative alors que le groupe s'aventure dans une nouvelle décennie de création sonore.

James Oldham de NME, avec son regard critique, juge "Hail to the Thief" comme étant "un bon disque plutôt qu'un excellent... l'impact des moments les plus brillants est atténué par l'inclusion de quelques compositions électroniques indifférentes". Pour John Harris de Q, une partie du matériel frôle dangereusement l'expérimentalisme, manquant de la substance précieuse qui le distinguerait.

Alexis Petridis, plume de The Guardian, offre une perspective nuancée en déclarant que bien que "Hail to the Thief" ne puisse être qualifié de mauvais disque, il ne se distingue ni par sa fraîcheur ni par la présence de chansons anthémiques qui ont autrefois propulsé Radiohead au sommet. Il souligne le danger d'auto-parodie inhérent aux paroles politiques et à l'ambiance sombre de l'album.

Quant à Robert Christgau de The Village Voice, bien qu'il note que les mélodies et le travail de guitare de "Hail to the Thief" ne rivalisent pas avec l'élégance lyrique d'OK Computer, il salue la fluidité de l'ensemble. Pour lui, l'album, bien que ne faisant pas preuve d'une lyrisme aussi élégiaque, s'écoule de manière plus fluide et mérite ainsi une "mention honorable".

Hail to the Thief – 2003

"Hail to the Thief" a marqué un autre sommet pour Radiohead en étant le cinquième album consécutif du groupe à être nominé pour un Grammy Award du meilleur album de musique alternative. Cette reconnaissance institutionnelle n'était pas simplement une habitude, mais plutôt une confirmation constante du génie musical du groupe.

Le travail acharné du producteur Nigel Godrich et de l'ingénieur du son Darrell Thorp a été récompensé lors des Grammy Awards de 2004, remportant le prestigieux prix du meilleur album non classique d'ingénierie pour leur contribution exceptionnelle à l'enregistrement de "Hail to the Thief". Cette victoire a ajouté une nouvelle distinction à la collection croissante de réussites de Radiohead.

L'impact durable de l'album a été souligné en 2010, lorsque Rolling Stone l'a classé comme le 89e meilleur album des années 2000. Le magazine a salué la richesse éblouissante d'idées présentes dans l'album, le qualifiant de triomphe musical. Ainsi, même avec le passage du temps, "Hail to the Thief" a continué à être célébré comme une œuvre majeure qui a contribué à redéfinir les frontières de la musique alternative.

Les membres de Radiohead n'ont pas hésité à exprimer leurs critiques vis-à-vis de "Hail to the Thief". En 2006, Thom Yorke confiait à Spin : "Je changerais peut-être la playlist. Je pense que nous avons eu un effondrement lorsque nous l'avons mis en place... Nous voulions faire les choses rapidement, et je pense que les chansons en ont souffert." Cette confession mettait en lumière une certaine précipitation dans le processus créatif qui, selon Yorke, a eu un impact sur la qualité globale de l'album.

En 2008, Thom Yorke a enfoncé le clou en publiant une liste alternative de morceaux sur le site Web de Radiohead. Cette liste omis certains titres de l'album, tels que "Backdrifts", "We Suck

Hail to the Thief – 2003

Young Blood", "I Will" et "A Punchup at a Wedding". C'était une indication claire que, rétrospectivement, Yorke aurait choisi une configuration différente pour l'album.

Dans une interview avec Mojo, Ed O'Brien a abordé la longueur de l'album en suggérant que Radiohead aurait dû réduire le nombre de titres à dix, soulignant que la longueur excessive avait pu aliéner certains auditeurs. Colin Greenwood a ajouté que plusieurs chansons étaient inachevées et a décrit l'ensemble de l'album comme un "processus de rétention". Jonny Greenwood a également concédé que l'album était trop long, mais a souligné qu'ils essayaient de répondre aux attentes des gens sur ce que le groupe faisait de mieux. Cependant, il a noté que cela avait été bénéfique pour eux de sortir un disque qui se distinguait de leurs performances live habituelles. Ainsi, les critiques internes ont jeté une lumière intéressante sur le processus de création de l'album et les choix artistiques qui ont contribué à sa formation.

Les années qui ont suivi la sortie de "Hail to the Thief" ont été marquées par des réflexions continues de la part des membres du groupe sur cet album. En 2013, le producteur Nigel Godrich a partagé ses pensées avec NME, déclarant : « Je pense qu'il y a de bons moments là-dedans – mais trop de chansons... Dans l'ensemble, je pense que c'est charmant à cause du manque de montage. Mais personnellement, c'est probablement mon album le moins préféré de tous les albums. .. Il n'avait pas vraiment de direction propre. C'était presque comme une homogénéité des travaux précédents. C'est peut-être sa force."

À l'approche du 20e anniversaire de l'album en 2023, Philip Selway a offert une perspective différente. Il a décrit "Hail to the Thief" comme un pont entre "Kid A", "Amnesiac" et l'album suivant de Radiohead, "In Rainbows". Selway a souligné la fusion réussie de la musique électronique et du rock, capturant ainsi "deux personnages très distinctifs de Radiohead... C'est ce qui était beau à ce sujet." Ces commentaires montrent comment les

Hail to the Thief – 2003

membres du groupe ont continué à réévaluer et à interpréter l'album au fil du temps, soulignant la complexité et la richesse de leur expérience créative.

Après la conclusion de leur contrat avec EMI en 2003, Radiohead a pris la décision de quitter le label. En 2007, EMI a répondu en publiant le "Radiohead Box Set", une compilation regroupant les albums enregistrés pendant la période où le groupe était sous contrat chez EMI, comprenant notamment "Hail to the Thief". Cependant, cette sortie s'est faite sans la participation active de Radiohead, marquant ainsi la fin de leur partenariat avec le label.

Suite à un regain d'intérêt pour le vinyle, "Hail to the Thief" a été réédité en double LP le 19 août 2008 dans le cadre de la série « From the Capitol Vaults », aux côtés d'autres albums emblématiques de Radiohead. Cette réédition a permis aux fans de redécouvrir l'album dans un format vinyle, offrant une expérience d'écoute différente et renouvelée. Ainsi, malgré les changements dans la dynamique de l'industrie musicale, l'œuvre de Radiohead continue de trouver de nouvelles façons de se connecter avec son public.

Le 31 août 2009, EMI a procédé à une réédition de "Hail to the Thief" en deux versions : une "édition collector" comprenant 2 CD, et une "édition collector spéciale" avec 2 CD et 1 DVD. Le premier CD contenait l'album studio original, tandis que le deuxième CD regroupait les faces B et les performances live préalablement compilées sur l'EP "COM LAG (2plus2isfive)" sorti en 2004. Le DVD comprenait des vidéoclips ainsi qu'une performance télévisée en direct. Il est important de noter que Radiohead n'a pas participé à cette réédition, et aucune remasterisation de la musique n'a été effectuée.

Pitchfork a salué cette "édition collector" en la nommant la "meilleure nouvelle réédition" de la semaine, soulignant

Hail to the Thief – 2003

notamment "Gagging Order" comme la meilleure face B parmi le matériel bonus. L'AV Club a également exprimé un avis positif, mentionnant que le contenu bonus "valait la peine d'être entendu", même si les morceaux live se démarquaient particulièrement. Ainsi, cette réédition a offert aux fans une occasion de plonger plus profondément dans l'univers de "Hail to the Thief", en explorant des facettes inédites de l'œuvre et des performances en direct du groupe.

En 2016, le paysage des rééditions de l'arrière-catalogue de Radiohead a subi un changement significatif avec le transfert de leur catalogue de disques d'EMI à XL Recordings. Cette transition a entraîné l'interruption des rééditions sous la houlette d'EMI.

En mai 2016, avec la nouvelle affiliation à XL Recordings, le groupe a vu son arrière-catalogue, y compris "Hail to the Thief", réédité sur vinyle. Cette démarche a permis de répondre à la demande croissante des amateurs de vinyle, offrant ainsi une nouvelle opportunité aux fans de (re)découvrir l'album dans ce format classique et apprécié.

Cette étape marque un tournant dans la manière dont l'œuvre de Radiohead est présentée au public, montrant l'importance croissante du vinyle dans l'industrie musicale moderne et soulignant le rôle continu de l'artiste dans la manière dont sa musique est diffusée et préservée au fil du temps.

In Rainbows - 2007

Les premiers accords de "In Rainbows" résonnaient dans l'atmosphère musicale, marquant le septième opus studio du groupe de rock anglais, Radiohead. La date mémorable du 10 octobre 2007 fut inscrite dans l'histoire de la musique, lorsque l'album fut dévoilé au monde sous une forme révolutionnaire - l'auto-publication en téléchargement payant.

Cette décision audacieuse fut suivie par une sortie physique à l'échelle internationale le 3 décembre 2007 via XL Recordings, et outre-Atlantique le 1er janvier 2008 grâce à TBD Records. "In Rainbows" symbolisait bien plus qu'une simple collection de chansons captivantes ; il représentait un nouveau chapitre pour Radiohead. C'était leur première offrande depuis la conclusion de leur partenariat avec EMI, achevé avec l'album "Hail to the Thief" en 2003.

Ainsi, avec "In Rainbows", Radiohead a tracé son propre chemin dans le paysage musical, dévoilant non seulement un son évocateur mais aussi une approche novatrice de la distribution musicale, laissant une empreinte indélébile dans l'histoire du rock.

Les prémices de "In Rainbows" ont émergé au début de l'année 2005, marquant le début d'une odyssée créative pour Radiohead. L'année suivante, en 2006, les premières sessions d'enregistrement avec le producteur Spike Stent se soldèrent par une impasse. Face à ce défi, le groupe prit une décision cruciale en rétablissant leur lien avec le producteur de longue date, Nigel Godrich.

Les murs résonnèrent des mélodies de Radiohead dans des lieux aussi divers que les majestueuses Halswell House et Tottenham House, l'Hospital Club animé de Londres, et leur propre studio

In Rainbows – 2007

niché dans l'Oxfordshire. Le processus créatif fusionnait l'instrumentation rock traditionnelle avec des touches électroniques, des cordes envoûtantes, le piano mélodieux et les ondes Martenot mystérieuses.

Les paroles de "In Rainbows" dévoilaient une nouvelle dimension de l'âme de Radiohead. Moins ancrées dans le politique, elles se faufilaient avec une intimité émotionnelle, offrant un aperçu plus profond et personnel que les albums précédents du groupe. Ainsi, l'opus captivait non seulement par sa richesse musicale, mais aussi par la profondeur de son expression artistique.

La sortie de "In Rainbows" par Radiohead a marqué un tournant audacieux dans l'industrie musicale. En optant pour une approche révolutionnaire, le groupe a choisi de publier l'album en ligne, offrant à ses fans la liberté de fixer eux-mêmes le prix d'acquisition. Cette démarche, loin des sentiers battus des stratégies promotionnelles conventionnelles, visait à éliminer les obstacles entre l'artiste et son public.

C'était une première dans le monde de la musique, un acte majeur prenant le pari de repenser radicalement la distribution traditionnelle. La nouvelle a fait grand bruit, attirant l'attention des médias internationaux et suscitant des débats passionnés. Nombreux ont salué Radiohead pour avoir remis en question les modèles établis, trouvant de nouvelles voies pour se connecter avec leur public. Cependant, cette approche novatrice n'a pas manqué de susciter des inquiétudes, certains redoutant qu'elle crée un dangereux précédent au détriment des artistes moins établis.

Ainsi, "In Rainbows" n'était pas seulement un album exceptionnel sur le plan musical, mais aussi un manifeste qui a secoué les fondations de l'industrie musicale, posant des questions cruciales sur la manière dont la musique était partagée, consommée et valorisée.

In Rainbows – 2007

La promotion de "In Rainbows" par Radiohead s'est déployée avec une panoplie de stratégies novatrices, allant des webémissions aux vidéoclips, en passant par des concours et une tournée mondiale captivante. Les singles "Jigsaw Falling into Place" et "Nude" ont été les porte-étendards de cet album exceptionnel, marquant un retour significatif avec "Nude" devenant la première chanson du groupe à intégrer le top 40 américain depuis leur tout premier single "Creep" en 1992.

Le succès commercial d'In Rainbows a été une ascension triomphante, dominant les classements des albums britanniques et le prestigieux Billboard 200 américain. En octobre 2008, les chiffres de vente dépassaient les trois millions d'exemplaires à l'échelle mondiale. L'album s'est imposé comme la vedette incontestée des disques vinyles en 2008, se parant des certifications platine au Royaume-Uni et au Canada, et d'or aux États-Unis, en Belgique et au Japon.

Les lauriers d'In Rainbows n'ont pas tardé à pleuvoir, avec des distinctions telles que les Grammy Awards du meilleur album de musique alternative et du meilleur coffret ou édition spéciale limitée. Le chef-d'œuvre a également trouvé sa place parmi les albums les plus acclamés de l'année et de la décennie selon diverses publications, tandis que Rolling Stone l'a inscrit dans sa liste mise à jour des 500 plus grands albums de tous les temps. Ainsi, "In Rainbows" s'est non seulement hissé au sommet des palmarès, mais il a également gravé son empreinte dans l'histoire musicale avec une reconnaissance et une vénération universelles.

En 2004, à l'issue de la tournée mondiale de leur sixième opus studio, "Hail to the Thief" (2003), Radiohead a décidé de marquer une pause. Ayant conclu leur engagement contractuel avec EMI avec la sortie de cet album, le groupe se trouvait libéré de toute obligation de produire un nouveau matériel. Le batteur, Philip

In Rainbows – 2007

Selway, a partagé que l'envie de créer de la musique demeurait vivace au sein du groupe, mais qu'ils avaient choisi de faire une pause afin de se consacrer à d'autres aspects de leur vie. La fin du contrat avec EMI constituait un point naturel pour cette réflexion et cette pause, offrant à Radiohead l'opportunité de prendre du recul et de réévaluer leur direction artistique.

Le New York Times a qualifié Radiohead de « de loin le groupe non signé le plus populaire au monde », soulignant ainsi la singularité de leur statut à cette époque. Cette pause stratégique a suscité des spéculations et une attente palpable de la part des fans, tandis que le groupe se retirait temporairement de la scène, préparant silencieusement le terrain pour la prochaine étape de leur parcours musical.

En 2005, Thom Yorke, le chanteur et auteur-compositeur emblématique, a fait une apparition marquante dans la websérie "From the Basement". Au cours de cette performance, il a dévoilé des prémices captivantes de ce qui allait devenir les futurs titres de l'album "In Rainbows", à savoir "Videotape", "Down is the New Up" et "Last Flowers". Cette avant-première offrait aux fans un aperçu exclusif de l'évolution musicale à venir.

Thom Yorke n'était pas le seul membre de Radiohead à explorer de nouveaux horizons musicaux. En 2006, il a lancé son premier album solo, "The Eraser", dévoilant ainsi une facette artistique individuelle distincte. Parallèlement, le guitariste principal, Jonny Greenwood, s'est également aventuré en solitaire, sortant ses premières œuvres solo sous la forme des bandes originales de "Bodysong" (2004) et "There Will Be Blood" (2007). Ces projets solos ont témoigné de la diversité créative des membres de Radiohead, préparant le terrain pour une phase artistique encore plus riche et variée dans les années à venir.

In Rainbows – 2007

En mars 2005, une atmosphère électrique envahit le studio d'Oxfordshire de Radiohead. Les membres du groupe se retrouvent immergés dans le processus créatif, amorçant l'écriture et l'enregistrement de nouvelles pièces musicales. Une décision radicale a été prise : ils ont décidé de s'aventurer sans leur producteur de longue date, Nigel Godrich. Pour le guitariste Ed O'Brien, c'était une tentative de sortir de la zone de confort qui les avait enveloppés pendant une décennie de collaboration. "Nous étions un peu dans la zone de confort... Nous travaillons ensemble depuis 10 ans et nous nous aimons tous trop", explique-t-il.

Cependant, les rumeurs de dissension au sein du groupe sont rapidement dissipées. Le bassiste Colin Greenwood réfute les spéculations, arguant que Godrich était tout simplement pris par d'autres engagements, travaillant avec des artistes tels que Charlotte Gainsbourg et Beck.

Le véritable tournant artistique s'est manifesté lors de l'Ether Festival en juillet 2005. Jonny Greenwood et Thom Yorke, armés de leurs talents respectifs, ont offert une interprétation vibrante du futur morceau d'In Rainbows, "Weird Fishes/Arpeggi". Accompagnés de l'orchestre London Sinfonietta et de l'Orchestre arabe de Nazareth, leur performance a capturé l'essence même de l'expérimentation musicale dont Radiohead est devenu le symbole au fil des ans.

Le mois d'août a marqué le début de sessions d'enregistrement régulières pour Radiohead. Les fans étaient tenus informés des progrès du groupe grâce à leur nouveau blog, Dead Air Space, où les nouvelles émergeaient sporadiquement. Cependant, les séances étaient tout sauf fluides, le groupe peinant à retrouver son élan. Thom Yorke partageait son sentiment de frustration, déclarant : "Nous avons passé beaucoup de temps en studio sans aller nulle part, perdant notre temps, et c'était vraiment très frustrant."

In Rainbows – 2007

Plusieurs facteurs expliquaient cette lente progression. Tout d'abord, il y avait le défi de reprendre après une pause prolongée. L'absence de date limite et de la présence habituelle de leur producteur attitré compliquaient également les choses. Le fait que tous les membres du groupe soient désormais des pères ajoutait une nouvelle dimension à leur dynamique de travail. Ces éléments se combinaient pour créer un climat de travail complexe, mettant à l'épreuve la créativité et la résilience du groupe.

Face à l'absence flagrante de progrès, la direction de Radiohead s'est trouvée confrontée à une proposition audacieuse : la séparation. Brian Message, l'un de leurs managers, a exposé plus tard la situation en déclarant : "Vous devez être honnête si cela ne fonctionne pas. Vous devez être passionné par ce que vous faites." Une décision cruciale s'annonçait, exigeant une évaluation franche de la situation.

Cependant, le guitariste Ed O'Brien a partagé un éclairage différent sur la situation. Malgré les défis rencontrés, le groupe a décidé de persévérer. Pour O'Brien, l'essence même des chansons qu'ils étaient en train de créer était solide, même au-delà des obstacles et des frustrations. Il percevait In Rainbows comme une possible conclusion à la discographie de Radiohead et était motivé par le désir de consolider leur statut en tant que groupe d'exception. Au-delà des dissensions et des incertitudes, la conviction en la qualité intrinsèque de leur musique a finalement servi de catalyseur pour la continuation de leur aventure artistique.

En décembre 2005, Radiohead a pris une nouvelle direction en engageant le producteur renommé Spike Stent, réputé pour ses collaborations avec des artistes de premier plan tels que U2 et Björk. Cette décision visait à apporter une expertise extérieure et à insuffler une nouvelle énergie à leur processus créatif. Ed

In Rainbows – 2007

O'Brien a partagé avec le magazine Mojo : "Spike a écouté les trucs que nous avions autoproduits. Ce n'étaient pas des démos, ils avaient été enregistrés dans de vrais studios, et il a dit : 'Les sons ne sont pas assez bons.'"

Cependant, malgré l'optimisme initial, la collaboration avec Stent n'a pas répondu aux attentes. Les chemins créatifs divergents ont conduit à un échec dans l'harmonisation des visions artistiques, et le mariage entre Radiohead et Spike Stent a été de courte durée. Cette période tumultueuse illustre les défis que le groupe a dû surmonter dans sa quête de perfectionnement sonore et artistique pour leur futur projet, In Rainbows.

Dans une tentative désespérée de briser l'impasse créative, Radiohead a pris une décision audacieuse : partir en tournée, une première depuis 2004. Ils ont enchanté les foules en Europe et en Amérique du Nord en mai et juin 2006, puis ont repris la route en Europe pour participer à plusieurs festivals en août, où ils ont dévoilé de nombreuses nouvelles chansons. Thom Yorke a souligné que cette tournée a joué un rôle crucial en les poussant à finaliser l'écriture des chansons. Il a partagé : "Plutôt que d'être un cauchemar, c'était vraiment très amusant, parce que tout d'un coup, tout le monde est spontané et personne n'est gêné parce que vous n'êtes pas en studio... C'était comme avoir à nouveau 16 ans."

Cette parenthèse sur la scène a insufflé un nouvel esprit d'improvisation et de spontanéité au sein du groupe, catalysant la conclusion créative qu'ils recherchaient. La tournée s'est avérée être le catalyseur nécessaire pour ranimer l'énergie créative et donner vie aux compositions qui formeraient finalement l'album tant attendu, In Rainbows.

Après la tournée, Radiohead laissa derrière eux les enregistrements réalisés avec Stent et fit appel à nouveau à

In Rainbows – 2007

Godrich. Selon les dires de Yorke, Godrich insuffla au groupe "une véritable énergie". Dans le but de les recentrer, Godrich transféra leurs pistes rythmiques sur une seule piste, les rendant ainsi immuables. D'après les explications de Colin, "L'idée était de nous pousser à nous investir pleinement dans quelque chose... C'était un peu comme si nous nous échantillonnions nous-mêmes. Et quand vous mélangez des sons de cette manière, ils se fécondent mutuellement, ils macèrent, ils interagissent les uns avec les autres... Cela engendre de petites créations sonores." Yorke déclara que le groupe avait cherché à créer "un sentiment de désincarnation" en utilisant des éléments issus de différentes versions des chansons. Par exemple, "All I Need" fut façonné à partir de prises provenant de quatre versions distinctes.

Durant trois semaines en octobre 2006, Radiohead se plongea dans le travail à Tottenham House à Marlborough, Wiltshire, une demeure de campagne repérée par Godrich. Les membres du groupe résidaient dans des caravanes, le bâtiment lui-même étant en état délabré. Yorke le décrivit comme étant "véritablement abandonné, avec des trous dans le sol, la pluie qui s'insinuait à travers les plafonds, la moitié des vitres manquantes... Des endroits où l'on n'osait simplement pas s'aventurer. Cela a certainement eu un impact. C'était imprégné d'une atmosphère étrange." Les sessions furent fructueuses, et le groupe enregistra "Jigsaw Falling into Place" et "Bodysnatchers". Yorke écrivit sur Dead Air Space que Radiohead avait "enfin entamé sérieusement l'album... en train d'arriver quelque part, je pense. Enfin." Radiohead utilisa plusieurs guitares empruntées au guitariste Johnny Marr, notamment une Gibson Les Paul Gold Top de 1957 et une Gibson SG de 1964. Colin Greenwood fit face à une perte auditive temporaire et des acouphènes causés par des écouteurs défectueux.

En décembre 2006, des sessions d'enregistrement prirent place à Halswell House à Taunton ainsi qu'au studio Hospital de Godrich à Covent Garden, Londres, où Radiohead mit sur bande

In Rainbows – 2007

"Videotape" et "Nude". En janvier, le groupe reprit le processus d'enregistrement dans son studio d'Oxfordshire et commença à partager des photos, des paroles, des vidéos et des extraits de nouvelles chansons sur Dead Air Space. En juin, une fois l'enregistrement achevé, Godrich diffusa des extraits de certaines chansons sur Dead Air Space.

À l'exception de "Last Flowers", enregistrée par Yorke lors des sessions d'Eraser, les sessions d'In Rainbows ont donné naissance à 16 chansons. Conscients que Hail to the Thief était trop étendu, Radiohead aspirait à la concision pour leur prochain album. Yorke affirma : "Je crois en l'album rock en tant que forme d'expression artistique. In Rainbows est un retour délibéré à cette déclaration de 45 minutes... Notre objectif était de transmettre en 45 minutes, de manière aussi cohérente et concluante que possible, ce qui nous anime." Ils sélectionnèrent ainsi 10 chansons, réservant le reste pour un disque bonus inclus dans l'édition limitée. L'album fut masterisé par Bob Ludwig en juillet 2007 à Gateway Mastering, New York.

Dans les méandres de "In Rainbows", se tissent des fils subtils d'art rock, de rock expérimental, de rock alternatif, d'art pop et d'électro. Le prélude de cette symphonie audacieuse, intitulé "15 Step", dévoile un rythme syncopé, ponctué de claquements de mains, emprunté à l'esprit rebelle de "Fuck the Pain Away" de Peaches. L'enregistrement de Radiohead capture les acclamations vibrantes d'une troupe d'enfants provenant de la Matrix Music School & Arts Centre d'Oxford, ajoutant une dimension juvénile et enjouée à cette composition artistique. Un kaléidoscope musical, où l'innovation fusionne avec l'inspiration, émerge de chaque note, transportant l'auditeur dans un voyage sonore aussi captivant que mystérieux.

"Bodysnatchers", tel que décrit par Yorke, se dévoile comme une fusion audacieuse de l'énergie frénétique de Wolfmother, de

In Rainbows – 2007

l'expérimentation sonore de Neu!, et de l'esprit douteux du rock hippie. Enregistré pendant une période de « manie hyperactive » de Yorke, le morceau incarne une exploration musicale intensément créative.

Quant à "All I Need", Jonny Greenwood a entrepris de capturer l'essence du bruit blanc engendré par un groupe jouant à plein volume dans une pièce, une expérience rarement reproduite en studio. Pour relever ce défi, il a imaginé une solution novatrice : chaque note de la gamme a été interprétée par une section de cordes, créant ainsi une superposition complexe de fréquences. Le résultat est une pièce où les frontières entre l'expérimentation sonore et la maîtrise technique s'estompent, offrant une expérience musicale riche en nuances et en textures.

Radiohead avait initialement enregistré une version de "Nude" au cours des sessions de leur album "OK Computer" en 1997, mais ce morceau fut abandonné. Cette première mouture comportait un orgue Hammond, une ambiance plus épurée et des paroles différentes. Cependant, lors de l'élaboration de la version finale pour l'album "In Rainbows", Colin Greenwood a apporté une nouvelle dimension en écrivant une ligne de basse qui, selon les dires de Godrich, a métamorphosé la pièce, lui conférant un flux rythmique plus prononcé.

L'évolution musicale de "Reckoner" s'est insinuée alors que Radiohead travaillait sur une autre composition, "FeelingPulledApartByHorses". Cette chanson révèle le fausset distinctif de Yorke, des percussions glaciales et cliquetantes, une ligne de guitare sinueuse, un piano et un arrangement de cordes signé Jonny Greenwood. Thom Yorke l'a décrite de manière énigmatique comme "une chanson d'amour... en quelque sorte", ajoutant ainsi une touche de mystère à cette pièce captivante.

Thom Yorke a qualifié le processus de composition de "Videotape" d'"'agonie absolue", soulignant qu'il avait

In Rainbows – 2007

scrupuleusement exploré toutes les possibilités imaginables. Initialement conçu comme un "morceau de transe post-rave", inspiré de la musique de Surgeon, Yorke aspirait à une expérience sonore distinctive. De son côté, Jonny Greenwood était captivé par le décalage subtil au commencement de la mesure, se laissant emporter par cette nuance obsessionnelle.

Lors d'une tournée en 2006, Radiohead a présenté une interprétation plus conventionnelle, transformant la chanson en une puissante composition rock où la batterie de Selway atteignait des sommets d'intensité. Cependant, pour l'enregistrement de l'album, Godrich et Greenwood ont opéré une métamorphose, réduisant "Videotape" à une ballade minimale au piano, accompagnée des percussions subtiles d'une boîte à rythmes Roland TR-909. Ce choix délibéré de simplicité a ajouté une couche d'émotion poignante à la pièce, créant ainsi un contraste marquant avec l'énergie brute de ses débuts sur scène.

Thom Yorke a partagé que les paroles d'In Rainbows trouvent leur inspiration dans "cette peur anonyme, assis dans la circulation, pensant : 'Je suis sûr que je suis censé faire autre chose'… c'est similaire à OK Computer d'une certaine manière, mais beaucoup plus terrifiant." Contrairement à l'album précédent, Hail to the Thief, Yorke a souligné qu'il y avait "très peu de colère" dans In Rainbows, précisant que l'album n'était en aucun cas politique, ou du moins, ne lui semblait pas de la même manière. Au lieu de cela, l'album explore abondamment les idées de fugacité, évoquant un voyage qui débute à un endroit pour aboutir à un tout autre.

Dans une autre interview, Yorke a approfondi en déclarant que l'essence de l'album traitait de "la putain de panique de réaliser que tu vas mourir ! Et que de sitôt [je pourrais] éventuellement [avoir] une crise cardiaque la prochaine fois que j'irai courir." Cette méditation sur la mortalité et l'éphémère confère à In

In Rainbows – 2007

Rainbows une profondeur émotionnelle, capturant les angoisses et les réflexions existentielles qui sous-tendent l'expérience humaine.

Jonny Greenwood a décrit les paroles d'In Rainbows comme "universelles, sans agenda politique. C'est être humain." "Bodysnatchers", l'une des pistes de l'album, puise son inspiration dans les histoires de fantômes victoriennes, le roman de 1972 "The Stepford Wives" et le sentiment de Thom Yorke d'être "piégé physiquement, incapable de se connecter pleinement à autre chose". Cette composition reflète une exploration complexe de l'existence, entrelaçant des éléments de fiction et des aspects introspectifs de la condition humaine.

D'autre part, "Jigsaw Falling into Place" tire son essence du chaos observé par Yorke lors de ses sorties le week-end à Oxford. Il a partagé : "Les paroles sont assez caustiques – l'idée de 'avant d'être dans le coma' ou autre, de se saouler jusqu'à l'oubli et de se faire foutre pour oublier... [Il] y a en partie cette exaltation. Mais il y a un côté beaucoup plus sombre." Cette dualité complexe dans les paroles témoigne de la capacité de Radiohead à imbriquer des nuances émotionnelles et à explorer les coins sombres de l'expérience humaine au sein de leur art musical.

L'œuvre artistique de l'album "In Rainbows" a été créée par Stanley Donwood, un collaborateur de longue date de Radiohead. Sa collaboration avec le groupe ne s'est pas limitée à la conception graphique, mais a été intégrée au processus créatif lui-même. Donwood a travaillé en étroite collaboration avec Radiohead dans le studio pendant l'enregistrement de l'album, ce qui a permis aux illustrations de capter l'essence et l'ambiance de la musique en gestation.

Pendant les sessions, Donwood a disposé des images dans le studio et sur l'ordinateur du groupe, offrant ainsi une toile

In Rainbows – 2007

visuelle pour que les membres puissent interagir et commenter en temps réel. En parallèle, il a partagé quotidiennement des images sur le site Web de Radiohead, bien que, finalement, aucune de ces images n'ait été choisie pour l'illustration finale de l'album. Cette collaboration dynamique entre la musique et l'art visuel a contribué à créer une expérience artistique complète pour les auditeurs, où les images de Donwood résonnent en harmonie avec la musique de Radiohead.

Stanley Donwood a exploré des techniques artistiques novatrices dans la création de l'art pour "In Rainbows", expérimentant notamment la gravure photographique. Ce processus impliquait de placer les tirages dans des bains d'acide et de projeter de la cire sur le papier, créant ainsi des images qui portaient l'influence de la photographie spatiale de la NASA. Initialement enclin à explorer la vie de banlieue, Donwood a rapidement réalisé que cette direction artistique ne cadrait pas avec l'évolution organique, sensuelle et sexuelle de la musique de l'album. Il a donc pivoté vers l'utilisation de cire et de seringues dans son travail artistique.

L'œuvre d'art finale a été décrite par Donwood comme étant "très colorée... C'est un arc-en-ciel mais il est très toxique, cela ressemble plus au genre de celui que l'on verrait dans une flaque d'eau." Radiohead a pris la décision de ne pas dévoiler la couverture pour la sortie numérique, préférant la réserver exclusivement à la sortie physique de l'album. L'édition limitée, en particulier, comprend un livret contenant des illustrations supplémentaires réalisées par Stanley Donwood, offrant ainsi une dimension visuelle enrichie aux auditeurs et aux collectionneurs.

Le 1er octobre 2007, Jonny Greenwood a fait l'annonce tant attendue de l'album sur le blog de Radiohead avec une simplicité intrigante : « Eh bien, le nouvel album est terminé, et il sort dans 10 jours ; nous l'avons appelé In Rainbows. » Cependant, cette

In Rainbows – 2007

révélation était accompagnée d'une rupture révolutionnaire avec la tradition de l'industrie musicale. Le message comprenait un lien vers inrainbows.com, où les fans pouvaient non seulement précommander une version MP3 de l'album, mais également définir le montant qu'ils souhaitaient payer, y compris la possibilité de le télécharger gratuitement.

Cette approche novatrice de la distribution a captivé l'attention du public et des médias, remettant en question les modèles conventionnels de vente d'albums. L'initiative "In Rainbows" de Radiohead a ouvert la voie à de nouvelles réflexions sur la relation entre les artistes et leur public, tout en suscitant des discussions approfondies sur la valeur de la musique dans l'ère numérique.

La sortie de "In Rainbows" a marqué une utilisation historique du modèle "payez ce que vous voulez" pour la vente de musique. Cette idée novatrice a été suggérée par les managers de Radiohead, Bryce Edge et Chris Hufford, en avril 2007. Selon Phil Selway, "Parce que [l'album] prenait assez de temps, notre management se tournait les pouces sur certains points et ils arrivaient juste avec des idées. Et celle-ci était vraiment coincée."

Colin Greenwood a expliqué que cette approche de sortie visait à contourner les "playlists réglementées" et les "formats restreints" de la radio et de la télévision. Cette stratégie garantissait que les auditeurs du monde entier découvriraient la musique en même temps, tout en évitant les fuites avant une sortie physique. Il a souligné que la décision n'avait pas été motivée par des gains financiers, et que si l'argent avait été la motivation de Radiohead, ils auraient accepté une offre d'Universal Records. Cette démarche audacieuse a notoirement redéfini la manière dont la musique était distribuée, suscitant des conversations approfondies sur les modèles économiques de l'industrie musicale.

In Rainbows – 2007

Dans la quête novatrice du lancement de leur album "In Rainbows", Radiohead a fait appel à PacketExchange, un fournisseur de réseau, pour contourner les serveurs Internet publics. Ils ont opté pour un réseau privé moins encombré, offrant ainsi une expérience de téléchargement plus fluide et rapide. Leur approche stratégique a impliqué la distribution du contenu sous forme d'un fichier ZIP comprenant les dix pistes de l'album, toutes encodées en format MP3 sans DRM, à une qualité de 160 kbit/s.

Le dévoilement progressif a été amorcé aux alentours de 5 h 30 GMT le 10 octobre 2007, ajoutant une dimension d'anticipation à l'événement. Cependant, cette expérience unique a été éphémère, car le 10 décembre, le téléchargement a été retiré, laissant derrière lui une empreinte éphémère dans l'histoire de la distribution musicale.

Les amateurs de Radiohead avaient également la possibilité de commander une édition spéciale, baptisée "discbox", directement sur le site web du groupe. Cette édition limitée renfermait l'album en format CD, ainsi que deux vinyles 12" robustes à 45 tours, agrémentés d'illustrations et de livrets de paroles soignés. De plus, un CD amélioré était inclus, proposant huit pistes supplémentaires, des clichés numériques exclusifs, et des œuvres graphiques, le tout méticuleusement présenté dans un livre à couverture rigide et un étui élégant. Les premières expéditions de cette édition limitée ont débuté à partir de décembre 2007, offrant aux fans privilégiés une expérience tangible et artistique de l'album.

Cependant, Radiohead a décidé de prolonger l'accessibilité à leur musique de manière démocratique. En juin 2009, le groupe a pris l'audacieuse décision de rendre le deuxième disque d'In Rainbows disponible en téléchargement sur leur site web, au prix modeste de 6 £, élargissant ainsi la portée de leur œuvre à un

In Rainbows – 2007

public encore plus vaste. Cette démarche novatrice reflétait l'engagement du groupe envers une distribution musicale inclusive et évolutive.

Radiohead a délibérément écarté l'idée d'une distribution exclusivement en ligne, arguant que 80 % du public continuait d'acquérir des versions physiques, soulignant ainsi l'importance d'avoir un "artefact" ou un "objet" tangible. Pour la sortie en magasin, le groupe a choisi de préserver la propriété des enregistrements et des compositions, tout en concédant la licence musicale aux maisons de disques. Les accords de licence étaient minutieusement gérés par l'éditeur de Radiohead, Warner Chappell Music Publishing, illustrant leur volonté de trouver un équilibre entre l'innovation numérique et la préservation de l'expérience matérielle dans le monde de la musique. Cette approche témoigne de la vision stratégique de Radiohead, soucieux de naviguer entre les nouvelles tendances de distribution et le désir persistant du public d'avoir un lien tangible avec la musique qu'ils chérissent.

Le déploiement mondial de "In Rainbows" s'est effectué de manière échelonnée, marquant des sorties spécifiques dans différentes régions. Au Japon, BMG a lancé l'album en format CD et vinyle le 26 décembre 2007, tandis qu'en Australie, Remote Control Records a pris les rênes de la distribution le 29 décembre de la même année. Aux États-Unis, la sortie a été orchestrée par la marque ATO TBD Records, et au Canada, par MapleMusic et Fontana, respectivement le 1er janvier 2008.

Ailleurs dans le monde, le label indépendant XL Recordings a supervisé la sortie le 31 décembre 2007. Ce label, déjà associé à Radiohead pour l'album solo de Thom Yorke, "The Eraser", a joué un rôle essentiel dans la distribution mondiale de l'album. Les éditions physiques comprenaient un emballage en carton renfermant le CD, le livret de paroles et plusieurs autocollants créatifs, offrant ainsi aux auditeurs une expérience interactive.

In Rainbows – 2007

"In Rainbows" a également marqué l'entrée de Radiohead dans le monde numérique, en devenant le premier de leurs albums disponible en téléchargement sur plusieurs plateformes de musique en ligne, telles que l'iTunes Store et Amazon MP3. Cette percée a été suivie d'une évolution continue avec l'ajout de l'album au service de streaming gratuit Spotify le 10 juin 2016, permettant à leur musique de toucher un public encore plus vaste à travers les nouvelles tendances de consommation musicale.

La décision audacieuse de Radiohead de proposer "In Rainbows" en téléchargement au prix coûtant a captivé l'attention des médias à l'échelle mondiale, déclenchant un débat intense sur les implications de cette initiative pour l'industrie musicale. Cette sortie pionnière, la première du genre pour un groupe musical majeur, a été qualifiée de "révolutionnaire dans la façon dont les grands groupes vendent leur musique" par le magazine Mojo, tandis que la réaction médiatique a été décrite comme "presque extrêmement positive".

Time a affirmé que c'était "de loin la version la plus significative de l'histoire récente de l'industrie musicale". Jon Pareles du New York Times a souligné que, pour une industrie de l'enregistrement confrontée à des défis, Radiohead avait orchestré "l'expérience la plus audacieuse depuis des années". NME a observé que le "monde de la musique semblait s'écarter plusieurs fois de son axe" et a salué le fait que l'album était accessible simultanément à tous, qualifiant cet événement de "moment de convivialité" inhabituel.

Des figures notables de l'industrie musicale, telles que Bono de U2, ont loué le courage et l'imagination de Radiohead dans leur quête d'une nouvelle relation avec leur public. Jay-Z a qualifié la sortie d' "ingénieuse", tandis que Courtney Love, sur son blog, a exprimé son admiration en écrivant : "Le pilote kamikaze en moi

In Rainbows – 2007

veut faire la même foutue chose. Je suis reconnaissante envers Radiohead pour faire le premier pas." L'impact de cette initiative a transcendé les frontières de la musique, suscitant une réflexion profonde sur le modèle commercial traditionnel de l'industrie et ouvrant la voie à de nouvelles explorations artistiques et commerciales.

La publication novatrice d'"In Rainbows" n'a pas échappé aux critiques, suscitant des réactions divergentes au sein de l'industrie musicale. Trent Reznor de Nine Inch Nails a exprimé le sentiment que l'approche de Radiohead n'allait pas assez loin. Il a accusé le groupe d'utiliser une version numérique compressée comme appât pour promouvoir une vente de disques traditionnelle. En réponse, Reznor a pris une voie similaire l'année suivante en publiant son sixième album, "Ghosts I – IV", sous licence Creative Commons.

La chanteuse Lily Allen a qualifié la sortie d'"arrogante", arguant que cela envoyait un message négatif aux artistes moins établis en déclarant : "Vous ne choisissez pas comment payer pour les œufs. Pourquoi devrait-il en être différent pour la musique ?"

Kim Gordon, bassiste de Sonic Youth, a exprimé l'idée que bien que la sortie semblât axée sur la communauté, elle ne prenait pas suffisamment en compte leurs pairs musiciens qui ne connaissent pas le même succès commercial que Radiohead. Elle a souligné que cela pouvait donner l'impression que tout le monde était lésé en ne proposant pas leur musique gratuitement.

Will Hodgkinson, journaliste du Guardian, a avancé l'idée que l'approche de Radiohead risquait de marginaliser les musiciens moins prospères en les privant d'une source de revenus stable tirée de la musique. Cette diversité de réactions souligne le caractère controversé et l'impact significatif de la démarche novatrice de Radiohead sur le paysage musical et commercial.

In Rainbows – 2007

La sortie innovante d'"In Rainbows" s'est déroulée à une époque où les ventes de CD étaient en chute libre en raison de la prolifération du piratage sur Internet. Cette initiative a pris de court les dirigeants de l'industrie musicale, et un cadre d'un grand label européen, s'exprimant de manière anonyme auprès de Time, a exprimé son inquiétude en déclarant : "Cela ressemble encore à un glas de plus. Si le meilleur groupe du monde ne veut pas faire partie de nous, je ne suis pas sûr de ce qu'il reste pour cette entreprise."

Paul McGuinness, le manager de U2, a ajouté une couche de scepticisme en affirmant que 60 à 70 % des fans de Radiohead avaient piraté "In Rainbows", interprétant cela comme un signe que la stratégie novatrice du groupe avait échoué. Ces réactions soulignent l'ambiance de préoccupation et d'incertitude qui régnait dans l'industrie musicale face à l'évolution rapide du paysage numérique et des pratiques de consommation de la musique.

La société de mesure des médias BigChampagne a avancé une perspective alternative sur le piratage, concluant que l'industrie musicale ne devrait pas nécessairement considérer le piratage comme une perte de ventes. Radiohead a été cité en exemple pour démontrer que même en offrant gratuitement leur musique, la diffusion gratuite n'a pas dissuadé le succès de l'album. Wired a interprété ces résultats en déclarant que, en "perdant" la bataille pour les adresses e-mail de ceux qui ont téléchargé l'album via BitTorrent, Radiohead a en réalité remporté la guerre en attirant l'attention du public à l'échelle mondiale, un exploit significatif dans le contexte actuel.

Dans un article pour le dixième anniversaire de l'album, NME a soutenu que Radiohead avait démontré une approche novatrice face au piratage. Ils ont souligné que la meilleure réponse n'était pas de réagir de manière servile, mais plutôt d'explorer des

In Rainbows – 2007

moyens alternatifs pour se connecter avec les fans. Proposer du contenu à différents niveaux de prix, avec le modèle "payez ce que vous voulez", était perçu comme une stratégie réussie. NME a conclu en affirmant que c'était la volonté d'essayer de nouvelles approches et la connexion avec les fans qui avaient été la clé du succès de Radiohead, offrant une inspiration précieuse pour l'industrie musicale contemporaine.

Jonny Greenwood ripostait aux critiques en déclarant que Radiohead s'adaptait à la culture du téléchargement de musique gratuite. Il faisait une comparaison éloquente en évoquant la légende du roi Canut : "Vous ne pouvez pas prétendre que le déluge n'a pas lieu."

Colin a exprimé son mécontentement envers la critique, soulignant qu'elle se préoccupait de questions accessoires au lieu de reconnaître le besoin fondamental des gens de partager et d'apprécier la musique. Il affirmait avec confiance : "Il y aura toujours un moyen de trouver de l'argent ou de gagner sa vie avec cela."

Yorke, quant à lui, s'est adressé à la BBC en déclarant : "Nous avons une justification morale pour ce que nous avons fait, dans le sens où les majors et les grandes structures de l'industrie musicale n'ont pas abordé la manière dont les artistes peuvent communiquer directement avec leurs fans... Non seulement ils entravent ce processus, mais ils s'accaparent tout l'argent."

Les dirigeants de Radiohead se distinguaient nettement du reste de l'industrie musicale en plaidant en faveur de la légalisation du partage de fichiers peer-to-peer à but non lucratif. Ils soutenaient que cette approche devrait être considérée comme "une solution pour Radiohead, pas pour l'industrie", exprimant des doutes quant à son applicabilité future en déclarant qu'il était improbable que cela "fonctionnerait de la même manière [pour

In Rainbows – 2007

Radiohead] à nouveau". Par la suite, le groupe a décidé de ne pas utiliser le système de paiement à volonté pour les versions ultérieures de leurs œuvres.

En février 2013, Thom Yorke a confié au Guardian que, bien que Radiohead ait nourri l'espoir de bouleverser l'industrie musicale traditionnelle avec In Rainbows, il redoutait que leur démarche n'ait finalement servi les intérêts des fournisseurs de contenu tels qu'Apple et Google. Il exprimait ses préoccupations en déclarant : "Ils doivent continuer à marchandiser les choses pour maintenir le cours de l'action élevé, mais ce faisant, ils ont dévalué tout contenu, y compris la musique et les journaux, afin de réaliser des milliards. Et est-ce vraiment ce que nous voulons ?"

Pendant les années 2010, des médias tels que Gigwise et DIY ont attribué à In Rainbows le titre de premier "album surprise" - un album majeur publié sans campagne de marketing ou publicité préalable. Cette distinction plaçait In Rainbows devant des sorties similaires de grands noms tels que Beyoncé et U2.

Alors que l'échéance du contrat d'enregistrement de Radiohead avec EMI arrivait à son terme en 2003, le groupe décida de prendre un chemin audacieux. Sans label pour guider leur création, Radiohead se lança dans l'enregistrement de "In Rainbows". Peu avant de commencer ce nouveau chapitre, Thom Yorke partagea avec le magazine Time une réflexion profonde : "J'apprécie les personnes de notre maison de disques, mais il est temps de se demander pourquoi on a besoin de quelqu'un. Et, bien sûr, il serait probablement gratifiant pour nous de dire 'va te faire foutre' à ce modèle économique en décomposition."

En août 2007, alors que Radiohead achevait les dernières touches de "In Rainbows", EMI changea de mains, passant sous le contrôle de la société de capital-investissement Terra Firma pour la somme imposante de 6,4 milliards de dollars américains (4,7

In Rainbows – 2007

milliards de livres sterling), avec Guy Hands en tant que nouveau directeur général. Les têtes dirigeantes d'EMI, dont Keith Wozencroft, le visionnaire qui avait signé Radiohead avec la maison de disques, se rendaient fréquemment au studio d'enregistrement du groupe à Oxfordshire, nourrissant l'espoir de négocier un nouveau contrat.

La nouvelle fut un choc pour les dirigeants d'EMI lorsque Radiohead leur annonça qu'ils ne renouvelleraient pas leur engagement. Une déclaration qui les laissa "dévastés", selon les dires. Plus tard, O'Brien avoua qu'il n'avait pas pleinement compris l'importance que Radiohead revêtait pour EMI : "Cela semble probablement très naïf. Mais personne ne nous disait, 'Vous êtes d'une importance cruciale.' Nous n'étions qu'un parmi les nombreux groupes de leur écurie."

Eamonn Forde, auteur de "The Final Days of EMI", explique que Radiohead avait perdu confiance en EMI et anticipait des changements tumultueux avec le nouveau propriétaire. O'Brien exprima le regret de quitter les personnes avec lesquelles ils avaient collaboré, mais il souligna que Terra Firma ne comprenait pas les rouages de l'industrie musicale. Radiohead avait espéré un accord avec EMI, mais la réalité les poussa à prendre une voie différente, laissant derrière eux une ère de collaborations qui appartenaient désormais au passé.

Hands croyait fermement que Radiohead aurait seulement renoncé à son projet d'autopublication en échange d'une offre financière "vraiment importante". Un porte-parole d'EMI affirmait que le groupe avait exigé une somme d'argent "extraordinaire". Cependant, les déclarations émanant de la direction de Thom Yorke et de Radiohead contredisaient ces affirmations. Ils soutenaient plutôt qu'ils cherchaient à avoir le contrôle sur leur arrière-catalogue, une demande à laquelle Guy Hands avait catégoriquement refusé de consentir. Bryce Edge, co-

In Rainbows – 2007

manager de Radiohead, soulignait que le groupe estimait avoir des "droits moraux" sur leurs albums.

Selon Hands, Radiohead ne cherchait pas seulement une compensation financière substantielle, mais également la propriété de leur arrière-catalogue, que EMI évaluait encore plus. Il estimait que les demandes du groupe se chiffraient "en millions et des millions". En réaction aux déclarations de Hands, Thom Yorke exprima son agacement dans une interview : "Cela m'a vraiment énervé. Nous aurions pu les poursuivre en justice. L'idée que nous recherchions autant d'argent étirait la vérité jusqu'au point de rupture. C'était de la communication stratégique de sa part. Une campagne de dénigrement contre nous, et je vais vous dire, ça a gâché mon Noël." Les tensions et les divergences entre Radiohead et EMI atteignaient ainsi un point critique, révélant une fracture profonde dans leur relation.

Quelques jours seulement après que Radiohead ait signé avec XL Recordings, EMI a annoncé la sortie d'un coffret regroupant les albums enregistrés par le groupe avant "In Rainbows". Cette annonce, coïncidant avec la sortie de l'édition spéciale d'"In Rainbows" la même semaine, aurait suscité l'irritation de Radiohead. Certains commentateurs, dont le Guardian, y ont vu une forme de représailles de la part d'EMI envers le groupe pour avoir choisi de ne pas renouveler leur contrat.

Guy Hands a justifié la sortie du coffret en arguant de sa nécessité pour augmenter les revenus d'EMI, déclarant que "nous n'avons pas énormément de raisons d'être gentils [avec Radiohead]". Cependant, la promotion du coffret sur Google Ads a suscité une controverse lorsqu'une publicité a faussement affirmé que "In Rainbows" était inclus. EMI a rapidement retiré la publicité, invoquant un "problème de source de données". Un porte-parole de Radiohead a réagi en reconnaissant qu'il s'agissait d'une véritable erreur, soulignant peut-être la complexité des relations entre le groupe et son ancienne maison de disques.

In Rainbows – 2007

À la suite de la sortie de "In Rainbows", Radiohead a offert à ses fans deux webcasts diffusés depuis leur studio d'Oxfordshire : "Thumbs Down" en novembre 2007 et "Scotch Mist" le soir du Nouvel An. Aux États-Unis, "Scotch Mist" a également été diffusé sur le média libéral Current TV. Ces webdiffusions captivantes ont présenté des performances de chansons issues de "In Rainbows", des reprises de morceaux de New Order, des Smiths et de Björk, de la poésie, ainsi que des vidéos créées en collaboration avec le comédien Adam Buxton et le cinéaste Garth Jennings.

Colin Greenwood a qualifié ces webdiffusions de spontanées et libératrices, offrant une alternative rafraîchissante au processus habituel et souvent laborieux de réalisation de vidéoclips. En contournant les contraintes du format traditionnel, Radiohead a créé un espace où l'expression artistique pouvait s'épanouir de manière authentique et immédiate. Ces moments ont ajouté une nouvelle dimension à l'expérience de "In Rainbows", offrant aux fans un aperçu unique et intime de la créativité du groupe dans l'intimité de leur studio.

Le premier single de "In Rainbows", intitulé "Jigsaw Falling into Place", a vu le jour en janvier 2008, suivi de près par la sortie de "Nude" le 31 mars de la même année. Ces singles ont été accompagnés de vidéos musicales réalisées par Adam Buxton et Garth Jennings. Radiohead a innové en organisant des concours de remix pour les morceaux "Nude" et "Reckoner", mettant à la disposition du public les pistes séparées à des fins d'achat et diffusant les entrées sur leur site Web.

"Nude" a marqué un moment significatif pour Radiohead en faisant ses débuts au numéro 37 du Billboard Hot 100. Soutenue par les ventes des pistes séparées, cette chanson a constitué la

In Rainbows – 2007

première incursion du groupe dans les classements depuis "High and Dry" en 1995 et leur premier single à atteindre le top 40 aux États-Unis depuis leur emblématique "Creep" en 1992.

En juillet, Radiohead a dévoilé une vidéo pour "House of Cards", réalisée en utilisant la technologie lidar plutôt que des caméras, démontrant une fois de plus leur engagement envers l'innovation artistique et leur volonté constante de repousser les limites conventionnelles. Ce choix technologique a ajouté une dimension unique à l'esthétique visuelle de la vidéo, confirmant la réputation du groupe en tant que pionnier créatif dans l'industrie musicale.

En mars 2008, Radiohead a lancé un concours novateur en collaboration avec la société d'animation Aniboom. Les participants étaient invités à soumettre des concepts de vidéoclips animés pour les chansons de "In Rainbows". La sélection des demi-finalistes a été effectuée par TBD Records et le bloc de programmation Cartoon Network Adult Swim.

Face à la qualité exceptionnelle des propositions, Radiohead s'est trouvé dans l'incapacité de choisir un seul gagnant. En conséquence, le groupe a décidé d'attribuer le montant total du prix, soit 10 000 $ chacun, à quatre demi-finalistes talentueux. Ces artistes ont ensuite donné vie à leurs concepts à travers des vidéos animées pour les morceaux "15 Step", "Weird Fishes", "Reckoner" et "Videotape". Ce geste non seulement a apporté une dimension visuelle unique à l'expérience de "In Rainbows", mais a également souligné l'engagement de Radiohead à encourager la créativité collaborative et à reconnaître le talent émergent.

Le 16 janvier 2008, une performance surprise de Radiohead prévue au magasin de disques londonien Rough Trade East a été déplacée dans un club voisin après que la police ait émis des préoccupations liées à la sécurité. Ce changement de lieu n'a pas

In Rainbows – 2007

entamé l'énergie du groupe, et la soirée s'est révélée être une expérience inoubliable pour les chanceux présents.

Par la suite, Radiohead a entrepris une tournée mondiale, traversant l'Amérique du Nord, l'Europe, l'Amérique du Sud et le Japon de mai 2008 à mars 2009. Soucieux de minimiser leur impact environnemental, le groupe a mandaté l'organisation environnementale Best Foot Forward pour évaluer les moyens de réduire les émissions de carbone de la tournée. Sur la base des conclusions de cette évaluation, Radiohead a choisi de se produire dans des amphithéâtres plutôt que dans des salles de concert plus petites, et a mis l'accent sur des performances en centres-villes afin de diminuer la nécessité de vols pour les membres de l'équipe.

Dans un geste novateur, Radiohead a également intégré une "forêt" de LED neutre en carbone sur scène, illustrant ainsi leur engagement envers des pratiques écologiquement durables. Cette approche réfléchie et avant-gardiste a marqué la tournée de Radiohead comme un exemple de la manière dont la conscience environnementale peut être intégrée dans le monde du divertissement à grande échelle.

En mai 2008, Radiohead a capturé l'énergie de leur album "In Rainbows" dans une performance live intitulée "In Rainbows – From the Basement", diffusée sur VH1. Cette séance live a offert une perspective unique sur l'interprétation du groupe, ajoutant une nouvelle dimension à leur répertoire déjà acclamé.

En février 2009, Thom Yorke et Jonny Greenwood ont participé à une collaboration spéciale lors de la 51e édition des Grammy Awards. Sur la scène de cet événement télévisé prestigieux, ils ont interprété "15 Step" aux côtés de la fanfare de l'Université de Californie du Sud. Cette performance dynamique a été saluée par les spectateurs et a souligné la capacité du groupe à transcender

In Rainbows – 2007

les genres musicaux tout en apportant une touche inattendue et mémorable à la cérémonie des Grammy Awards.

En ce début d'octobre 2007, un porte-parole de Radiohead révéla qu'une grande majorité des adeptes du groupe payaient "un prix de détail normal" pour acquérir la version numérique de leur dernier album, In Rainbows. De plus, il fut souligné que la plupart des fans avaient choisi de précommander l'édition limitée de l'album.

Gigwise, citant une source proche du groupe, prétendit que plus d'1,2 million de copies numériques d'In Rainbows s'étaient écoulées avant même sa sortie officielle sur le marché. Cependant, cette affirmation fut rapidement contestée par Bryce Edge, co-manager de Radiohead, qui la qualifia d'"exagérée". Une aura de mystère planait ainsi autour des chiffres de vente réels de l'album, suscitant des spéculations et des interrogations parmi les fervents admirateurs du groupe britannique.

En novembre 2007, une étude menée par la société d'études de marché Comscore révéla des données intrigantes sur le modèle de distribution innovant de l'album In Rainbows de Radiohead. Selon cette étude, les téléchargeurs avaient déboursé en moyenne 2,26 dollars par téléchargement à l'échelle mondiale, tandis que 62 % d'entre eux avaient opté pour une acquisition gratuite. Parmi les payants, la moyenne mondiale se situait à 6 dollars, avec 12 % des téléchargeurs prêts à dépenser entre 8 et 12 dollars, soit environ le coût habituel d'un album sur la plateforme iTunes.

Cependant, Radiohead rejeta vigoureusement ces résultats, les qualifiant de "totalement inexact[s]". Malgré cela, le groupe admit que les résultats financiers étaient encourageants. Une enquête distincte réalisée par l'organisation industrielle Record of the Day dévoila que 28,5 % des téléchargeurs n'avaient rien payé ou

In Rainbows – 2007

s'étaient acquittés de seulement 0,01 £, avec un prix moyen par téléchargement atteignant 3,88 £.

En décembre 2007, Thom Yorke, le leader de Radiohead, fit une déclaration étonnante, affirmant que les ventes numériques d'In Rainbows avaient généré plus de revenus que l'ensemble des ventes numériques de tous les albums précédents du groupe réunis. Cette déclaration marqua un tournant significatif dans la manière dont la musique était consommée et montrait les nouvelles opportunités financières offertes par des approches novatrices de distribution artistique.

En octobre 2008, un an après le lancement audacieux d'In Rainbows, Warner Chappell fit une révélation saisissante : malgré le fait que la plupart des auditeurs n'aient rien déboursé pour le téléchargement de l'album, les recettes provenant des préventes d'In Rainbows s'avérèrent plus lucratives que l'ensemble des ventes de Hail to the Thief. De plus, l'édition limitée de l'album trouva son public et fut écoulée à 100 000 exemplaires.

En 2009, Wired rapporta que Radiohead avait engrangé instantanément 3 millions de livres sterling grâce à cet album révolutionnaire. Cette nouvelle approche de distribution fut perçue par Pitchfork comme une démonstration du pouvoir des fans de Radiohead, illustrant que le groupe pouvait publier un album de manière quasi secrète, pratiquement gratuitement, tout en maintenant un succès considérable, même à une époque où les profits de l'industrie musicale étaient en déclin constant. Cela marquait une ère où l'innovation dans la distribution de la musique était devenue aussi cruciale que la qualité artistique pour le succès commercial.

D'après les données recueillies par la société de mesure des médias BigChampagne, le jour de sa sortie, In Rainbows de Radiohead a été piraté via des torrents près de 400 000 fois. Ce chiffre impressionnant a grimpé à 2,3 millions de téléchargements

In Rainbows - 2007

illicites d'ici le 3 novembre 2007. À son apogée, cet album était bien plus partagé que le deuxième album le plus téléchargé au cours de la même période.

Il est intéressant de noter que certains de ces téléchargements illégaux ont été effectués par des utilisateurs qui ont été dirigés vers les torrents après avoir rencontré des problèmes d'accès au site officiel, probablement en raison d'une surcharge due à une forte demande. Cette situation mettait en lumière la popularité exceptionnelle d'In Rainbows et l'impact significatif de la stratégie de distribution novatrice adoptée par Radiohead.

Étant donné que le site inrainbows.com n'était pas enregistré en tant que détaillant dans les classements officiels, les téléchargements et les ventes des éditions limitées d'In Rainbows ne pouvaient pas être pris en compte dans le UK Albums Chart. Malgré cela, lors de la semaine de sa sortie officielle, In Rainbows a réussi à se hisser à la première place du UK Albums Chart, enregistrant des ventes impressionnantes de 44 602 exemplaires dès la première semaine.

Aux États-Unis, l'entrée d'In Rainbows dans le Billboard 200 a été marquée par quelques entorses aux accords de date de sortie de la part de certains disquaires, le propulsant modestement au numéro 156. Cependant, au cours de la première semaine suivant sa sortie officielle, l'album a créé l'histoire en devenant le dixième album distribué de manière indépendante à atteindre la première place du Billboard 200, avec des ventes totalisant 122 000 exemplaires.

En octobre 2008, Warner Chappell a déclaré qu'In Rainbows avait cumulé trois millions d'exemplaires vendus à l'échelle mondiale, dont 1,75 million en formats physiques, depuis son lancement officiel. L'album s'est également distingué en devenant le vinyle le plus vendu de l'année 2008. Ces réalisations ont souligné le

In Rainbows – 2007

succès non conventionnel et l'impact commercial significatif de la stratégie de distribution adoptée par Radiohead pour In Rainbows.

Sur la vaste toile d'évaluation qu'est Metacritic, In Rainbows arbore un score de 88 sur 100, découlant de l'analyse approfondie de 42 critiques, une reconnaissance quasi-universelle. Le critique éclairé du Guardian, Alexis Petridis, tisse des éloges autour de la performance captivante de Radiohead en studio, soulignant l'apparence manifeste de plaisir qui émane de leur travail. De son côté, Jonathan Cohen de Billboard adresse ses félicitations à l'album pour avoir su préserver son essence artistique, naviguant habilement au-delà du tumulte médiatique et des artifices marketing.

Les mots éloquents d'Andy Kellman d'AllMusic résonnent également, décrivant In Rainbows comme une œuvre appelée à demeurer, dans l'idéal, comme la synthèse la plus captivante de Radiohead, fusionnant des mélodies accessibles et des expérimentations sonores abstraites. Kellman esquisse un espoir subtil, soulignant que l'album sera mémorable pour cette alchimie artistique plutôt que pour être simplement le pionnier dans la révolution du téléchargement à votre prix.

Le NME a esquissé In Rainbows comme une reconnexion de Radiohead avec ses racines humaines, soulignant la réalisation que l'on peut embrasser des mélodies pop et des instruments conventionnels tout en conservant cette aura de créatures androïdes paranoïaques. Ils ont qualifié la musique de « d'un autre monde », transcendant les limites conventionnelles avec une assurance manifeste.

Will Hermes, contribuant à Entertainment Weekly, a dépeint In Rainbows comme le pinacle de la douceur et de la beauté dans le répertoire de Radiohead, explorant l'éventail complet du spectre

In Rainbows – 2007

musical et émotionnel pour créer une expérience d'une beauté à couper le souffle.

Rob Sheffield de Rolling Stone a salué la collaboration vibrante des éléments sonores, soulignant l'absence totale de moments perdus ou de morceaux faibles, décrivant l'ensemble comme une incarnation pure de l'essence première de Radiohead. En somme, un témoignage élogieux déclarant qu'il n'y a rien d'autre que du « primo Radiohead ».

Jon Dolan de Blender a caractérisé In Rainbows comme étant "beaucoup plus pensif et réfléchi" que Hail to the Thief, décrivant l'album comme une formulation luxuriante et sensualisée à partir d'un inconfort vague et superposé. Mikael Wood de Spin a salué le fait que l'album "réussit parce que tout ce travail froid et clinique de laboratoire n'a pas éliminé la chaleur de leur musique". Mark Pytlik de Pitchfork a souligné qu'In Rainbows était un album plus "humain", représentant le son de Radiohead revenant sur terre.

Robert Christgau, écrivant pour MSN Music, a accordé à In Rainbows une mention honorable de deux étoiles, notant qu'il était "plus confit, moins chantant et moins Yorkey, ce qui est bien". Cependant, The Wire s'est montré plus critique, décelant dans l'album "le sentiment d'un groupe marquant magistralement le pas, se détournant... de tout grand objectif rhétorique et contre-culturel".

En 2011, le Rolling Stone Album Guide qualifiait In Rainbows de "l'album le plus expansif et le plus séduisant de Radiohead, peut-être leur chef-d'œuvre absolu". En 2023, Selway a partagé que cet album occupait une place spéciale dans son cœur. Il l'a décrit comme son préféré parmi toutes les créations de Radiohead, expliquant que cet opus synthétisait "tout ce que nous avions appris pendant deux décennies" de manière concise et aboutie. Selway a continué en comparant l'album à l'atterrissage réussi

In Rainbows – 2007

d'un groupe qui avait appris à jouer ensemble au fil des ans, élevant ainsi leur jeu à de nouveaux sommets.

In Rainbows a été célébré comme l'un des meilleurs albums de 2007 par de nombreuses publications musicales éminentes. Les éloges ont été nombreux, avec une première place attribuée par Billboard, Mojo et PopMatters. NME et The AV Club ont classé l'album en troisième position, tandis que Pitchfork et Q l'ont positionné en quatrième. Rolling Stone et Spin ont accordé à In Rainbows la sixième place dans leurs classements respectifs.

Le succès s'est étendu au-delà de l'année de sa sortie, car In Rainbows a été salué comme l'un des meilleurs albums de la décennie par plusieurs publications renommées. NME l'a positionné au 10e rang, Paste au 45e, Rolling Stone au 30e, The Guardian au 22e et Newsweek au cinquième. Rolling Stone a également intégré In Rainbows dans ses listes actualisées des 500 plus grands albums de tous les temps, le plaçant à la 336e place en 2012 et à la 387e en 2020. Le livre "1001 albums à écouter avant de mourir" a également inclus cet opus.

En 2019, le Guardian a consacré In Rainbows comme le 11e plus grand album du 21e siècle jusqu'à cette date. L'impact révolutionnaire de l'album a été souligné en 2020 lorsque Rolling Stone l'a cité parmi les 40 albums les plus révolutionnaires, en raison de sa sortie à prix coûtant, influençant des artistes tels que Beyoncé et U2. En 2021, les lecteurs de Pitchfork ont élu In Rainbows comme le quatrième meilleur album des 25 années précédentes.

In Rainbows a été reconnu par des institutions musicales prestigieuses, marquant son excellence artistique. Le succès de l'album s'est manifesté par sa nomination sur la liste restreinte du Mercury Prize en 2008. Aux 51e Grammy Awards, In Rainbows a brillamment remporté les distinctions du meilleur album de

In Rainbows - 2007

musique alternative et du meilleur coffret ou édition spéciale limitée. L'album a également été nommé dans des catégories majeures aux Grammy Awards, notamment l'album de l'année et le producteur de l'année, non classique (pour Godrich).

De plus, la piste "House of Cards" a été reconnue individuellement avec des nominations aux Grammy Awards, concourant dans les catégories de la meilleure performance rock d'un duo ou d'un groupe avec chant, meilleure chanson rock et meilleur clip vidéo. Ces distinctions soulignent la diversité et la qualité artistique de In Rainbows, solidifiant sa place parmi les œuvres musicales les plus exceptionnelles de son époque.

L'édition spéciale d'In Rainbows comprenait un ajout précieux sous la forme d'un deuxième disque, intitulé In Rainbows Disk 2, comprenant huit pistes supplémentaires. Thom Yorke a exprimé son opinion selon laquelle le disque 2 renfermait certaines des œuvres les plus exceptionnelles de Radiohead, citant notamment "Down Is the New Up". Cependant, ces morceaux ne s'inséraient pas dans le schéma de l'album principal, selon ses dires.

En 2009, Radiohead a pris la décision de rendre le disque 2 disponible à l'achat en téléchargement sur leur site Web, offrant ainsi aux fans la possibilité d'explorer cette facette créative supplémentaire. Puis, en octobre 2016, le groupe a élargi l'accès à ces pistes en les diffusant sur divers services de streaming et plateformes numériques, permettant à un public plus large de découvrir et d'apprécier ces compositions hors du commun.

Dans la critique de Pitchfork, Chris Dahlen a souligné la distinction de Radiohead en matière de sortie musicale, notant que, contrairement à certains groupes moins influents qui pourraient simplement rassembler des bootlegs et des démos, Radiohead s'engageait à créer des œuvres significatives lorsqu'ils

In Rainbows – 2007

publiaient quelque chose. Cependant, Dahlen n'a pas hésité à exprimer ses réserves concernant la voix de Thom Yorke, la qualifiant de persistante comme un mal de dents. Il a critiqué l'aspect cynique et aliéné que Yorke semblait adopter, ajoutant que ce dernier ne ressemblait ni à un prophète post-millénaire ni à un être étrangement empathique, voire même à un excentrique. Ces commentaires mettent en lumière la complexité de la réception de la voix et de la personnalité de Yorke dans la critique de l'album.

Dans sa critique pour Rolling Stone, David Fricke a soulevé la question de la valeur de l'édition de luxe d'In Rainbows, suggérant que ceux qui l'avaient achetée uniquement pour les suppléments de la session n'en avaient peut-être pas eu pour leur argent, évaluant cela à quatre-vingts dollars. Cependant, il a concédé que les chansons présentes sur ce disque supplémentaire étaient dignes d'être enregistrées, reconnaissant ainsi leur qualité artistique.

Stereogum, quant à lui, a mis en avant l'impressionnante facilité qui émanait de l'ensemble du deuxième disque, soulignant à quel point tout semblait se dérouler de manière fluide et naturelle. Cette observation suggère une qualité distinctive dans la création de ce contenu supplémentaire, mettant en lumière l'aisance avec laquelle Radiohead a abordé ces pistes complémentaires.

The King of Limbs – 2011

Au cœur des frondaisons mystérieuses, "The King of Limbs" se dévoile comme le huitième opus envoûtant du groupe de rock anglais, Radiohead. Ce récit musical fascinant a émergé de l'ombre pour se révéler au monde le 18 février 2011, prenant forme à travers des voies numériques, une transmission directe du cœur de la forêt musicale.

Telles les feuilles éphémères portées par le vent numérique, l'album s'est auto-publié en téléchargement, créant une connexion intime avec ceux qui cherchaient à s'immerger dans son univers sonore. Puis, tel un phénomène naturel, une version physique a éclos le 28 mars, s'épanouissant à travers les étendues internationales sous la bienveillance de XL Recordings, tandis que TBD Records prenait en charge son essor en Amérique du Nord.

Ainsi, "The King of Limbs" s'est épanoui comme une forêt sonore, captivant les esprits et tissant une toile d'harmonies qui a su transcender les frontières de l'espace et du temps.

Après l'exploration de sonorités plus conventionnelles avec "In Rainbows" en 2007, Radiohead a tracé une nouvelle voie créative avec "The King of Limbs". Cet opus a marqué leur éloignement audacieux des structures traditionnelles de chansons et des méthodes d'enregistrement standard. En collaboration étroite avec leur producteur de confiance, Nigel Godrich, le groupe a façonné l'album à travers des techniques avant-gardistes telles que le sampling et le looping. Thom Yorke, le chanteur charismatique, l'a décrit comme une "expression de sauvagerie et de mutation", évoquant ainsi la métamorphose musicale qu'ils ont entrepris.

L'évolution sonore n'était pas la seule transformation en cours. L'œuvre d'art visuelle qui enveloppe l'album, fruit de la

The King of Limbs - 2011

collaboration artistique entre Yorke et son complice de longue date Stanley Donwood, transcende les limites de l'audible pour plonger dans le royaume magique des contes de fées. La nature s'y entrelace avec les esprits, créant une symphonie visuelle qui prolonge l'expérience musicale au-delà des frontières de l'audition. "The King of Limbs" n'est pas simplement un album ; c'est une incursion audacieuse dans un monde où la créativité se métamorphose, où l'art défie les conventions, et où chaque note résonne avec l'écho envoûtant des récits fantastiques.

"The King of Limbs" a marqué un tournant singulier dans le parcours de Radiohead, car aucun single officiel n'a été extrait de cet opus captivant. Cependant, une exception remarquable a émergé avec "Lotus Flower", pour laquelle le groupe a créé un clip mettant en scène la danse expressive de Thom Yorke. Cette chorégraphie unique a transcendé les frontières de la musique pour devenir un même Internet, capturant l'imagination des internautes et ajoutant une dimension nouvelle à l'expérience artistique.

En 2012, le groupe a entrepris une tournée internationale, partageant leur création musicale avec des foules du monde entier. Cette aventure sur scène a nécessité une adaptation astucieuse pour recréer les rythmes complexes de l'album en direct. Pour y parvenir, Radiohead a accueilli Clive Deamer en tant que deuxième batteur, ajoutant une dimension supplémentaire à leur présence scénique.

Cependant, cette période n'a pas été sans tragédie. La tournée européenne a été brusquement interrompue après l'effondrement tragique de la scène temporaire dans le parc Downsview de Toronto. Cette catastrophe a coûté la vie au technicien Scott Johnson et a laissé trois autres personnes blessées. Un moment sombre qui a rappelé la fragilité de l'éphémère beauté musicale, marquant un chapitre poignant dans l'histoire de Radiohead.

The King of Limbs – 2011

En dépit de sa production non conventionnelle et de sa durée plus courte, "The King of Limbs" a suscité des réactions divergentes parmi les auditeurs. Certains ont été divisés par cette approche artistique audacieuse. Cependant, l'album a réussi à s'imposer comme l'un des joyaux de l'année, recevant des éloges de publications prestigieuses telles que The Wire, NME et PopMatters.

Cette reconnaissance ne s'est pas limitée aux critiques, car l'album a également été nommé dans cinq catégories lors de la 54e cérémonie annuelle des Grammy Awards, dont celle du meilleur album de musique alternative. Malgré sa production numérique, la version téléchargeable de l'album a trouvé son chemin vers les oreilles de 300 000 à 400 000 auditeurs en seulement deux mois, tandis que la version vinyle a rapidement conquis le statut de best-seller au Royaume-Uni.

Sur les charts, l'édition commerciale de "The King of Limbs" a réalisé un impressionnant septième rang au UK Albums Chart et une sixième position au Billboard 200 américain. Une réalisation notable, bien que ce soit le premier album de Radiohead à ne pas obtenir la certification or aux États-Unis.

L'impact de "The King of Limbs" s'est étendu au-delà de l'album lui-même. Il a donné naissance à des projets dérivés tels que l'album de remix "TKOL RMX 1234567", la vidéo live "The King of Limbs: Live from the Basement", ainsi que les singles hors album "Supercollider" et "The Butcher". Ainsi, cet opus a transcendé les limites de l'audition pour devenir une expérience musicale complète et multidimensionnelle.

Dans l'atmosphère créative empreinte de mystère, Radiohead plongea tête première dans l'élaboration de "The King of Limbs", collaborant avec leur producteur de confiance, Nigel Godrich.

The King of Limbs – 2011

Cette épopée artistique s'étendit sur une période intermittente, du doux réveil de mai 2009 à l'aube glaciale de janvier 2011.

Les sessions, tissées de moments d'inspiration et de défis, comprirent un chapitre particulier où le groupe se retrouva captivé par la magie des collines hollywoodiennes. Trois semaines éthérées furent consacrées à l'enregistrement, un voyage musical qui éclata dans la demeure de l'énigmatique actrice Drew Barrymore à Los Angeles au début de l'année 2010. Entre les murs chargés d'histoire de cette résidence, émanant encore des échos du passé cinématographique, naquirent des notes et des rythmes qui allaient former l'essence de l'album à venir.

Dans le sillage de leur précédent opus, "In Rainbows" (2007), Radiohead aspirait à esquiver les méandres d'un processus d'enregistrement prolongé. Thom Yorke, le charismatique chanteur du groupe, exprima le besoin impérieux d'une nouvelle motivation, arguant que "si nous voulons continuer, nous devons le faire pour un nouvel ensemble de raisons".

Stanley Donwood, l'artiste derrière les pochettes évocatrices de Radiohead, souligna que, bien que "In Rainbows" ait été "une déclaration tout à fait définitive", le groupe aspirait à créer un album plus "transitoire". Cette quête d'éphémérité artistique se matérialisa dans le désir exprimé par Jonny Greenwood, le multi-instrumentiste du groupe. Il déclara : « Nous ne voulions pas simplement prendre des guitares et composer des séquences d'accords. Nous ne souhaitions pas non plus nous enfermer devant un ordinateur. Nous désirions quelque chose de nouveau, une troisième voie, une fusion entre le jeu instrumental et la programmation. » Ainsi, émergèrent les fondations d'une nouvelle aventure musicale, où l'exploration sonore s'affranchissait des sentiers battus.

The King of Limbs - 2011

Alors que l'élaboration de "In Rainbows" s'était tissée à partir de performances captivantes sur scène, l'évolution de "The King of Limbs" prit racine dans les méandres des expérimentations en studio. Thom Yorke, avide de rompre avec les méthodes d'enregistrement conventionnelles, cherchait à forger un nouveau langage musical.

Après une incursion fascinante dans le monde du DJing pendant leur séjour en terres californiennes, Yorke et Godrich firent naître une idée audacieuse. Godrich, maître architecte sonore, proposa une expérience de deux semaines au cours de laquelle le groupe abandonnerait les instruments conventionnels au profit de platines et d'un logiciel d'émulation de vinyle. Ce qui devait être une brève escapade artistique s'étira dans le temps, façonnant une expérience de six mois qui devait redéfinir le son et la trajectoire de l'album. Godrich résuma cette aventure en déclarant : "Cette expérience de deux semaines a fini par durer six mois. Et c'est ce disque, toute l'histoire de tout cela." Ainsi naquit "The King of Limbs", un témoignage sonore d'une exploration qui transcende les frontières de la création musicale conventionnelle.

Dans la création audacieuse de l'album, Radiohead s'immergea dans l'art subtil de l'assemblage, tissant un patchwork sonore à partir de boucles et d'éditions minutieuses de leurs propres performances. Pour ce faire, ils firent appel à un logiciel élaboré par le génie créatif de la formation, Jonny Greenwood. Thom Yorke, tel un réalisateur sculptant un film, se lança dans l'écriture de mélodies et de paroles, fusionnant harmonieusement avec les séquences sonores.

Le guitariste Ed O'Brien partagea l'intensité de ce processus créatif en révélant : « Les murs de briques que nous avions tendance à heurter étaient ceux où nous savions que quelque chose était génial, comme "Bloom", mais n'était pas terminé... Puis [Colin Greenwood] introduisit cette ligne de basse, et Thom

The King of Limbs - 2011

commença à chanter. Ces éléments transformèrent subitement les choses de manière exponentielle. »

Cependant, la réalisation de cette œuvre novatrice ne fut pas sans ses défis. Nigel Godrich, le réalisateur sonore en coulisses, évoqua le résultat des sessions d'enregistrement comme un « gâchis gigantesque qui m'a pris environ un an et demi à démêler ». Ainsi, derrière chaque note et chaque rythme de "The King of Limbs" se cache un récit complexe de création, de découverte et de déconstruction artistique.

Le 24 janvier 2010, Radiohead fit une pause dans le processus d'enregistrement pour se consacrer à une noble cause. Ils montèrent sur la scène du Hollywood Henry Fonda Theatre pour un concert exceptionnel, mobilisant leurs talents au profit de la collecte de fonds destinée à Oxfam, en réponse au dévastateur tremblement de terre qui avait frappé Haïti en 2010.

Cet événement philanthropique prit vie sous le nom de "Radiohead for Haiti" et, en décembre 2010, le groupe décida de partager généreusement l'enregistrement de cette performance en ligne, offrant ainsi au public une expérience musicale unique. Au cours de cette soirée mémorable, Thom Yorke captiva l'audience en interprétant, à la guitare acoustique, une version précoce de ce qui allait devenir le morceau emblématique de "The King of Limbs", "Lotus Flower". Cette délicate mélodie, née de l'union de la musique et de la solidarité, devint une pièce maîtresse de l'héritage de Radiohead.

Selon Rolling Stone, The King of Limbs marque un tournant pour Radiohead, les éloignant des sentiers battus du rock conventionnel et des structures de chansons traditionnelles. À la place, l'album s'immerge dans une ambiance électronique sombre et rythmée, présentant des ballades au tempo glacial et des

The King of Limbs – 2011

explorations psychédéliques ambiantes. Des traces évidentes d'influences dubstep ont été soulignées par plusieurs critiques.

L'album se distingue par son utilisation étendue d'échantillonnages, de boucles et de sons ambiants, intégrant même des éléments naturels tels que le chant des oiseaux et le murmure du vent. Pitchfork décrit l'œuvre comme renfermant des "rythmes agressifs façonnés à partir de petits morceaux de détritus numériques, répétitifs de manière robotique mais décalés de façon humaine, avec des bosquets desséchés de percussions ornés de moments fugaces de soulagement mélodique".

Selon les propos de O'Brien, un membre du groupe, "Le rythme règne en maître parmi les membres! Il dicte l'essence même de l'album. C'est un élément d'une importance capitale." Ainsi, The King of Limbs ne se contente pas d'explorer de nouveaux territoires sonores, mais place également le rythme au cœur de son identité musicale, faisant de chaque battement une pièce maîtresse dans la composition de l'ensemble.

Yorke a affirmé que The King of Limbs était plus qu'un simple album musical, le qualifiant de projet "visuel". Il a révélé que les paroles et les illustrations de l'album étaient imprégnées de thèmes tels que la "nature sauvage" et la "mutation", reflétant ainsi ses préoccupations environnementales. L'inspiration pour le titre de l'album provient du King of Limbs, un majestueux chêne âgé de plusieurs siècles situé dans la forêt de Savernake, dans le Wiltshire, près de Tottenham House. C'est dans ce cadre naturel que Radiohead avait enregistré leur précédent album, In Rainbows. L'utilisation de cette référence sert à établir une continuité symbolique entre les deux œuvres, créant ainsi un lien significatif entre la nature, l'environnement et la musicalité de Radiohead.

Le tout premier morceau, "Bloom", tire son inspiration de la série documentaire sur la nature de la BBC, The Blue Planet. Il s'ouvre

The King of Limbs – 2011

sur une envoûtante boucle de piano et se distingue par l'inclusion habile de cors et de rythmes complexes. "Morning Mr Magpie" propose une ambiance agitée, portée par des guitares tourbillonnantes. "Little by Little" présente des formes de guitare qui semblent s'effriter, accompagnées de percussions percutantes. "Feral" se caractérise par des échantillons vocaux dispersés et une batterie évoquant des textures "paillées".

"Lotus Flower" se déploie avec une ligne de basse de synthétiseur entraînante, soutenue par le falsetto distinctif de Yorke. "Codex" offre une ballade au piano, enrichie par des cors et des cordes aux sonorités spectrales, ainsi que par l'utilisation d'une boîte à rythmes Roland TR-808. "Give Up the Ghost" se présente comme une ballade à la guitare acoustique, avec des harmonies vocales superposées. Le morceau final, "Separator", se compose d'une fusion harmonieuse de guitare, de piano, d'une boucle de batterie croustillante et de voix en écho, concluant ainsi l'album d'une manière captivante et évocatrice.

Avec seulement huit titres et une durée totale de 37 minutes, The King of Limbs s'impose comme l'album le plus concis de la discographie de Radiohead. Jonny O'Brien a éclairé cette décision en expliquant que le groupe considérait qu'un album idéal devait avoisiner les 40 minutes. À titre de référence, il a cité What's Going On (1971) de Marvin Gaye, un classique musical reconnu, qui présente également une durée plus courte que The King of Limbs. Cette préférence pour la concision reflète la volonté de Radiohead de livrer une expérience sonore dense et captivante, concentrée dans un laps de temps qui maximise l'impact artistique.

L'œuvre artistique associée à The King of Limbs a été conçue en collaboration entre Thom Yorke et Stanley Donwood, un collaborateur de longue date de Radiohead. Conformément à la tradition du groupe, Donwood a commencé son travail pendant

The King of Limbs – 2011

que le groupe enregistrait à proximité. Initialement, il s'est lancé dans la réalisation de portraits à l'huile des membres de Radiohead, adoptant le style de Gerhard Richter. Cependant, il a abandonné cette approche, reconnaissant qu'il n'avait aucune expérience préalable avec la peinture à l'huile et qu'il n'était pas Gerhard Richter, conduisant à ce qu'il qualifie de "série de désastres peints".

En revanche, l'ambiance musicale de l'album a inspiré à Donwood une vision d'immenses cathédrales multicolores d'arbres, avec une musique résonnant à travers les branches, tandis qu'une faune étrange se dissimulait dans le brouillard. Cette évocation a conduit Donwood et Yorke à dessiner des arbres dotés d'yeux, de membres, de bouches et d'êtres familiers, créant ainsi des "créatures étranges à plusieurs membres" qui puisent leur inspiration dans les contes de fées d'Europe du Nord. Cette fusion d'art visuel et de musique illustre la manière dont les différentes formes artistiques se nourrissent et s'influencent mutuellement dans la création de l'ensemble de l'expérience artistique de The King of Limbs.

Pour l'édition spéciale de The King of Limbs, Stanley Donwood a cherché à créer quelque chose qui évoluerait dans un état de flux. Il a opté pour le journal en raison de son caractère éphémère, s'estompant au fil du temps sous l'effet du soleil. Ce choix était en harmonie avec les thèmes naturels de l'album, reflétant la décomposition naturelle des êtres vivants.

L'inspiration de Donwood pour cette approche provient des journaux du week-end ainsi que des publications clandestines des années 1960 telles que Oz et International Times. L'édition spéciale comprend une feuille d'illustrations sur papier buvard, similaire à celle utilisée pour distribuer le LSD. À ce sujet, Donwood a commenté : "En théorie, non pas que je proposerais une chose aussi illégale, mais quelqu'un pourrait... Et je ne pense pas que cela ait été fait à des fins de marketing auparavant."

The King of Limbs – 2011

Cette édition spéciale a été reconnue pour son originalité et sa créativité, étant même nominée pour le meilleur coffret ou l'édition spéciale limitée lors des 54e Grammy Awards. Elle témoigne de l'engagement artistique et de l'exploration novatrice qui caractérisent l'approche de Radiohead et de ses collaborateurs dans la création d'expériences artistiques uniques.

Dans les méandres virtuels de la toile, l'annonce retentissante de "The King of Limbs" émanait du site Web de Radiohead le 14 février 2011. Une nouvelle qui faisait battre le cœur des aficionados du groupe. Cependant, le sort semblait vouloir chambouler les plans, car la date de sortie initialement fixée au 18 février fut devancée d'une journée. Les rouages de la machine étaient plus huilés que prévu, permettant ainsi une mise à disposition anticipée.

Les mélomanes du monde entier se sont précipités pour télécharger cette œuvre musicale, déboursant une somme modique de 6 £. Mais pour les véritables amateurs en quête d'une expérience sensorielle plus profonde, une édition spéciale de l'album, dévoilée le 9 mai 2011, offrait une plongée plus immersive dans l'univers sonore de Radiohead, moyennant un investissement plus conséquent de 30 £.

Cette édition spéciale, véritable trésor pour les passionnés, renfermait l'album sur CD, accompagné de deux disques vinyles de 10 pouces. L'ensemble était agrémenté d'illustrations inédites, d'une pochette de disque spéciale et d'un curieux "morceau de couleur d'emballage en plastique oxo-dégradable". Un objet singulier, ajoutant une dimension artistique à cette expérience auditive.

Le dévoilement officiel de "The King of Limbs" sur CD et vinyle a eu lieu le 28 mars 2011, orchestré par XL Recordings au

The King of Limbs – 2011

Royaume-Uni, avec des détails à finaliser pour la distribution aux États-Unis et confiée à Hostess Entertainment au Japon. Ainsi, ce chef-d'œuvre musical a été libéré dans le monde, déployant son pouvoir évocateur à travers différents supports pour satisfaire les appétits musicaux des auditeurs.

Le 16 avril 2011, tel un cadeau musical délicieux, Radiohead dévoila deux joyaux supplémentaires issus des sessions de "The King of Limbs" : "Supercollider" et "The Butcher". Ces pièces musicales furent habilement jumelées en un double single, offert spécialement pour le Record Store Day, enchantant ainsi les mélomanes du monde entier.

À la suite de cette sortie, quelques jours plus tard, une générosité artistique imprévue inonda les aficionados. Les morceaux furent gracieusement mis à disposition en téléchargement pour ceux qui avaient fait l'acquisition de "The King of Limbs" sur le site Web de Radiohead. Une manière de récompenser la fidélité des auditeurs et de répandre la musique sans entraves.

En juin 2011, tel des alchimistes sonores, Radiohead annonça une expérience audacieuse : une série de remixes de "King of Limbs" confiée à divers artistes électroniques. Thom Yorke, le frontman charismatique, partagea l'intention du groupe de voir leur musique évoluer entre les mains créatives des remixeurs. Il exprima son enthousiasme pour cette idée que la musique n'était pas figée, mais plutôt malléable, capable de se métamorphoser sans être gravée dans la pierre.

Les fruits de cette exploration sonore furent réunis dans l'album intitulé "TKOL RMX 1234567", dévoilé avec éclat en septembre 2011. Un recueil éclectique de réinterprétations électroniques, capturant l'essence même de l'expérimentation et soulignant la volonté intrépide de Radiohead de repousser les frontières musicales conventionnelles. Ainsi, le voyage musical de "The King of Limbs" se transforma en une aventure encore plus

The King of Limbs – 2011

audacieuse et éclectique, s'étendant au-delà des contours initiaux de l'album.

L'épopée musicale de Radiohead avec "The King of Limbs" prit une nouvelle dimension captivante lorsqu'ils interprétèrent l'album dans son intégralité pour "The King of Limbs: Live from the Basement", diffusé en juillet 2011 et immortalisé sur support DVD et Blu-ray en décembre de la même année. Nigel Godrich, producteur emblématique du groupe, déclara que cette performance constituait un effort délibéré pour réenregistrer l'album, originellement perçu comme "très mécanisé", et le présenter sous un jour nouveau, vibrant d'une énergie organique.

L'année 2014 marqua une incursion novatrice dans le monde de la technologie avec la sortie de l'application "Polyfauna" par Radiohead le 11 février. Cette application offrait une expérience immersive, fusionnant la musique et les images de "The King of Limbs" dans un univers interactif et expérimental, permettant ainsi aux auditeurs de plonger plus profondément dans la créativité visionnaire du groupe.

L'année 2017 fut témoin d'une collaboration artistique remarquable lorsque Radiohead s'associa au célèbre compositeur de films, Hans Zimmer. Ensemble, ils enregistrèrent une nouvelle version envoûtante de "Bloom" pour la série documentaire sur la nature de la BBC, "Blue Planet II". Le résultat, baptisé "(ocean) bloom", présentait non seulement de nouvelles voix de Thom Yorke, capturées en compagnie du BBC Concert Orchestra, mais incarnait également une convergence émotionnelle avec la série originale "Blue Planet". Dans un communiqué de presse, Yorke exprima sa satisfaction de "boucler la boucle avec la chanson", soulignant l'inspiration profonde que la série avait insufflée à "Bloom". Ainsi, cette collaboration fusionna harmonieusement la musique et les images pour offrir une expérience sonore et visuelle aussi captivante qu'émouvante.

The King of Limbs – 2011

Le 18 février, Radiohead dévoila un clip vidéo ensorcelant pour "Lotus Flower" sur YouTube, capturant en noir et blanc l'énigmatique Thom Yorke en plein élan de danse. Réalisé par Garth Jennings et chorégraphié par Wayne McGregor, cette vidéo devint rapidement une source d'inspiration inattendue, donnant naissance au mème Internet légendaire baptisé « Dancing Thom Yorke ». Les aficionados s'approprièrent cette création artistique, modifiant l'audio ou éditant les visuels pour créer des variations infinies de ce tableau de danse hypnotique. Sur la toile, le hashtag « #thomdance » devint une tendance virale sur Twitter, réunissant une communauté mondiale partageant sa créativité à travers des interprétations uniques du mouvement captivant de Yorke.

Cependant, tous les projets promotionnels ne se déroulèrent pas sans accroc. Une diffusion prévue à Shibuya Crossing, Tokyo, fut annulée en raison de problèmes de sécurité, démontrant ainsi la force magnétique de la vidéo de "Lotus Flower" et son impact considérable. Ainsi, cette œuvre visuelle ne se contenta pas d'ajouter une couche visuelle envoûtante à la musique, mais elle entra également dans le folklore numérique en tant que phénomène culturel dynamique.

Le 28 mars 2011, Radiohead adopta une approche novatrice pour célébrer la sortie commerciale de "The King of Limbs" en offrant au monde un cadeau singulier : le journal gratuit "Universal Sigh". Cette initiative audacieuse consistait à distribuer le tabloïd de 12 pages chez les disquaires indépendants à l'échelle mondiale, évoquant ainsi l'esprit des journaux gratuits emblématiques tels que LA Weekly ou London Lite.

Thom Yorke et l'artiste graphique Stanley Donwood apportèrent une touche personnelle à cette campagne promotionnelle en distribuant des exemplaires en personne au magasin de disques Rough Trade, situé dans l'est de Londres. À l'image des journaux

The King of Limbs – 2011

traditionnels, l'"Universal Sigh" fut imprimé en utilisant une lithographie offset sur papier journal, offrant ainsi une esthétique authentique et tangible.

Cet éphémère journal renfermait un mélange éclectique d'œuvres d'art, de poésie, de paroles de chansons, ainsi que des nouvelles artistiques de Stanley Donwood, Jay Griffiths et Robert Macfarlane. Une expérience immersive qui transcenda les frontières de la musique pour plonger les lecteurs dans l'univers créatif multidimensionnel de Radiohead. Cette approche novatrice témoignait de la volonté du groupe d'explorer de nouvelles voies pour communiquer avec son public et d'enrichir l'expérience artistique entourant la sortie de "The King of Limbs".

Dans les coulisses du monde musical, l'album "The King of Limbs" de Radiohead s'est dévoilé avec une complexité qui a défié la scène live pendant plusieurs mois après sa sortie. La raison de ce délai résidait dans la vision artistique intransigeante de Thom Yorke, qui, insatiable, désirait pousser plus loin les frontières sonores en studio.

L'artiste exigeant voulait perfectionner chaque nuance, chaque harmonie, et cela a demandé un temps considérable avant que l'œuvre puisse être présentée au public dans toute sa splendeur live. Une tâche qui nécessitait une préparation méticuleuse et un ajustement minutieux pour retranscrire les rythmes complexes de l'album sur scène.

Pour relever ce défi musical, Radiohead a fait appel à un virtuose des percussions, Clive Deamer, déjà renommé pour ses collaborations avec des groupes éminents tels que Portishead et Get the Blessing. Son expertise en matière de batterie allait apporter une nouvelle dimension à l'exécution live de "The King of Limbs".

The King of Limbs – 2011

Philip Selway, le batteur principal du groupe, partage ses réflexions sur cette expérience singulière : "C'était fascinant. L'un jouait de manière traditionnelle, l'autre imitait presque une boîte à rythmes. C'était du push-and-pull, comme des enfants qui jouent, vraiment intéressant." Cette dualité rythmique a injecté une énergie unique dans les performances live de Radiohead, élevant l'expérience musicale à des sommets encore inexplorés.

Clive Deamer, avec sa maîtrise exceptionnelle, est finalement devenu un membre incontournable des tournées ultérieures du groupe, scellant ainsi son destin dans l'histoire mouvementée et innovante de Radiohead.

L'année charnière de 2011 a réservé aux fans de Radiohead une surprise mémorable. Le 24 juin, le groupe a émerveillé les festivaliers du Glastonbury Festival sur la scène du Park avec une performance surprise, dévoilant principalement des morceaux inédits. Cependant, la critique de Rosie Swash du Guardian a été teintée de nuances, soulignant que le public avait anticipé des titres plus anciens, laissant transparaître un sentiment de nostalgie.

Peu de temps après, en septembre, Radiohead a illuminé les deux soirées au Roseland Ballroom de New York, tout en faisant une incursion remarquée à la télévision américaine. Le groupe a inauguré la saison de Saturday Night Live et s'est offert une heure spéciale sur The Colbert Report. Ces prestations, à la fois énergiques et captivantes, ont consolidé la place singulière de Radiohead dans le paysage musical mondial.

L'année suivante, en 2012, a vu Radiohead s'aventurer sur les routes d'Europe, d'Amérique du Nord et d'Asie, enflamment les foules dans des festivals prestigieux tels que Bonnaroo, Coachella et Fuji Rock. Cependant, le choix des lieux a été stratégique, avec une préférence marquée pour les arènes. Selon les mots de O'Brien, le guitariste du groupe, le matériel précis et détaillé de

The King of Limbs – 2011

"The King of Limbs" se prêtait mieux à l'intimité des espaces clos, écartant ainsi les vastes étendues extérieures.

Ainsi, entre l'excitation des performances spontanées, les lumières éblouissantes de New York et les foules en délire des festivals internationaux, Radiohead a continué à marquer son empreinte, naviguant avec assurance à travers les diverses facettes de la scène musicale mondiale.

Le 16 juin 2012, une tragédie frappa la préparation d'un spectacle au parc Downsview de Toronto : la scène s'effondra, emportant avec elle le technicien de batterie Scott Johnson et infligeant des blessures à trois autres membres de l'équipe routière de Radiohead. Ce funeste incident bouleversa non seulement le cours de la tournée, mais laissa une cicatrice indélébile dans le cœur du groupe et de ses fans.

Le spectacle prévu fut annulé, et les dates de tournée en Europe furent reportées, laissant Radiohead et son équipe dans un état de choc et de deuil. Cependant, après avoir pris le temps nécessaire pour panser leurs plaies, le groupe réapparut sur scène, à Nîmes, en France, en juillet de la même année. C'était un concert marqué par l'émotion et le recueillement, où Radiohead rendit un vibrant hommage à Scott Johnson et à toute l'équipe touchée par cette tragédie.

Les répercussions légales ne se firent pas attendre. En 2013, Live Nation Canada Inc, ainsi que deux autres organisations et un ingénieur, furent confrontés à 13 chefs d'accusation en lien avec l'incident. Cependant, en raison d'un retard causé par l'annulation du procès, l'affaire fut finalement abandonnée en 2017 en vertu de l'arrêt Jordan, une décision judiciaire établissant des délais stricts pour les procédures judiciaires.

Radiohead exprima son désaccord avec cette conclusion et publia une déclaration condamnant la décision, soulignant le besoin de

The King of Limbs – 2011

responsabilité et de justice. En dépit de l'abandon des poursuites, une enquête menée en 2019 aboutit à un verdict de mort accidentelle, mettant fin à une longue période d'incertitude et apportant une certaine clarté sur les circonstances entourant la tragédie.

Sur les vastes terres virtuelles du site Internet de Radiohead, un trésor musical émergeait de l'ombre, réservé en exclusivité aux auditeurs avertis pendant près de deux lunes avant son envol commercial. The King of Limbs, vêtu de mystère, trouva refuge dans les oreilles de 300 000 à 400 000 disciples du téléchargement.

Chris Hufford, co-gestionnaire éclairé du royaume sonore de Radiohead, déploya ses talents divinatoires pour estimer que cette offrande musicale rapportait davantage que tout autre opus du passé. Les échos numériques résonnaient en harmonie avec les caisses, car la majorité des fidèles acquéraient leur trésor sonore directement depuis le sanctuaire en ligne des artistes, un lieu où aucune maison de disques n'osait revendiquer son tribut. Ainsi, The King of Limbs régna en maître, non seulement sur les ondes, mais également dans la prospérité numérique, une couronne virtuelle aux joyaux sonores.

Lorsque l'édition commerciale fit son entrée tant attendue sur la scène du UK Albums Chart, elle s'installa humblement au septième rang, brisant ainsi la séquence triomphale de cinq albums consécutifs trônant en maîtres au sommet du Royaume-Uni pour Radiohead. L'aura de numéro un laissa place à une nouvelle ère, mais le septième rang ne fut en aucun cas un déshonneur.

Pendant la première danse de sept jours sur le marché, The King of Limbs séduisit 33 469 âmes, s'inscrivant ainsi dans les annales de la première semaine de ventes. L'édition vinyle, tel un héros méconnu, s'élança au-delà des attentes, trouvant refuge dans les

The King of Limbs – 2011

foyers britanniques à plus de 20 000 reprises au cours du premier semestre de l'année 2011. Cette épique conquête représentait 12 % de toutes les sagas musicales gravées sur vinyle pendant cette période, propulsant The King of Limbs au sommet du panthéon des albums vinyles, où il trôna en majesté, devenant l'objet de collection le plus prisé de l'année 2011.

Comme une mélodie qui résonne encore après la fin du morceau, en avril 2015, il était révélé que The King of Limbs persistait dans sa grandeur, maintenant consacré comme le deuxième vinyle le plus vendu de la décennie écoulée au Royaume-Uni. Un testament en vinyle à la royauté intemporelle de Radiohead.

Sur le territoire musical des États-Unis, l'édition commerciale de The King of Limbs fit son entrée en scène avec une élégance discrète, prenant place au sixième rang du prestigieux Billboard 200. La première semaine de sa quête, elle charma 69 000 mélomanes, établissant ainsi son règne.

La semaine suivante, l'ascension se poursuivit avec une élévation majestueuse jusqu'à la troisième place, la plus haute altitude jamais atteinte. Les notes harmonieuses résonnaient dans l'air, accompagnées de l'écho joyeux de 67 000 mélodies enchanteresses qui trouvèrent écho auprès du public américain.

Cependant, malgré ce succès, une énigme persistait. En avril 2012, The King of Limbs détenait la fierté d'avoir conquis les cœurs de 307 000 amateurs de mélodies aux États-Unis, mais il arborait curieusement l'absence de la certification or, une première pour les réalisations de Radiohead outre-Atlantique. Le co-manager érudit, Bryce Edge, attribua ce phénomène à la surprise qui entourait la sortie. Certains fervents adeptes, plongés dans une mélodie continue, n'avaient tout simplement pas conscience de l'avènement du nouveau chapitre musical orchestré par Radiohead. Ainsi, le mystère et la magie de The King of Limbs persistaient, gravés dans les mémoires musicales des États-Unis.

The King of Limbs - 2011

Chez Metacritic, la synthèse des évaluations de la critique grand public attribue à "The King of Limbs" une note moyenne de 80 sur la base de 40 critiques, signalant ainsi des "critiques généralement favorables". Michael Brodeur du Boston Globe a salué "le calme tendu préservé par ces huit chansons - une sérénité qui semble constamment prête à se rompre", décrivant l'album comme étant "étrange et insidieux, rampant tel une ombre", en contraste avec "In Rainbows", qui était doux mais dynamique, donnant l'impression de se diriger quelque part. Corey Beasley de PopMatters a partagé son avis, déclarant que "The King of Limbs" est un album magnifique qui demande une écoute plus attentive que son prédécesseur, tout en procurant des sensations tout aussi fortes, bien que différentes.

François Marchand du Vancouver Sun a exprimé que "The King of Limbs" réussit à "faire le pont entre les nombreux styles différents de Radiohead" et mérite d'être pleinement apprécié. Le critique Robert Christgau a attribué une "mention honorable" avec deux étoiles à l'album, recommandant spécifiquement les chansons "Little by Little" et "Bloom". Ben Graham du Quietus a avancé l'idée que cet album pourrait bien représenter le summum du travail de Radiohead, soulignant un retour au style des albums "Kid A" et "Amnesiac" avec "une plus grande maturité et un poids d'expérience accru qui enrichissent à la fois les chansons et le processus créatif".

Certains critiques ont exprimé l'opinion que "The King of Limbs" ne présentait pas autant d'innovation que les albums précédents de Radiohead. Mark Pytlik de Pitchfork a écrit qu'il explorait un terrain déjà bien arpenté par le groupe, et bien que le résultat soit gratifiant, l'ambition révolutionnaire caractéristique de Radiohead semblait manquer. Stephen Thomas Erlewine, rédacteur en chef d'AllMusic, a décrit l'album comme une manifestation de Radiohead faisant simplement ce qu'il sait faire,

The King of Limbs – 2011

sans éclat ni prétention, évoluant tranquillement du rôle de pionnier à celui d'artisan. Selon Luke Lewis de NME, l'album incarne davantage le respect pour l'art du métier que l'adoration pour une grandeur exceptionnelle.

Dans le Los Angeles Times, Ann Powers a observé que "The King of Limbs" a suscité des réactions mitigées parmi les auditeurs, certains le jugeant trop discret, abstrait voire "catastrophique", tandis que d'autres estimaient qu'il ressemblait trop aux œuvres antérieures de Radiohead. Certains fans, après avoir attendu pendant des années la suite de "In Rainbows", ont exprimé leur déception face à un album plus court qui semblait "relativement morcelé". Des spéculations infondées ont circulé sur la possible sortie imminente d'un deuxième album, alimentées par les paroles de la dernière piste, "Separator" : "Si vous pensez que c'est fini, alors vous vous trompez".

Dans un article de 2015 pour Stereogum, Ryan Leas concluait que "The King of Limbs" était "une musique très bonne, parfois excellente, émanant d'un groupe clé, mais qui semblait néanmoins décevante car elle ne représentait pas, au final, le coup de génie auquel aucun de nous ne s'attendait". De nombreux auditeurs ont montré une préférence pour "The King of Limbs: Live From the Basement", notamment Leas, qui a souligné : "Vous percevez des muscles, des mouvements, et des présences corporelles là où l'ingéniosité autrefois exploitée des impulsions électroniques de Radiohead commençait à faire place à une musique enregistrée plus fragile."

En 2021, le critique de Consequence of Sound, Jordan Blum, et l'écrivain de Stereogum, Chris Deville, ont affirmé que "The King of Limbs" demeurait l'album le plus controversé de Radiohead. Certains fans l'ont critiqué pour sa brièveté ou l'ont perçu comme "trop superficiel et éphémère". Blum et Deville ont attribué cette déception aux attentes créées par le précédent album "In Rainbows", réputé pour son caractère "chaleureux et accessible" et

The King of Limbs - 2011

son modèle innovant de paiement à la discrétion de l'auditeur. Deville a également émis l'hypothèse que l'ordre de la tracklist, avec les chansons moins accessibles en première partie, aurait pu décourager certains auditeurs.

"The King of Limbs" a reçu des distinctions en étant désigné comme l'un des meilleurs albums de 2011 par plusieurs publications prestigieuses, dont The Wire, The Guardian, Mojo, NME, PopMatters et Uncut. Lors des 54e Grammy Awards, l'album a été nominé dans la catégorie du meilleur album de musique alternative ainsi que pour le meilleur coffret ou édition spéciale limitée. Par ailleurs, la chanson "Lotus Flower" a également été reconnue avec des nominations dans les catégories du meilleur clip vidéo court, de la meilleure performance rock, et de la meilleure chanson rock.

A Moon Shaped Pool – 2016

A Moon Shaped Pool – 2016

Sous le voile argenté d'une nuit étoilée, "A Moon Shaped Pool" se dévoile comme le neuvième opus magistral du groupe de rock anglais Radiohead. Une œuvre captivante qui a émergé numériquement le 8 mai 2016, pour ensuite s'épanouir dans le monde physique le 17 juin 2016 grâce à XL Recordings.

Tissé avec soin dans les méandres du studio, cet album a été méticuleusement façonné par le producteur émérite Nigel Godrich, fidèle collaborateur de longue date de Radiohead. Les notes mélodiques, telles des constellations musicales, s'entrelacent avec une précision presque cosmique, créant un paysage sonore aussi mystérieux que captivant.

Au fil des morceaux, "A Moon Shaped Pool" révèle une palette émotionnelle vaste, allant de l'éthéré au terre-à-terre, et transportant l'auditeur dans un voyage introspectif. La sortie digitale initiale a constitué une invitation numérique à explorer les recoins sombres et lumineux de cet univers sonore, avant que la version commerciale ne matérialise cette expérience en une réalité tangible.

Ainsi, porté par la voix évocatrice de Radiohead, "A Moon Shaped Pool" demeure un chapitre enchanteur dans la saga musicale du groupe, un éclat lunaire capturé dans les sillons d'un enregistrement studio.

Au cœur des RAK Studios à Londres, dans les confins de leur studio à Oxford, et sous le ciel envoûtant du studio La Fabrique à Saint-Rémy-de-Provence, France, Radiohead a donné vie à "A Moon Shaped Pool". Un album où les notes résonnent avec la mélancolie des murs témoins, enregistré dans ces sanctuaires musicaux qui ont vu naître tant de chefs-d'œuvre.

A Moon Shaped Pool – 2016

Les orchestrations qui imprègnent l'album portent la signature du guitariste Jonny Greenwood, maître d'orchestre des cordes et des voix chorales, magistralement interprétées par le London Contemporary Orchestra. Un mariage de sonorités, unissant la tradition à l'innovation, sculptant ainsi un paysage auditif unique.

Certaines pièces de cet opus, telles que les poignantes « True Love Waits » et « Burn the Witch », ont mûri au fil des ans, emprisonnant l'essence du temps dans leurs mélodies. Les paroles, quant à elles, s'ouvrent sur un éventail de thèmes, explorant les méandres du changement climatique, la réflexion collective et le poids du chagrin. Dans cet éclat de créativité, de nombreux critiques ont discerné une réponse émotionnelle à la séparation de Thom Yorke, le chanteur, de son épouse Rachel Owen.

Sur la pochette abstraite de l'album, l'artiste de longue date Stanley Donwood dévoile sa maîtrise, exposant ses peintures aux intempéries pour créer une couverture qui, tout comme la musique qu'elle enveloppe, échappe aux limites du concret, invitant chacun à y trouver sa propre interprétation. Ainsi, "A Moon Shaped Pool" se déploie comme une toile sonore et visuelle, capturant l'essence même de l'expression artistique de Radiohead.

Le périple musical de Radiohead avec "A Moon Shaped Pool" a été méticuleusement marqué par une campagne promotionnelle innovante. Des singles percutants, accompagnés de vidéos captivantes pour "Burn the Witch" et "Daydreaming", ont tracé la voie de cette aventure sonore.

Les rues ont résonné des échos d'une campagne virale, où des cartes postales mystérieuses et des messages intrigants ont semé l'anticipation sur les réseaux sociaux. Chaque publication était une invitation à plonger dans l'univers sonique à venir, évoquant

A Moon Shaped Pool – 2016

la curiosité et le mystère qui définissent souvent l'esthétique de Radiohead. Des vignettes vidéo soigneusement élaborées ont ajouté une dimension visuelle à cette expérience, créant des liens entre l'auditeur et l'essence émotionnelle de l'album.

Sur scène, Radiohead a transcendé les frontières géographiques au cours des tournées épiques de 2016, 2017 et 2018. Des festivals prestigieux tels que Glastonbury et Coachella ont été le théâtre de performances magistrales, où la magie de "A Moon Shaped Pool" s'est entrelacée avec l'énergie électrique du public. Cependant, la tournée n'a pas été sans controverse, notamment lors de la représentation à Tel Aviv. Cette étape a suscité la critique des partisans du Boycott, Désinvestissement et Sanctions (BDS), une campagne visant à boycotter culturellement Israël en signe de protestation.

Ainsi, l'odyssée de Radiohead avec "A Moon Shaped Pool" a été bien plus qu'une simple sortie d'album ; elle a été une exploration multimédia, une communion entre la musique et les émotions, émaillée de moments controversés qui ont ajouté une couche supplémentaire de complexité à cette épopée artistique.

"A Moon Shaped Pool" s'est élevé tel un phénix dans le firmament musical, recevant des éloges considérables qui en ont fait l'un des albums les plus acclamés de l'année et de la décennie. La presse spécialisée a salué son génie artistique, le consacrant dans les annales de la musique contemporaine.

Cette œuvre magistrale a inscrit Radiohead dans l'histoire du Mercury Prize pour la cinquième fois, témoignant de sa capacité constante à repousser les limites de la créativité. Aux Grammy Awards de la 59e cérémonie annuelle, l'album a été doublement honoré, avec des nominations pour le meilleur album de musique alternative et la meilleure chanson rock pour le percutant "Burn the Witch".

A Moon Shaped Pool – 2016

Les charts mondiaux ont été le théâtre de sa domination, atteignant la première place dans plusieurs pays et s'installant comme le sixième numéro un de Radiohead dans les classements britanniques. La fascination pour cet opus s'est également matérialisée dans le monde analogique, avec des ventes impressionnantes de vinyles qui ont réaffirmé la puissance du format physique.

L'éclat de "A Moon Shaped Pool" a été consacré par des certifications dorées au Royaume-Uni, aux États-Unis, en Australie, en France et en Italie, tandis qu'au Canada, il a atteint le statut platine. Ces marques témoignent de la portée mondiale de l'album et de son impact profond sur les auditeurs à travers les frontières. Ainsi, l'héritage de "A Moon Shaped Pool" se grave dans l'histoire de la musique, portant avec lui le poids d'un triomphe artistique incontesté.

"A Moon Shaped Pool" dévoile les trésors d'un passé musical, où plusieurs de ses joyaux ont mûri au fil des années avant de prendre leur place dans cet opus exceptionnel. Parmi eux, "True Love Waits" se distingue comme une pièce dont les échos remontent à 1995. Radiohead a tenté à maintes reprises de capturer son essence en studio, mais chaque tentative a échoué à dévoiler l'arrangement parfait. Malgré ces essais infructueux, la chanson a gagné au fil du temps une renommée particulière, devenant l'une des pièces inédites les plus emblématiques du répertoire du groupe.

L'évolution de "Burn the Witch" raconte une histoire similaire. Initialement explorée lors des sessions de l'album "Kid A" en 2000, elle a persisté à travers les itérations successives du studio sans jamais trouver sa place. C'est finalement dans le cadre de "A Moon Shaped Pool" que cette composition a trouvé son épanouissement, révélant son caractère distinctif et son impact inégalé.

A Moon Shaped Pool – 2016

Quant à "Present Tense", le chanteur et auteur-compositeur Thom Yorke a offert une première déclaration de cette mélodie captivante lors d'un solo au UK Latitude Festival en 2009. Cette chanson, façonnée au fil des années, a finalement trouvé sa maison au sein de "A Moon Shaped Pool", ajoutant une dimension supplémentaire à la richesse émotionnelle de l'album.

Ainsi, ces chansons, nées d'une gestation musicale prolongée, se sont enfin épanouies dans "A Moon Shaped Pool", témoignant de la persévérance artistique de Radiohead et de la manière dont le temps peut polir les diamants musicaux pour les rendre encore plus éblouissants.

La saga musicale de Radiohead a pris un tournant intrigant lors de la tournée de leur huitième opus, "The King of Limbs" (2011). Pendant cette période d'effervescence créative, le groupe a dévoilé un avant-goût du futur en interprétant du nouveau matériel, dont les embryons des morceaux à venir de "A Moon Shaped Pool" tels que "Identikit" et "Ful Stop".

L'année suivante, en 2012, alors que la tournée se poursuivait, Radiohead a fait halte au studio Third Man Records à Nashville, Tennessee. Dans ces confins musicaux, ils ont gravé deux chansons, dont une version de "Identikit". Cependant, le groupe, perfectionniste dans son approche artistique, a décidé de mettre de côté ces enregistrements, les jugeant en deçà de leurs normes exigeantes en termes de qualité.

À la fin de la tournée en 2012, Radiohead a pris une pause bien méritée, laissant les membres explorer des horizons musicaux parallèles à travers des projets individuels. Cette période de séparation a permis à chaque membre de puiser dans des sources d'inspiration personnelles, enrichissant ainsi leur bagage créatif respectif.

A Moon Shaped Pool – 2016

Ainsi, la tournée de "The King of Limbs" a marqué une phase de transition pour Radiohead, un préambule fascinant à la gestation de "A Moon Shaped Pool". Les détours imprévus et les pauses révélatrices ont contribué à la mosaïque complexe de leur parcours artistique, prouvant que chaque étape, même en apparence éloignée, joue un rôle crucial dans la narration globale de leur évolution musicale.

Les premières notes résonnaient dans l'air empreint de nostalgie du studio d'Oxford en septembre 2014, marquant le début d'une nouvelle épopée musicale pour Radiohead. Accompagnés de leur producteur de longue date, Nigel Godrich, les membres du groupe se lancèrent dans la création de ce qui allait devenir l'énigmatique "A Moon Shaped Pool". Cependant, cette renaissance artistique ne s'est pas produite sans heurts. Après une pause bien méritée, ils ont eu du mal à retrouver leur élan, travaillant de manière saccadée, comme des vagues hésitantes caressant le rivage.

Les mois ont défilé, emportant avec eux les jours de création jusqu'à Noël, alors que les murs du studio résonnaient encore des mélodies en gestation. L'année suivante, en 2015, Radiohead a entrepris un voyage musical en terres françaises, trouvant refuge dans le studio La Fabrique, niché près de Saint-Rémy-de-Provence. Ancienne usine de pigments artistiques datant du XIXe siècle, le lieu avait déjà vu défiler des générations de musiciens, parmi lesquels figuraient des noms illustres tels que Morrissey et Nick Cave.

Au cœur de ce sanctuaire musical imprégné d'histoire, Radiohead a insufflé une nouvelle vie à leurs enregistrements d'Oxford. Les murs résonnaient de leurs expérimentations sonores, tandis que l'âme de la Fabrique vibrait au rythme de leur créativité. Ce lieu singulier, abritant la plus grande collection de disques vinyles au monde, a ajouté une dimension unique à leur processus créatif.

A Moon Shaped Pool – 2016

Dans ces murs chargés d'histoire musicale, Radiohead a forgé les contours de "A Moon Shaped Pool", un album destiné à laisser une empreinte indélébile dans le paysage sonore de son époque.

Yorke, armé de quelques démos, avait tracé les premières lignes mélodiques, et sans perdre de temps, le groupe s'est plongé directement dans l'enregistrement. Aucune période de répétition n'avait préparé le terrain. Selon les mots du guitariste Ed O'Brien, "Nous nous sommes lancés directement dans l'enregistrement... Le son est apparu au fur et à mesure que nous enregistrions."

Dans un acte de rébellion artistique contre la froideur des ordinateurs, le producteur Nigel Godrich a choisi la chaleur analogique des enregistreurs multipistes sur bande. Inspiré par l'âme de la Motown et les premières œuvres de David Bowie, Godrich a instillé une atmosphère organique dans le processus créatif. Cependant, cette décision audacieuse a également imposé des limites. Chaque prise enregistrée sur la bande était une empreinte indélébile, car réenregistrer signifiait effacer irrémédiablement la précédente.

Colin Greenwood, le bassiste, témoigne de cette contrainte créative, affirmant que cela a obligé le groupe à "prendre des décisions sur le moment ; c'est tout le contraire de stocker votre album sur un disque dur d'un téraoctet." Ces contraintes techniques ont transformé le processus d'enregistrement en une danse créative où chaque note était précieuse, chaque choix définitif. C'est ainsi qu'a pris forme "A Moon Shaped Pool", emprisonnant l'essence même du moment dans chaque sillon de la bande analogique.

Lors de l'élaboration de l'introduction envoûtante de "Daydreaming", Radiohead a choisi de transcender les conventions en ralentissant la bande, créant ainsi un effet de distorsion de hauteur qui donne à la chanson une atmosphère

A Moon Shaped Pool - 2016

onirique et éthérée. L'auditeur est emporté dans un tourbillon sonore où le temps semble s'étirer et se plier.

Le guitariste virtuose Jonny Greenwood a apporté sa touche unique à "Glass Eyes" en utilisant le langage de programmation musicale Max. Cette technique novatrice a permis une manipulation créative du piano, ajoutant une dimension expérimentale à la composition. Les notes, façonnées par les mains virtuoses de Greenwood, résonnent avec une délicatesse captivante.

Le tissage sonore complexe de "Identikit" trouve ses racines dans des boucles de voix enregistrées par Yorke lors des sessions de l'album précédent, "King of Limbs". Ces fragments vocaux ont été méticuleusement intégrés, créant une mosaïque sonore qui évolue avec une fluidité hypnotique.

Pour "Ful Stop", le batteur Clive Deamer, déjà familier des arcanes de Radiohead grâce à sa participation à la tournée "King of Limbs", a apporté sa maestria en jouant de la batterie supplémentaire. Un collaborateur de longue date, Deamer avait précédemment figuré sur le double single de 2011, "The Daily Mail" et "Staircase", démontrant une fois de plus sa synchronicité avec l'univers musical singulier de Radiohead. Sa percussion subtile et puissante a contribué à donner à "Ful Stop" une énergie hypnotique et captivante, faisant de cette piste un point culminant de l'album "A Moon Shaped Pool".

Les mélodies envoûtantes des cordes et les harmonies envoûtantes du chœur ont été méticuleusement orchestrées par Jonny Greenwood, prenant vie grâce à l'interprétation magistrale du London Contemporary Orchestra, dirigé de main de maître par Hugh Brunt. Ce n'était pas la première collaboration de l'orchestre avec Greenwood, ayant déjà partagé les notes pour la bande originale du film "The Master" en 2012. Les studios RAK à

A Moon Shaped Pool – 2016

Londres ont été le témoin privilégié de l'enregistrement des riches nuances des cordes.

"Burn the Witch" a été un morceau particulièrement innovant, les musiciens optant pour des plectres de guitare au lieu des archets habituels, créant ainsi un effet percussif saisissant. Thom Yorke, l'esprit créatif derrière l'album, a qualifié "Daydreaming", achevé au début des sessions à La Fabrique, de véritable "percée" pour l'ensemble du projet. Jonny Greenwood, toujours en quête d'expérimentation sonore, a poussé les limites en demandant aux violoncellistes de désaccorder leurs instruments, générant un son singulier de « grognement ».

Des séquences captivantes de cordes et de chœurs ont été enregistrées au cours du processus créatif, mais, dans un acte délibéré de choix artistique, elles ont été laissées de côté, préservant ainsi l'essence pure et concentrée de l'œuvre finale.

Le jour où les mélodies envoûtantes de "Burn the Witch" prenaient forme avec l'enregistrement des cordes, le destin avait tracé un chemin poignant pour Nigel Godrich. En dépit du poids de la perte de son père, Godrich a courageusement laissé ses émotions sur une table de sa maison, se dirigeant vers le studio pour immortaliser la douleur et la beauté dans les notes de l'album. C'était une journée profondément émouvante, car son père, également musicien de cordes, semblait guider ses pas dans cette entreprise créative. C'était un hommage vibrant et personnel à un être cher, une célébration de la vie à travers la musique.

L'édition spéciale de l'album porte une dédicace poignante à Vic Godrich, le père de Nigel, et à Scott Johnson, un technicien de batterie, tous deux tragiquement décédés lors de l'effondrement de la scène en 2012 avant un concert prévu de Radiohead à Downsview Park, à Toronto. C'était un acte de mémoire et de reconnaissance envers ceux qui avaient contribué à la trame de la vie de Radiohead.

A Moon Shaped Pool – 2016

La toile de la vie continuait à se tisser avec des fils de tristesse lorsque l'ex-femme de Thom Yorke, Rachel Owen, succomba à un combat contre le cancer plusieurs mois après la sortie de l'album. Yorke, partageant le fardeau des épreuves vécues, confessa à Rolling Stone : "Il se passait beaucoup de choses difficiles à l'époque, et c'était une période difficile pour nous en tant que personnes. C'était un miracle que ce disque ait été réalisé." En ces moments sombres, l'album devenait une capsule temporelle, capturant l'essence même de la résilience au sein de l'adversité.

Les engrenages créatifs de Radiohead ont subi une pause inattendue lorsqu'ils ont été enrôlés pour composer "Spectre", la chanson thème du film James Bond de 2015. Cependant, les producteurs du film ont jugé la pièce "trop sombre" et ont choisi de la laisser de côté. Nigel Godrich, le producteur de longue date du groupe, exprima sa frustration en déclarant que ce détour inattendu représentait un "gaspillage d'énergie" et qu'il avait pratiquement figé le processus de création de l'album "A Moon Shaped Pool" au moment où il gagnait en élan.

L'année 2015 a été également marquée par une performance significative de Thom Yorke. En décembre, lors de la Conférence des Nations Unies sur les changements climatiques à Paris, Yorke a interprété trois chansons de "A Moon Shaped Pool" : « The Numbers » (alors connu sous le nom de « Silent Spring »), « Present Tense » et « Desert Island Disk ». C'était une manifestation musicale engagée, inscrivant les chansons dans le contexte urgent des enjeux environnementaux.

La surprise de Noël pour les fans est venue sous la forme de la sortie de "Spectre" sur le site de streaming audio SoundCloud. Une décision audacieuse qui a permis à la chanson de respirer en dehors des contraintes imposées par le film.

A Moon Shaped Pool – 2016

Jonny Greenwood, le talentueux multi-instrumentiste du groupe, a révélé que la majeure partie de l'album avait été enregistrée en l'espace de deux semaines. Après la période intense de création en France, Nigel Godrich a pris les rênes de l'édition et du mixage de l'album à Londres, sculptant l'œuvre finale dans la métropole musicale. Le résultat fut "A Moon Shaped Pool", un témoignage de la résilience du groupe face aux interruptions et aux défis créatifs.

Sous la lueur d'une lune façonnée en piscine, émerge un univers musical où se mêlent les notes exquises de l'art rock, de la folk, de la musique de chambre, de la musique ambiante et de la pop baroque. Dans cette symphonie contemporaine, l'auditeur est invité à voyager à travers des paysages sonores façonnés par la fusion audacieuse d'éléments électroniques, tels que les boîtes à rythmes et les synthétiseurs, avec des tonalités acoustiques émanant de guitares et de pianos. Les arrangements se déploient comme des tableaux, où les cordes et les chœurs prennent une place centrale, dépassant en intensité tout ce que Radiohead a pu offrir par le passé.

Le Guardian, observateur éclairé, a caractérisé cet opus, A Moon Shaped Pool, comme une œuvre plus sobre, plus épurée que les créations antérieures du groupe. Dans ce monde musical où la sophistication et l'innovation convergent, chaque note semble être méticuleusement choisie, créant une expérience auditive captivante qui transcende les frontières des genres.

Les notes de cet opus s'alignent soigneusement dans un ordre alphabétique, une séquence méticuleusement choisie, comme l'a partagé Jonny Greenwood, pour la simple raison que cet arrangement fonctionnait à la perfection. "Burn the Witch" s'ouvre sur des cordes palpitantes et des percussions électroniques, créant une atmosphère sonore singulière et captivante.

A Moon Shaped Pool – 2016

"Daydreaming" se présente comme une ballade ambiante, enveloppée dans un motif de piano simple et triste, accompagné de voix masquées évoquant une aura effrayante. Des éléments électroniques et orchestraux se fondent harmonieusement, créant un tableau sonore riche en émotion.

"Ful Stop" prend le relais avec un synthétiseur malveillant, une agitation de rythmes pulsants et des arpèges de guitare en phase, formant une composition dynamique et électrisante.

"Glass Eyes" explore des territoires sonores avec un piano manipulé, des cordes habilement agencées et des paroles évoquant l'atmosphère d'un appel téléphonique non surveillé.

"Identikit" s'ouvre comme une jam session, avec des voix chorales et une électronique spatiale qui transportent l'auditeur dans des dimensions sonores inexplorées. La pièce se conclut par un solo de guitare agité, ajoutant une note finale d'intensité à cette composition captivante. Chaque titre de l'album, comme une pièce de puzzle soigneusement choisie, contribue à l'ensemble harmonieux et complexe de l'œuvre.

"The Numbers" prend son envol tel une jam session décontractée des débuts des années 70, évoquant des notes de l'album de Serge Gainsbourg de 1970, "Histoire De Melody Nelson", avec des cordes qui résonnent harmonieusement.

"Present Tense" nous transporte dans une ballade imprégnée d'éléments de bossa nova, créant une ambiance douce et envoûtante. Les notes se déroulent avec une grâce rythmique, invitant l'auditeur à se laisser emporter par la mélodie.

"Tinker Tailor Soldier Sailor Rich Man Poor Man Beggar Man Thief" se dévoile avec des cordes expressives, des percussions

A Moon Shaped Pool – 2016

électroniques envoûtantes, et un synthétiseur déformé, créant une symphonie sonore qui oscille entre complexité et captivation.

"True Love Waits" se présente comme une ballade au piano, enrichie de boucles et de textures polyrythmiques. Chaque note résonne avec une émotion sincère, formant une toile sonore d'une beauté intemporelle.

L'édition spéciale de "A Moon Shaped Pool" révèle deux joyaux supplémentaires. "Ill Wind" déploie un rythme de bossa nova, accompagné de synthétiseurs glacés, créant une ambiance à la fois chaleureuse et hypnotique. Quant à "Spectre", il se présente comme une ballade orchestrale au piano, déroulant des notes qui capturent l'essence même de l'émotion. Chacun de ces morceaux supplémentaires ajoute une dimension unique à l'ensemble de l'album, élargissant l'éventail des expériences sonores offertes par cette œuvre exceptionnelle.

Les mots s'épanchent sur l'amour, le pardon et les regrets, décrivant, selon Larson, "le sentiment qu'au-delà du chagrin tectonique, il y a une acceptation anémique qui est plutôt belle si vous n'en êtes pas trop triste". Plusieurs critiques ont suggéré que les paroles étaient teintées par la séparation de Yorke d'avec sa partenaire de près de 25 ans, Rachel Owen. Ils ont noté que les voix masquées de "Daydreaming", lorsqu'elles sont inversées, résonnent comme les mots "la moitié de ma vie". Dans l'analyse de Spencer Kornhaber pour l'Atlantique, A Moon Shaped Pool "prend tout son sens lorsqu'il est entendu comme le témoignage d'un chapitre déchirant dans la vie d'un être humain".

D'autres thèmes parcourent l'album, abordant des sujets tels que le changement climatique avec un appel à la révolution dans "The Numbers", et mettant en lumière les dangers de l'autorité et de la pensée de groupe dans "Burn the Witch". Yorke redoutait que des chansons à caractère politique n'aliènent une partie de son public,

A Moon Shaped Pool – 2016

mais il a finalement décidé que c'était préférable à l'écriture d'une "autre chanson amoureuse sur rien". Conscient que des expressions telles que "une rivière qui s'assèche" et "le système est un mensonge" pouvaient sembler clichées, il estimait néanmoins qu'il n'y avait pas d'autre manière de les formuler : "Comment êtes-vous censé dire autrement « le système est un mensonge" ? Pourquoi s'embêter à le cacher ? C'est un mensonge. C'est tout."

Selon le Guardian, alors que l'album "Hail to the Thief" de Radiohead en 2003 abordait l'époque de Tony Blair et George W. Bush, "A Moon Shaped Pool" pourrait bien devenir la « bande originale accidentelle » de la présidence de Donald Trump. Concernant le refrain de « The Numbers » avec les paroles « un jour à la fois », Yorke a commenté en disant : « Un jour à la fois, mon pote, tu seras bientôt destitué, mon pote. Tu n'es pas un leader, mon amour… Tu ne peux pas maintenir ça. Ça ne marchera pas. Un jour à la fois. Nous ne sommes pas stupides. »

L'œuvre d'art de "A Moon Shaped Pool" a été réalisée en collaboration entre Yorke et Stanley Donwood, un collaborateur de longue date de Radiohead. Donwood travaillait dans une grange équipée de haut-parleurs connectés au studio de La Fabrique, où le groupe enregistrait à proximité. Cette disposition permettait à la musique en cours de création d'influencer l'art de Donwood.

Souhaitant s'éloigner de l'art figuratif et créer une œuvre davantage dictée par le hasard, Donwood avait initialement envisagé une « peinture Dalek » qui aurait projeté de la peinture sur les toiles, mais cette idée s'est avérée techniquement difficile à réaliser. À la place, il a expérimenté avec les conditions météorologiques en laissant les toiles à l'extérieur pour permettre aux éléments d'influer sur la peinture. Donwood a poursuivi ce processus d'altération dans l'Oxfordshire pendant les vacances d'hiver du groupe, obtenant ainsi des résultats complètement

A Moon Shaped Pool – 2016

différents. Ensuite, il a photographié les œuvres et les a éditées dans Photoshop en collaboration avec Yorke.

"A Moon Shaped Pool" a été rendu disponible en téléchargement le 8 mai 2016 sur le site Web de Radiohead, ainsi que dans divers magasins de musique en ligne tels que l'iTunes Store et Amazon Music, en plus des services de streaming payants. Une sortie accidentelle a eu lieu sur Google Play Music plusieurs heures avant la date prévue. Il a été ajouté à la bibliothèque de Spotify seulement le 17 juin. À noter que Yorke et Godrich avaient publiquement critiqué Spotify en 2013, argumentant qu'il ne soutenait pas de nouveaux artistes de manière adéquate.

En 2016, Spotify était en "discussions avancées" avec XL et la direction de Radiohead pour faire de "A Moon Shaped Pool" le premier album disponible exclusivement pour les utilisateurs de Spotify disposant d'abonnements premium. Cependant, aucun accord n'a été conclu. Un porte-parole de Spotify, Jonathan Prince, a expliqué que bien que Spotify et Radiohead aient exploré de "nouvelles approches", ils n'avaient pas réussi à résoudre les problèmes techniques à temps pour une sortie exclusive sur la plateforme.

Les éditions CD et LP de "A Moon Shaped Pool" ont été lancées au Japon le 15 juin par Hostess Entertainment, suivies par d'autres pays le 17 juin via XL Recordings. Une édition spéciale a été mise en vente sur le site Web de Radiohead, avec des expéditions débutant en septembre. Cette édition spéciale comprend l'album sur CD et deux vinyles de 12 pouces, ainsi qu'un CD supplémentaire contenant deux titres additionnels : "Ill Wind" et le déjà sorti "Spectre". Le packaging de l'édition spéciale s'inspire des albums de disques 78 tours en gomme laque présents dans le studio La Fabrique, et elle comprend des illustrations supplémentaires ainsi qu'un fragment original de bande sonore, d'une durée de moins d'une seconde, provenant

A Moon Shaped Pool – 2016

d'une session d'enregistrement antérieure de Radiohead. Comme la bande se détériorait avec le temps, le groupe a décidé de l'inclure dans l'édition spéciale plutôt que de la laisser « finir dans une décharge ». Le 20 juin 2020, une réédition en vinyle blanc a été lancée dans les disquaires en ligne indépendants à l'occasion du Love Record Stores Day.

L'univers musical de Radiohead demeurait énigmatique, enveloppé de mystère, jusqu'à l'éclatante sortie de "A Moon Shaped Pool". Avant ce moment charnière, le groupe avait choisi un silence délibéré, une absence d'interviews et l'omission de tout itinéraire de tournée. Les membres, selon les dires d'O'Brien, n'étaient tout simplement pas prêts à dévoiler les coulisses de leur création au moment de sa sortie. « Nous ne souhaitions pas discuter du processus, car c'était une entreprise plutôt ardue. Nous étions dans un état de fragilité, cherchant nos repères », confiait-il. Ainsi, le voile du silence se levait progressivement sur l'œuvre, révélant un voyage musical qui avait mûri dans l'intimité, loin des projecteurs et des scènes, jusqu'à ce moment captivant où "A Moon Shaped Pool" prenait son envol.

Le 30 avril 2016, à quelques jours seulement avant l'annonce imminente de leur nouvel album, les fidèles admirateurs ayant déjà passé commande auprès de Radiohead ont reçu des cartes en relief, dévoilant les paroles du premier single, "Burn the Witch". Puis, le 1er mai, tel un acte de réinitialisation artistique, Radiohead a effacé tout contenu de son site web et de ses profils sur les réseaux sociaux, les remplaçant par des images vierges. L'impact de cette décision, interprété par Pitchfork, était perçu comme symbolique, marquant la résurgence énigmatique de Radiohead.

Stanley Donwood, collaborateur artistique du groupe, a partagé que cette idée était « un moyen de se défaire de tout ce qui s'était passé auparavant... C'était comme être un méchant de James

A Moon Shaped Pool – 2016

Bond, dans un repaire secret, appuyant sur des boutons... C'était créatif, un plaisir génial. » Cette démarche audacieuse signalait clairement que quelque chose de nouveau et captivant se préparait, créant une toile de mystère qui ajoutait à l'anticipation grandissante des fans.

Après avoir distillé des extraits intrigants sur Instagram, Radiohead a dévoilé, le 3 mai, "Burn the Witch" en téléchargement. Accompagné d'une vidéo d'animation en stop-motion, le clip était un hommage habile à la série télévisée pour enfants des années 1960, Trumpton, tout en évoquant l'esthétique du film d'horreur culte de 1973, The Wicker Man.

Trois jours plus tard, un nouvel éclat créatif émergea avec la sortie de "Daydreaming", assorti d'un clip réalisé par Paul Thomas Anderson, collaborateur de longue date dont la collaboration avec Greenwood, membre de Radiohead, s'était étendue à plusieurs films. La vidéo, projetée en format 35 mm dans certains cinémas, ajoutait une dimension cinématographique à l'expérience musicale.

Dans un tournant inattendu, Radiohead annonça le même jour que leur prochain album serait dévoilé en ligne le dimanche suivant, gardant jalousement le titre de l'album dans le mystère, alimentant l'anticipation croissante parmi les fans qui étaient suspendus à chaque note de cette nouvelle symphonie artistique.

Le jour même de sa sortie, BBC Radio 6 Music a offert aux auditeurs le privilège d'entendre A Moon Shaped Pool dans son intégralité, marquant un événement radiophonique mémorable. Une semaine après, Radiohead dévoila la première d'une série de vignettes vidéo captivantes, compilant des extraits de l'album provenant d'artistes et cinéastes renommés tels que Michal Marczak, Tarik Barri, Grant Gee, Adam Buxton, Richard Ayoade, Yorgos Lanthimos et Ben Wheatley.

A Moon Shaped Pool – 2016

Cette initiative fut suivie par un concours créatif adressé aux fans, les invitant à concevoir une vignette pour le morceau envoûtant "Daydreaming". Puis, en septembre et octobre, Radiohead éblouit les amateurs avec des performances vidéo uniques de "Present Tense" et "The Numbers". Ces vidéos, orchestrées par le réalisateur Paul Thomas Anderson, mettaient en scène Yorke et Greenwood, façonnant des sonorités avec une boîte à rythmes CR-78, ajoutant une couche visuelle captivante à leur expression musicale.

Le 17 juin 2016, date tant attendue de la sortie commerciale de l'album, les disquaires participants ont orchestré un événement promotionnel d'envergure baptisé "Live From a Moon Shaped Pool". Cette célébration immersive comprenait un flux audio orchestré par Radiohead, un enregistrement captivant de leur performance au London Roundhouse, ainsi que des concours, des expositions artistiques et diverses activités engageantes.

Cependant, cet événement joyeux fut entaché par un incident tragique. Un magasin participant à Istanbul a dû fermer ses portes à la suite d'une attaque perpétrée par un groupe mécontent, irrité par des clients buvant de la bière et écoutant de la musique pendant le Ramadan. Radiohead a rapidement réagi en publiant une déclaration condamnant fermement cette attaque, offrant aux fans d'Istanbul leur "amour et soutien" dans une période difficile, soulignant ainsi l'importance de la musique comme moyen d'unité et de partage.

Une épopée musicale s'étala sur les continents, comme une mélodie qui se propageait à travers les vents de mai à octobre 2016. Radiohead, groupe énigmatique et visionnaire, arpenta l'Europe, l'Amérique du Nord et le Japon, illuminant chaque scène de son aura musicale captivante. Cette tournée, à l'instar de l'odyssée précédente baptisée "King of Limbs", vit l'ajout d'un

A Moon Shaped Pool – 2016

second batteur, Clive Deamer, qui apporta une rythmique envoûtante aux harmonies déjà transcendantes.

L'année suivante, en mars 2017, le périple musical reprit aux États-Unis, déployant ses ailes mélodiques au gré des vents du destin. L'apogée fut atteinte en avril, lorsqu'ils régnèrent en maîtres au Festival de Coachella en Californie, captivant une foule avide de sons novateurs et de performances inoubliables.

Cette quête artistique fut rythmée par des artistes émérites, tels que James Blake, dont les mélodies électroniques se mêlaient harmonieusement à l'atmosphère captivante créée par Radiohead. Accompagnés par Oliver Coates, les notes s'élevaient tel un crescendo émotionnel, tissant un paysage sonore unique.

Les horizons musicaux furent également élargis avec la collaboration du groupe judéo-arabe Dudu Tassa et les Koweïtiens, ajoutant une touche orientale à cette symphonie mondiale. Ainsi, la tournée devint bien plus qu'une simple série de concerts ; elle devint une fusion culturelle, une célébration de la diversité sonore et une exploration des frontières musicales.

Une odyssée musicale traversa les terres européennes, ponctuée de performances en juin et juillet, où les festivaliers furent captivés par l'envoûtante mélodie de Radiohead. Parmi ces événements, émergea une troisième performance mémorable au Glastonbury Festival au Royaume-Uni, un moment où la magie musicale atteignit son apogée, emportant le public dans un tourbillon sonore.

L'année suivante, en 2018, Radiohead entreprit un nouveau chapitre de son périple musical en sillonnant les Amériques, du Nord au Sud, de avril à août. Quatre nuits légendaires au Madison Square Garden de New York furent le point culminant de cette traversée, où les murs empreints d'histoire résonnèrent des accords novateurs du groupe. En soutien à cette aventure

A Moon Shaped Pool – 2016

musicale, le projet Junun de Jonny Greenwood accompagna Radiohead sur scène, ajoutant une dimension encore plus riche à l'expérience auditive.

Les échos de cette tournée résonnèrent bien au-delà des frontières, faisant de cette épopée la 61e plus lucrative de l'année 2018, récoltant plus de 28 millions de dollars américains. Au-delà des chiffres, ce fut une célébration mondiale de la créativité musicale, une fusion d'émotions partagées à travers les océans de mélodies.

Au cours de cette tournée captivante, un moment controversé s'est inscrit dans l'histoire musicale lorsque Radiohead a bravé les vents de la controverse en se produisant à Tel Aviv le 19 juillet 2017, en dépit de l'appel au boycott culturel international d'Israël lancé par la campagne Boycott, Désinvestissement et Sanctions. Cette décision audacieuse fut scrutée avec une attention particulière, suscitant des critiques de la part d'artistes éminents tels que le musicien Roger Waters et le cinéaste Ken Loach. Une pétition fervente, arborant les signatures de plus de 50 personnalités notables, exhortait Radiohead à annuler le concert.

Face à cette pression, Thom Yorke, le leader charismatique du groupe, émit une déclaration robuste en réponse aux critiques : "Jouer dans un pays n'est pas la même chose que soutenir le gouvernement. La musique, l'art et le monde universitaire concernent le franchissement des frontières et non leur construction, les esprits ouverts et non fermés, l'humanité partagée, le dialogue et la liberté d'expression." Cette défense reflétait la conviction profonde de Radiohead dans le pouvoir transcendant de la musique, dépassant les barrières politiques pour créer des ponts culturels.

Notablement, le musicien israélien Dudu Tassa éclaira le contexte en soulignant que Radiohead avait choisi son groupe pour les soutenir aux États-Unis en 2017 dans le but de favoriser un

A Moon Shaped Pool – 2016

rapprochement après leur performance à Tel Aviv. Ainsi, la musique devenait un langage universel, transcendant les frontières et ouvrant la voie à un dialogue qui dépassait les conflits politiques.

Dans l'orbite musicale, "A Moon Shaped Pool" s'éleva tel un astre mélodique, devenant le sixième opus de Radiohead à trôner en tête du UK Albums Chart. Son influence ne se limita pas aux frontières britanniques, atteignant également la première place en Irlande, en Norvège et en Suisse, tout en gravissant les échelons du top dix dans plusieurs autres nations. Le 24 juin 2016, le disque fut couronné du prestigieux statut de disque d'or au Royaume-Uni, témoignant de ventes dépassant les 100 000 exemplaires.

Après sa sortie en juin, "A Moon Shaped Pool" opéra un retour triomphal au sommet des classements britanniques, s'écoulant à 44 000 exemplaires. Parmi ceux-ci, 39 000 furent des copies vendues au détail, dont 10 500 vinyles, propulsant l'album au rang de disque vinyle le plus vendu de la semaine. Cette réussite lui conféra également le titre de quatrième album vinyle le plus vendu au Royaume-Uni en 2016, se positionnant juste derrière des icônes musicales telles que "Blackstar" de David Bowie, "Back to Black" d'Amy Winehouse et la bande originale des "Gardiens de la Galaxie".

Le single "Burn the Witch" laissa également sa marque, se hissant au 26e rang des singles vinyles britanniques les plus vendus de l'année. Ainsi, dans l'éclat de "A Moon Shaped Pool", Radiohead continua de laisser une empreinte indélébile sur les palmarès musicaux, affirmant sa place parmi les titans de la scène artistique mondiale.

Outre-Manche, la magie de "A Moon Shaped Pool" opéra également aux États-Unis, où il trouva un écho vibrant dans le

A Moon Shaped Pool – 2016

cœur des mélomanes. Au cours de sa semaine inaugurale, l'album s'écoula à 181 000 exemplaires, s'élevant majestueusement à la troisième place du prestigieux Billboard 200, signant ainsi le meilleur départ de la semaine. Ce triomphe marqua la meilleure semaine de ventes aux États-Unis pour Radiohead depuis la sortie de leur album en 2003, "Hail to the Thief".

Quelques mois après, avec la sortie d'une édition spéciale, "A Moon Shaped Pool" réitéra son succès en grimpant jusqu'à la onzième place du Billboard 200 et, de manière remarquable, décrocha la première place du classement des albums vinyle, écoulant 21 000 exemplaires de vinyle en une semaine. Cette ascension témoigna de la pérennité de l'attrait de Radiohead, fusionnant innovation sonore et engagement artistique.

La consécration aux États-Unis fut scellée le 9 novembre 2018, lorsque l'album reçut la certification disque d'or, célébrant des ventes dépassant les 500 000 exemplaires. Un épilogue brillant pour une symphonie moderne.

Le chapitre ne s'arrêta pas là, car le morceau bonus "Ill Wind", dévoilé sur les plateformes de streaming en 2019, grimpa jusqu'à la huitième place du classement Billboard Alternative Digital Songs et à la vingt-quatrième place du classement Hot Rock Songs. Ainsi, l'éclat de "A Moon Shaped Pool" continua de se propager, traversant les frontières musicales et laissant une empreinte indélébile dans le paysage sonore américain.

Sur la plateforme agrégatrice d'avis, Metacritic, l'album "A Moon Shaped Pool" obtient une note de 88 sur 100, basée sur 43 critiques, témoignant d'une "reconnaissance universelle". Patrick Ryan, du USA Today, exprime que ce sombre, symphonique et poignant opus "valait bien l'attente". Chris Gerard, de PopMatters, le considère comme "digne du catalogue sans égal de Radiohead, un ajout riche à la chaîne d'albums rock la plus vitale

A Moon Shaped Pool – 2016

et la plus importante des 30 dernières années". Jamieson Cox, de The Verge, fait l'éloge des arrangements de cordes et de "la magnanimité émotionnelle" qui émane de l'album.

Dans ses louanges, Andy Beta, de Rolling Stone, le décrit comme "un triomphe envoûtant et époustouflant", affirmant qu'il s'agit "de l'album le plus magnifique et le plus désolé de Radiohead", saluant ses timbres et ses mélodies. Will Hermes, critique également pour Rolling Stone, souligne que "c'est la voix de Yorke qui détient le centre émotionnel, et elle n'a jamais été aussi touchante... [A Moon Shaped Pool est] l'un de leurs albums les plus captivants musicalement et émotionnellement."

Sam Richards de NME a peint "A Moon Shaped Pool" comme "un album d'une beauté étrange et insaisissable, à la fois étrange, chatoyante et incertaine". Stephen Thomas Erlewine, dans sa critique pour AllMusic, a souligné le "confort mélancolique" qui émane de l'album, décrivant son mouvement de balancement comme réconfortant. Il l'a qualifié de "tonique pour le roi des membres cloîtré et dispersé, et même pour l'aliénation élégante de Kid A".

Jayson Greene, l'éditeur de Pitchfork, a apporté une dimension émotionnelle supplémentaire en déclarant que l'album était teinté par la séparation de Yorke : "L'impact du traumatisme, une sorte d'accident de voiture de l'âme, est palpable. La musique ici semble lâche et dénouée, ouverte de la manière dont vous pouvez le faire seulement après une tragédie." Pitchfork a ultérieurement honoré "Daydreaming" et "True Love Waits" en les incluant parmi les meilleures chansons de l'année 2016.

Eric Renner Brown d'Entertainment Weekly a salué la variété et l'ampleur de "A Moon Shaped Pool" en déclarant : « Par nature, les albums de Radiohead seront toujours quelque peu épiques, mais celui-ci est plus systématiquement grandiose que n'importe

A Moon Shaped Pool – 2016

laquelle des sorties du groupe depuis le chef-d'œuvre des années 2000, Kid A. »

Jon Pareles, écrivant pour le New York Times, a exprimé que l'album pourrait bien être « la déclaration la plus sombre de [Radiohead] – bien que celle avec la surface la plus pastorale du groupe ». Il a loué la voix de Yorke et les arrangements de cordes de Greenwood, notant : « M. Yorke et M. Greenwood sont des auditeurs implacablement curieux, des amoureux de la mélodie et des explorateurs d'idiomes, des créateurs de puzzles qui n'ont pas peur de l'émotion. »

Chris Barton du Los Angeles Times a décrit "A Moon Shaped Pool" comme "une écoute riche et captivante qui trouve d'une manière ou d'une autre un territoire plus inconnu pour un groupe qui a bâti une carrière sur ce point".

Simon Vozick-Levinson de MTV a souligné : « A Moon Shaped Pool fournit une réponse passionnante aux préoccupations existentielles auxquelles est confronté tout groupe qui est arrivé jusqu'ici... Après tout ce temps, entendre ces cinq vieux amis se mettre au défi d'une nouvelle phase d'évolution peut encore épater même un fan blasé. »

Dans le New York Observer, Justin Joffe a livré ses impressions sur "A Moon Shaped Pool" en déclarant que c'était "une démonstration étonnante de vulnérabilité nue et une réalisation remarquable... Radiohead reste un artisan dévoué de nouveaux univers sonores étranges". Partageant une perspective similaire, Nina Corcoran de Consequence of Sound a salué l'inclusion de chansons plus anciennes comme "True Love Waits", notant que "Radiohead se sent enfin suffisamment connecté pour les interpréter avec un sens... En attendant de sortir un enregistrement en studio d'une chanson vieille de plus de deux décennies a permis à Radiohead de peler ses paroles alors qu'elles étaient plus mûres que jamais."

A Moon Shaped Pool - 2016

Dans The Guardian, Lanre Bakare a loué l'évolution de "Present Tense", passant d'un "numéro de guitare sommaire" précédent de Yorke à "une ballade magnifiquement travaillée et teintée de bossa nova". Ces observations soulignent la capacité du groupe à transcender les frontières musicales et à évoluer tout en maintenant une connexion émotionnelle avec leur matériel plus ancien.

Mike Diver de Quietus a partagé un point de vue critique envers "A Moon Shaped Pool", estimant que l'inclusion de chansons plus anciennes créait le sentiment dérangeant d'un album de compilation. Il a écrit : « Certains morceaux semblent moins que complètement étoffés, vraiment compte tenu du traitement que leur âge justifie... Il y a tout simplement si peu d'étincelle ici, à peine brillante. des braises et de la poussière noircie où Radiohead ouvrait autrefois une voie fascinante et furieuse que d'autres tentaient de suivre. »

L'écrivain de New Republic, Ryan Kearney, a comparé l'album à « prendre un bain chaud, parfois agité ; c'est apaisant et tout, mais plus vous vous immergez longtemps, plus il vous laisse froid ». Il a critiqué les paroles de Yorke comme étant prévisibles et a déclaré que ce n'était "pas une coïncidence si la seule chanson émouvante de l'album, 'True Love Waits', a été écrite il y a deux décennies". Ces critiques soulignent la divergence d'opinions quant à la cohérence et à l'impact émotionnel de l'album, mettant en lumière des perspectives variées sur sa qualité globale.

Jamie Milton de DIY a exprimé le besoin de "A Moon Shaped Pool" d'un autre choc de force vertigineux, comparable à "Ful Stop", et a identifié des éléments perçus comme superflus, tels que "l'écho trop bricolé" de "Present Tense" et la "section de clôture irrégulière" de "Decks Dark". Cependant, il a conclu en déclarant : « Ce sont des œuvres magnifiques, humaines et

A Moon Shaped Pool – 2016

complètes – parmi les meilleures de la carrière remarquable de [Radiohead]. »

Alexis Petridis du Guardian a critiqué la "morosité suffocante" des paroles, mais a estimé que l'album représentait une amélioration par rapport à The King of Limbs et que Radiohead avait réussi à créer quelque chose de nouveau malgré ces critiques. Ces évaluations mettent en évidence la dualité d'opinions concernant l'album, reconnaissant à la fois ses défauts perçus et ses qualités artistiques notables.

"A Moon Shaped Pool" a marqué l'histoire de Radiohead en devenant leur cinquième album à être nominé pour le Mercury Prize, faisant ainsi du groupe l'acte le plus présélectionné de l'histoire de ce prestigieux prix. Lors de la 59e édition des Grammy Awards, l'album a été doublement nominé, concourant pour le meilleur album de musique alternative et la meilleure chanson rock pour "Burn the Witch". De plus, il a été retenu pour le prix de l'album de l'année de l'Independent Music Companies Association en tant que meilleur album sorti sur un label européen indépendant.

Son impact s'est également étendu aux listes des meilleurs albums de l'année et de la décennie dans de nombreuses publications, reflétant ainsi la reconnaissance généralisée et l'appréciation de la qualité artistique de l'album. Cette série de nominations et d'inclusions atteste de la position éminente de "A Moon Shaped Pool" dans le paysage musical contemporain.

Leurs Tournées

Leurs Tournées

On a Friday – 1985-1991

Dans les années 80, la genèse de Radiohead répondait au nom d'On a Friday. En 1985, les membres de ce groupe prometteur arpentèrent les couloirs de l'école publique réservée aux garçons d'Abingdon, à Oxfordshire. Thom Yorke, maître de cérémonie à la voix envoûtante et à la guitare affirmée, était rejoint par Colin Greenwood à la basse, Ed O'Brien maniant la guitare rythmique avec habileté, et Phil Selway aux commandes de la batterie. Jonny Greenwood, le futur guitariste émérite, officiait d'abord en qualité d'harmoniciste lors de certaines prestations en tant que membre invité, pour finalement s'établir en tant que claviériste permanent.

Les premiers pas scéniques du groupe étaient marqués par la présence de trois saxophonistes, ajoutant une touche inattendue à leurs performances live jusqu'à la fin des années 1980. Colin Greenwood, rétrospectivement, confia que lors de leurs premières représentations publiques, "Nous portions du noir et jouions très fort, parce que nous pensions que c'était ce que vous deviez faire." Ces premiers concerts se déroulaient davantage lors de fêtes locales que dans des salles de concert conventionnelles. Les membres du groupe se dispersèrent pour poursuivre leurs études universitaires, mais se retrouvaient régulièrement pendant les vacances pour des sessions de répétition et des performances sporadiques.

Le tout premier concert d'On a Friday dans un cadre plus traditionnel eut lieu à la Jericho Tavern à Jericho, Oxford, en 1987. Malheureusement, ce spectacle, devant un public clairsemé, fut accueilli avec peu d'enthousiasme par les acteurs de la scène musicale locale. Ainsi débuta l'odyssée de Radiohead, une trajectoire marquée par des débuts modestes, mais qui

On a Friday – 1985-1991

annonçaient déjà l'ascension d'un groupe destiné à redéfinir les frontières de la musique contemporaine.

En 1991, la trajectoire d'On a Friday connaissait un tournant majeur, marqué par une réorientation complète de leur sonorité. Jonny Greenwood, alors établi en tant que troisième guitariste, apportait une nouvelle dynamique au groupe. À cette époque, la scène locale était fortement influencée par des groupes Shoegazing tels que Ride et Swervedriver, une tendance à laquelle On a Friday ne se conformait pas.

Le 22 juillet 1991, le groupe se produisit pour la première fois sous son nouveau nom au Hollybush à Osney. Malgré la modeste assistance de six personnes, l'accueil réservé au groupe fut chaleureux. Le style de chant théâtral de Thom Yorke, associé à son comportement intense sur scène, captivait déjà les spectateurs. Le groupe, adoptant un style garage rock, présentait un spectacle énergique. Ed O'Brien diffusa la démo "Dungeon Demo" dans la communauté, ce qui déclencha une série de concerts, principalement à la Jericho Tavern. À l'occasion, les membres du groupe se produisaient même dans les rues.

Le producteur Chris Hufford assista à un concert d'On a Friday à la Jericho Tavern le 8 août 1991. Il décrivit plus tard le groupe comme étant "beaucoup plus brutal, beaucoup plus punk, assez frénétique, et jouant à un tempo plus rapide" que ce à quoi ils aspirent plus tard. Impressionné, Hufford proposa au groupe d'enregistrer une nouvelle démo, baptisée "Manic Hedgehog", dans ses studios Courtyard. Peu de temps après, le groupe signa chez EMI et opta pour un changement de nom radical, devenant ainsi Radiohead, inspiré par une chanson des Talking Heads du même nom (voir "Radiohead"). Au moment de la signature, certaines des anciennes chansons du groupe avaient été retirées des listes de concerts.

On a Friday – 1985-1991

L'année 1991 vit Radiohead se produire lors de moins de dix concerts, mais cette période marquait le début d'une ascension fulgurante, préfigurant la révolution musicale à venir.

Pablo Honey – 1992-1993

Pablo Honey – 1992-1993

En avril 1992, le groupe entamait sa première tournée, une aventure qui les propulsa en première partie de Catherine Wheel. Cependant, une ironie cruelle marquait ce début prometteur : en raison d'un retard de deux semaines dans la sortie étendue de leur première diffusion, Drill, Radiohead se trouvait sans aucun morceau à promouvoir. Malgré cette épreuve, leurs performances, bien que laborieuses pour s'adapter à la routine des tournées, séduisirent généralement le public.

Après les sessions d'enregistrement de leur premier album studio, "Pablo Honey", Radiohead se lança dans une tournée pour soutenir The Frank and Walters jusqu'à mi-octobre 1992. Puis, ils reprirent la route aux côtés de Kingmaker, se produisant en ouverture pour un jongleur avant l'entrée en scène du groupe principal. Durant cette tournée, Thom Yorke coupait aléatoirement des touffes de cheveux et se laissait fréquemment emporter par l'alcool, allant parfois jusqu'à annuler des concerts. Plus tard, Yorke attribuera ces comportements à sa frustration face à un manque perçu de direction au sein du groupe.

En cette année 1992, plus de cent représentations ont ponctué le paysage musical du Royaume-Uni pour Radiohead. Cependant, l'année s'est conclue sur une note amère avec une critique acerbe de leur prestation live dans le NME. L'écrivain Keith Cameron lâcha alors la sentence implacable : "Radiohead n'est qu'une excuse pitoyable, une relique désuète pour un groupe de rock'n'roll."

En janvier 1993, Radiohead investissait quelques scènes au Royaume-Uni. Porté par le nouveau single du groupe, "Creep", qui connaissait un succès grandissant en Israël, la formation s'est produite lors de trois concerts à Tel Aviv en mars 1993, marquant ainsi sa première reconnaissance à grande échelle. De retour de

Pablo Honey – 1992-1993

Tel Aviv, le groupe a enchaîné avec plusieurs dates au Royaume-Uni, marquant également sa présence au Festival Bevrijdingspop à Haarlem, leur première incursion aux Pays-Bas.

À cette époque, les performances de Radiohead étaient devenues notoirement explosives ; les guitaristes se retrouvaient régulièrement avec des doigts coupés par leurs instruments, et Thom Yorke s'était même entaillé la tête avec sa guitare. Yorke expliquait avec une pointe d'ironie : "Il y a toujours beaucoup de sang sur les guitares à la fin de la soirée. 'Performance' pour nous signifie que nous ne savons pas ce que nous allons faire."

Le baptême américain de Radiohead débuta le 11 juillet 1993 au Slim's de San Francisco, lançant une tournée d'un mois dans des clubs de renom à Boston, New York, Chicago, Detroit, Toronto, Seattle, Los Angeles et Dallas. Cette tournée, tout comme celle en Israël, était alimentée par la popularité croissante de "Creep". Le groupe fit ses débuts télévisés dans l'émission "The Arsenio Hall Show", suivi d'une apparition mémorable dans l'émission "MTV Beach Party". Le Whiskey a Go Go à West Hollywood, en Californie, fut également le théâtre d'une performance mémorable, bien que le groupe la considéra comme un échec malgré la vente rapide des billets en 20 minutes.

La tournée américaine fut saluée comme un succès, propulsant "Creep" au sommet du classement Billboard Hot 100 à la 34e place, plaçant "Pablo Honey" au 32e rang du Billboard 200 et obtenant une certification Gold RIAA pour l'expédition de 500 000 unités. Malgré ce succès, Thom Yorke nourrissait des sentiments ambivalents à l'égard de la tournée, déclarant plus tard : "Notre soi-disant succès en Amérique... nous a permis de faire beaucoup de choses, mais cela signifiait aussi que d'une manière ou d'une autre, nous devions quelque chose à quelqu'un."

Pablo Honey – 1992-1993

En août, Radiohead s'est produit lors d'un festival en Belgique et de deux autres aux Pays-Bas. Cependant, une ombre s'est abattue sur leur participation prévue au Reading Festival, annulée en raison d'une laryngite causée par le stress chez Thom Yorke.

EMI a décidé de rééditer "Creep" au Royaume-Uni, propulsant la chanson à la septième place des classements, ce qui a incité le groupe à faire une apparition remarquée sur l'émission "Top of the Pops". Malgré le désir de Capitol Records de faire tourner Radiohead à nouveau aux États-Unis avec leurs camarades de label, Duran Duran, une intervention de Hufford a inversé cette décision, ramenant Radiohead pour une tournée d'un mois afin de soutenir le groupe Belly. Au cours de cette tournée, le 40 Watt Club à Athènes, en Géorgie, a été le témoin d'une performance de Radiohead. L'écrivain du Chicago Sun-Times, Jae-Ha Kim, a offert une critique mitigée, critiquant la voix chantée de Yorke mais saluant l'autorité du jeu de guitare flou de Jonny Greenwood, qui dictait les mélodies mélancoliques tout en complétant celui d'Ed O'Brien aux guitares rythmiques.

Après la conclusion de la tournée avec Belly, Radiohead a joué au Théâtre Aladdin de Las Vegas, Nevada, en première partie de Tears for Fears, une expérience qui s'est avérée frustrante. La tournée nord-américaine s'est achevée avec des dates au Canada, notamment à Vancouver, Calgary, Montréal et Toronto. Thom Yorke, alors au Canada, a partagé ses réflexions avec un journaliste en soulignant le lourd tribut que la tournée avait pris sur le groupe : "Je pense que jusqu'à présent, nous avons joué 350 dates pour soutenir cet album en Europe et en Amérique du Nord."

La tension au sein du groupe s'est intensifiée lors de leur tournée avec James, qui a traversé l'Allemagne, la France, la Suisse, l'Espagne, le Portugal et le Royaume-Uni. Les conflits internes ont été alimentés par l'épuisement dû aux tournées, l'ego de Yorke et la frustration répétée de jouer "Creep". Bien que la tournée ait

Pablo Honey – 1992-1993

failli être annulée, une réunion décisive a conduit les membres du groupe à décider de la poursuivre. Selon l'agent du groupe, Charlie Myatt, le groupe "a joué comme des démons" lors du dernier segment de la tournée avec James.

La tournée s'est finalement conclue le 13 décembre 1993, marquant une pause bien méritée pour les membres de Radiohead. Jonny Greenwood, en rétrospective, a résumé cette année de tournée en exprimant le sentiment d'être devenu "des juke-box" au lieu de se concentrer sur l'écriture de chansons et la musique, les raisons pour lesquelles ils avaient initialement rejoint le groupe.

My Iron Lung – 1994

En mai 1994, Radiohead entama sa tournée, parcourant l'Espagne, l'Italie, la Suisse, l'Allemagne, le Royaume-Uni, le Japon, Hong Kong, l'Australie et la Nouvelle-Zélande. Cette tournée coïncidait avec des sessions laborieuses pour leur prochain album, "The Bends". Jouer en live constituait un refuge bienvenu pour le groupe.

Au cours de cette période, le public eut l'occasion d'apprécier pour la première fois de nombreuses chansons de "The Bends", bien que "Creep" demeurât toujours un favori incontournable. L'un des moments clés se déroula à l'Université de Manchester, où Thom Yorke exprima ses craintes quant à une réception négative en raison de l'annulation de leur participation au Reading Festival l'année précédente. S'adressant à la foule avec une certaine appréhension, il avoua : "J'avais une peur bleue à propos de ce soir."

Durant ce concert mémorable, Yorke se blessa à la cheville gauche, subissant une fracture de stress. Malgré cela, la tournée se poursuivit sans délai. Une performance au London Astoria fut enregistrée et largement diffusée par MTV Europe. Le morceau "My Iron Lung" joué lors de ce spectacle serait utilisé comme enregistrement pour "The Bends", bien que la voix ait été réenregistrée.

Pendant leur séjour au Royaume-Uni, Jonny Greenwood reçut un diagnostic de microtraumatismes répétés au bras droit, attribuables à son jeu rapide de guitare, et dut porter une attelle. Par la suite, Greenwood conserva le dispositif bien au-delà de sa nécessité initiale, le considérant comme une sorte de marque distinctive, déclarant : "C'est comme se coller les doigts avant un match de boxe. C'est un rituel."

My Iron Lung – 1994

Au retour de la tournée, l'enregistrement de l'album s'avéra plus fluide. John Leckie, le producteur, nota : "Je pense que cela a aidé qu'ils soient en tournée parce qu'ils avaient à nouveau confiance dans beaucoup de chansons, ce qui les a aidés. Je pense qu'ils auraient peut-être perdu pendant cette longue période d'enregistrement."

Le groupe se produisit également dans plusieurs festivals d'été, notamment au Glastonbury Festival, à Roskilde au Danemark, et au Sopot Marlboro Rock Festival en Pologne. Cependant, leur performance la plus attendue et redoutée fut celle du Reading Festival. Malgré l'inclusion jugée excessive de matériel inconnu dans leur set, la réception fut positive, marquant un point culminant de leur été mouvementé.

Le groupe s'est lancé dans une tournée de dix dates à travers le Royaume-Uni, du 27 septembre au 8 octobre, afin de promouvoir le récent single "My Iron Lung". Cette série de concerts comprenait une performance au bénéfice du Fonds de secours rwandais d'Oxfam. Leur engagement a permis de recueillir la somme remarquable de 7 000 £ pour soutenir les victimes du génocide rwandais.

Ian Watson de Melody Maker, dans sa critique du spectacle, a souligné que bien que "Creep" demeurait naturellement le point culminant, de nouvelles chansons telles que "My Iron Lung", "Just" et "Black Star" se sont également démarquées comme des moments forts.

Les concerts britanniques ont été suivis par deux représentations à Bangkok, puis par une tournée de huit dates au Mexique. Pendant cette tournée mexicaine, les membres du groupe ont vécu des moments émotionnels intenses, atteignant un point critique, comme l'a décrit O'Brian.

My Iron Lung – 1994

Après la tournée au Mexique, Thom Yorke et Jonny Greenwood ont pris la scène seuls pour une série de concerts aux États-Unis, utilisant uniquement des instruments acoustiques. Ce format a été repris peu de temps après lors de quatre spectacles en Angleterre, précédant la sortie du single "High and Dry"/"Planet Telex".

Radiohead a également partagé la scène avec Supergrass et les Candyskins au Théâtre Apollo, devant un public composé de journalistes et de cadres d'EMI. Cette performance a reçu des éloges de Melody Maker.

Par ailleurs, le groupe a participé à un événement caritatif pour le Venue, un club qu'ils fréquentaient à l'époque où ils étaient encore connus sous le nom de "On a Friday". Le Venue et une grande partie de la scène musicale locale d'Oxford étaient menacés de fermeture, mais grâce au concert de Radiohead, le lieu a survécu et a été rebaptisé "The Zodiac". Une contribution significative qui a laissé une empreinte positive dans leur communauté musicale.

The Bends – 1995

La sortie de "The Bends" le 13 mars 1995 marqua le début d'une période intense pour Radiohead. Une tournée au Royaume-Uni, s'étendant de février à fin mars, fut entreprise pour soutenir cet album acclamé. L'accueil du public fut plus que chaleureux, avec de nombreuses salles affichant complet. Cependant, une date à Sheffield fut annulée en raison d'une grippe intestinale contractée par Thom Yorke.

Outre les frontières britanniques, le groupe poursuivit sa tournée au Japon et en Amérique du Nord. La scène américaine fut particulièrement parcourue, avec Radiohead traversant les États-Unis à six reprises pour promouvoir "The Bends". Des sets acoustiques firent également partie du répertoire, bien que Jonny Greenwood exprimât son aversion pour cette dimension acoustique à l'époque, déclarant que "c'est maléfique, cette idée".

Les aléas de la route commencèrent à peser sur les membres du groupe. Lors du début de la tournée américaine à Boston, Thom Yorke, préoccupé par une accumulation de liquide dans ses oreilles due aux vols fréquents en avion, se laissa emporter par la frustration, s'en prenant aux spectateurs dans la fosse, criant et frappant l'un d'eux avec sa guitare. Le 29 mai, Yorke atteignit un point de rupture, suppliant le responsable de la tournée, Tim Greaves, de lui réserver un vol de retour pour l'Angleterre.

Le stress et la fatigue se faisaient ressentir chez les autres membres du groupe, Colin Greenwood notant : "Nous avons eu deux semaines de congé l'année dernière [en 1994], et nous sommes ensemble tous les jours depuis janvier de cette année." Malgré la tournée acharnée, "The Bends" ne connut pas le même succès aux États-Unis que son prédécesseur "Pablo Honey", bien qu'il ait atteint le top dix des charts au Royaume-Uni.

The Bends – 1995

En juillet, une opportunité inattendue s'offrit à Radiohead lorsque REM les choisit comme première partie pour la partie européenne de sa tournée "Monster". Cette décision émanait du fait que les membres de REM étaient de fervents admirateurs de "The Bends", bien qu'ils n'aient jamais eu l'occasion d'apprécier Radiohead en live. L'influence profonde de REM sur Radiohead se manifestait dès les premiers instants de cette collaboration, les deux groupes partageant une admiration mutuelle.

La tournée conjointe fut un mélange d'excitation et de surrection pour Radiohead. Thom Yorke, ému par la révélation du fanatisme de Michael Stipe pour leur musique, écrivit : "Je n'ai jamais cru au culte des héros, mais je dois admettre que je me bats pour respirer." Jonny Greenwood, de son côté, ressentit un mélange d'excitation et d'embarras à l'idée que REM les observait depuis les coulisses chaque soir. "C'est extrêmement surréaliste", confia-t-il.

Lors d'un concert à Tel Aviv, Michael Stipe exprima ouvertement son admiration, déclarant : "Il n'y a pas beaucoup de choses qui me font peur, mais Radiohead est si bon qu'ils me font peur." En août, Radiohead reprit les rênes en Europe, dévoilant de nouvelles chansons telles que "Subterranean Homesick Alien" et "Lucky". Malheureusement, la route était semée d'embûches physiques, avec Jonny Greenwood souffrant de problèmes auditifs nécessitant des écouteurs insonorisés, et Thom Yorke commençant à ressentir des altérations dans sa voix.

Les défis ne s'arrêtaient pas là, car tout l'équipement du groupe fut dérobé, entraînant l'annulation de plusieurs spectacles. Ces difficultés atteignirent leur apogée avec l'évanouissement de Yorke sur scène, un moment qualifié de "crise de colère" par le NME. Face à ces épreuves, en décembre 1995 et janvier 1996, le groupe prit la décision de mettre fin à sa tournée et de retourner chez lui, marquant ainsi une pause nécessaire pour récupérer et réfléchir.

OK Computer and Against Demons Tour – 1996-1998

Les lumières tamisées du Metro Chicago se sont éclairées en mars 1996, révélant une silhouette familière. Radiohead, le groupe qui avait secoué les scènes musicales avec "The Bends", reprenait sa tournée aux États-Unis. Encouragée par le succès de l'album dans de nombreuses listes de fin d'année, la maison de disques EMI lança une nouvelle campagne de marketing outre-Atlantique.

Les rangs des charts Billboard furent à nouveau conquis, l'album grimpant jusqu'à la 88e place, couronné d'un disque d'or grâce à la persévérance de Radiohead sur les routes américaines. Le groupe fit une entrée remarquée dans le paysage télévisuel avec des apparitions à The Tonight Show et 120 Minutes. Thom Yorke, le leader du groupe, qualifia la première de "point culminant de toute notre putain d'année". Les nouvelles chansons, des joyaux en gestation pour leur troisième opus, "OK Computer", se faufilèrent de plus en plus dans les setlists. "No Surprises", "Let Down" et "Electioneering" étaient parmi celles qui éclairaient les scènes de cette tournée.

Sur les planches du Pinkpop Festival et du Rock Werchter, Radiohead déployait son art avec une intensité nouvelle. Thom Yorke, habituellement énergique, montrait une retenue émotionnelle, sa voix devenant un instrument de nuances. Jonny Greenwood, le guitariste, se laissait aller à l'improvisation, insufflant une vie renouvelée aux morceaux établis.

Au fil de plus de 110 dates, rien qu'aux États-Unis, le groupe évolua, passant d'un bon groupe live à un excellent groupe, comme le souligna Jae-Ha Kim dans le Chicago Sun-Times. La critique du NME, issue du festival T in the Park, qualifiait même Radiohead de "dernier grand groupe de rock sincère". Les routes américaines avaient été le creuset de cette transformation, faisant

OK Computer and Against Demons Tour – 1996-1998

de chaque performance une pièce maîtresse de l'odyssée musicale de Radiohead.

Lorsque Radiohead embarqua pour une série de 13 dates en première partie de la tournée "Jagged Little Pill" d'Alanis Morissette, ils se lancèrent dans une aventure musicale imprégnée d'une énergie nouvelle. Le contraste entre le son distinctif de Radiohead et celui de Morissette aurait pu être frappant, mais le public réagissait avec une ferveur inattendue, comme le rapporta Mac Randall. L'atmosphère était électrique, et même Clark Staub du Capitole déclara : "S'ils avaient eu droit à un rappel, Radiohead aurait eu un rappel."

C'était une période de gestation artistique pour le groupe. Au cours de ces concerts, ils perfectionnèrent leur nouveau matériel, notamment la monumentale "Paranoid Android", une composition en plusieurs sections qui s'étendit finalement sur plus de 14 minutes. Colin Greenwood se souvint de cette période comme d'une opportunité en or, déclarant : "C'était de l'argent ridicule et cela nous a donné une chance de tout régler en direct." Une chance qui leur permit également de jouer de leur côté sombre et mystérieux, suscitant un mélange étrange d'admiration et de fascination. "Ça, et le côté étrangement pervers d'être ces cinq hommes en noir, effrayant les filles américaines prépubères avec notre propre marque de musique sombre."

Entre les sessions d'enregistrement tumultueuses de "OK Computer", Thom Yorke et Jonny Greenwood réservèrent un moment secret pour un concert destiné au magazine Dazed & Confused. Sur la scène de l'intimité, ils dévoilèrent trois morceaux de "The Bends" et quatre nouvelles compositions, offrant ainsi un avant-goût de l'évolution artistique à venir pour Radiohead. Une parenthèse intime au milieu de l'effervescence de la tournée et des préparatifs pour ce qui allait devenir l'un des albums les plus acclamés de l'histoire de la musique alternative.

OK Computer and Against Demons Tour – 1996-1998

À la mi-mai, le rideau se leva sur un chapitre décisif de l'histoire de Radiohead. À Lisbonne, ils offrirent en avant-première les premières notes de "OK Computer", amorçant ainsi le début de la tournée "Against Demons". Cependant, ce fut à Barcelone, les 22 et 24 mai, que l'album fut véritablement "lancé". Le Zeleste Club fut le théâtre du premier concert, une soirée magistrale où la setlist déployée comprenait presque la totalité des morceaux d'"OK Computer", plusieurs extraits de "The Bends", et seulement "You" de "Pablo Honey". Trois rappels plus tard, l'événement fut salué dans une critique élogieuse de Mojo.

Cependant, derrière les projecteurs, une tension silencieuse commençait à émerger. Les membres du groupe, en particulier Thom Yorke, affichaient des signes de stress et d'épuisement après les concerts de Barcelone. Les entrevues révélaient des variations d'humeur chez Yorke, oscillant entre la détente et l'irritabilité prononcée.

À partir de Barcelone, Grant Gee se lança dans une mission de captation visuelle, enregistrant les performances du groupe et les coulisses de leurs activités promotionnelles tout au long de la tournée. Celle-ci, baptisée "OK Computer", s'étendit de mai 1997 à avril 1998, couvrant plus de 100 concerts à travers le monde. De l'Europe à l'Asie, de l'Australie aux États-Unis, Radiohead résonna dans des salles de concert du globe, laissant dans son sillage un héritage musical qui allait transcender les frontières géographiques et temporelles.

Kid A Amnesiac Era – 1999-2001

Au cœur de la décennie 2000, Radiohead se lançait dans une épopée musicale à travers la Méditerranée, dévoilant pour la première fois les mélopées envoûtantes de "Kid A" et "Amnesiac". Plus tard cette même année, une tournée européenne unique se déployait dans une tente sur mesure, dépourvue de tout signe corporatif, servant de scène à la première interprétation de nouvelles compositions. Trois soirées exceptionnelles dans des théâtres nord-américains suivirent, marquant leur retour sur ces scènes depuis près de trois ans. Les billets pour ces petites salles se vendaient comme des petits pains, attirant des célébrités et des fans qui campaient toute la nuit pour être aux premières loges.

Le mois d'octobre réserva une surprise de taille avec la participation de Radiohead à l'émission humoristique américaine "Saturday Night Live". La performance, loin des attentes habituelles de chansons rock, déstabilisa certains téléspectateurs. Jonny Greenwood maniait des instruments électroniques, la fanfare house improvisait sur "The National Anthem", et Thom Yorke dansait de manière erratique au son de "Idioteque". De juin à fin octobre 2000, Radiohead enchaîna plus de 40 représentations, tissant ainsi une toile envoûtante qui captiva les amateurs de musique à travers le monde.

Le chapitre suivant de l'épopée musicale de Radiohead, la tournée d'Amnesiac, se déploya à la fin du mois de mai 2001 avec une entrée en scène remarquée aux festivals Rock Am Ring et Rock Im Park en Allemagne. Marquant également le retour tant attendu de Radiohead sur les terres nord-américaines après une pause de trois ans, cette tournée épique s'étira sur une période de 4,5 mois, agrémentée de près de 40 spectacles captivants.

En novembre 2001, Radiohead dévoila un nouveau chapitre de son voyage musical avec la sortie d'un EP live intitulé "I Might Be

Kid A Amnesiac Era – 1999-2001

Wrong: Live Recordings". Cet enregistrement, témoignage vivant des tournées "Kid A" et "Amnesiac", captura l'énergie palpitante des performances de la bande au cours de cette période intense. Le public était ainsi invité à revivre ces moments inoubliables, faisant de cet EP une pièce incontournable pour les passionnés de Radiohead.

Hail to the Thief Era – 2002-2004

À l'été 2002, Radiohead entama une série de 12 concerts au Portugal et en Espagne, une sorte de préambule musical avant les sessions de septembre qui donneraient naissance à "Hail To The Thief". Sur les 14 titres qui constituèrent ultimement l'album, environ 12 firent leur première apparition lors de cette tournée initiale. Ce rituel créatif se répéta par la suite, Radiohead l'expérimentant à nouveau avant et après la tournée de 2006, préalable à la sortie de "In Rainbows".

Le 17 mai 2003 marqua le début de la partie européenne de la tournée "Hail To The Thief" avec deux performances enflammées à l'Olympia Theatre de Dublin. Tout au long de l'été, Radiohead arpenta les scènes à travers l'Europe et les États-Unis, captivant des publics toujours plus vastes, que ce soit dans des festivals prestigieux ou lors de concerts en tête d'affiche. À certains endroits, le groupe fut épaulé par le slowcore de Low et les tonalités électroniques de l'artiste Four Tet, ajoutant ainsi une dimension éclectique et électrisante à leur voyage musical.

En septembre et octobre 2003, la trajectoire triomphante de Radiohead s'étendit jusqu'au Hollywood Bowl et au Madison Square Garden, où ils livrèrent des performances mémorables, illuminant deux soirées dans chaque salle prestigieuse. La tournée persista en 2004, emmenant le groupe jusqu'au Japon et en Australie, pour finalement atteindre son apogée le 1er mai 2004, alors que Radiohead se retrouva en tête d'affiche du célèbre festival Coachella. Ce dernier concert, clôturant plus de 100 représentations à travers le monde, marqua un moment historique en devenant la première soirée à guichets fermés de l'histoire de Coachella, attirant un public massif de 110 000 personnes sur deux jours.

In Rainbows – 2005-2009

En l'an 2006, une mélodie familière s'est élevée à nouveau dans les cieux musicaux, alors que Radiohead entamait une nouvelle tournée. Le coup d'envoi de cette aventure mélodique fut donné à Copenhague le 6 mai, marquant le retour tant attendu du groupe sur scène. Un an auparavant, en 2004, une pause avait interrompu la cadence de lectures de chansons et d'enregistrements. Cette tournée était bien plus qu'une simple reprise, elle était le souffle renouvelé d'une passion musicale.

Au fil des notes et des accords, des prémices de ce qui allait devenir l'album "In Rainbows" se dévoilaient au public. Parmi ces nouvelles compositions, "Videotape" a émergé lors d'une soirée magique à l'Hammersmith Apollo le 15 mai. D'autres joyaux musicaux ont également fait leur première apparition au cours de cette tournée envoûtante, tels que "Jigsaw Falling into Place" (alors connu sous le titre provisoire "Open Pick"), "15 Step", "Bodysnatchers", "All I Need", ainsi que quelques faces B captivantes comme "4 Minute Warning" et "Bangers+Mash".

Les scènes étaient le théâtre de la genèse de ces pièces musicales, offrant aux fans une expérience inoubliable et une anticipation palpable pour ce qui allait suivre. Le retour de Radiohead sur scène était bien plus qu'une simple réunion, c'était une résurgence artistique qui allait bientôt se répandre en notes enchanteresses à travers le monde.

Le murmure des "Weird Fishes/Arpeggi" s'éleva également, tout comme le mélodique "Nude", bien que ces deux pièces musicales aient leurs racines avant même l'entame de la tournée de 2006. Il était fascinant de constater à quel point les interprétations de ces chansons pendant cette tournée différaient souvent des incarnations éventuelles qui se trouvaient sur In Rainbows. Chaque note semblait tisser une nouvelle histoire, créant ainsi

In Rainbows – 2005-2009

une atmosphère unique qui captivait le public à chaque représentation.

Les accords envoûtants de Radiohead ont également résonné lors du V Festival, résonnant au-delà des frontières avec des concerts qui ont illuminé toute l'Europe, du Royaume-Uni au Canada, en passant par les États-Unis. Leurs mélodies complexes ont traversé les océans pour créer des moments inoubliables, tissant une toile musicale qui a transcendé les distances géographiques et rassemblé des fans du monde entier. Chaque note était une invitation à l'unité, faisant de chaque performance une expérience partagée au-delà des frontières.

Le rideau s'est levé sur la tournée In Rainbows en mai 2008 aux États-Unis, déployant son envoûtant périple à travers l'Europe avant de revenir marquer de son empreinte les scènes nord-américaines. Une séquence captivante qui s'est ensuite étendue jusqu'au Canada. Le Japon a eu le privilège d'accueillir le groupe en octobre, marquant ainsi la conclusion de la première moitié de cette odyssée musicale.

L'année suivante, en 2009, la tournée a repris avec une première étape en Amérique latine, accueillant le légendaire Kraftwerk en tant qu'invité d'honneur. Elle a ensuite parcouru le globe, enflammant les scènes du monde entier, jusqu'à sa clôture en septembre 2009. Plus de soixante spectacles plus tard, la tournée In Rainbows a laissé une empreinte indélébile dans l'histoire musicale, témoignant de la puissance universelle de la musique de Radiohead.

Radiohead a marqué un retour triomphant au Mexique pour la première fois depuis 1994, en offrant deux concerts mémorables les 15 et 16 mars. Le groupe a ensuite écrit une nouvelle page de son histoire en se produisant pour la première fois en live au Brésil, en Argentine et au Chili en mars 2009. Les vibrations envoûtantes ont résonné à Rio de Janeiro et à São Paulo les 20 et

In Rainbows – 2005-2009

22, à Buenos Aires le 24, et à Santiago les 26 et 27, chaque note tissant une toile captivante d'émotions et d'énergie partagées. Ce chapitre sud-américain de la tournée In Rainbows a laissé une empreinte indélébile, réaffirmant la connexion intemporelle entre Radiohead et son public.

The King of Limbs – 2010-2012

Dans les mois qui ont suivi la sortie de "The King of Limbs", Radiohead s'est réservé le plaisir d'interpréter leur album sur scène, mais pas avant d'avoir perfectionné chaque note en studio. Le maître d'orchestre de cette métamorphose sonore n'était autre que le génial Thom Yorke, déterminé à repousser les limites de la créativité.

Dans leur quête d'excellence, le groupe a fait appel à un second batteur, Clive Deamer, dont le talent avait déjà laissé son empreinte aux côtés de formations renommées telles que Portishead et Get the Blessing. Un choix judicieux pour explorer les méandres rythmiques complexes de l'album. Selway, le batteur principal, partagea son émerveillement en ces termes : "C'était fascinant. L'un jouait de manière traditionnelle, l'autre imitait presque une boîte à rythmes. C'était du push-and-pull, comme des enfants qui jouent, vraiment intéressant."

Cette symbiose unique entre les deux batteurs a ajouté une dimension nouvelle et captivante aux performances live de Radiohead. Leur collaboration sur scène a transcendé les attentes, laissant le public subjugué par cette danse harmonieuse entre la tradition et l'expérimentation. Clive Deamer a ainsi rejoint la famille Radiohead pour les tournées à venir, apportant sa magie rythmique à un chapitre musical déjà riche en surprises.

En juillet 2011, Radiohead a offert au monde une expérience musicale immersive en interprétant intégralement "The King of Limbs" lors de l'événement "The King of Limbs: Live from the Basement". Ce spectacle captivant a été gravé dans la mémoire des fans, puis immortalisé sur DVD et Blu-ray en décembre de la même année.

The King of Limbs – 2010-2012

L'énergie débordante du groupe s'est également manifestée le 24 juin 2011, lorsqu'ils ont créé l'événement au Glastonbury Festival. Cette performance surprise sur la scène du Park restera à jamais gravée dans l'histoire, marquant la première présentation publique des joyaux de "The King of Limbs".

La saga musicale s'est ensuite déplacée de l'autre côté de l'Atlantique, avec deux prestations éblouissantes au Roseland Ballroom de New York en septembre. Radiohead a également conquis le public américain grâce à des apparitions télévisées mémorables, dont un épisode spécial d'une heure du "Colbert Report" et le lancement de la saison de "Saturday Night Live".

L'année suivante, en 2012, Radiohead a entrepris un périple musical à travers l'Europe, l'Amérique du Nord et l'Asie, s'arrêtant en chemin pour enflammer les scènes des festivals prestigieux tels que Bonnaroo, Coachella et Fuji Rock. Les arènes ont vibré au son précis et détaillé de "The King of Limbs", une affirmation artistique qui a trouvé sa place dans des espaces intimes, comme l'a souligné O'Brien, conscient que la complexité de l'album ne pouvait être pleinement appréciée que dans ces lieux soigneusement aménagés. Ainsi, Radiohead a continué de marquer son empreinte, défiant les limites de la musique et captivant un public mondial avide de sonorités novatrices.

Le 16 juin 2012, une tragédie frappa la scène musicale de Radiohead alors que la structure scénique s'effondra lors des préparatifs d'un spectacle au parc Downsview de Toronto. Cette sombre journée coûta la vie au technicien de batterie, Scott Johnson, et fit trois autres victimes parmi les membres de l'équipe routière du groupe. Le rideau tomba brutalement sur le spectacle prévu, et les dates de la tournée européenne de Radiohead furent inévitablement repoussées.

Après avoir repris leur souffle et reprogrammé la tournée, Radiohead se retrouva sur scène à Nîmes, en France, en juillet de

The King of Limbs – 2010-2012

la même année. Cependant, avant de plonger dans les notes et les mélodies, le groupe tint à rendre un poignant hommage à Scott Johnson et à toute son équipe. Les applaudissements résonnèrent différemment cette nuit-là, empreints d'une gravité et d'une émotion qui transcendaient la simple musique.

L'ombre de cette tragédie persista au-delà de la scène, se manifestant devant les tribunaux en 2013. Live Nation Canada Inc, aux côtés de deux autres organisations et d'un ingénieur, se retrouvèrent confrontés à 13 chefs d'accusation. Malheureusement, le cours de la justice fut entravé, et l'affaire fut finalement abandonnée en 2017 en raison du retard induit par l'arrêt Jordan, établissant des délais contraignants pour les procédures judiciaires.

Cependant, en 2019, une enquête indépendante jeta une lumière sur les circonstances de la tragédie et conclut à un verdict de mort accidentelle. Un dénouement qui, bien que tardif, apporta une forme de clôture à une douloureuse période pour Radiohead et tous ceux touchés par cette perte déchirante.

A Moon Shaped Pool Tour – 2016-2018

Le 14 mars 2016, six jours après la sortie de son neuvième opus, A Moon Shaped Pool, Radiohead dévoila l'annonce tant attendue d'une tournée mondiale, une aventure où le groupe fut de nouveau rejoint par le talentueux Deamer. Les premières notes résonnèrent le 20 mai 2016 au Heineken Music Hall, marquant le coup d'envoi d'une série de concerts exceptionnels au cours desquels Radiohead dévoila neuf des onze titres de l'album. "Glass Eyes" et "True Love Waits" firent leur entrée en scène lors de prestations ultérieures, ajoutant une dimension inédite à l'expérience live.

La tournée fut marquée par des moments mémorables, avec le retour sur scène de "Creep" et "Let Down", des morceaux qui n'avaient pas été interprétés depuis sept et dix ans respectivement. Chaque représentation devint une célébration de la créativité intemporelle de Radiohead, captivant les foules à travers le globe.

L'apothéose survint lors du spectacle final le 7 octobre au Austin City Limits, coïncidant avec le 48e anniversaire de Yorke. La soirée se clôtura de manière magistrale avec l'émouvant "Fake Plastic Trees", créant ainsi une conclusion mémorable à cette tournée qui avait parcouru le monde, transcendé le temps et laissé une empreinte indélébile dans le cœur des fans.

Le 31 octobre, le groupe confirma avec enthousiasme l'organisation d'une tournée en 2017, en dévoilant une liste complète de dates pour leur périple à travers l'Europe sur leur site Internet. Le coup d'envoi de cette nouvelle aventure fut donné avec une deuxième tournée aux États-Unis en mars 2017, atteignant son apogée lors d'une prestation au festival Coachella en avril 2017, en Californie. Malheureusement, cette performance

A Moon Shaped Pool Tour – 2016-2018

fut entachée par des problèmes techniques, ajoutant une note d'adversité à la saga musicale de Radiohead.

Le mois de juin et juillet virent la concrétisation d'une tournée européenne, ponctuée par plusieurs apparitions dans des festivals prestigieux, dont la troisième performance emblématique de Radiohead au Glastonbury Festival au Royaume-Uni.

L'année 2018 marqua une nouvelle étape dans le voyage musical de Radiohead avec une tournée qui traversa l'Amérique du Nord et du Sud d'avril à août. Cette tournée remarquable inclut quatre soirées mémorables au Madison Square Garden de New York, où le projet Junun de Jonny Greenwood assura la première partie. Cette série de concerts se hissa au rang de la 61e tournée la plus lucrative de 2018, accumulant un impressionnant total de plus de 28 millions de dollars américains. Un triomphe financier qui témoigne de l'indéniable empreinte que Radiohead continue d'imprimer sur la scène musicale mondiale.

La tournée A Moon Shaped Pool comprenait une étape controversée à Tel Aviv le 19 juillet 2017, bravant ainsi la campagne Boycott, Désinvestissement et Sanctions, qui prônait le boycott culturel international d'Israël. Cette décision suscita des critiques acerbes de la part d'artistes engagés tels que le musicien Roger Waters et le cinéaste Ken Loach. Une pétition exhortant Radiohead à annuler ce concert délicat réunit la signature de plus de 50 personnalités éminentes.

Face à cette pression, Thom Yorke prit la parole dans une déclaration, affirmant : « Jouer dans un pays n'est pas la même chose que soutenir le gouvernement. La musique, l'art et le monde universitaire concernent le franchissement des frontières et non leur construction, l'ouverture d'esprit et non l'étroitesse d'esprit, l'humanité partagée, le dialogue et la liberté d'expression. » Cette réponse témoignait de la conviction du

A Moon Shaped Pool Tour – 2016-2018

groupe que la musique pouvait transcender les frontières politiques, promouvant ainsi l'idée d'une connexion humaine au-delà des barrières nationales.

Printed in Poland
by Amazon Fulfillment
Poland Sp. z o.o., Wrocław